华东政法大学知识产权明珠文丛

知识产权文献与案例综述研究

（2017）

唐　春　李文红 ◎ 主　编

尹腊梅　郭鹏鹏 ◎ 副主编

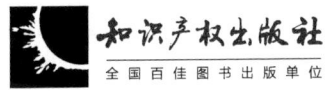

知识产权出版社

全国百佳图书出版单位

图书在版编目（CIP）数据

知识产权文献与案例综述研究. 2017 / 唐春, 李文红主编. —北京：知识产权出版社，2018.6

ISBN 978 - 7 - 5130 - 5577 - 2

Ⅰ.①知… Ⅱ.①唐… ②李… Ⅲ.①知识产权法—案例—汇编—中国 Ⅳ.① D923.405

中国版本图书馆 CIP 数据核字（2018）第102623号

责任编辑：刘 睿 邓 莹　　责任校对：谷 洋
文字编辑：邓 莹　　　　　　责任印制：刘译文

知识产权文献与案例综述研究（2017）
Zhishichanquan Wenxian yu Anli Zongshu Yanjiu（2017）

唐 春　李文红　主编
尹腊梅　郭鹏鹏　副主编

出版发行：知识产权出版社 有限责任公司		网　　址：http://www.ipph.cn	
社　　址：北京市海淀区气象路50号院		邮　　编：100081	
责编电话：010 - 82000860 转 8346		责编邮箱：dengying@cnipr.com	
发行电话：010 - 82000860 转 8101/8102		发行传真：010 - 82000893/82005070/82000270	
印　　刷：北京九州迅驰传媒文化有限公司		经　　销：各大网上书店、新华书店及相关专业书店	
开　　本：720 mm × 960 mm　1/16		印　　张：24.5	
版　　次：2018年6月第1版		印　　次：2018年6月第1次印刷	
字　　数：380千字		定　　价：86.00元	
ISBN 978 - 7 - 5130 - 5577 - 2			

前　言

　　2017年4月11日，由华东政法大学知识产权学院主办、北京市集佳律师事务所上海分所赞助并协办的第三届"华政·集佳"杯综述竞赛正式启动，本系列活动自2015年至今，已成功举办三届。本次竞赛共有来自全国20多个省份高校的190余组选手报名参赛，经过两轮评选，最终有来自湘潭大学、上海交通大学、武汉大学、南京理工大学、山东大学、中央财经大学、中国人民大学、同济大学、厦门大学、北京大学、中国政法大学、浙江大学、中南财经政法大学以及东道主华东政法大学等十几所高校的研究生作品获得一二三等奖以及提名奖。

　　本次竞赛在华东政法大学研究生教育院副院长张勇教授、华东政法大学知识产权学院院长黄武双教授、北京市集佳律师事务所管理合伙人祖侃律师的支持下，由华东政法大学知识产权学院副院长唐春副教授、北京市集佳律师事务所上海分所李文红主任、华东政法大学知识产权学院尹腊梅副教授、南京理工大学知识产权学院郭鹏鹏副教授组成竞赛组委会，承担具体组织安排工作。

　　众所周知，学术文献和司法案例中，往往蕴含着大量前辈学者和司法实践前行者的智慧和思想。竞赛希望学生能够综述之而集其大成，温故而知新，集思而广益，故要求研究生或优秀本科生1～4人组成研究小组，针对现实存在的专利和商标法律问题，进行文献综述和判例综述。竞赛的主旨在于促进学生综合学术研究能力。包括以判例综述为引导，培养分析实际问题、研究司法实践的能力；以文献综述为引导，培养学生掌握学术文献、把握学术脉络的学术基本功。

　　为深化参赛选手对综述的认识、提升参赛选手们撰写综述的能力，本次竞赛邀请唐春老师、郭鹏鹏老师和北京市集佳律师事务所上海分所陈绍娟律师对综述方法上的共通问题，做了详细的阐述。为了帮助参赛选手们了解实务情况，进一步转化综述成果，进行更深度的研究和学习，本次竞赛还邀请《电子知识产权》资深编辑周春慧老师为参赛选手讲解知识产权论文写作与投稿，并组织同学们到北京市集佳律师事务所上海分所参观交流。在此，对前述参与本活动的组织、指导老师表示最诚挚的感谢！同时对积极资助并协助知识产权学术教育事业的北京市集佳律师事务所上海分所表示最诚挚的感谢！

本文集收录了第三届"华政·集佳"杯综述竞赛的优秀获奖作品，共包括18组专利和商标领域的特定法律问题的文献综述和案例综述。这些优秀综述作品不仅展现了参赛选手的研究积累，体现了老师们的细致指导，更表现出学子们在学术研究道路上孜孜不倦的求索精神。为了保留这笔宝贵的财富，加强优秀论文成果的交流与推广；同时，也为了感谢师生们的辛勤付出，营造更加浓厚的学术氛围，引导更多同学掌握综述思维和方法，让更多学生形成在前人思想的基础上创新的良好习惯，以更好地促进知识产权专业水平提升，特编此文集。

本文集作品作者见目录，协助出版社编辑的校对、组织工作，主要由李若源、杨梦倩负责。

华东政法大学知识产权学院

华政知识产权专业硕士导师组

华政知识产权方向法律硕士导师组

第三届"华政·集佳"杯综述竞赛组委会

目录

FRAND原则在标准必要专利许可中的应用

■ 雷征伟　罗文靖

【摘要】作为一种法定垄断权的专利权，追求统一、开放、普遍适用的技术标准是与其相互矛盾的：专利权作为知识产权的一种，是法律所保护的私权（private right），❶ 而标准化的目的则是让其变为共有财产。标准必要专利（Standard-Essential Patents, SEP）是技术标准化与专利制度结合所诞生的产物。究其原因，一方面，技术标准代表着先进技术而不是那些已经过时的技术，自从专利制度诞生后，很大一部分技术都通过专利申请的形式呈现，而专利的新颖性、创造性与实用性要求天然地筛选出先进的技术。另一方面，将专利技术纳入技术标准会给专利权人带来巨额的利益，包括许可费的直接利益以及市场控制的间接利益。这些原因促使了专利与技术标准的结合，但这种结合也带来一系列的法律纠纷，其中，标准必要专利许可费的纠纷是核心问题。

然而，想要确定出标准必要专利的许可费，在理论与实践上均是一个极其复杂的问题，笔者将其比喻为专利法与竞争法领域"王冠上的明珠"。在介绍许可费问题之前，首先，必须对相关基础问题进行介绍，这些基础性问题不仅具有较强的理论性与争议性，而且在法院的判决书中也很少提及，反而是学术论文中讨论的焦点，因此笔者以文献综述的形式，介绍标准必要专利的概念、FRAND的定义、FRAND许可费计算的原则、FRAND 许可费的计算基准四方面的内容。其次，许可费的计

---

❶ TRIPS协议在序言中就谈道：Recognizing that intellectual property rights are private rights.

算问题具有较强的实务性与可操作性，其往往是美国法院判决书中论述的重点，因此笔者以案例综述的形式，介绍FRAND许可费的六种计算方法。

【关键词】标准必要专利；Georgia-pacific因素；计算方法；许可费率

一、文献综述

（一）样本来源

笔者以"中国知网"为主要数据库，利用主题含有"标准必要专利""FRAND""RAND""公平、合理、无歧视""标准与专利"等组合构成检索式后进行检索，剔除无关文献，对最高下载量及被引用次数最多的18篇中文文献进行分析。同时，以Westlaw、Patent LLC❶及SSRN❷为辅助数据库，对外文文献进行检索，最后选取14篇外文文献进行分析。

（二）标准必要专利的概念

随着知识产权意识不断提高，企业的技术标准逐渐成为专利技术追求的最高体现形式，成为产业特别是高技术产业竞争的制高点，正所谓"技术专利化、专利标准化、标准垄断化"。❸专利与标准的结合导致标

---

❶ 载http://essentialpatent.net/，2017年5月19日最后访问。

❷ Social Science Research Network（SSRN），是哈佛商学院的詹森（Michael C. Jensen）与人合作创建的社会科学研究网，致力于全球范围迅速传播的社会科学研究，并组成了一些专门的研究网络。https://papers.ssrn.com/sol3/DisplayJournalBrowse.cfm.

❸ 叶若思，祝建军，陈文全，叶艳.关于标准必要专利中反垄断及原则司法适用的调研［J］.知识产权法研究，2013，11（2）:5-6.

准必要专利出现。❶

张平认为，所谓"标准必要专利"，是指经技术标准体系认定为该技术标准体系所必不可少的一项技术，而该技术又作为一项专利技术被专利权人所独占。❷ 崔国斌认为，决定一项专利是否是必要专利有两个考虑因素：技术上不可回避且市场成本最低。❸ 也有学者认为"必要专利"，是实施标准无法绕开的专利技术方案，未必是权利要求的全部范围，通常是一项或者几项权利要求的范围，此时所谓"必要专利"实际是"必要专利权利要求"，当专利只有一项权利要求时，"必要专利权利要求"与"必要专利"为同一概念。涉及上述两种情况的专利，都可以简称为"必要专利"。❹ 以上观点从不同的角度阐述了标准必要专利的概念，笔者赞同"必要专利"实际是"必要专利权利要求"的观点。由于其中的某项或某几项权利要求在实施过程中的必要性，而将整个专利定义为标准必要专利，实施者需要为这一项或几项必要的权利要求而支付整个专利的许可使用费，这是显然不合理的。

市场成本是否构成判断"必要专利"的考量因素，笔者认为，一方

---

❶ 目前，学界或者各组织对于标准必要专利的界定尚未达成共识。国际电信联盟(ITU)将标准必要专利界定为"任何可能完全或部分覆盖标准草案的专利或专利申请"；欧洲电信标准化协会(ETSI)对其定义为：基于技术上而非商业上的原因，考虑到通常的技术惯例和标准制定之时已有的技术状况，制造、销售、出租或者其他处理、维修、使用或实施符合某一标准的设备或方法不可能不侵犯该项知识产权，即为"必要"；美国电气及电子工程师学会(IEEE)认为：在实施IEEE标准规范条款中的强制性或可选择性部分内容时，在商业上和技术上均不存在可替代的非侵权实施办法，即为标准必要专利。

❷ 张平，马骁.标准化与知识产权战略［M］.北京：知识产权出版社，2005:133.

❸ 参见崔国斌在2015年12月12日深圳"标准必要专利研讨会"上的发言。崔国斌谈道："决定一项专利是否是技术标准必须的必要专利的时候，有两个考虑，一个是技术上不可回避的，比如说实施技术标准，只有一项技术选择的，这种情况下就是一个比较标准的必要专利，这个应该是没有什么争议的。第二个，有时候落实标准所执行的一项功能，比如说光照和通信的功能，可能有三四项这样的技术选择，这时候任何一项都不是技术上唯一的选择，这时候四项，从技术的选择都不是标准必要专利，因为可以有四个或者是更多的选择，但是商业上可能导致其中一项在市场上成本非常的低，有足够的竞争力，比其他的几家公司都更高，以至于大家认为使用这个方法是愚蠢的，而这个时候有效的、成本低的专利就是标准必要专利，而其他的都不是，这个就使得四个中有一个就不是了，到底需不需要引用商业上可行的因素？"

❹ 叶若思，祝建军，陈文全等.关于标准必要专利中反垄断及原则司法适用的调研［J］.知识产权法研究，2013，11（2）:6.

面，市场成本本身的含义难以界定，增加了判断的难度；另一方面，由于不同国家的经济水平存在差异，且不同行业的市场成本也不能一概而论，因此市场成本的灵活性和可变性较大，其与具体的技术标准实施者的具体情况密切相关，而这增加了判断的模糊性。虽然考虑市场成本的因素会更充分地判断"必要专利"，但在没有明确市场成本的内涵与范围之前，至少现阶段，不宜考虑市场成本因素。

标准必要专利通常是该技术领域内无法绕过的专利技术，但凡能绕开该专利技术或者有替代技术，该专利就丧失了成为标准必要专利的必要性。因此，标准必要专利的存在给予了该专利权所有者近乎垄断的权利，标准必要专利许可中的范围和成本均难以确定，标准必要专利的许可费就成了难以达成共识的难题。就专利许可而言，世界各国主要采用两种许可方式：一种是在互惠（reciprocal）基础上的免费许可；另一种是在全球范围内实行合理非歧视许可。本文主要分析后者，即"公平、合理、无歧视"的许可。

（三）FRAND原则的内涵 [1]

FRAND 原则是以欧洲电信标准化协会（ETSI）[2] 为代表的标准化组织（SSO）为衡平公众的标准化需求、保护合理竞争秩序和防止专利权人滥用许可之间的关系，而要求标准必要专利人在加入相应的标准化组织时所做出的承诺，要求其在对第三人进行该专利的许可时应做到

---

[1] 鉴于美国和欧盟对于经营者自主定价权的法律规制存在差别，尤其是关于反垄断法能否规制具有市场支配地位的经营者的不公平高价行为的态度不同，因此，美国通常称为"合理且无歧视原则"（Reasonable and Non-discriminatory，RAND），而欧盟通常称为"公平、合理、无歧视原则（Fair，Reasonable and Non-discriminatory，FRAND）"。中国在反垄断法能否规制具有市场支配地位经营者的不公平高价行为问题上与欧盟态度相同，因此通常也称为"公平、合理、无歧视原则"（FRAND原则）。在标准的制定和实施中，FRAND 承诺与 RAND 承诺并无内容上的实质差别。为避免混淆，本文将统一用"公平、合理、无歧视"原则（简称FRAND原则）概念。

[2] 欧洲电信标准化协会（ETSI）是由欧共体委员会1988年批准建立的一个非营利性的电信标准化组织，总部设在法国南部的尼斯。ETSI的标准化领域主要是电信业，并涉及与其他组织合作的信息及广播技术领域。ETSI作为一个被欧洲标准化协会（CEN）和欧洲邮电主管部门会议（CEPT）认可的电信标准协会，其制定的推荐性标准常被欧共体作为欧洲法规的技术基础而采用并被要求执行。

"公平、合理、无歧视"[1]（Fair Reasonable And Non-Discriminatory, FRAND[2]）。

1. FRAND原则的模糊性

在理论界和实务界，绝大部分学者都认为FRAND原则最大的问题在于自身语言的模糊性和概括性，其缺乏明确含义，这导致FRAND许可成了"空洞的承诺"。马海生对29家在ICT领域具有较重要影响的标准化组织的"公平、合理、无歧视"专利许可政策进行分析，他认为标准化组织虽然普遍认同"公平、合理、无歧视"的专利许可政策，但是却普遍没有给出该原则的明确含义、不鉴定标准中的必要专利权利要求、不强制相关主体披露其所知的包含在技术标准中的专利技术、不反对专利权人针对标准实施者寻求"禁令"救济、不参与当事人之间就"公平、合理、无歧视"原则所发生纠纷的解决，[3] 仅有4家标准化组织的知识产权政策对其进行解读。[4] 因此马海生认为，标准化组织的"公平、合理、无歧视"专利许可政策非常模糊。而孟雁北认为，尽管FRAND承诺不确定性的存在可能会使其成为"没有牙齿的老虎"或者成为"空洞的承诺"，但确定性本身就是一个相对的概念，即便对于法律本身而言，也具有一定程度的不确定性，这种不确定性正如美国法学家弗兰克所说的那样，"法律的许多不确定性并不是什么不幸的事件，它本身也具有巨大的社会价值"[5]，FRAND承诺也不会因其不确定性而影响其在标准制定和实施中的价值。[6]

---

[1] 胡充寒.国际专利许可合同的限制性条款探析［J］.河北法学, 2002, 20（3）:11.

[2] FRAND承诺已经成为解决标准必要专利许可的基本原则。但是，事实上没有任何标准组织和学者能准确界定FRAND原则的含义，这就使得FRAND原则充满了模糊性，对于什么是FRAND，没有一个统一的衡量标准，甚至没有初步的指导原则。

[3] 马海生.标准化组织的FRAND许可政策实证分析［J］.电子知识产权, 2009（2）:35-39

[4] 这4家标准化组织分别是：IEEE（美国电气电子工程师学会）、TIA（美国电信工业协会）、Parlay Group（严格来说，其是一家技术产业联盟，已于2007年解散。Parlay组织定义了Parlay应用编程接口，其是一组开放的、独立于具体实现技术的、面向对象的网络能力开放接口）和VSO（VITA Standards Organization，其中VITA是VMEbus Manufacturers Group于1984年成立的VMEbus International Trade Association，于2005年简称为VITA，其致力于开放计算机系统架构）。

[5] 曹诰.论法律的确定性与不确定性［J］.法律科学, 2004, 22（3）:15-17.

[6] 孟雁北.标准制定与实施中FRAND承诺问题研究［J］.电子知识产权, 2014（11）:28.

笔者认为，正如诚实信用原则一样，● 该原则的模糊性似乎比"公平、合理、无歧视"更大，一方面，法律没必要也不可能明确何为"诚实"，何为"信用"；另一方面，这种模糊性丝毫不影响法官对其理解与适用，刻意去消除这种模糊性反而会限制法官的自由裁量。因此，FRAND原则的模糊性是无可争议的事实，但这不应当是理解其内涵的障碍。

2. FRAND原则的定义

对于"公平、合理、无歧视"的定义，目前学界无统一的定论。

对"公平"而言，孟雁北认为，无论如何，公平承诺的实现都需要平衡标准必要专利权人和标准实施者之间的利益。● 罗娇从经济学角度对FRAND许可承诺中的"公平"进行解读，她认为其尚找不到解释其具体内涵的经济学文献，原因在于"公平"与否多源于人们的主观感受，难以用经济学的方法加以量化分析。● 袁嘉、王圣宇对此认识有所不同，他们认为"公平"即专利权人不得利用知识产权许可限制竞争，即标准必要专利许可合同中不得附加限制性条件，例如搭售、强迫被许可人购买非必要专利。●

对"合理"而言，有学者认为"合理"是指专利权人针对不同专利实施者应给予基本相同且不得异于常态的许可费标准。● 经济学家认为"合理"是指任何标准实施者支付的许可费不得高于该专利在成为标准之前、有替代技术与之竞争时的许可费。●● 夏皮罗（Shapiro）和范里

● 《民法总则》第7条规定："民事主体从事民事活动，应当遵循诚信原则，秉持诚实，恪守承诺。"

● 孟雁北.标准制定与实施中 FRAND 承诺问题研究［J］.电子知识产权，2014(11):27.

● 罗娇.论标准必要专利诉讼的"公平、合理、无歧视"许可——内涵、费率与适用［J］.法学家，2015，1（3）:87.

● 袁嘉，王圣宇.FRAND 原则在标准必要专利纠纷案中的适用——结合华为诉 IDC 案进行分析［J］.竞争政策研究，2015(3):52-53.

● 袁嘉，王圣宇.FRAND 原则在标准必要专利纠纷案中的适用——结合华为诉 IDC 案进行分析［J］.竞争政策研究，2015(3):55.

● Mario Mariniello. Fair, Reasonable and Non-Discriminatory（FRAND）Terms；A Challenge for Competition Authorities ［J］.Journal of Competition Law & Economics, 2011, 7（3）:530-532.

● Mark Lemley & Carl Shapiro. A Simple Approach to Setting Reasonable Royalties For Standard-Essential Patents ［J］.Ssrn Electronic Journal, 2013 :1142-1145.

安（Varian）对于"合理"的认识与经济学家的认识大体相同，他们指出，"合理的，应该是指专利持有人能够获得在开放、与其他技术前期竞争的使用费，而不是其他参与者都有效地锁在使用专利保护技术后专利权人可以提取的使用费"。❶

值得注意的是，许多学者认为"公平""合理"含义相同，无须对其进行区分。在国内，马海生在其著作中也是将"公平""合理"视作同一含义。❷ 在国外，克兰（Crane）在其论文中仅阐述了"合理"的含义，而全文未谈及"公平"，他认为"公平"没有在"合理"的基础上赋予其新的内涵（fair seems to add nothing to reasonable）。❸ 瓦里马基（Välimäki）也认为，"公平"没有实质上改变"合理、无歧视"的含义。❹

对于"无歧视"的理解，目前有三种解释。

第一，是仅仅要求专利权人应当向每一个技术标准的实施者授予专利实施许可，而不能有例外，尤其是专利权人不能唯独拒绝向其竞争对手给予许可。❺ 这种解释实际上是"不得拒绝许可"的问题。

第二，莱姆利（Lemely）等认为，"无歧视"要求专利权人给予每个技术标准实施者的许可条件应当相同，不得针对不同的技术标准实施者给予不同的许可条件。尤其是在许可费率上要求所有的被许可人都必须

---

❶ C Shapiro & HR Varian. Information Rules: A Strategic Guide to the Network Economy ［J］. Harvard Business School Press, 1998, 19（1）:62-63.

❷ 马海生.专利许可的原则：公平、合理、无歧视许可研究［M］.北京：法律出版社，2010:46.

❸ Daniel A. Crane. Patent Pools, RAND Commitments, and the Problematics of Price Discrimination ［J］. Benjamin N. Cardozo School of Law Jacob Burns Institute for Advanced Legal Studies, 2008,（4）:12.

❹ Mikko Välimäki. A flexible approach to RAND licensing ［J］. Ssrn Electronic Journal, 2008（9）:1.

❺ 马海生.专利许可的原则：公平、合理、无歧视许可研究［M］.北京：法律出版社，2010:70.

支付相同的许可费率。❶

第三，是有的学者提出，"无歧视"包含两个条件：一是被许可人具有相同的条件，二是相同条件的被许可人付出的许可对价相同。这意味着权利人应给予相同条件的被许可人相同的许可待遇，同时也隐含对不同条件的被许可人可以给予有差异的许可标准，差异性的许可费本身并不会导致违法，❷ 马里尼罗（Mariniello）、吉尔伯特（Gilbert）的看法与该看法大体相似。❸ 吉尔伯特认为，"如果专利持有人允许潜在的被许可人从相同的许可费支付方案（schedule of royalty payments）中选择，那么这种许可程序通常被认为是'无歧视'的，'无歧视'并不要求每一个被许可人支付相同的许可费，而是要求被许可人可以从相同的许可费方案（royalty schedule）中选择"。❹ 但斯旺森（Swanson）和鲍莫尔（Baumol）有着不同的看法，他们认为，"'无歧视'不应当被广泛适用，而只应当适用于专利权人与下游产品的被许可人之间存在竞争关系的情形"。❺

第一种解释是从许可是否授予的角度解释"无歧视"，即如果拒绝许可，就有可能构成"歧视"；第二种解释是从许可费"一律平等"的角度解释"无歧视"；第三种解释强调许可费是有条件的"一律平等"，前提是相同条件的被许可人。对此三者进行比较可得出，第一种解释过

---

❶ Mark Lemley. Intellectual Property Rights and Standard-Setting Organizations ［J］Social Science Electronic Publishing, 2002, 90（6）:1889-1980.

R.P. Feldman & M.L. Rees & B. Townshend. The effect of industry standard setting on patent licensing and enforcement ［J］. IEEE Communications Magazine, 2000, 38（7）: 114.

罗娇.论标准必要专利诉讼的"公平、合理、无歧视"许可——内涵、费率与适用［J］.法学家, 2015（3）:6.

袁嘉，工圣宇.FRAND原则在标准必要专利纠纷案中的适用-结合华为诉IDC案进行分析［J］.竞争政策研究, 2015（3）:49-56.

❷ 胡伟华.FRAND原则下许可使用费的司法确定［J］.人民司法, 2015（15）:50-51.

❸ Mario Mariniello. Fair, Reasonable and Non-Discriminatory（FRAND）Terms: A Challenge for Competition Authorities ［J］. Journal of Competition Law & Economics, 2011, 7（3）:528-530.

❹ Richard J, Gilbert. Deal or No Deal? Licensing Negotiations in Standard-Setting Organizations ［J］. Antitrust Law Journal, 2011, 77（3）:862-867.

❺ DG Swanson & WJ Baumol. Reasonable and Nondiscriminatory（RAND）Royalties, Standards Selection, and Control of Market Power ［J］. Antitrust Law Journal, 2005, 73（1）:53-58.

于宽松，即仅考虑许可是否成立，而不考虑许可费等许可条件的问题；而第二种解释过于严格，强调所有许可条件的完全一致；第三种解释是对上述两者的折中解释。笔者认为，第二种解释，这种严格的限制，使得专利权人没有与每个被许可人展开针对性谈判的余地，也将排除交叉许可的可能。但另两种解释也并非完美，在实际中存在着一个较大的问题便是通常专利权人与被许可人之间的许可合同是保密的，被许可人之间相互并不知道互相的许可费用。而是否存在歧视需要比较被许可人的许可条件，对于这一比较需要多种手段解决。因此，对"无歧视"的理解应当综合第一种解释和第三种解释，既要对 "是否给予许可"上做到"无歧视"，也要在一定程度上对许可条件，尤其是许可费做到"无歧视"。

"公平、合理、无歧视"三个概念并非泾渭分明，而是互相联系甚至具有包含关系。"公平"包含着"合理"和"无歧视"，而"合理"和"无歧视"又相互联系，因此，应当从整体上把握FRAND原则，而不宜单独进行分析。

3. FRAND的法律属性

FRAND的法律属性，有"单方法律行为"和"双方法律行为"两种观点。

莱姆利认为FRAND只不过是一个承诺，FRAND承诺本身就是专利权人限制其权利的承诺，是一种许可意愿的表达。专利权人有权排除他人使用其专利技术，或者进行有偿交易。FRAND规则旨在让各方预先承诺将以合理和非歧视性条款许可他们的基本专利，防止他们以后可能破坏技术或对标准专利使用者收取独占性的专利使用费。❶ 值得特别注意

---

❶ Mark Lemley & Carl Shapiro. A Simple Approach to Setting Reasonable Royalties For Standard-Essential Patents〔J〕. Ssrn Electronic Journal, 2013 :1155-1157.

的是，在我国司法实践也采纳"单方法律行为说"。❶

　　而在美国，学界通常认为FRAND声明是基于专利权人与标准组织自愿达成的合同，属于合同义务。在我国，史少华也认为 FRAND 声明构成实质上的合同，具体许可费的确定只是对合同的补充。❷ 其他学者也有类似的观点，认为FRAND 声明是民法上的利他合同。❸

　　"合同说"中，学者们的意见并不统一。罗娇认为在合同相对性原理下，标准专利权人与标准化组织之间存在合同，并不代表标准实施者与标准必要专利权人之间也成立了合同。❹ 另外，胡洪认为 FRAND承诺属于善意协商义务，即是一种先合同义务，基于某种行为而产生信赖关系，基于这种信赖关系又产生一种非给付义务。如果违反此种义务，将会损害标准实施者的信赖利益，即应当承担缔约过失责任。❺ 叶若思等认为 FRAND 承诺属于强制缔约义务，这种义务的性质类似于供水、

---

❶　如"华为诉IDC"案中，法院认为FRAND许可承诺不宜理解为标准必要专利权人与标准实施者之间成立合同关系。法院在对FRAND原则进行释明的过程中，首先也是明确了FRAND原则的核心是对标准必要专利权人的合理限制，具体而言，"落实公平、合理、无歧视原则应平衡标准必要专利相关当事人之间的利益，既保证专利权人能够从技术创新中获得足够的回报，同时也避免标准必要专利权人借助标准所形成的强势地位索取高额许可费率或附加不合理条件"。参见广东省高级人民法院（2013）粤高法民三终字第305号判决书。同样的，在"西电捷通诉索尼"案中，法院认为FRAND许可声明仅系专利权人作出的承诺，系单方民事法律行为，该承诺不代表其已经作出了许可，即仅基于涉案FRAND许可声明不能认定双方已经达成了专利许可合同。参见北京知识产权法院（2015）京知民初字第1194号判决书。

❷　史少华.标准必要专利诉讼引发的思考：FRAND 原则与禁令［J］.电子知识产权，2014（1）:77-78.

❸　胡伟华对此还有进一步的认识，他认为FRAND条件是权利人与标准制定组织之间产生的合意，尽管现行的标准制定组织大都没有规定成员对违反此约定应承担的责任，但并不能否认其具有合同性质。此合同是为第三人即技术实施者的利益订立的一项利他合同，不仅在权利人与标准制定组织之间产生了约束力，而且对第三人也发生了效力。胡伟华.FRAND原则下许可使用费的司法确定［J］.人民司法，2015（15）:52.

❹　罗娇.论标准必要专利诉讼的"公平、合理、无歧视"许可——内涵、费率与适用［J］.法学家，2015，1（3）:88-90.

❺　胡洪.司法视野下的FRAND原则——兼评华为诉IDC案［J］.科技与法律，2014（5）:888-890.

供电、供气❶等公用事业的经营者所履行的强制缔约义务。❷而黄菁茹认为标准必要专利权人的 FRAND 承诺下的许可义务类似于侵权责任法中的作为义务，❸其认为 FRAND 承诺尽管是标准必要专利权人向标准制定组织做出的，但是在诉讼过程中法院默认为专利权人从此便有了对世的义务。❹

从图1可以得知美国审理FRAND许可声明的相关案件，其依据的法律是合同法，欧洲审理依据的法律是反不正当竞争法，中国、印度和韩国都是依据反垄断法来审理FRAND承诺的相关案件。不同的国家将对FRAND承诺的审理归于不同法律，体现了不同国家定义的FRAND声明法律属性的不同。

Country	Governing Law	Damages/Sanctions Available?	Injunctions Available
United States	Contract Law	Yes (*Microsoft v.Motorola*)	Availability based on eBay test (*Apple v.Motorola*)
Europe	Anti-Competition	Yes (*Huawei v.ZTE*)	Availability under specific conditions (*Huawei v.ZTE*)
China	Anti-Monopoly	Yes (*Huawei v.IDC; Qualcomm Sanction*)	Unclear
India	Antitrust	Unclear	Interim injunctions available (*Ericsson v.Intex*)
Korca	Antitrust	To be determined (*see* Qualcomm sanction)	Unclear

图1 审理FRAND许可声明各国所依据的法律❺

❶ 《合同法》第176条规定："供用电合同是供电人向用电人供电，用电人支付电费的合同。"第182条规定："用电人应当按照国家有关规定和当事人的约定及时交付电费。用电人逾期不交付电费的，应当按照约定支付违约金。经催告用电人在合理期限内仍不交付电费和违约金的，供电人可以按照国家规定的程序中止供电。"

❷ 叶若思，祝建军，陈文全等.关于标准必要专利中反垄断及原则司法适用的调研［J］.知识产权法研究，2013，11（2）:5.

❸ 黄菁茹.论FRAND原则对标准必要专利权行使的限制［J］.知识产权，2016（1）:92-94.

❹ 黄菁茹.论技术标准中专利权人披露义务［J］.网络法律评论，2013，17（2）:133-135.

❺ Benjamin C. Li. The Global Convergence of FRAND Licensing Practices: TOWARDS "INTEROPERABLE" Legal Standards［J］. Berkeley Technology Law Journal, 2016(31):458.

（四）FRAND许可费的计算原则

1. 合理许可费原则❶

张平认为，合理许可费可从以下三个方面理解：第一，专利权人仅能够就其专利权而不能因标准获得额外收益；第二，许可使用费的数额高低应当与技术标准中有效专利的数量相关；第三，限制最高专利许可费率。❷

而夏皮罗（Shapiro）和范里安（Varian）等明确了合理许可费的确定，认为许可费的形成应当基于各相似技术，主要是专利技术与最接近技术之间的竞争所形成，即合理的使用费是专利权人在技术标准获得通过之前可以取得的使用费。❸同样，斯旺森（Swanson）和鲍莫尔（Baumol）建议标准化组织在技术标准的制定过程中组织一场各竞争技术之间的"竞标"（bid），在这一期间，权利人需要提交未来就使用技术标准的单位下游产品（downstream）收取的许可使用费的报价，标准化组织可以据此选择将何项技术纳入技术标准。这种程序将为合理的许可使用费奠定基础。❹但是，在专利标准化的情况下，多数专利许可谈判发生在技术标准形成之后，如何准确模拟出技术标准存在之前的竞争状态是这种方法无法回避的问题。同时，若是没有竞争技术的领域，其合理使用费定然是无法通过"竞标"来确定的，其确定方式还需继续探讨。

总而言之，标准必要专利的许可费不应明显的高于或者低于正常的专利许可费。如若明显的高于，将损害实施者的权益，易造成专利权人的垄断进而形成专利劫持，不利于技术的实施；若明显的低于，专利权人不能从专利许可费中获得足够报偿，不利于激发其创新创造的动力，也不利于激励其主动将先进的专利技术贡献到标准中去。

---

❶ 美国法院已经形成了一系列用以指导如何确定合理的专利许可费的考量因素。这些因素总共有15项，被称为Georgia-Pacific因素。

❷ 张平.涉及技术标准FRAND专利许可使用费率的计算［J］.人民司法，2014（4）:15.

❸ C Shapiro & HR Varian. Information Rules: A Strategic Guide to the Network Economy ［J］. Harvard Business School Press, 1998, 19（1）:66.

❹ Daniel Swanson & William Baumol. Reasonable and Nondiscriminatory（RAND）Royalties, Standards Selection, and Control of Market Power ［J］. Antitrust Law Journal, 2005, 73（1）:35-40.

2. 反专利劫持（Anti-Hold Up）原则❶

专利劫持（holdup）由莱姆利等提出，是指当专利权人向法院申请禁令或诉讼相威胁时，经过协商所获得许可费往往高于基准的许可费，如果法院延缓永久禁令的效力，给予专利实施者时间重新设计他们的非侵权产品，那么，因永久性禁令而引起的劫持问题就会减轻。❷ 即专利持有者可以通过一定方式获取远高于其发明本身贡献价值的报酬。在标准实施中，专利劫持是指标准必要专利权人拒绝向竞争对手许可标准必要专利或者向标准实施者索取高价的现象。虽然专利劫持问题在我国尚不突出，但中国巨大的市场已为专利劫持的滋生提供了肥沃的土壤。❸

国内学者认为专利劫持："是指标准必要专利权人要求超过专利技术本身价值的能力以及试图攫取技术标准或者规程本身价值的能力。"❹ 还有学者提道："专利套牢（劫持）指专利权人凭借谈判优势收取明显高于专利本身价值的高昂许可费的情形。"❺❻

在国外，有些学者认为专利劫持是指标准必要专利所有者被指控在标准制定过程中，蓄意隐瞒专利的存在，以诱使其他公司采用和实施侵

---

❶ 应当特别注意的是，反专利劫持与专利劫持（hold up）是两个不同的概念，反专利劫持所指情形恰好与专利劫持相反，即专利实施人存在不正当利用FRAND承诺、拒绝与专利持有人进行许可协商、提起虚假诉讼等其他有违诚实信用原则等行为，故意以低于FRAND许可费的价格获得专利许可，使得专利持有人不能获得与其专利价值所对价的许可费。

❷ Mark A. Lemley & Carl Shapiro. Patent Holdup and Royalty Stacking [J]. Competition Policy Center Working Paper, 2007, 85(7):2001-2004.

❸ Cary G, George S C & Larry C W, et al. Antitrust Implications of Abuse of Standard-Setting [J]. George Mason Law Review, 2008(15): 1257.学者认为，当专利权人的专利被确定为标准必要专利，那么其他实施者就无法绕过此项专利，该专利权人处于该项技术的制高点，极可能出现专利权人对实施者进行专利劫持的现象。一旦一个标准制定了，其将对整个行业产生锁定效应，这种锁定效应会削弱其他可替代标准的替代能力。行业的锁定效应一经确定，标准专利持有者将劫持住整个行业。这种劫持能力并非源于专利本身，而是来自于对其他能够完成相同功能的专利的排除。

❹ 李扬, 刘影.FRAND标准必要专利许可使用费的计算——以中美相关案件比较为视角 [J]. 科技与法律, 2014(5):870-872.

❺ 张吉豫.标准必要专利"合理无歧视"许可费计算的原则与方法——美国"Microsoft Corp. v. Motorola Inc."案的启示 [J], 知识产权, 2013(8):28-30.

❻ 但遗憾的是，以上两位学者均没有对这一概念进行深入剖析，例如"……专利权人要求超过专利技术本身价值的能力……"中，专利权人是通过何种手段要求的呢？ "……专利权人凭借谈判优势……"中，所谓的谈判优势具体是什么？ 其实包括莱姆利在内的国外学者对专利劫持的含义早已经进行了深入的分析，只不过国内学者在引用时往往"断章取义"罢了。

权的标准规范，并最终向这些符合规范的产品主张许可费。❶ 后来专利劫持特指"违反了FRAND许可承诺的行为"，❷ 目前该特指的范围又有进一步的扩大：已经延伸到包括滥用禁令的范围。❸ 我国司法判例中该原则已有所体现。❹

3. 反专利许可费堆叠（Anti-Royalty Stacking）原则

专利许可费堆叠理论基于 Cournot 的互补问题，该理论认为专利权人在设定专利许可费率时没有考虑与其专利完全互补的其他专利权人，可能导致产品生产商为此支付累积的专利许可费，以致削弱产品市场或者至少严重限制了产出。❺ 有学者认为："所谓专利许可使用费堆叠，是指标准使用者为一个标准支付给许多不同的标准必要专利权人许可使用费的现象。"❻ 还有学者提到标准中的必要专利数量应当遵循最小原则，以减少标准的实施推广成本。然而，当前的标准往往充斥着大量专利，其可能属于众多不同的权利人，不同权利人的专利可能彼此部分重叠，技术实施者为实施标准须获得众多权利人的授权。❼ 国外学者通常认为："所谓许可费堆叠，是指互补专利的所有者不得协调他们要求使用专利的许可费，从而可能导致市场失灵。如果发生许可费堆叠问题，不同专利所有人要求支付的个人许可费总额，往往会高于单一公司拥有的所有互补专利权所要求支付的许可费总额。" 以上学者对"许可费

---

❶ Mark A. Lemley & Carl Shapiro. Patent Holdup and Royalty Stacking［J］. Competition Policy Center Working Paper, 2007, 85（7）:1995-1997.

❷ Farrell, J. Hayes, J., Shapiro, C., and Sullivan, T. Standard-setting, Patents and Hold-up［J］, Antitrust Law Journal, 2007, 74（3）:620-623.

❸ Shapiro, C. Injunctions, Hold-Up, and Patent Royalties［J］. American Law and Economics Review, 2010, 12（2）:299-304.

❹ 同样，该原则在"华为诉IDC"一案中依然得到了体现，两审法院都认为标准必要专利权人不应当从标准本身中获得利润，其贡献在于创新技术而不是其专利的标准化。FRAND承诺试图应对和解决标准实施中的专利劫持问题，由此产生了反专利劫持原则。

❺ Anne Layne-Farrar& Koren W. Wong-Ervin. 计算"公平、合理、无歧视"专利许可费损失办法［J］. 崔毅, 侯磊, 杨晨, 译.竞争策略研究, 2015（3）:92-95.

❻ 李扬, 刘影.FRAND标准必要专利许可使用费的计算——以中美相关案件比较为视角［J］. 科技与法律, 2014（5）:877-879.

❼ 胡伟华.FRAND原则下许可使用费的司法确定［J］. 人民司法, 2015（15）:53.

堆叠"进行深入阐述,是值得肯定的。❶ 我国的司法判例也体现了该原则。❷

4. 友好(善意)协商原则

FRAND承诺是将专利许可条件,特别是如何确定公平、合理、无歧视承诺的内容等问题,留给了标准实施者、标准必要专利权人以及司法机构等第三方机构来解决。❸ 有学者提出,标准实施人在与标准专利权人进行许可费谈判的过程中,对标准专利权人有一个合理的依赖,即相信标准必要专利权人会按照其对标准化组织所作出的FRAND承诺与之进行善意谈判,基于该合理信赖而衍生出标准专利权人就必要专利的许可进行善意谈判的义务,该义务与双方当事人就必要专利许可费协商确定后所应承担的许可费给付义务不同。❹

---

❶ Mark A. Lemley & Carl Shapiro. Patent Holdup and Royalty Stacking [J]. Competition Policy Center Working Paper, 2007, 85(7):2008-2012.

❷ 需要特别指出的是,在我国法院审理的"华为诉IDC"一案中,法院虽然没有明文提及该原则,但表达出该原则的含义:"一个标准或者技术规程包含许多标准必要专利,任何一个标准必要专利权人都只能获得其应得的许可使用费。"

❸ 刘强.技术标准专利许可中的合理非歧视原则[J].中南大学学报.社会科学版,2011,17(2):83-88.

❹ 胡洪.司法视野下的FRAND原则——兼评华为诉IDC案[J].科技与法律,2014(5):895-900.该学者认为,善意协商义务的本质是先合同义务。在普通的专利许可合同磋商阶段,双方当事人享有高度的缔约自由,一方当事人不负有必须与对方缔结合同的义务,许可费等合同内容也由双方平等协商。然而,FRAND原则下标准专利权人与标准实施人就许可费之间的协商与普通的专利许可存在最大的区别就在于两点:(1)标准必要专利权人不得拒绝许可;(2)许可费需要符合"公平、合理、无歧视"的原则。违反善意协商义务的赔偿范围的设定非常重要。一方面不能过小,而无法对标准专利权人的善意协商行为起到积极的引导作用;另一方面也不能过大,进而破坏标准专利权人就许可费进行协商的积极性。

2016年的专利侵权司法解释中也有所体现。❶ 并且在各国法院有着一定的共识。❷

5. 四原则之间的联系

"公平合理"始终贯穿于FRAND原则，而合理许可费原则也始终贯穿于FRAND许可费的计算原则之中。合理许可费原则是一个总体性的原则。无论是双方自行进行的专利许可，还是有法院主导的诉讼中所涉及的许可，其许可费用的计算都应该遵循合理许可费原则，其他许可费原则也必须建立在该原则的基础上（见图2）。

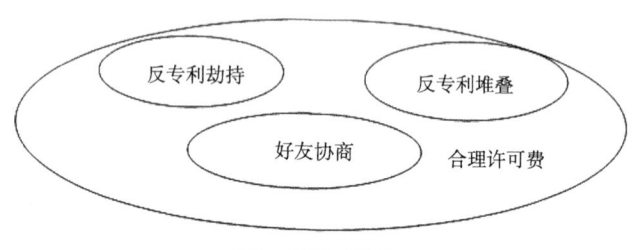

图2　四原则的关系

---

❶　《最高人民法院关于审理侵犯专利权纠纷案件应用法律若干问题的解释（二）》第24条规定："推荐性国家、行业或者地方标准明示所涉必要专利的信息，被诉侵权人以实施该标准无须专利权人许可为由抗辩不侵犯该专利权的，人民法院一般不予支持。推荐性国家、行业或者地方标准明示所涉必要专利的信息，专利权人、被诉侵权人协商该专利的实施许可条件时，专利权人故意违反其在标准制定中承诺的公平、合理、无歧视的许可义务，导致无法达成专利实施许可合同，且被诉侵权人在协商中无明显过错的，对于权利人请求停止标准实施行为的主张，人民法院一般不予支持。本条第二款所称实施许可条件，应当由专利权人、被诉侵权人协商确定。经充分协商，仍无法达成一致的，可以请求人民法院确定。人民法院在确定上述实施许可条件时，应当根据公平、合理、无歧视的原则，综合考虑专利的创新程度及其在标准中的作用、标准所属的技术领域、标准的性质、标准实施的范围和相关的许可条件等因素。"

❷　例如在"华为诉IDC"案中，法院根据标准必要专利的特点，基于华为和IDC都是ESTI（欧洲电信标准化协会（ETSI）是由欧共体委员会1988年批准建立的一个非营利性的电信标准化组织，总部设在法国南部的尼斯。ETSI的标准化领域主要是电信业，并涉及与其他组织合作的信息及广播技术领域。ETSI作为一个被欧洲标准化协会（CEN）和欧洲邮电主管部门会议（CEPT）认可的电信标准协会，其制定的推荐性标准常被欧共体作为欧洲法规的技术基础而采用并被要求执行）成员的基础，要求华为公司和IDC公司应当在遵守FRAND原则的前提下，进行友好协商，如若不能，可以请求法院再次裁决。在Ericsson v. D-Link案中，法庭认为一方所提供许可费不一定需要满足FRAND原则，但是必须秉承友好善意原则，而且在寻求禁令之前，应该有意愿去进行友好协商。在法院审理有关标准必要专利许可费用的问题时，应当在采取其他措施前组织双方当事人进行友好协商。

（五）FRAND许可费的计算基准❶

标准必要专利许可费的计算方法不是无源之水，无根之木，必然是在一定基准上形成的。美国已有多个判例涉及标准必要专利许可费的计算基数问题。计算基准的理论依据是"分配原则"，进一步发展为以"最小可销售单元"（SSPPU）为原则，以"整体市场价值原则"（EMVR）为例外的实践规则。该问题在中国尚未出现，但对于许可费的确定来说至关重要。

二、案例综述

（一）案例来源说明及分类统计

在我国，标准必要专利许可费问题的研究尚处于起步阶段，最具有代表性的案例便是我国的"华为诉IDC"案，❷ 学界和实务界对该案已经有大量的论述，因此本案例综述将不再赘述。但仅依靠这一个典型案例根本无法对标准必要专利许可费的问题进行全面而又深入的研究。反观美国，自2003年以来标准必要专利相关纠纷逐渐增多，据不完全统计，2010～2015年美国法院受理的标准必要专利纠纷案件超过100起。❸

---

❶ 该部分的具体内容请参见案例综述的附录二。

❷ 相关判决内容参见深圳市中级人民法院（2011）深中法知民初字第857号判决书、广东省高级人民法院（2013）粤高法民三终字第305号判决书。

❸ https://1.next.westlaw.com/Search/Results.html?query=standard-essential%20patent&jurisdiction=ALLFEDS&saveJuris=False&contentType=CASE&querySubmissionGuid=i0ad6ad3a0000015ae1335fa512658ca5&startIndex=1&categoryPageUrl=Home%2FCases&searchId=i0ad6ad3a0000015ae1335fa512658ca5&kmSearchIdRequested=False&simpleSearch=False&isAdvancedSearchTemplatePage=False&skipSpellCheck=False&isTrDiscoverSearch=False&proviewEligible=False&transitionType=Search&contextData=(sc.Search)，2017年4月25日最后访问。

需要特别说明的是，标准必要专利的问题绝不仅局限于许可费的确定，还包括专利信息披露、FRAND许可声明法律属性、禁令和反垄断等问题，但由于篇幅限制和文章分析内容的深度与精度，本案例综述中选取的均为较为典型的美国有关许可费确定的案例，并在案例的基础上总结出许可费计算的方法，期望能为学界带来一定的参考价值。

1. 案例来源说明

本文选取的案例来源于三个法律数据库：Hein Online法律数据库、Westlaw 法律数据库和Lexis Nexis法律数据库，关键词为："standard essential patents" AND "royalties" AND "license" AND（"FRAND" OR "RAND"），地区为美国，检索可得58条结果，由于样本基数不大，笔者对58条检索结果一一进行筛选，发现一部分案例仅将许可费作为一个很小的部分进行讨论，不具备很大的研究价值；还有一部分案例对许可费的同一内容进行重复讨论，笔者将其进行合并，最终选择20个较为典型的案例作为分析对象。

2. 案例分类统计

（1）案例地区分布统计。

为证明美国案例的代表性和前瞻性，笔者还对标准必要专利许可费相关的案例在全球的分布进行统计，统计结果如图3所示。美国的案例占全球案例总数的40%，不仅如此，笔者发现美国法院的判决书页数均在15页以上，而例如Microsoft v. Motorola和Apple v. Motorola这样的典型案例，判决书更是多达80页和48页。而其他国家和地区的判决书页数大部分不超过10页，虽然不同国家和地区的判决书的书写形式存在一定的区别，但也能一定程度说明美国案例的更具有复杂性、典型性和可研究性。❶

---

❶ 需要注意的是，这并不代表美国以外的案例并不具有代表性。德国的Mannheim District Court, 2 O 103/14, Decision of 10 March 2015 - St Lawrence Communication v. Deutsche Telekom一案，欧盟的CJEU, Case C-170/13, Decision of 16 July 2015, Huawei Technologies Co. Ltd v. ZTE Corp., ZTE Deutschland GmbH案和日本的Apple v. Samsung, Japanese IP High Court, Decision of 16 May, 2014, Case No. 2013 ［Ne］10043（This is an appeal case from the Judgment of Tokyo District Court, February 28, 2013 ［Case No. 2011 ［Wa］38969］）案，同样具有很强的代表性。出于篇幅所限和文章结构的考虑在此不单独讨论。

案例分布

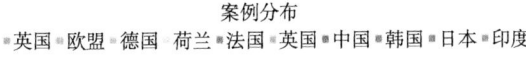

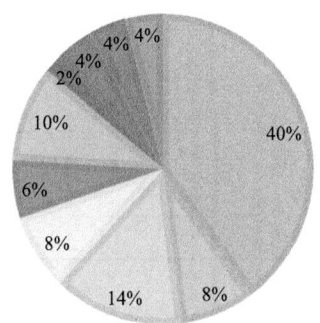

图3　有关标准必要专利许可费问题判决的全球分布

（2）美国案例的特征统计[1]。

表1　美国案例特征统计[2]

项目	合计	美国地方法院	美国国际贸易委员会
案件提交数量	111	83	28
未决案件数量	22	16	6
审结案件数量	88	56	31
案件转移数量	20	9	11
一审判决	10	1	9
驳回	45	34	11
其他，例如行政结案	13	13	0

[1] 资料来源：Gupta & Snyder（2014）。该表基于2000～2012年在美国活跃的20家智能手机制造商的详尽清单。该作者检索了2001～2013年美国地方法院（USDC）和国际贸易委员会（ITC）提交的2 746件案件。

[2] 自美国联邦巡回上诉法院在 Markman v. Westview Instruments, Inc., 517 U.S. 370（1996）一案的判决以来，美国专利侵权诉讼中就增加了这一程序，即在开庭前针对专利的权利要求进行解释的听证会，通常称为马克曼听证（Markman Hearing）。在该案中，法院认为对权利要求的解释，包括对权利要求中术语的解释属于法律问题，由法院管辖，而非事实问题，不由陪审团裁决。在听证过程中，法官根据双方提供的证据来确定权利要求中关键术语的含义。对于案件当事人，马克曼听证程序的意义在于一旦其在听证程序中胜出，便可以向法院申请不审即判，马克曼听证为当事人提供了一个避免庭审程序的机会。载：http://blog.sina.com.cn/s/blog_437bea670100c60s.html，2017年5月10日最后访问。

续表

项目	合计	美国地方法院	美国国际贸易委员会
已发现侵权专利的案件数量	7	1	6
获得禁制令的个案数量	8	2	6
给予赔偿的案件数量	1	1	0
有某种形式裁决的案件数量	14	5	9
有"马克曼听证"的案件数量	20	9	11
有一个或多个专利为SEP的案件数量	35	26	9

首先，该表反映出许可费纠纷问题的当事双方大多集中在移动通信和配件制造领域，例如摩托罗拉、微软、苹果、金桥、高通、爱立信、思科等。其次，案件一审结案率不高，很大一部分案件需要上诉，反映出案件本身的复杂性。再次，面对许可费纠纷问题时，禁令是一个非常谨慎的选择。最后，标准必要专利许可费的案件所占比重较大。

（二）案例要点概述——基于20个美国案例+1个英国案例[1]

此部分内容见本文附录二。

（三）公平合理无歧视"的许可费的计算方法

1. 比例贡献法（Proportional Contribution，又称Bottom-up计算法）

比例贡献法或者称为"Bottom-up"计算法来源于终端产品的价格。该专利构成标准的一部分，而一个又一个代表性的标准又构成了开发和制造商业产品所必需的一揽子标准的一部分。一个公司可以掌控的市场价格，需要考虑包括产品分布、间接费用、销售成本和其他附带的因素，从而告知专利被许可人产品的价值。

"Bottom-up"计算法是指，先确定实施本应该被纳入标准的潜在的合理替代专利的成本数，然后将该成本数除以侵权单元总数来确定每

---

[1] 此21个案例的概述，参考了Anne Layne-Farrar & Koren W. Wong-Ervin. 计算"公平、合理、无歧视"专利许可费损失办法［J］. 崔毅，侯磊，杨晨，译. 竞争策略研究，2015（3）:90-95的相关内容，对引用部分的内容不再一一注释，斜体部分内容即为引用内容。但由于篇幅所限，将该部分内容置于附录部分，以供参考。

单元许可费的最高数额。"Bottom-up"计算法尤其受到专利产品制造商的青睐，该方法在"In re Innovatio"案中被被告的专家证人提出用来计算"公平、合理、无歧视"的许可费。❶ 此案中，"Bottom-up"计算法考虑到标准必要专利相比于那些可替代的技术所多出来的价值，但遗憾的是，"Bottom-up"计算法所依据的可替代的专利，并没有被明确地指出，也没有相关的直接证据来证明其存在。因此，霍尔德曼法官认为，专利产品制造商们所提出的"Bottom-up"计算法，仅仅从经济学的角度去理解是正确的。因此，霍尔德曼法官没有采纳"Bottom-up"计算法，而是选择了"up"的计算方法。

2. 自上而下（又称Top-down计算法）

不同的许可费率范围还是可以与有关"公平、合理、无歧视"的不同考量因素相适应。例如在Microsoft v. Motorola案中，法院认为，"公平、合理、无歧视"描述了许可费率的范围，如果专利权人同意将许可费率确定在上述许可费率的范围内，则代表了专利权人愿意遵守FRAND承诺。❷

在其他案件中，原被告双方通常会要求法院确定损害赔偿金，所以法院必须计算出一个具体的许可费率。❸

霍尔德曼法官采用了如下"三步法"确定了"公平、合理、无歧视"的许可费：第一，他考虑到该专利对技术标准的重要性；第二，他考虑到被诉侵权人的被指控侵权产品的重要性；第三，他审查了可以与

---

❶ In re Innovatio IP Ventures, LLC, 921 F. Supp. 2d 903（N.D. Ill. 2013）.

❷ Microsoft Corp. v. Motorola, Inc., 854 F. Supp. 2d 993（W.D. Wash. 2012）.Microsoft Corp. v. Motorola, Inc., 854 F. Supp. 2d 993（W.D. Wash. 2012）.

❸ 值得注意的是，在"In re Innovatio"案中，制造商们提出用"Top-down"计算法来确定具体的许可费率：考虑到此案中的终端产品至少含有一个WiFi芯片，法院应当确定在一段时间内，WiFi芯片销售价格的加权平均数（weighted average）。然后，法院应当确定该销售价格占芯片制造商们的平均营业收益的百分比，然后依据所得百分比进行许可费的分配，由此得到的结果代表了所有标准必要专利的最高许可费，以此来说明在这种情形下的专利技术特征。这种方法确定的是在每个WIFI芯片上要支付0.72美分到3.09美分之间的许可费，这显著少于Innovatio公司提出的许可费。 根据双方之间产品的订单，Innovatio公司认为应当平均支付的许可费大约如下：每一个接入点（access point）3.39美元，每台笔记本电脑4.72美元，每台平板电脑最多16.17美元，每套库存跟踪装置（例如条形码扫描仪）最多36.90美元。

该专利相比较的专利（可比较专利，comparable patents）的许可情况，可比较的专利是通过第一步和第二步的结论从而确定的。

霍尔德曼法官采用"Top-down"计算法。要计算出每一个WiFi芯片的平均售价，大致步骤是：❶ 首先，找到使用相关标准必要专利的WiFi芯片的平均售价。其次，通过终端产品的芯片的平均售价，计算出通常情况下芯片制造商所能获取的平均利润（这一部分利润是可以用来支付"公平、合理、无歧视"许可费的）。再次，将该获取的利润假设为芯片制造商就该芯片所愿意支付许可费的上限。因为假设超过这个上限，芯片制造商就无利可图而不愿意从事这个行业。这种假设不与"假想谈判"和"Georgia-Pacific 因素"的精神相违背。最后，将涉案标准必要专利的数量除以802.11标准所有标准必要专利的数量，得到一个比例，并乘以该芯片所能获取的平均利润。该计算结果即为"公平、合理、无歧视"许可费。在最后这一步骤计算时，上述比例的分母——所有标准必要专利的数量是可以改变的，因为不同标准必要专利之间的价值是不同的，即可以考虑各个标准必要专利的重要性而给予不同的权重。❷

上述最终确定的许可费是每单元3.471美分许可费的3倍。霍尔德曼法官认为，9.56在Microsoft v. Motorola一案中确定的0.8～19.5的范围内。但是，拒绝找到终端产品价格的百分比，"Top-down"计算法对标

---

❶ In re Innovatio IP Ventures, LLC Patent Litig., MDL No. 2303, 2013 WL 5593609, at *23-24 ff.（N.D. Ill. Oct. 3, 2013）（sealed version filed Sept. 27, 2013）.

❷ 具体应用到本案如下：

第一，根据相关市场研究公司的调查报告，计算出侵权期间（1997～2013 年）每一个终端产品的芯片平均价格是14.85美元。依照市场研究报告，事实上芯片平均价格应该是3.99美元。这是因为相关标准的广泛适用，采用该标准的芯片需求量大增，导致芯片的产量大幅提升而价格大幅滑落。法院认为这是技术标准所带来的效应，在考虑FRAND 问题时都应该把技术标准所造成的效应去除，而应考量涉案专利在没有被纳入标准之前本身的价值。同时，原被告双方在1997年时均无法预料，802.11 标准能如此成功。法院在综合权衡后，将芯片平均价格认定为14.85美元。

第二，法院依据参考博通公司（Broadcom Ltd.）从2000～2012年的数据认定相关芯片所获利润的平均值为12.1%。

第三，参考有关顾问公司的报告，法院确认802.11 技术标准中包含约3000 件标准必要专利。Innovatio 公司的19个标准必要专利在整个802.11 标准的必要专利中是属于最重要的10%。而对于电子类专利技术，最重要的10%专利可以贡献全部专利价值的84%。综上，法院计算出FRAND 许可费为14.85美元×12.1%×（19/（3000×10%）×84%）=9.56 美分。

准必要专利持有人规定了一个对其不利的许可费下限。❶

3. 部分许可费堆叠法（又称Component Royalty Stack 计算法）

在GPNE v. Apple案中，GPNE试图取消苹果公司计算赔偿数额的专家证人迈耶（Meyer）的资格，迈耶提出了自称为Component Royalty Stack 的方法，通过GPNE和APPLE之间的假想谈判，来计算合理的许可费，该方法包含以下五步：第一，选择基带处理器作为最小的可销售专利实施单元（patent-practicing unit），作为专利许可费的基础；第二，确定基带处理器的供应商制造基带处理器芯片的利润；第三，评估对于实施GPRS和LTE技术标准来说至关重要的专利家族的数量；第四，用基带处理器供应商的利润除以上述专利家族的数量，得到每一个被分配的专利家族的利润；第五，通过审查Georgia-Pacific因素来推断，是否每一个被分配的专利家族的利润是合理的。

综上所述，法院认为迈耶提出的计算方法足够可靠地满足了Daubert规则，❷ 同时驳回了GPNE关于取消迈耶专家证人资格的请求。

但GPNE认为Component Royalty Stack 计算法并不适合本案所涉及的专利，有以下四点原因。

第一，GPNE主张，Component Royalty Stack计算法所采用的基础

---

❶ 然而，"Top-down"计算法的优势在于：首先，该方法说明了"无歧视"和"反专利堆叠"（non-royalty stacking）的许可原则，通过把芯片制造商的每一个芯片的利润率作为最有可能的许可费。其次，该方法分配了Innovatio 公司的专利技术特征，而没有依靠其他许可的可能也不可能对完成分配具有可比性的信息。最后，这个方法需要可以证实的参数（data points）作为输入，如标准必要专利的数量，每一个芯片的评价价格，芯片制造商的平均利润。这种方法可以让法院以客观的考量和可靠的假设（sound hypotheses）作为许可费率的依据，而不是仅仅依靠猜想确定许可费。

❷ Daubert v. Merrell Dow Pharms., Inc., 509 U.S. 579, 589（1993）. 该案确定一个一般的规则，一个证据必须是可靠的而且具体的，而不是一种猜想或者推测。当考虑一个介绍科学技术或者其他专业知识的专家证言时，"初审法院（the trial court）的表现就好比是一个守门员（gatekeeper），它通过评估专家提出方法可靠性（soundness）来排除伪科学（junk science）"。在美国，证据的采纳是通过《联邦证据规则》第702条规定的Daubert标准来进行，该标准要求法院在适用Daubert 标准时应当考虑以下几个因素：（1）是否该理论或者技术能够或者已经能够经得起考验；（2）是否该理论或者技术已经受到同行评审（peer review）或者公开出版；（3）该理论或者技术已知或者潜在的错误率；（4）该理论或者技术是否在科技界（relevant scientific community）被普遍接受（general acceptance）。如果一个专家证言满足了上述条件，则专家可以作证，以便陪审团可以决定给予该证词多大的证明力（how much weight to give that testimony）。

专利数量的做法，被地区法院在审理Microsoft v. Motorola案和"In re Innovatio"案所批判。专利数量，或计算对标准来说必要的专利数量，并且通过用标准技术的价值除以对标准来说必要的专利数量，来确定每一个专利的价值的方法是不准确的，因为这种方法没有考虑到本案所涉及的专利，相对于其他标准必要专利的价值。❶❷

第二，GPNE认为迈耶提出的方法对待GPNE的专利就好像这些专利被赋予了公平合理无歧视的许可承诺一样。法院认为GPNE的主张应当注重证据的重要性而非可接受性（goes to weight and not admissibility）。但事实上GPNE的专利并没有公平合理无歧视的许可承诺。

第三，GPNE认为迈耶的方法并没有考虑由Fairfield公司鉴定的800个专利家族，苹果是否已经拥有或许可使用了。

第四，GPNE认为苹果没有提供任何同行评审的（peer-reviewed）论文或者其他法院的观点来支持这种计算方法。❸

4. 增值量法（又称Incremental Value）

增值量是指实施那些已经有专利权的技术特征的标准所带来的价值。需要公平合理无歧视的许可费目的是把专利权人要求的许可费限制在专利本身的价值内（例如，基础技术价值），而与专利被认定为标准必要所带来的附加价值（例如，通过专利劫持所获得的价值）相区分。❹ 然

---

❶　虽然专利数量的证明力有限，但只要专家根据本案专利相对于其他标准必要专利的价值，便可以调整最终的许可费，所以采用专利数量这一做法本身不是排除的理由。正如Meyer提出的那几个步骤也不是仅仅依靠专利数量，他也提到了通过例如说明本案中的专利对标准的贡献，通过审查Georgia-Pacific因素来衡量许可费的合理性，以此来确定最终的许可费，法院不能仅仅因为Meyer的证言中包含了专利数量就加以排除。之所以要排除专利引文数量这一方法，是因为在专利池中，93%的引文都可归因于不主张权利的专利（non-asserted patent）。所谓non-asserted patent，这类专利并非用来使用，而是用来对抗第三方的专利。其通常被用来制作专利侵权和解协议，目的是预先解决未来的专利侵权纠纷。美国法院认为，在庭审质证环节，证明力弱但可以被接受的证据通常是攻击的对象，但如果有相反的证据和关注到举证责任的证据，则不能对这类证据进行排除。

❷　Primiano v. Cook, 598 F.3d 558, 564（9th Cir.2010）（citing Daubert, 509 U.S. at 594, 596）.

❸　GPNE Corp. v Apple Inc., No.: 12-CV-02885-LHK, US District Court of the Northern District of California, August 6, 2014.

❹　e.g., Apple Inc. v Motorola Inc., 757 F.3d 1286（Fed. Cir. 2014）；In re Innovatio IP Ventures, LLC, 921 F. Supp. 2d 903（N.D. Ill. 2013）.

而，在美国的判例中，增量值法的使用作为一种为计算FRAND许可费率的重要基准（benchmark），却往往将两个观点混为一谈。正确的做法是对这两个观点应当独立进行分析，即先分配专利的独立价值，然后在最佳可替代（the next-best alternative）技术的基础上增加上述的增值量。❶

在Microsoft v. Motorola案中，罗巴特法官认为，在FRAND的义务下，进行假想谈判的合理方（the reasonable parties），不应当考虑那些已经被纳入标准中的专利技术有关联的价值，而是要考虑专利技术本身的经济价值——基于该技术对于标准贡献的价值和专利实施者生产出的专利产品的本身的价值。❷

在Ericsson v. D-Link案中，地区法院认为没有必要对涉案专利确定一个合适的RAND费率，因为陪审团已经确定了一个合理的许可费，并且有充分证据支持陪审团的判决，并且陪审团也考虑了爱立信公司的RAND 义务；❸ 但联邦巡回上诉法院认为，陪审团被要求必须考虑：发明技术本身的价值增量和发明标准化带来的价值增量之间的不同，区别考虑技术发明增加的价值与该发明被纳入标准后增加的价值，即陪审团要考虑的是来源于技术优越性（technology's superiority）的价值。因此，有必要把技术标准化带来的价值从技术被纳入标准之后所带来的价

---

❶ 增值量和基本量（essentiality）的区别在于，基本量是一个技术本身所固有的价值（inherently valuable）而非在技术用于商业所产生的一些琐碎的价值（commercially trivial）。这其中，第一种观点是，专利独立的价值，是反映FRAND许可费率应当是双重分配需要：首先，和其他合理许可费的案件一样，许可费应该在该标准中的专利技术特征和其他技术特征中进行分配，具体包括没有专利保护的技术特征（unpatented features）和被其他专利所保护的技术特征。其次，要突破传统的分配方法，法院会采用一种额外的分配方案（additional apportionment），即在专利的固有价值（intrinsic value）和将专利纳入标准的那一部分产生的相关价值中进行分配。只有专利本身的价值，例如，没有在标准之中的那一部分专利的价值，才是FRAND许可费的基础。在Microsoft v. Motorola案、Ericsson v. D-Link案中法院用不同的表达重申了这个原则。第二种观点认为，专利技术优越性，不仅是指专利相对于现有技术（prior art）的优势，而且是指通过被当时可替代的技术中覆盖的，被采纳为标准的技术方案（technical solution）所带来的优势。

❷ Microsoft Corp. v Motorola, Inc., Order of Findings of Fact and Conclusions of Law, April 25, 2013, No. 10-cv-1823 at para 258（W.D. Wash.）.

❸ Ericsson, Inc. v. D-Link Sys, Inc., No. 10-CV-0473（E. D. Tex. 2013）

值中分离出来。❶

通过上述两种观点的表达，在了解专利价值增量的概念之后，笔者更赞同第二种观点，即价值增量是专利被纳入标准之后的价值与最佳可替代技术的价值相比较之后得来的。

因此，在假想谈判中依据第二种观点，Robart法官在Microsoft v. Motorola一案中澄清道：对于承诺履行FRAND义务来确定标准必要专利的合理的许可费率，必须基于专利技术本身的价值，这必然需要考虑专利对标准技术的重要性和贡献。如果一个可替代的技术与专利技术相比，前者可以为标准技术提供相同或相似的技术贡献（technical contribution），那么该专利技术提供的真实价值正是该专利价值增量的贡献。❷ 因此，通过对该专利技术与SSO❸ 本应该写入标准的可替代技术进行比较，是确定公平合理无歧视许可费的重要因素。这种合理的推理暗示出，如果一个不同的技术方案也为标准技术提供了价值，那么该价值应该从损害赔偿金的数额中全部移除。这意味着假设SSO本可以免费将一个可替代技术纳入其标准中，在假想的谈判中，与其愿意为该技术的优越性的绝对价值（strict value）支付对价，不如为其最终选择的优势技术支付对价。

在"In re Innovatio"案中，霍尔德曼法官进一步分析道，假设可替

---

❶ 具体的做法是：首先，有专利的技术特征必须从在该标准中所反映的所有不受专利保护的技术特征之间进行分配。其次，专利权人的许可费必须基于有专利的技术特征的价值，而不是通过专利技术被标准采纳所增加的价值。因此，对标准必要专利侵权损害赔偿额度必须以试图获取（capture）本案涉及的专利的价值作为依据：不是标准技术被广泛采用而获得的价值增量，而仅仅是从技术优越性中获得的价值增量。综上所述，当一个技术被纳入标准，它通常是从其他不同的技术选择中被选中的。一旦被纳入和被广泛采用，并不是因为它是最好的或唯一的选择，而是因为使用该技术是符合标准所必需的。换句话说，标准必要技术被广泛采用并不全是因为发明相比在先技术增加的有益效果。联邦巡回上诉法院认为标准必要专利的许可费应该反映其技术贡献的近似价值，而不是归功于标准化的广泛采用的价值。

❷ Judge Robart in Microsoft Corp. v Motorola, Inc., Order of Findings of Fact and Conclusions of Law, April 25, 2013, No. 10-cv-1823 at para 80（W.D. Wash.）.

❸ SSO, 又称SDO, Standard Development Organization（also Standard Setting Organization）标准制定组织（即标准设定组织）。是制定（设定）技术标准的组织。包括正式的SDO和非正式组织；SSO与其他的标准化组织不同，像ANSI这样的组织不会制定自己的标准，而是认可其他组织制定的标准；像3GPP这样制定技术规格的组织，是由其他组织制定的标准作为标准。

代专利技术的所有人可以免费提供该技术，或者假设两个有竞争关系的专利所有人不再进行竞争，这两种假设都是不合理的。关于适用增量法类似问题在其他案例审判中被提及。同样在Microsoft v. Motorola一案中，罗巴特法官指出，做事前分析（ex-ante-analysis）存在实际困难，不仅仅是SSO实际上并没有把这种谈判作为标准制定过程的一部分。考虑到"明确的多边事前谈判不能在许多SSO的主持下进行"，增值量法缺乏"现实适用性"（real-world applicability），❶ 对于法院的执行而言是不切实际的。

5. 假想谈判法（又称Hypothetical Negotiation）

假想谈判法是美国法院最早并最广泛使用的确定专利许可费的方法。其最早在Georgia-Pacific v. Plywood一案中提出。假想谈判法并非针对公平合理无歧视的许可费而提出，它是在解决一般专利侵权损害赔偿的背景下提出的。其含义是：在发生侵权之前（the eve of the infringement），在愿意许可专利的许可人（即专利权人）要求支付的许可费与愿意被许可的被许可人（侵权人）愿意支付的许可费之间，来确定合理的许可费用。为了确定合理的许可费，在该案中法官列举了15个具体的判断因素，学界称为Georgia-Pacific因素。在大多数案例中，Georgia-Pacific因素通常被用来确定一个许可费的百分比（即许可费率），确定这个百分比之后，乘以侵权销售金额确定合理的许可费。这15个因素虽然不够详尽但可以被理解，所以坦尼（Tenney）法官特意强调道，不同因素的考虑方式和程度由事实审查者（the fact finder）自由裁量。❷ 因此，Georgia-Pacific因素不是作为一个测试法（test）或者公式（formula）来确定专利侵权损害赔偿，而是一种可复制的方法，可以根据具体的案件灵

---

❶ 因为把专利价值和它对某项标准所具有的贡献而带来的增值联系起来的计算方法很难实现：假设你在这项标准中取出一个专利并放入另一个替代专利，原来的标准很有可能已经改变。

❷ Georgia-Pacific Corp. v. United States Plywood Corp., 318 F. Supp. 1116 at 1120-1121（S.D.N.Y. 1970）.

活地加以调整。❶❷

　　在CSIRO v. Cisco案中，联邦巡回上诉法院认为，公平合理无歧视的许可费率的计算必须降低（discount）一个专利被纳入标准之后而产生的价值——这个要求不适用于其他确定合理许可费的案件。法院认为，确定公平合理无歧视的许可费所需要的分配，反而超过了被要求计算来分配的通常合理许可费，适用Georgia-Pacific因素并不能很好地计算出标准必要专利的合理许可费。在这方面，联邦巡回上诉法院没有把有关的额外分配请求局限在仅仅承诺FRAND义务的标准必要专利中，而把额外分配请求的范围扩大到所有的标准必要专利。❸

　　而在Apple v. Motorola案中，Georgia-Pacific因素在FRAND的情形下的通用（实用）性（utility）和经济准确性（economic accuracy）进一步受到质疑。❹ 波斯纳（Posner）法官不愿意在该案中适用Georgia-Pacific因素。波斯纳法官承认，如果一些因素涵盖了许多合理的构成要件，如任何以事实为依据，以数据为支撑的，用以评估许可费的要素，无论这些要素在不在FRAND情形中，均应当被考虑。例如，许可的性质和范围（因素3）通常对评估许可费至关重要：更广泛的权利（覆盖更广的相关司法管辖区（jurisdictions）或包括更多标准）为被许可人提供更多价

---

　　❶　在过去的30年中，从1982年建立联邦巡回上诉法院开始，Georgia-Pacific因素便成为计算合理许可费的首选方法。这些因素在美国法院评估合理许可费，并以此为基础来确定专利侵权损害赔偿金时经常被引用，并且被提出作为一个可行性分析的框架用来评估公平合理无歧视的侵权损害赔偿金。在合理调查的基础上，这些因素有助于确定公平合理无歧视许可费率的具体数值和标准目标。例如一些因素会影响议价范围的确定（如因素1, 2, 4, 5, 6, 7, 8, 9, 11, 12, 13），其他因素（因素3, 10）影响在已经确定的议价范围内具体确定一个许可费率点。也就是说，其结果是，能够在证明过程中，确定许可人（专利权人）能够接受的许可费的最低下限以及被许可人（侵权人）愿意支付的许可费的最高上限，即议价范围的上限和下限。Georgia-Pacific因素最终的结果是：依据双方的议价能力，在许可人与被许可人之间划分出各自的盈余（the surplus）。

　　❷　然而在最近的一些案例中，Georgia-Pacific因素面临着一些批评的声音。有观点认为，这15个因素具有模糊的特点，而且继续发展下去会面临这样一种风险：每一个案件都被强制性地要求通过Georgia-Pacific因素加以审查。换言之，虽然Georgia-Pacific因素提出了许多潜在的相关问题，但是没有说明解决这些问题的答案彼此之间的权重。

　　❸　CSIRO v Cisco, 809 F. 3d 1295（Fed. Cir. Dec. 3, 2015）.

　　❹　Apple, Inc. v Motorola, Inc., 869 F. Supp. 2d 901 at 911（N.D. Ill. 2012），affirmed and revised in part by Apple Inc. v Motorola, Inc., 757 F.3d 1286（Fed. Cir. 2014）.

值，因此许可人可以控制更高的许可费率。而对于其他涉及标准必要专利的许可（因素1）可以提供以市场为基础的数据点，以便产业中的各方实际操作，评估在专利诉讼中（patents-in-suit）的许可费。❶

虽然经过一个个案例的考验，Georgia-Pacific因素也没有被完全否认，依然在一定的限度内为后续的案例提供指导。尤其值得注意的是Microsoft v. Motorola一案。针对802.11和H.264 WiFi的技术标准，法院通过详细的司法认定，第一次确定了对公平合理无歧视的许可费率。

罗巴特法官认为，Georgia-Pacific因素依然是司法确定程序中的一个有用的起点，尤其是通过对假想谈判结果的分析作为基础来确定许可费的计算方法。然而，罗巴特法官也发现了许多Georgia-Pacific中的因素与公平合理无歧视的原则背道而驰。例如，在因素4中："……许可人的既定政策和营销计划，可以通过拒绝许可他人使用发明或者在一些特殊的情况下许可给他人，旨在维持其垄断地位的手段，来维持其专利权的垄断地位。"这明显违反了FRADN原则防止垄断的目的。因此罗巴特法官对Georgia-Pacific因素加以修改后继续适用，来解释FRAND承诺情形下的适用与被诉侵权的专利对供应的专利产品整体而言的价值增量。在此案的审理中，罗巴特法官开创了一个司法先例：通过把合同法中的法定契约原则（legal-contractual principles）适用到这种"经济协定"（economic arrangements）——构造双方许可的谈判。通过把FRAND义务视为一种合同关系，法院采用了一套广泛合法的并且经过分析的原则

---

❶ Apple, Inc. v Motorola Mobility, Inc., 869 F. Supp.2d 901, U.S. District Court, N.D. Illinois（2012）.

来部署更为合理的条款，❶ 对Georgia-Pacific因素进行了修改。❷

6. 比较许可法（又称Comparable Licenses）

评估专利价值的另一个可靠方法，是通过使用具有足够可比性的专利许可，因为这种方法从本质上（inherently）解释了假想谈判时的市场状况，包括一些难以评估的因素，例如可获得的成本，不侵权的可替代技术等。在具体案件的审理过程中，只要有一些"把在先许可的许可费率和特定的假想谈判相结合起来的事实依据"，就能够采纳可比较的专利许可。❸

在Realtek v. LSI案中，Whyte法官引导陪审团去考虑是否存在其他的专利许可，能够比得上在本案中的两个承担FRAND义务（FRAND-encumbered）的802.11专利。❹❺

在Ericsson v. D-Link一案中，排除现实情况外，相关的专利许可是难以被接受的，因为对专利权人来说，不可能依靠（resort）以许可为基础的相关证据。在这一方面，联邦巡回法院认为，在本案中提出的任何关于许可问题，都可以归因于这些许可的证据的重要性，而非证据的可

---

❶ Microsoft Corp. v Motorola, Inc., No. C10-1823JLR, 2013 WL 2111217, at *54–65（W.D. Wash. Apr. 25, 2013）. The reference is to the Order of Findings of Fact and Conclusions of Law by Judge James L. Robart, April 25, 2013, No. 10-cv-1823（W.D. Wash.）.

❷ 具体修改如下：（1）许可人在专利池中收到的许可费率；（2）被许可人为使用与该专利相差无几的其他专利而支付的费率；（3）许可的本质和范围；（4）专利对标准的贡献和标准对产品的贡献；（5）替代当前的专利技术；（6）证明专利对其持有人和其实施者的利益和价值的证据；（7）许可承担FRAND义务的专利的商业习惯，该商业习惯不包括没有承担FRAND义务的专利；（8）标准必要专利的持有人有义务按照RAND条款许可其专利，许可方和被许可方通常同意在自愿的基础上达成协议，以避免专利劫持或者许可费的堆叠；该"修改"版本的Georgia-Pacific因素（也称为"合同法模式下的Georgia-Pacific因素"）是第一个有效认定RAND承诺的司法方法。它提供了一个可靠、可行的框架（framework）：只要考虑到一些定量和定性指标，就可以评估在许可谈判周围的所有情形。（Georgia-Pacific因素修改前后的对照表参见附录）

❸ Apple Inc. v Motorola Inc., 757 F.3d 1286（Fed. Cir. Apr. 25, 2014）.

❹ Realtek Semiconductor Corp. v LSI Corp., 946 F. Supp. 2d 998, United States District Court, N.D. California（2013）.

❺ 在确定其他可比较的专利许可时，可以考虑以下几个因素：（1）在许可协议中包含的专利；（2）许可专利的日期；（3）使用被许可专利技术的任何限制；（4）许可协议中包含的其他考虑因素；（5）该许可是否为解决诉讼或仲裁的一部分；（6）许可费是一次性支付还是通过流动的（running）许可费率支付；（7）合格专家的证言。

行性。与此同时，法院也强调，不管怎样，在先许可与侵权行为几乎从未完全类似（analogous）。例如，比较许可可能会覆盖的专利比诉讼中有争议的专利更多，包括交叉许可条款、外国知识产权或者在本案所审议的，作为一个多组件产品的价值的百分比来计算。因此，当引用这些依靠许可的证据来评估发明专利时，必须解释这些有区别的事实。❶❷

最近的一个判决质疑了比较许可协议——关于公平合理无歧视许可费的确定中作为一个关键证据标准的证据能力（admissibility）。在CSIRO v. Cisco一案中，地区法院在一审中否决了由第三方被许可人提出的许可协议的任何应用，因为该许可协议不具有可比性的原因在于，其是由CSIRO的研发专家和CSIRO昔日的科学家之一作为有关各方而精心制作的。上述协议，在Cisco和CSIRO之间进行任何假想谈判之前已经存在很长时间了，许可费率是以WiFi芯片的价格为基础，而不是由标准必要专利所体现的发明价值。有趣的是，地区法院在驳回所提出许可费率的同时，使用在后许可作为假想谈判的结构基础，因为所有的许可所依据的是，通过对专利数量的折扣（volume discounts）而确定的每一个单元的许可费。在上诉后，联邦巡回法院驳回了地区法院的大部分推理，并指出：一个许可不能因为其已经选择的许可费的基准，而单独地将其从事实审查者的考虑中排除。❸

此前，在Microsoft v. Motorola一案中，由于种种原因，第九巡回法庭维持地方法院关于排除摩托罗拉作为缔约方的比较许可协议。❹❺

---

❶ Ericsson v D-Link，773 F.3d 1201 at 1228（Fed. Cir. 2014）。

❷ 在不同的情况下，地区法院必须评估案件中提出的证据、证词和论证在多大程度上，不公正地偏离（skew unfairly）陪审团职责：侵权损害赔偿的分配仅仅解释为归因于侵权技术特征的价值。当专家证言向陪审团解释道：需要降低（discount）对给定的许可的依赖，而只考虑归因于被许可专利技术的价值，仅仅依靠在分析中提及的多组分产品的价值为依据的许可（和地区法院行使其自由裁量权不是为了排除证据）是一个不可挽回的错误（not reversible error）。

❸ CSIRO v Cisco，809 F. 3d 1295 at 1307（Fed. Cir. Dec. 3, 2015）。

❹ 协议中包括以下事实：（1）双方订立关于解决正在进行的侵权纠纷的协议；（2）包括交叉许可和专利费率代表的所有摩托罗拉专利（包括标准必要专利和非标准必要专利）的混合费率，包含在协议中涵盖的产品；（3）包括许可费的上限，在摩托罗拉和微软的假想协议出现之前，为摩托罗拉的已经失效的专利提供许可。

❺ Microsoft Corp. v Motorola Inc.，795 F.3d 1024 at 1044（US Court of Appeals for the Ninth Circuit 2015）（Microsoft Ⅱ）。

31

在美国，至少有两个案例提到，专利池许可（pool licenses）是否提供了有关公平合理无歧视许可费率的价值信息的问题。

在Microsoft v. Motorola案中，罗巴特法官使用两个专利池许可作为比较许可。尚未在市场上广泛覆盖的IEEE 802.11技术的专利池（Via Licensing pool，已经通过许可的专利池）被认为缺乏足够的证明力，不适合作为比较许可的专利池。然而在H.264技术的专利池中，由于专利池中包含大量专利持有人，因此可以被认为是合适的比较许可。判决认定，专利池的许可费率通常低于由双边通过协商共同确定的许可费率，特别是因为一些专利池中的成员，从其他专利池成员的手中获得了不同于许可费收入的其他利益（如grant-backs，笔者译为回扣）。❶❷

霍尔德曼法官在"In re Innovatio"案中，也使用一个非常相似的论证方法得出结论：相同的IEEE 802.11技术的专利池（已经通过许可的专利池）并不构成该案中争议专利的比较许可，因为这些专利被认为具中-中高的重要性（moderate to moderate-high importance）。此外，已经通过许可的专利池，没有相对成功地吸引许可人，因此限制了确定公平合理无歧视许可费率的实用性。❸

三、结　　语

在今后一段时期内，标准化工作的持续推进是必然的，这不仅可以给社会公众在生活中带来极大的便利，也可以为专利持有人带来丰厚的经济回报。随着越来越多的专利技术将被纳入标准，其背后的法律纠纷

---

❶　Microsoft Corp. v Motorola, Inc., Order of Findings of Fact and Conclusions of Law, April 25, 2013, No. 10-cv-1823 at paras 425 ff., 465 ff.（W.D. Wash.）.

❷　此外，许多专利池，包括用作比较许可的专利池，采用的是专利数量共享规则（patent-counting sharing rules），因此不能说明每个专利的重要性。基于以上观点，摩托罗拉反对使用专利池许可作为比较许可，因为它认为专利池中的专利可能具有较低的重要性，因此不能为真实且具有可比性的许可费率提供可靠的证据。然而法院认为，摩托罗拉需要事实证据来证明专利池中专利的质量较低。因为在这种特殊情况下，专利被确定为标准必要专利并不是最重要的（minor significance），所以专利池许可可以被视为比较许可。

❸　In re Innovatio IP Ventures, LLC Patent Litig., MDL No. 2303, 2013 WL 5593609, at *69-70（N.D. Ill. Oct. 3, 2013）（sealed version filed Sept. 27, 2013）.

会愈演愈烈：从许可的角度来说，存在专利劫持与专利反劫持的问题；从禁令的角度来说，存在是否颁布禁令，颁布多长时间、何种内容的禁令的问题；从许可费率确定的角度来说，存在计算基准和计算方法的适用问题；从FRAND承诺的法律属性来说，又存在《合同法》《竞争法》《专利法》等不同法律适用的问题。此外，具备一定的经济学与相关技术领域的知识对于这类案件的解决也不可或缺。因此，标准必要专利许可费的确定，无论是经验丰富的美国法官，还是初出茅庐的中国法官，对于他们都是极大的挑战。

不仅如此，随着我国企业"走出去"与"一带一路"倡议的持续推进，会有更多企业进入欧美市场，也会有更多跨国企业进入我国市场。对前者而言，进入布满专利地雷的市场难免会构成对专利的侵权，特别是对于标准必要专利而言，无论是接受许可还是颁布禁令，都会严重损害我国企业的利益（如华为在欧洲的多起诉讼）；对后者而言，跨国企业往往掌握着核心技术与持有大量专利，其往往会不正当利用FRAND承诺，滥用市场地位，严重威胁到我国企业的利益（如华为与IDC、西电捷通与索尼）。值得欣慰的是，无论是政策立法层面（如《最高人民法院关于审理侵犯专利权纠纷案件应用法律若干问题的解释（二）》《国家标准涉及专利的管理规定（暂行）》《标准化法》等），还是案件审理（如上述两案）层面，我国都在积极跟进。虽然和美国相比仍有较大差距，但有今日之成就，实属不易。不仅如此，标准必要专利许可费的问题，既是学术论文研究的热点，也是各大研讨会上的主题，可见该问题在学界的研究热度也是前所未有的。本文以文献综述和案例综述的形式，对上述问题进行梳理与分析，引入不少国外的研究成果，试图对该问题的研究贡献绵薄之力。

附录一：Georgia-Pacific 因素修改前后的对照表

序号	Georgia-Pacific因素	Robart法官的调整
1	专利权人曾获得的实际许可费	FRAND许可承诺下专利权人对涉案专利曾获得的许可费
2	被许可人就与系争专利类似的专利支付的许可费	被许可人曾就实施与系争专利类似的其他专利所支付的许可费
3	专利许可的性质与范围	未调整
4	专利权人通过拒绝许可或者附条件许可的方式以维持其垄断的既定政策与市场计划	不再考量，拒绝许可与FRAND原则不符
5	许可双方的商业关系，是同业竞争者还是开发推广的关系，竞争关系越直接，合理许可费越高	不再考量，许可双方未必存在商业上的竞争关系，且根据商业关系来确定许可费与FRAND原则不符
6	销售专利产品对被许可人的其他商品销量的促进，对许可人非专利产品销量的促进，包括专利产品的衍生和辅助性产品	被授权专利的发明促进许可人和被许可人其他产品的销售，仅需关注专利自身的价值，而非专利标准化所获得的额外价值
7	专利有效期和许可条件	不再详加考虑，FRAND许可可就多个专利"打包"许可，不会因为单个专利的有效期而改变许可费率
8	专利产品现行盈利能力，商业价值以及市场普及率	由于该专利所造成产品利润、商业成功和知名度，仅需关注专利自身的价值，而非专利标准化所获得的额外价值
9	专利技术与原有可达到类似技术效果的产品相比的优势，所创造的有益效果	在标准制定前，该专利技术相较于其他替代技术所具有的效用和优势
10	专利的性质，与商业结合的情况，为专利权人带来的利益	该专利对于标准的贡献，以及该专利对许可人和被许可人产品的贡献，仅需关注专利自身的价值，而非专利标准化所获得的额外价值
11	侵权人利用该专利技术的程度以及获益	
12	在特定的商业活动或者可比较的商业活动中，系争产品或者其可比较的替代产品的售价与利润率	涉案专利或者类似专利许可在商业活动中的利润或售价的比例
13	系争专利带来的利润	发明本身实现的利润，不再考量非专利因素、制造工艺、商业风险、侵权人增加的特征或改进，以及专利被纳入标准所增加的价值

序号	Georgia-Pacific因素	Robart法官的调整
14	具有资格的专家证言	合格专家的证言意见
15	假设许可双方在侵权开始前自愿协商所确定的合理许可费	在侵权开始时，如果许可人和被许可人按照FRAND承诺的合理意愿尝试达成合意，所能得到的许可费数额

附录二：案例要点概述——基于20个美国案例+1个英国案例

1. Seymour v. McCormick, 57 U.S. 480 at 490-491（1853）

关键词：分配（Apportionment）原则

分配并不是要求计算具体的许可费率。美国联邦最高法院认为，如果在发明专利与现有技术之间分配价值之后没有计算专利侵权损害赔偿，那么一个出售复杂装置的机械师是十分不幸的，因为他可能被迫向对该复杂机械进行微小改进的十几个或者更多的发明家，支付3倍于其利润的价款。不考量专利是否涵盖整个机器或是机器的改良而用相同规则来计算损害赔偿，是个很严重的错误。Seymour案是美国联邦最高法院首次关注分配的案件，体现了对赔偿数额的限制。法院认为在确定侵权赔偿时应关注被侵权专利是覆盖整个机器还是仅对机器上某个部分改进的覆盖。仅当专利覆盖整个机器时，专利权人才有权就由侵权所致销量减少的全部利润获得赔偿。Seymour案确立了这样的规则，即对专利权人的赔偿不得超过可归功于被侵权专利的贡献所产生的利润。这一规定体现了分摊规则。

分配原则是指专利权人必须在每一个案子中用证据将专利实施者获得的利润和专利权人遭受的损害通过区分专利特征和非专利特征来考虑，而且所采用的证据必须是实质性证据，而非推测性证据。

分配原则涉及两个非常重要的问题：第一是必须区分专利特征与非专利特征；第二是许可费必须基于专利特征本身的价值，而不是由于专利被纳入标准所带来的价值。标准必要专利只能限制整个标准的某个部分，而不是全部，因此确定的专利许可费必须分派给专利特征，而不是整体的标准，除非专利权人能够证明其专利特征覆盖了整个标准的所有价值，那么分派原则需要重新考虑。

一项专利被纳入标准之后，由于标准所具有的强制性特点，必然会给该专利带来更大的市场，提升其价值。如果在计算标准必要专利许可费时，考虑到其被纳入标准之后所产生的额外价值，则会对标准实施者带来巨大的不公，专利实施者实施此项专利是迫于实施该标准而进行，其所为此应该付出的许可费应该只体现专利技术本身的价值。

2. Garretson v. Clark, 111 U.S. 120（1884）

关键词：区分专利技术特征和非专利技术特征

该规则由美国联邦最高法院制定：专利持有人有权将一个专利产品组成的所有价值作为侵权损害赔偿的依据，而不仅仅是通过专利技术特征的价值来确定侵权损害赔偿。依据《美国专利法》的规定：专利权人必须在任何情况下，从专利技术特征和非专利技术特征中，提供证据来分离或者分配被告的利润和自己的损失，这些证据必须是可靠而且有形的，不能是推测的。或者依据同样可靠和符合要求的证据来表明，利润和损失是按整个机器计算的。因为一整个机器作为一个可销售商品，其全部价值均可以适当且合法地归因于专利技术特征。美国联邦最高法院曾明确表示，当一项专利是一种改进专利，那么专利权人必须指出他所做的发明给原来的机器带来了怎样的价值，只有区分这样一种价值，才能将由于专利而得到的利益与其他部分区分开来。

"分配原则"在本案中得到了进一步发展，其强调将因整机获得的收益在专利特征和非专利特征之间分配，从而确定收益："专利权人……在每个案件中，必须给出证据证明：被告基于专利特征（patented feature）和非专利特征（unpatented features）这两部分的各自盈利或盈利比例，或专利权人在这两部分上的各自损失或损失比例，这种证据必须是可靠而真实的，而不能是推断（conjectural）或推想（speculative）……整台设备的整体价值，作为一个可销售物品（marketable article），（应该）合理而合法地归因于专利特征。"

3. Georgia-Pacific Corp. v. United States Plywood Corp., 318 F. Supp. 1116（S.D.N.Y.1970）

关键词：Georgia-Pacific因素

本案提出了15个 Georgia-Pacific因素，是专利许可费计算依据的

"祖父案例"。具体内容请参见上文的附录一。

4. Broadcom Corp. v. Qualcomm Inc., 501F.3d 297, 314-315 n.8
（3d Cir .2007）

关键词：采纳 Georgia-Pacific因素

在本案中，专利实施者认为，标准必要专利持有人主张的许可费违背了FRAND承诺，因为许可费超出了对专利持有人给出的许可费本应当期待的水平。因此，关于专利劫持事实的争议，最终取决于FRAND 许可费的定义。法庭使用 Georgia-Pacific 中的 15 个因素来判断 FRAND 协议下的许可费是否合理。

5. eBay Inc. v. MercExchange, L.L.C., 547 U.S. 388（2006），US Supreme Court

关键词：禁令

在本案中，美国联邦最高法院终结了"一侵权即禁令"的做法，只有满足以下四个条件，才会裁定禁令：（1）是否遭受不可弥补的伤害；（2）是否法律规定的其他的补救办法，例如金钱损失赔偿，不足以补偿这种损害；（3）考虑到衡平法中规定原告与被告之间关系的困难，出于公平考虑，这种补救有正当依据（warranted）；（4）公共利益不会因永久性的禁令而受到损害。

6. Cornell University v. Hewlett-Packard, 609 F. Supp. 2d 279
（N.D.N.Y. 2009）

关键词：整体市场价值原则（Entire Market Value Rule, EMVR）

本案第一次适用了整体市场价值原则。在康奈尔大学诉惠普案中，联邦巡回上诉法院指出地区法院过度强调专利技术在产品中所占的比重，将许可费的计算基础从整个服务器改为最小可单独销售的元件，以手机为例，通信标准权利人通常利用"整体市场价值法则"主张通信专利技术是消费者购买手机的主要诱因，要求以整个产品的价格为基础计算许可费，而实际上智能手机已进入功能多元化时代，消费者的需求除了基本的通信外，更关注的是手机的显示、存储、触摸、电池等技术，过于强调通信技术在手机中所占比重显然对技术实施者不公平。

联邦巡回上诉法院的雷德法官排除了惠普以服务器整个市场价值作

为许可费标准的证据，法院认为处理器可以作为合理许可费的基础，因为处理器代表了可销售的最小专利实施单元，因此处理器作为许可费的基础乘以0.8%的许可费率来计算损害赔偿金。

整体市场价值原则是分配原则的一个例外，与最小可销售单元原则相反。该原则允许专利权人以终端产品的市场价格作为计算专利许可费依据。但是，符合该项例外的适用条件非常苛刻，需要充分证明以下三个条件：第一，侵权部件必须是客户对包括声称被侵权的发明之外的部分在内的整个终端产品的需求基础；第二，单个侵权和非侵权的零部件，必须在一起出售，从而使得它们构成一个功能性单元或者是一个完整的终端产品的零部件或者是零部件的一个单独的组装件；第三，单个的侵权和非侵权零部件必须是类似于一个单一的功能单元。仅仅是出于业务优势而将侵权和非侵权的零部件一起出售，不能满足适用整体市场价值规则的要求。需要注意的是，这三项要求是必需的并列条件，缺一不可。❶

7. Lucent Techs., Inc. v. Gateway, Inc., 580 F. 3d 1301（Fed. Cir. 2009）

关键词：对适用 EMVR 规则进行了适当的限制

联邦巡回上诉法院承认，在计算许可费的案件中，终端产品也可以有作为证据证明的价值，包括那些发明仅仅是产品的一小部分的情况下。虽然法律规定了在某些情形时必需适用EMVR原则，但法院必须认识到 EMVR规则与流动的许可赔偿金的计算之间的基本关系。对后者而言，只要许可费率的大小在可以接受的范围内，就可以体现产品全部的商业价值。而对于前者而言，虽然有些学者认为EMVR规则在确定合理许可费时的作用不大，但这是因为他们忽视了专利许可的现实性以及知识产权转让的灵活性。

---

❶ Cotter, Thomas F. Four Principles for Calculating Reasonable Royalties in Patent Infringement Litigation ［J］. Santa Clara Computer & High Technology Law Journal, 2011（27）:750.

8. Uniloc USA, Inc. and Uniloc Singapore Private Limited v. Microsoft Corp., 632 F. 3d 1295（Fed. Cir. 2011）

关键词：25%的经验法则

25%的经验法则是指一家公司的知识产权许可费应当是该公司税前利润的25%，这里的知识产权许可费包含一家公司所拥有的专利、商标、著作权、商业秘密等全部知识产权。

在本案中，联邦巡回上诉法院驳回了所谓的"25%的经验法则"（25 percent rule of thumb），其在假想谈判中作为确定费率来计算侵权损害赔偿是有根本缺陷的，因为这种方法没有将合理许可费的基础与案件的事实紧密结合起来。许可费的基础过大可能会扭曲陪审团对损害赔偿范围的判断，因为在这种方法下陪审团会忽视有专利权的产品组件对产品收入的贡献。因此，当专利仅仅是侵权产品的一个小小的组件时，则需要将价值进一步分配到该专利相对应的组件上。联邦巡回上诉法院仍然以EMVR为基础，根据低于终端产品价格的基础来确定损害赔偿的计算。

9. Microsoft Corp. v. Motorola, Inc., 854 F. Supp. 2d 993（W.D. Wash. 2012）; Microsoft Corp. v. Motorola Inc., 696 F.3d 872（US Court of Appeals for the Ninth Circuit 2012）

关键词：Georgia-Pacific 因素的修改

首先，地区法院在经典的 Georgia-Pacific 案中确立的15点计算合理许可费的要素的基础上进行一定的修正，与传统的15项 Georgia-Pacific 因素进行对比分析，修正形成标准必要专利计算合理许可费的考量要素。其次，罗巴特法官确定了 FRAND 许可费率基本步骤。

（1）评估专利组合对相关技术标准的重要性：法院首先应重点评估专利组合对相关技术标准的重要性，也即考察技术标准共有多少必要专利，专利权人所主张的标准必要专利组合占相关标准总专利数量的比例，同时考虑该专利组合整体上对该技术标准的技术贡献度。

（2）评估专利组合整体上对被许可人终端产品的重要性：法院还应考虑专利组合整体上对被许可人终端产品的重要性，例如，特定的必要专利可能是关于标准中可以选择的部分，虽然这个特定专利对于这个部分的标准有一定重要性，但如果被许可人的终端产品并没有实际选择实施该部分，则这个特定的必要专利对于该产品的技术价值就比较低；又如，虽然被许可人的终端产品使用了该标准必要专利技术，但该技术的有无不影响被许可人终端产品的主要功能，则该特定必要专利技术对该产品的技术价值也比较低。

（3）选取其他具有可比性的专利许可：法院选取其他具有可比性的专利，通过借鉴这些可比性专利的 FARND 许可费确定涉案专利组合的 FRAND 许可费，而在选取具有可比性的其他专利时也必须注重前述两个步骤中关于专利技术对标准和终端产品重要性的分析。

第九巡回上诉法院肯定了上述步骤。

10. Laser Dynamics, Inc. v. Quanta Computer Inc., 694 F. 3d 51（Fed. Cir. 2012）

关键词：提高适用 EMVR 原则的门槛，SSPPU 原则（Smallest Saleable Patent Practicing Unit，最小可销售的专利实施单元）的提出

联邦巡回上诉法院表示，只有在极少数的情况下，才能根据EMVR原则对整个产品的价值计算损害赔偿。如果一件产品包含多个零部件，当该产品中的某一个零部件被控侵权时，如果以该整件产品为基准来计算专利许可费会产生极大风险，会让专利权人不公平地获得非侵权零部件的相应对价。在本案中，联邦巡回上诉法院指出，在任何涉及多部件产品的情况下，如果专利权人不能说明市场对整个产品的需求完全可归于专利技术特征，则专利权人无法根据整个产品的销售额计算损害赔偿，因此法院拒绝适用EMVR来为原告设定较高的证明障碍。同时，法院认为本案应当适用 SSPPU 原则，即产品的组成部分可以被用作为许可费的基础（royalty base）。

法院认为，假想谈判的双方被推定为知道这些专利对该标准来说有多重要。在考虑15个Georgia-Pacific因素时，推测当事各方对当时的侵权事实和情况有充分的了解。法院考虑了侵权组件的价格以及被许可制造商出售的替换批次组件的价格，许可和未经许可制造的组件之间的巨大价格差异反映了该技术的价值，并且很好地说明了侵权者在假想谈判中同意支付的金额。

分配原则进一步发展成为最小可销售单元，但适用该原则时有可能会低估该技术的价值。

11. Hynix Semiconductor Inc. v. Rambus Inc., 897 F. Supp. 2d 939, 2012 U.S. Dist. LEXIS 135583（N.D. Cal., 2012）

关键词：比较许可（Comparable Licenses）

由于 Rambus 销毁与联合电子设备工程委员会（JEDEC）有关的文件，Hynix被推定为因此而受到损害。法院对 Rambus公司毁灭证据的行为设定了"公平、合理、无歧视"许可费率以示处罚。怀特（Whyte）法官遵循罗巴特法官的观点，得出结论：考虑到 Hynix公司与主要竞争对手谈判和支付的专利许可费率，将其纳入经济赔偿是减轻 Rambus 的破产造成的 Hynix 损害的一种更恰当和直接的方法。因此，法院根据Rambus的其他许可协议（有效但未设定具体的许可费率）来确定许可费率。法院并未试图计算 Rambus 侵犯 Hynix 专利所造成的损害赔偿，而是对 Rambus 的破产作出适当的制裁。

法院认为 Rambus 对 Hynix竞争者的许可费率是必须要考虑的。因为考虑在相同时期内Hynix竞争者所支付的许可费，能够降低专利劫持的情况。但是需要注意的是，与其他竞争者之间的许可费应该是基于有效的费率，而不是设定费率。

12. Realtek Semiconductor Corp. v. LSI Corp., 946 F. Supp. 2d 998（United States District Court, N.D. California（2013））

关键词：双重分配（Double Apportionment）

在本案中，怀特法官认为，因为在任何可能发生的RAND许可谈判中，一个禁令会给被告固有的议价能力带来潜在的威胁，违背了 FRAND承诺，Realtek 公司因此而受到损害。但怀特法官并没有发现 Realtek 公司不愿意接受 FRAND 许可，事实上 Realtek 公司承认其会接受 FRAND许可，只要求保留上诉权，并且在国际贸易委员会，即被告选择追究侵权索赔的地点，保留其抗辩权。法院认为，即使这些问题可以最终消除对许可的需要，但 Realtek也可以一边要求法院确定 FRAND 许可费率，一边否认侵权并宣告对方专利无效。

在假想谈判的背景下，怀特法官引导本案中的陪审团采用双重分配来确定LSI 公司的两个标准必要专利的 FRAND 许可费：

（1）考虑 LSI公司 的这两个专利对整个标准的重要性，把这两个专利的技术贡献和该标准所必需的其他专利的技术贡献进行比较；

（2）考虑标准作为整体对 Realtek 公司利用该标准的产品的市场价值的贡献。

13. In re Innovatio IP Ventures, LLC, 921 F. Supp. 2d 903（N.D. Ill. 2013）

关键词：Top Down 计算法

霍尔德曼法官在本案中明确了 FRAND 许可费的计算方法和计算基础。首先，他肯定了罗巴特法官以修订的 Georgia-Pacific 因素规则对许可费计算进行宏观把握，进而选取可比较的许可协议作为参考的方法。其次，他认为原告提交的五个许可合同、被告（制造商）主张的两种许可合同不符合罗巴特法官确立的考量因素，均不能作为本案的可参考许可协议。最后，没有可供参考的许可协议，霍尔德曼法官设计了 Top down 计算法。

14. Wi-Lan USA, Inc. v. Alcatel-Lucent USA, Inc. CASE NO. 12-23568-CIV- ALTONAGA/Simonton（S.D. Fla. Sep. 9, 2013）

关键词：SSPPU 原则的理解与适用

戴维斯法官认为，若无法证明消费者购买整个产品是由于其专利特征时，必须适用 SSPPU 原则。根据这个结论，法院排除了 Wi-Lan 专家证人的部分证词。例如对整个基站的收入中无法证明是专利特征的需求导致了对整个产品的需求。戴维斯法官认为，Wi-Lan 的专家证人提到，被告实施被诉专利功能（HSPA），其整个基站只需要一个可选的软件升级和兼容的调制解调器卡。 因此，他的结论是，Wi-Lan 专家的分析是基于对整个基站价值，而非最小可售单元，获取这样的损害赔偿是不合理的。

15. Apple, Inc. v. Motorola Mobility, Inc., 869 F. Supp.2d 901（U.S. District Court, N.D. Illinois 2012）；

Apple Inc. v. Motorola Mobility, Inc., 757 F.3d 1286（Fed. Cir. 2014）

关键词：拒绝使用 Georgia-Pacific 因素

波斯纳（Posner）法官拒绝在 Apple v. Motorola 一案中使用Georgia-Pacific 因素（无论是否修改），并指出因素中的模糊性，并质疑"法官或者陪审团是否能在15个或者更多因素中取得平衡以及是否能得出接近客观的评价"，理由是苹果公司没有提交证据证明 Georgia-Pacific 因素支持的侵权索赔申请。波斯纳法官说道："我不明白如何去确定 FRAND，我有充分的理由来禁止苹果侵权，除非苹果拒绝支付符合 FRAND 要求的许可费。通过 FRAND 承诺，摩托罗拉致力于向所有愿意支付 FRAND 许可费的人许可其专利，因此隐含地承认，许可费是对许可使用该专利的充分补偿。"最终，联邦巡回上诉法院肯定了以上观点。

16. Ericsson v. D-Link, 773 F.3d 1201（Fed. Cir. 2014）

关键词：法院对陪审团的引导

联邦巡回上诉法院认为：地区法院在它的陪审团指引中犯了以下法律错误：

（1）未能充分地指引陪审团考虑爱立信公司实际的RAND 承诺；

（2）未能指引陪审团考虑专利技术的许可费必须从整体标准的价值中分摊；

（3）未能指引陪审团RAND费率必须基于发明的价值，而不是基于发明标准化增加的价值，反而地区法院指引陪审团考虑了不相关的Georgia-Pacific因素。

联邦巡回上诉法院认为这些错误共同地构成偏见性错误。因此撤销陪审团的赔偿金判决，发回重审。

17. VirnetX, Inc. v. Cisco Systems, Inc., 767 F.3d 1308（Fed. Cir. 2014）

关键词：额外的分配（Additional Apportionment），SSPPU 原则

在本案中，联邦巡回上诉法院批判了一个专家使用"Nash-bargaining solution"的理论去计算合理的许可费。根据该理论，谈判方会通过一个成功的交易，来共同最大化由该交易产生的产品盈余。因此，该专家提出50%许可费的计算法被法院所拒绝，因为这种方法太脱

离本案的事实情况。联邦巡回上诉法院解释道，当一个专利技术特征不能驱动各组件的整体价值时，合理的许可费可能需要在可销售的最小专利实施单元的基础上进一步分配。因此如果多组件产品的可销售的最小实施单元包含一些与专利技术特征无关的非侵权技术特征的，则专利权人必须进一步去评估判断该产品哪一部分的价值是可以归因于专利技术的。法院明确表明使用可销售的最小专利实施单元不能保证 EMVR 原则得到满足，换言之，即使被用来作为许可费基础的产品组件是专利的可销售最小专利实施单元，额外的分配也是在所难免的。地区法院在计算合理的专利许可费时，是"非常谨慎，而且必须说明缔约各方在技术和经济条件上的差异"。

18. Golden Bridge Technology v. Apple Inc., Not Reported in F.Supp.2d（2014）

关键词：SSPPU 原则的适用

原告方证人试图以整个产品价格作为计算许可费的基准，但是法院认为，正如在 Lucent 案中所指出的，如果权利人依据EMVR原则作为计算基准，则必须证明标准必要专利相关的特征是消费者需求的依据。格雷瓦尔（Paul Grewal）法官认为，Golden Bridge 专家的计算方法在很大程度上基于苹果公司与诺基亚和爱立信签署的专利组合许可协议。专家解释道："苹果与爱立信的协议以及苹果与诺基亚的协议的全部价值都来自于与终端设备有关的WCDMA技术的必要专利。"但雷瓦尔法官并不认可该假设。"专家不得仅仅依靠一个包括远超过本案中专利技术的广泛许可协议，来计算专利许可费，同时不说明其中差异"。

19. GPNE Corp. v. Apple Inc., No. 12-CV-02885-LHK, US District Court of the Northern District of California, August 6, 2014

关键词：Component Royalty Stack 计算法

在合理使用费的假设谈判中，GPNE 的专家依赖于一些因素来确定损害赔偿，表明 3G 和 4G 技术作为整体对被控侵权设备的重要性，而不仅仅是专利技术对这些设备的重要性。高鸿法官认为处理器芯片才是可销售的最小专利实施单元，除了其他事项，GPNE 的专家未能分析出特定专利的技术贡献，反而用关于蜂窝通信的一般价值的宽泛陈述来草率估算得出许可费率。法院批评 GPNE 的专家意见对损害赔偿分析得不够充分，专家没有提供具体专利技术价值的证据。因此法院采纳了 Apple 的专家证人提出的"Component Royalty Stack"的计算方法。

法院认为：必要性也是标准必要专利价值增量的因素之一，在这种情况下，不会驱使许可费率超过专利技术本身贡献的价值，即使这个专利被认为是必要的，然而这种必要性在法庭上也从来没有被测试过，这个专利仅仅被认为是事实上的必要，是专利技术本身推动了许可费率的确定，而不是专利的必要性推动了许可费率的确定。

20. CSIRO v. Cisco，2014 WL 3805817 at *11

CSIRO v. Cisco，809 F. 3d 1295（Fed. Cir. Dec. 3，2015）

关键词：SSPPU 原则的局限性

在地区法院，戴维斯法官强调，在有计算机芯片的案例中，仅仅依靠芯片的销售作为许可费的基础就好像是仅仅依靠实际生产的实体产品需要装订、纸张和墨水的成本作为评估一个受版权保护的图书的价格一样。虽然这种计算可以得出实体产品的成本，但是没有提供产品的实际价值，戴维斯法官明确地把许可费率可靠的计算方法限定在两方面：以可销售的最小专利实施单元或者比较许可作为计算的基础，也可以表述为基于终端产品价格的一部分。但是，戴维斯法官也澄清，SSPPU 作为许可费的基础将会与比较许可作为许可费的基础相互冲突。

联邦巡回上诉法院肯定了戴维斯法官的做法，但同时指出，SSPPU 原则在某些具体的情形下可能不适用，因为地区法院根本没有从许可费的基础上进行分配，而相反，地区法院开始展开了双方的谈判。要求所有的损害赔偿模式都从 SSPPU 开始计算是站不住脚的。而从比较许可确定的许可费率开始，考虑到缔约方的技术和经济情况的差异。如果所使用的许可具有足够的可比性，则该方法通常是可靠的，因为双方均受到专利的市场实际价值的约束。因此，联邦巡回上诉法院最终决定在地区法院所确定的许可费的基础上，再从涉及诉讼的标准必要专利本身所处的位置出发，并综合 Georgia-Pacific 因素以及最初所签订的技术许可协议对许可费进行调整和确定。

21. Unwired Planet International Ltd v. Huawei Technologies Co. Ltd［2017］EWHC 711（Pat）

Unwired Planet International Ltd v. Huawei Technologies Co. Ltd［2017］EWHC 1304（Pat）

关键词：FRAND 禁令

本案是2017年上半年全球关注度最高的标准必要专利案件——"Unwired Planet 诉华为"案。4月5日，英国高院（UK High Court）的伯斯（Birss）法官作出判决。一审判决书多达166页。就连伯斯法官自己都感叹道："本案的判决书页数非常之多，但要提醒你注意的是，我所撰写的法律结论（conclusions on the law）和事实结论（conclusions on the facts）部分的内容却不多（only somewhat），判决书的大部分内容都在介绍书面的结案陈词（the written closing submissions）。"最终，伯斯法官认为，"原告 Unwired Planet 所提出的许可是符合 FRAND 承诺的，同时没有支持华为所提出的原告滥用市场支配地位的主张，因此，由于华为侵犯了原告的两个专利权，❶ 如果华为不从我所确定的 FRAND 条款中接受许可，考虑到原告并没有违反《竞争法》，那么我将很有可能针对这两项专利对华为颁布禁令"。

同时，伯斯法官在法律结论中谈到以下部分观点。

第一，有关标准必要专利的 FRAND 承诺的法律效力并不取决于专利实施者是否已经被许可。首先，如果专利实施者在 FRAND 条款中作出了不合格的承诺从而获得了许可，法院将不会颁布禁令来阻止专利侵权行为。反之，如果专利实施者拒绝通过由法院认定的 FRAND 条款来

---

❶ 这两个专利分别是 EP（UK）2229744 和 EP（UK）1230818，笔者对这两项专利在 EPO 中进行了检索。前者的申请人为爱立信，申请日为 2008 年 10 月 7 日，名称为"一种在无线通信网络环境中的方法和设备"。后者的申请人同为爱立信，申请日为 2000 年 10 月 20 日，名称为"一种改进移动通信系统之间数据交换的方法"。笔者了解到，原告 Unwired Planet 公司其实是一个"专利流氓"（patent troll），Unwired Planet 公司与爱立信公司关系密切，其于 2013 年 1 月从爱立信公司购买了 2185 件关于移动通信技术的专利，并通过这些专利，经常起诉苹果、谷歌、三星和华为等公司，从而获取大量侵权损害赔偿。笔者臆测，伯斯法官也正是看到了这一点，因此并没有向华为颁布严格意义上的禁令，而是颁布了 FRAND 禁令，从而大大减小了华为公司以此而遭受的损失，在现有专利制度下，巧妙地维系了各方利益的平衡，值得我国法院借鉴。

取得许可，以此为由拒绝接受许可的，当实施者构成专利侵权时，法院可以颁布禁令。

第二，双方在许可谈判中所提出的许可费率，如果高于或者低于FRAND 费率，但是没有破坏（disrupt）或者损害（prejudice）到谈判本身，这样的许可是合法的（legitimate）。然后，确定 FRAND 的许可费的合理方法是确定一个费率基准（benchmark），该基准是由权利人的专利组合（portfolio）的价值来确定的。费率并不取决于被许可人规模的大小（the size of the licensee）。这种方法的好处在于可以避免"专利劫持"和"专利反劫持"。市场的新进入者虽然其规模较小，但其依然有权利依据相同的基准来向那些已经进入市场且规模较大的主体支付许可费。最后，对"无歧视"而言，其并不包括更加"锋芒毕露"（hard edged）的组成部分，这种组织部分应当证明被许可人要求是一个比基准费率还要低的费率是正当的。其原因在于，更低的费率实际上是给予那些情况不同但相似的被许可人的。如果 FRAND 包括了上述组成部分，只有当两个许可人之间的差异会损害此两者之间的竞争时，FRAND 承诺的义务才有适用的余地，这显然是不合理的。

第三，FRAND 费率可以通过可获得的比较许可（comparable licences）来确定。自由的许可谈判也是"什么可能构成 FRAND"的相关证据。虽然也可以使用"Top-Down"计算法确定许可费率，但使用"比较许可法"进行交叉核对（cross-check）似乎更加实用。

第四，在确定 FRAND 许可费率时，计算专利的数量也是必不可少的环节。

第五，之所以认为原告没有构成市场支配地位，是因为确定一个专利持有人是否构成市场支配地位，要考虑 FRAND 承诺的实际效果以及潜在的专利实施者进行"专利反劫持"的可能性。华为请求伯斯法官不要颁发禁令，但伯斯法官拒绝了这一请求，他认为："华为所作出的承诺太晚了。"但为了平衡各方的利益，伯斯法官决定颁发一种独特的"FRAND 禁令"。

这种禁令被称为"FRAND 禁令"，这样做的原因是显而易见的。首先，FRAND 禁令和一般的禁令一样，都可以阻止侵犯专利权的行为。但与一般禁令不同的是，FRAND 禁令的适用有一个限制性条件（proviso），也即如果被告方接受了 FRAND 许可，那么禁令将会失效（cease to have effect）。

在本案中，FRAND 禁令持续的时间是有限的，其短于相关专利的存续时间（lifetime）。不仅如此，FRAND 禁令还应当给予诉争双方重新回到法庭的自由，以此来处理 FRAND 许可条款中最后存在的问题。无论如何，FRAND 禁令受到一种"专门的自由"（express liberty）的限制，即当 FRAND 许可协议由于各种原因失效后，FRAND 禁令便不再适用。换言之，禁令仅仅持续到许可协议失效，而非专利失效。因此，法院将从 4 月 5 日颁发 FRAND 禁令，上诉期间该禁令会被中止。如果华为接受伯斯法官所认定的 FRAND 条款，禁令将被取消。

GUI外观设计相关问题综述研究

■　徐　涛　沈　君　李　安

【摘要】我国于2014年修改《专利审查指南》，将图形用户界面（Graphical User Interface，GUI）纳入外观设计专利保护范围。相应地，GUI外观设计相关问题的研究成为学者的关注热点。文献综述是从事社会学研究的基础环节，案例综述是实证主义研究的重要方法。文献和案例的综述在整个法学学术研究和论文撰写中占据十分重要的地位。通过对国内外的现有文献和代表性案例进行总结、梳理和评述，力争呈现GUI外观设计相关问题的研究现状，发现GUI外观设计保护存在的问题，进而"以问题为导向"作好下一步研究的准备。

【关键词】GUI外观设计；保护必要性；保护可行性；保护模式

第一章　GUI外观设计相关问题研究的文献综述

根据《国家知识产权局关于修改〈专利审查指南〉的决定》（第68号）的规定，自2014年5月1日起，图形用户界面（Graphical User Interface，GUI）在我国可以通过外观设计专利的方式予以保护。相应地，GUI外观设计相关问题的研究成为学者的关注热点。文献综述是从事社会学研究和学术论文撰写的基础环节，在整个法学学术研究过程中占据十分重要的地位。本文旨在对国内外现有文献进行总结、梳理和评述，力争呈现GUI外观设计相关问题的研究现状，总结现有研究的贡献和局限，进而为下一步的研究作好准备。

一、GUI外观设计相关问题的文献统计与分析

（一）文献的横向统计与分析

在中文文献数据库知网中以"图形用户界面"或"GUI"为检索词，限定民商法学科，共检索到54篇文献。而笔者在英文文献数据库WESTLAW中以"graphicaluserinterface"或"GUI"为检索词，Term Frequency设置为3次，在Secondary Sources中共检索到393篇文献。相比之下，我国目前GUI相关问题的研究文献较少，且起步较晚，相关研究相对薄弱，这也从侧面说明本领域的研究大有可为。在中文数据库知网中检索到的54篇研究文献中，期刊论文共17篇，学位论文共23篇（全部为硕士学位论文），报刊文章共11篇，会议论文共3篇。从数据分析可以看出，期刊类和学位类论文在研究文献中占据多数。其中，学位论文全部为硕士学位论文，这在一定程度上显示出GUI相关问题的研究层次还不够高。

（二）文献的纵向统计与分析

在中文文献数据库知网中检索到的54篇研究文献中，以2014年为界，2014年之前共有文献12篇，2014年至今共有文献42篇，其中2015年的研究文献达17篇。

以2014年为界，GUI相关问题的研究分析呈现两个特征。一是从文献数量上来看，2014年后的研究文献明显多于2014年前的研究文献。2014年以后研究文献明显增长，特别是2015年硕士学位论文有10篇关于GUI相关问题。主要原因是我国于2014年修改《专利审查指南》，将GUI纳入外观设计专利保护范围，GUI相关问题引起学者们的广泛关注。二是从文献内容来看，2014年前后对GUI问题的研究侧重点也不相同。具而言之，2014年之前的研究文献侧重于分析GUI保护的必要性和可行性❶、介绍外国GUI保护现状❷、探析GUI可能的知识产权保护模

---

❶ 季晓辉. 用专利法保护图形用户界面的可行性与制度设计［D］. 北京：中国社会科学院，2012.

❷ 李小武，马云鹏，连冠. 电子产品图形用户界面（GUI）的外观设计保护［M］. 北京：知识产权出版社，2014.

式❶ 等；2014年之后的研究文献则集中于讨论GUI的外观设计保护模式，而且更加关注GUI外观设计的制度设计和规则安排❷ 等。

二、GUI外观设计相关问题现有文献梳理

（一）GUI外观设计保护的必要性

1. 产业利益的保护诉求和激励需求

GUI保护与产业利益发展密切相关，具体而言，有以下两个维度的解读。

一是产业利益发展催生GUI的外观设计保护诉求。图形用户界面的优化影响用户体验，是企业竞争优势的关键所在。如吴溯等指出图形用户界面将晦涩难懂的电脑语言包裹上了简单的图形外衣，让使用者通过图形识别即可理解电脑语言想要表达的内容。❸ 产业利益的竞争推动GUI的外观设计保护诉求的增长。李小武等对此有详细论述。❹ 其认为美国、欧盟、韩国、日本、中国台湾等国家或地区对GUI外观设计的保护导源于域内企业的产业利益需求。如美国率先将GUI纳入外观设计专利保护，与本土大型企业Xerox和微软公司的积极推动密切相关。

二是GUI的外观设计保护可以激励相关产业的发展。法律对GUI的创新成果的保护，使得投资者和创造者对于GUI的创新设计抱有一个稳定且合理的利益回报预期，从而激励相关软件电子产业领域内的创新发展。简·M.罗琳（Jane M. Rolling）指出科技进步的关键在于对研发的投入，只有法律对GUI进行保护，此时的回报才能得到保证，开发者才会愿意投入资金研发。❺ 李小武等指出鉴于中国台湾地区电子消费品产业正处于蓬勃发展的时期，为了扶植产业发展，台湾地区于2011年将GUI

---

❶ 朱必伟.图形用户界面的知识产权模式研究［D］.上海：华东政法大学，2013.

❷ 徐佳璐.图形用户界面外观设计专利的实质授权条件研究［D］.上海：华东政法大学，2015.

❸ 吴溯，孟雨，谢怡雯，等.设计之战——移动终端工业设计的知识产权博弈［M］.北京：知识产权出版社，2014：207.

❹ 李小武，马云鹏，连冠.电子产品图形用户界面(GUI)的外观设计保护［M］.北京：知识产权出版社，2014:173-174.

❺ Jane M. Rolling：NO PROTECTION, NO PROGRESS FOR GRAPHICAL USER INTERFACES［J］.Marquette Intellectual Property Law Review, 1998.

纳入外观设计保护范围。❶ 此外，韩国对GUI的保护归入"显像外观设计"也是国内产业发展到一定阶段，产业利益驱动企业寻求政府进一步扶持，用法律巩固其既有产业优势的结果。毫无疑问，韩国的这一做法成效明显。三星、LG等韩国企业在全球的市场份额逐渐增大，已经成为全球知名的跨国企业，并引起美国竞争对手的忧虑。旷日持久、遍及全球的"苹果三星外观设计诉讼大战"就是一个最好的明证。❷

2. GUI其他知识产权保护模式的不足

GUI设计是一种富有美感的表达。这种美学表达可以获得多种类型的知识产权保护：（1）若该美学表达附着于特定的产品，则其属于产品的外观设计，可获得外观设计保护；（2）若该美学表达能够与产品的实用功能相分离，则其又可以作为实用艺术作品，可获得著作权法保护；（3）若该美学表达在市场上长期使用，起到识别商品或服务来源的功能时，其还可作为商标寻求商标法的保护，或作为商品装潢寻求反不正当竞争法的保护。李小武等对美国、欧盟、英国、日本等国家的GUI版权保护模式、商标（商业外观）保护模式、外观设计保护模式、反不正当竞争保护模式等作了详尽的介绍。❸

然而，在历经多年的GUI知识产权保护实践后，基于其他知识产权保护模式的不足，GUI外观设计保护模式脱颖而出，成为GUI知识产权保护的主流选择。陈霞认为GUI的版权保护有三个困境：一是计算机程序和用户界面的含义及关系界定不清；二是用户界面中思想与表达的划界困难；三是用户界面独创性判定标准缺失。❹ 陈霞还认为计算机用户界面知识产权保护路径选择有两个，一是版权扩张，二是专利法调适。❺

---

❶ 李小武, 马云鹏, 连冠.电子产品图形用户界面(GUI)的外观设计保护［M］.北京：知识产权出版社, 2014:173-174.

❷ 张蔚, 孙方涛.苹果与三星专利战中的GUI设计［J］.电子知识产权, 2012(9)；林志峰.苹果和三星GUI外观设计专利分析［J］.中国发明与专利, 2014(8).

❸ 李小武, 马云鹏, 连冠.电子产品图形用户界面(GUI)的外观设计保护［M］.北京：知识产权出版社, 2014.

❹ 陈霞.计算机用户界面版权保护的困境与出路［J］.知识产权, 2013(10).

❺ 陈霞.计算机用户界面知识产权保护模式的评价与构建［J］.暨南学报.哲学社会科学版, 2014(12).

其主张我国GUI应该也采取以外观设计专利为主，著作权和反不正当竞争保护为补充的保护体系。简·M.罗琳提到版权保护的局限是因为版权保护是将GUI对应的代码作为文学作品保护，但代码与GUI并非一一对应关系，使得相同或者相似的GUI所对应的代码如果不存在实质性相似，则GUI侵权难以认定。❶ Michael J. Schallop 指出无论版权、商业标识还是商标对GUI保护，都会扼杀人们的创造力，因此适用专利法保护是唯一途径。❷ Rachel Stigler 也持相同的观点。❸

3. GUI外观设计保护成为国际趋势

从全球范围来看，电子信息产业发达的国家和地区，都陆续确立了对图形用户界面的外观设计保护制度。如美国（1985年）、欧盟（2001年）、日本（1993年）、韩国（2003年）、中国台湾地区（2011年）都对GUI给予了外观设计保护。李小武等对美国、欧盟、英国、德国、日本、韩国、中国台湾地区的GUI外观设计保护的历史演进和司法实践作了详尽的介绍，是GUI外观设计比较研究的代表性文献。❹ 除此之外，吴溯❺、张龙钢❻、马云鹏❼对各个国家的GUI外观设计保护也有介绍。

（二）GUI外观设计保护的可行性

1. 外国GUI外观设计保护的类比和借鉴

我国目前尚处于图形用户界面外观设计专利保护的起步阶段。比照美国、欧盟等图形用户界面保护的先驱国家的法律规定和司法实践，借鉴他国（地区）成熟经验，从而走出适合我国的GUI外观设计保护道路十

---

❶ Jane M. Rolling. NO PROTECTION, NO PROGRESS FOR GRAPHICAL USER INTERFACES［J］. Marquette Intellectual Property Law Review, 1998.

❷ Michael J. Schallop. PROTECTING USER INTERFACES: NOT AS EASY AS 1-2-3, 45 Emory L.J. 1533. 1996.

❸ Rachel Stigler. OOEY GUI: THE MESSY PROTECTION OF GRAPHICAL USER INTERFACES, 12 Nw. J. Tech. &Intell. Prop. 215. 2014.

❹ 李小武，马云鹏，连冠.电子产品图形用户界面(GUI)的外观设计保护［M］.北京：知识产权出版社，2014:21-175.

❺ 吴溯，孟雨，谢怡雯，等.设计之战——移动终端工业设计的知识产权博弈［M］.北京：知识产权出版社，2014.

❻ 张龙钢.图形用户界面(GUI)的外观设计专利保护［J］.法制与经济，2015(1).

❼ 马云鹏.中欧电子产品用户界面(GUI)外观设计保护比较研究［J］.知识产权，2013(5).

分必要。其中，美国是专利模式的外观设计保护，欧盟是类版权形式的外观设计专门法保护，所以美国和欧盟的两种不同的保护模式是学者们进行比较法研究的重点。

陈洋着重比较分析了美国、欧盟的GUI外观设计立法状况和司法实践。● 他将美国GUI外观设计保护的特点总结为：（1）对图标和图形用户界面给予外观设计专利保护；（2）外观设计申请必须以产品为载体；（3）界面设计可提出整体设计或者部分设计的申请；（4）动态界面设计也是外观设计专利保护的客体。又将欧盟GUI外观设计保护的特点总结为：（1）对图标和图形用户界面给予外观设计保护；（2）外观设计并不一定要以产品为载体；（3）界面设计可提出整体设计或者部分设计；（4）动态界面设计也是外观设计保护的客体。此外，马云鹏认为欧盟GUI外观设计保护给我们三点有益借鉴：一是外观设计保护的客体是"设计"而不是"产品"，GUI外观设计的授权审查应该弱化产品性要件。二是产品的外观形态不应狭隘地理解为产品固有、一成不变的形态，因此"产品通电后显示的图案"不应该被排除在授权范围之外。三是由于知识产权保护客体的特殊性，不同知识产权之间发生权利重叠不可避免。重叠保护不应该是否定GUI外观设计保护的法律障碍。❷

我国的外观设计立法与美国相似，采专利立法模式。因此，我国GUI外观设计整体上采取美国路径，特别强调外观设计的产品性要件。不过，也有学者对我国外观设计的专利立法保护模式提出批评，认为我国外观设计立法应该倾向于欧盟的类版权立法保护模式。李小武持此种观点，认为GUI外观设计保护需要"更版权化而非更专利化的外观设计制度"。❸

2. 局部外观设计制度的引入

局部外观设计，被认为更加契合设计的本质。在设计创新的实践中，设计师有时候会作出具有颠覆性的产品整体设计创新，但更多时候是对产品的某些部分进行改良性的局部设计创新。中国在多次专利法

---

❶ 陈洋.司法语境下图形用户界面外观设计法律保护研究［J］.电子知识产权，2015（12）.

❷ 马云鹏.中欧电子产品用户界面（GUI）外观设计保护比较研究［J］.知识产权，2013（5）.

❸ 李小武.回到外观设计保护制度的起点——从GUI的保护谈起［J］.清华法学，2012（5）.

修改过程中涉及部分外观设计问题，但是最终没有将部分外观设计保护写进修正案。GUI外观设计保护再次凸显了确立局部外观设计制度的必要。因为我国尚未确立局部外观设计制度，GUI若想寻求外观设计专利保护，只能将其依附于产品整体外观设计之中。但这种保护不能真正体现出GUI设计的创新价值，也使得他人对GUI设计的抄袭，能够很容易地通过对产品其他外形的修改而规避侵权。李小武等认为鉴于GUI相对于载体的独立性较强，部分外观设计是否受保护的问题必然再次凸显。❶ 吴溯等认为部分外观设计保护制度是图形用户界面保护制度的基础，而图形用户界面保护制度又促使部分外观设计制度进一步发展。❷ 局部外观设计制度先后被包括美国（1980年）、日本（1998年）、韩国（2001年）在内的大部分国家和地区所采用。据WIPO提供的一份问卷调查显示❸，调查样本中的42个国家和地区，有31个国家或地区保护部分外观设计，24个国家或地区同时保护部分外观设计和图形用户界面。由此可见，部分外观设计保护制度和GUI外观设计保护制度是现代外观设计保护体系的重要组成部分，两个制度密不可分。

所幸的是，局部外观设计再次被写进《专利法》第四次修改送审稿草案中。关于我国的局部外观设计制度的具体构建意见，王艳伟、吴大章在分析"黑莓公司诉Typo公司"案的基础上认为，我国不应该照搬美国的相关制度，而应根据实际国情，平衡专利权人和社会公众之间的利益，在通过部分外观设计保护制度加强保护的同时，在具体规定上对保护范围或授权标准给予限制。❹ 例如对于部分外观设计，在确定其保护范围时，可以考虑要求保护的部分相对于不要求保护的部分的位置比例

---

❶ 李小武，马云鹏，连冠.电子产品图形用户界面（GUI）的外观设计保护［M］.北京：知识产权出版社，2014.

❷ 吴溯，陈晓，秦锋.美国部分外观设计保护制度和图形用户界面保护制度的发展及启示［J］.电子知识产权，2014（9）.

❸ SCT（WIPO商标、工业品外观设计和地理标志法律常设委员会）会议资料：SUMMARY OF REPLIES TO THE QUESTIONAIRES（PARTS I AND II）ON INDUSTRIAL DESIGN LAW AND PRACTICE（SCT/18/7 and sct/18/8 rev.），2008年5月13日.

❹ 王伟艳，吴大章.从黑莓公司诉Typo公司侵权案看部分外观设计保护制度［J］.中国发明与专利，2015（1）：75-76.

关系等。

3. 外观设计产品要件的弱化

李小武将GUI外观设计保护的法律障碍归为三点：一是以工业产品为载体。二是通电产品的外观不属于外观设计保护的客体。三是GUI可能属于平面印刷品。❶ 其中"以工业产品为载体"被视为产品性要件。由于计算机生成的图标是CPU运行计算机程序的结果，其与计算机屏幕之间的关系并不紧密，因此产品要件是GUI保护最大的法律障碍，在GUI外观设计保护中产品要件需要弱化处理。

GUI外观设计产品要件的弱化，在实践中已有体现。陈洋总结了产品要件弱化的几个表现：❷（1）GUI外观设计专利名称的变化趋势。GUI外观设计专利名称由"带图形用户界面的手机""带图形用户界面的电脑"转换为"带图形用户界面的移动终端"，再后来出现了"手环的图形用户界面""不间断电源的操作界面"等。从上述发展过程来看，图形用户界面由定语转变为主语，产品也由具体产品转变为抽象产品。GUI外观设计专利名称的上述改变，淡化了产品的重要性，突出了GUI的地位。（2）GUI外观设计专利视图的变化趋势。GUI外观设计专利申请的视图起初是载有GUI外观设计的产品六面视图，随后的GUI外观设计专利视图逐步省略了部分视图，如后视图、左视图、右视图、俯视图和仰视图这些无法体现GUI设计理念的视图，而只把能够显示GUI设计的主视图体现在专利申请书和证书中。这个变化进一步淡化了GUI外观设计对其产品载体的依附，突出了GUI外观设计主题，从视觉上进一步降低产品硬件对整体GUI外观设计的影响。

三、GUI外观设计相关问题现有文献评述

（一）GUI外观设计相关问题细化研究不足

对一个新事物的学术研究和理性认识需要一个过程。一般来讲，遵循着从必要性分析到可行性探究，再到操作性研究的轨迹。现在GUI外观设计相关问题的研究，正处于向细化研究转化的阶段。目前，GUI外

---

❶ 李小武.我国电子产品用户界面的外观设计保护的法律障碍［J］.电子知识产权，2012（4）.
❷ 陈洋.GUI外观设计专利发展趋势及侵权裁判规则［J］.电子知识产权，2017（1）.

观设计相关问题细化研究的欠缺之处主要体现在以下两个方面。

1. 具体操作性规则的研究不成熟

具体操作性规则的研究不成熟，比如授权规则、确权规则、侵权认定规则、侵权损害赔偿计算等都有待进一步讨论。如学者陈洋提出司法实践中有以下几个问题值得我们思考：❶（1）单一图标设计能否获得外观设计专利保护；（2）如果图形用户界面外观设计专利权人主张被控侵权产品的图形用户界面的外观设计与其相同或者相近似，但两者的载体即产品不属于同一种类，这样能否判定被控侵权产品落入该外观设计专利权的保护范围；（3）如果图形用户界面外观设计专利权人主张被控侵权产品的图形用户界面的布局与其专利相同或者近似，这种情况是否能够判定被控侵权产品落入了专利权人专利保护范围；（4）如果图形用户界面外观设计专利权人主张被控侵权产品的图形用户界面的动态图案的动画变化趋势与其相同或者相近似，该比对应该如何进行。有一些学者对此作出了有益的研究成果，如黄细江、徐佳璐、陈洋等。❷❸❹毋庸置疑，这些已有的研究代表着GUI外观设计细化研究的兴起，为学界下一步的研究提供了有益的思想资料。但是，我们应该认识到GUI外观设计专利的细化研究仍处于不成熟的阶段，还存在许多待决问题，我们应该为此而努力。

2. 对GUI的类型化差异认识不足

GUI由软件程序运行时生成，并呈现在电子产品屏幕上。因此按照生成软件的不同，GUI可以类分为系统软件生成的GUI和应用软件生成的GUI。目前GUI的研究多基于系统软件生成的GUI，其研究成果难以妥善解决应用软件生成的GUI的外观设计纠纷。但是，就我国目前的产业利益、权利纠纷来看，应用软件生成的GUI外观设计保护问题更加突出。吴溯等指出在移动互联网时代，由于终端的操作系统基本上被iOS、Android、 Windows Phone等西方公司的操作系统所垄断，中国企

❶ 陈洋.司法语境下图形用户界面外观设计法律保护研究［J］.电子知识产权，2015(12).
❷ 黄细江.刍议图形用户界面外观设计的侵权损害赔偿［J］.电子知识产权，2017(1).
❸ 徐佳璐.图形用户界面外观设计专利的实质授权条件研究［D］.上海：华东政法大学，2015.
❹ 陈洋.GUI外观设计专利发展趋势及侵权裁判规则［J］.电子知识产权，2017(1).

业除了对开源的Android操作系统进行优化外，设计创新主要集中在应用软件GUI上。❶陈洋也指出现在GUI外观设计专利权人主流由产品硬件商或产品硬件商兼操作系统商逐渐转换为了应用软件商。❷国内的GUI第一案"360诉江民科技"诉争外观设计专利也是应用软件生成的GUI，至今迟迟未判，争议点就在于应用软件生成GUI与硬件电子产品研发设计和销售推广均相互独立。❸特别是外观设计和产品载体在销售阶段的分离，如果坚持外观设计的"硬件产品"要件，则应用软件生成GUI的外观设计保护在侵权认定和侵权数额判定方面存在困境。除此之外，国内第一例GUI外观设计专利行政保护案"动景科技与猎豹移动侵权纠纷案"也涉及应用软件生成GUI的保护问题。❹

总之，应用软件生成GUI有其自身的特殊性，应用软件生成GUI外观设计专利应该区别于系统软件生成GUI外观设计专利。目前关于应用软件生成GUI有以下几个问题：（1）应用软件生成GUI能否给予外观设计保护？（2）应用软件生成GUI外观设计在侵权认定和损害赔偿计算方面的保护困境该如何解决？（3）应用软件生成GUI外观设计的产品是什么？产品形态需不需要固守有形要件？（4）学者兰斯·菲茨克（Lance L. Vietzke）提出将软件本身解释为外观设计专利产品是GUI外观设计专利保护困境的可行出路。❺这个观点是否成立，这些问题，值得学界进一步关注和研究。

（二）GUI外观设计相关问题缺乏整体性和体系性的研究格局

现有文献研究视阈狭窄，其研究多"只见树木，不见森林"，忽视GUI外观设计保护（个体）与外观设计制度（整体）之间的良性对话。概言之，现有的研究格局有以下两个方面值得我们努力。

---

❶ 吴溯，孟雨，谢怡雯，等.设计之战——移动终端工业设计的知识产权博弈［M］.北京：知识产权出版社，2014:215-230.

❷ 陈洋.GUI外观设计专利发展趋势及侵权裁判规则［J］.电子知识产权，2017（1）:24-25.

❸ 祝文明.360 VS 江民：打响GUI专利保护"第一枪"［N］.中国知识产权报，2016-9-29（1）.

❹ IvesDuran.首例GUI行政案，你想知道的细节都在这［EB/OL］.微信公众号"知产力"2017年4月21日推送文章.

❺ Lance L. Vietzke.SOFTWARE AS THE ARTICLE OF MANUFACTURE IN DESIGN PATENTS FOR ICONS［J］.AIPLA Quarterly Journal, 1993, 21 AIPLA Q.J. 138.

1. 忽视外观设计基础理论对GUI外观设计研究的理论涵养价值

GUI外观设计的研究离不开外观设计制度基础理论的给养。在此试举一例，予以说明。外观设计在世界范围内没有统一的立法模式。就立法例来看，有版权立法保护模式（或类版权），如欧盟的非注册外观设计制度；专利立法保护模式，如中国、美国的外观设计专利制度；特别立法保护模式，如日本的意匠保护制度、欧盟的注册外观设计制度，韩国的外观设计保护等。前述的GUI知识产权保护模式的国际趋势是GUI外观设计保护模式，而不是GUI专利化保护模式。有些学者在不了解外观设计基础性知识的基础上讨论GUI外观设计保护，出现了一些常识性错误。如陈洋将图形用户界面外观设计保护称为"图形用户界面专利化保护"，在比较研究欧盟图形用户界面外观设计保护时，以"欧盟图形用户界面的专利化保护"作为二级标题，❶ 而事实上欧盟并不存在"外观设计专利"。如前所述，欧盟外观设计才单独立法，其外观设计分为注册外观设计和非注册外观设计，特别是非注册外观设计是典型的类版权式的保护模式。这样的例子在现有文献中不是个案，其具有普遍的警示意义，即GUI外观设计的研究离不开外观设计制度基础理论的给养。

2. 忽视GUI外观设计对外观设计整体制度重构的经验材料价值

现有的外观设计制度并不是十全十美，无懈可击。GUI外观设计保护不仅仅具有个体的意义，其是反思和重构我国外观设计制度的一个契机，其为外观设计制度的发展完善提供新的经验素材。有一些学者敏锐地指出了这一点。如李小武等便提出：❷ 中国是否对GUI进行保护，不单纯是外观设计的客体的增加问题，而是与外观设计保护是否要强调与载体的结合，外观设计是否应该提供局部外观的保护，乃至是否与外观设计保护在整个知识产权体系中的定位联系在一起。同时也犀利地指出：GUI的保护问题小，但反映中国在外观设计制度构建上一些基本问题缺乏共识。相应地，李小武以GUI的保护为出发点，对GUI涉及的宏观的外观设计保护制度进行反思，认为中国外观设计制度应该更加版权化

---

❶ 陈洋.司法语境下图形用户界面外观设计法律保护研究［J］.电子知识产权，2015（12）：84.
❷ 李小武，马云鹏，连冠.电子产品图形用户界面（GUI）的外观设计保护［M］.北京：知识产权出版社，2014.

而更加专利化，借助版权保护进行参照能够更好地理解和构建外观设计制度，譬如为什么外观设计侵权判定是设计消费者标准，而不是设计者标准？为什么外观设计侵权是对整体的外观进行判定，而不去寻求整体外观之下具体的技术区别？❶ 以李小武为代表的少数学者已经认识到，GUI外观设计对整个外观设计制度反思和重构的重要意义，但是应者寥寥无几，不成气候。GUI外观设计对外观设计整体制度重构的经验材料价值，有待我们进一步发掘和运用。

四、总　结

经过对现有文献的总结、梳理和评价，可大致洞察目前的研究现状。不管是现有文献的研究贡献还是研究局限，都将为我们今后的研究提供基础。一方面，前期文献关于GUI知识产权保护模式探讨，对GUI外观设计保护必要性和可行性的研究，对其他国家GUI外观设计保护的比较性介绍为今后国内GUI外观设计相关问题的研究提供了坚实的文献基础和有益的思想资料。另一方面，现有文献在GUI外观设计制度设计和规则安排的细化研究上的不足，对应用软件生成GUI的外观设计保护特殊性缺乏关注，忽视GUI外观设计保护（个体）与外观设计制度（整体）之间的良性对话等，这些文献研究的不足或空缺为今后的研究指明了努力的方向。

第二章　GUI外观设计相关问题研究的案例综述

根据《国家知识产权局关于修改〈专利审查指南〉的决定》（第68号）的规定，自2014年5月1日起，图形用户界面（Graphical User Interface，GUI）在我国可以通过外观设计的方式予以保护。相应地，GUI外观设计相关问题的研究成为学者的关注焦点。案例综述是法学实证研究的重要方法，在整个学术研究过程中占据十分重要的地位。本章旨在对国内外具有重要意义的GUI外观设计案件进行梳理分析，力争呈现GUI外观设计的保护现状，发现GUI外观设计保护存在的问题，进而

---

❶ 李小武.回到外观设计保护制度的起点——从GUI的保护谈起［J］.清华法学，2012（5）.

"以问题为导向"做好下一步研究的准备。

一、GUI外观设计的案例概述与简表

（一）GUI外观设计的案例概述

GUI寻求外观设计保护的最初诉求是通过以案件纠纷的形式，在司法实践中表达出来的。如在美国、英国等国家，GUI外观设计保护模式就是通过系列案件所确立的，即GUI外观设计的保护最初表现为案例法。在此过程中有许多关于GUI外观设计的案例，为我们深入了解GUI外观设计保护模式的确立，发现GUI外观设计保护的实践难题，提供了第一手资料。总体而言，GUI外观设计相关案例呈现以下两个特征。一是从国内外角度来看，中国GUI外观设计保护模式于2014年确立，之后相继出现了一些GUI外观设计纠纷案件。但是中国GUI外观设计保护模式确立较晚，与英美等发达国家相比，GUI外观设计相关司法实践尚不成熟。GUI外观设计的案例资源主要集中于国外发达国家。二是从案件类别来看，GUI外观设计相关案件包括侵权司法纠纷案件、侵权行政纠纷案件、确权司法纠纷案件、确权行政纠纷案件等。也即GUI外观设计纠纷主要为侵权纠纷和确权纠纷，纠纷解决主要有行政和司法两条可选路径。

（二）GUI外观设计的主要案例简表

为了突出重点，本章着重选取几个具有代表性的GUI外观设计案件予以评述。经过筛选，本章选取的代表性案例，如表1所示。

表1　GUI外观设计代表案件

	案件名称	审理地点	审理时间（年）
1	In re Zahn	美国	1980
2	Ex Parte Strijland	美国	1992
3	Apple computer incorporated v. UK design registry	英国	2001
4	Apple, Inc. v. Samsung Electronics Co., Ltd.	美国	2012~2015
5	苹果诉中国国家知识产权局案	中国	2013~2014
6	奇虎360诉江民科技案	中国	2016至今
7	动景科技诉猎豹移动案	中国	2016~2017

其中，苹果诉中国国家知识产权局案是"国内GUI外观设计专利申请行政诉讼第一案"，奇虎360诉江民科技案是"国内GUI外观设计专利侵权第一案"，动景科技诉猎豹移动案是"国内GUI外观设计专利行政保护第一案"，也是"国内首例GUI外观设计专利宣告无效"。上述案件作为国内"首案"，为GUI外观设计的研究提供了重要的本土案例资源。

二、国外GUI外观设计相关案件综述

（一）美国GUI外观设计专利保护确立的系列案件

美国作为知识产权制度比较完善的国家，其对GUI保护经历了由最初的保护到拒绝保护，再到最后的重新保护的历程。在美国通过系列案件的裁决或判决确立了GUI外观设计保护模式。其中In re Zahn裁定确立了局部外观设计制度、Ex Parte Strijland裁定确立了GUI可以授予外观设计专利，这两个案件裁定对美国确立GUI外观设计保护模式具有里程碑式的意义。美国图形用户界面外观设计专利保护的历史沿革，如表2所示。

表2　美国图形用户界面外观设计专利保护历史沿革

年份	事件	结论	影响
1967	CCPA的In re Hruby判决❶，主要涉及喷泉是否属于可用于工业产品的设计	USPTO认为设计必须依赖其外界东西而存在，而喷泉的设计是一种不能应用于"工业产品"的设计，因此不能授予专利权；但是CCPA认为喷泉的设计是应用在工业产品上，是一种可授予专利的设计	后来，MPEP在1996年认可电脑形成图像属于外观设计专利的保护客体时，引用了该案的理论。认为图形用户界面和喷泉类似，属于可以应用在工业产品上的设计
1976	Mr. Zaha提出虚实线绘制的钻头上端钻柄部分的外观设计专利申请❷	部分外观设计专利被认为不属于专利法保护的客体，被USPTO驳回，向专利复审委（BPAI）提起复审请求后，BPAI维持原驳回的决定	申请人对部分外观设计保护诉求的具体化表达，即将主张权利的部分以实线呈现，将不主张权利的部分以虚线呈现的视图表达形式

---

❶ In re Hruby，54 C.C.P.A 1196，373 F.2d 997，153 U.S.P.Q.61（CCPA 1967）.

❷ In re Hruby，617 F.2d 261，204 U.S.P.Q .988（CCPA 1980）.

续表

年份	事件	结论	影响
1980	Mr. Zaha在CCPA提出上诉，CCPA做出了In re Zahn的裁定❶	1980年，CCPA撤销专利复审委所有的驳回理由及决定	CCPA认为设计专利是保护应用在工业产品的设计，设计可应用在所有的工业产品，不论是整个产品还是产品的部分，而且设计专利要讨论的是应用于物品的设计，而不是物品本身
上述案之后	修改美国MPEP 15.48第三节关于视图绘制的规定，修改MPEP关于外观设计定义的补充❷	认可包含部分外观设计专利的申请，"不属于要求保护的外观设计的内容，但必要的用于表示外观设计所使用的环境的部分，可以通过虚线或者应用该设计的产品的任何一个不要求外观设计的部分"。规定外观设计不是产品本身，而是应用于产品或其一部分的设计	明确了保护的是设计，而不是产品本身，此后，对部分外观设计专利申请给予授权
1989	Xerox公司提交的电脑程序的屏幕专利申请❸	电脑图标被认为不属于专利法保护的客体，被专利商标局驳回	引起广泛争议，焦点在于当前法律框架下图形用户界面和图标是否应给予保护
1992	BPAI做出了Ex Parte Strijland裁定❹	Xerox公司的申请没有指出特定工业产品，不符合专利法的规定，对于申请的说明不够清楚和明确，不符合《美国专利法》第112条的要求	事实上肯定了电脑程序的屏幕图标，如果进行了准确的描述，是可以作为与电脑硬件不可分离的一部分，作为电脑的外观设计而受到外观设计专利保护的

❶ In re Hruby，617 F.2d 261，204 U.S.P.Q .988（CCPA 1980）.

❷ Manual of Patent Examining Procedure（MPEP）.

❸ Ex Parte Strijland，26 U.S.P.Q.2d 1259，1992 WL470727（Bd. Pat. App.& Interf.）.

❹ Manual of Patent Examining Procedure（MPEP）.

续表

年份	事件	结论	影响
1996	美国MPEP第二次修改版中在外观设计的客体部分，增加了"电脑形成图标的审查指南"一节❶	对电脑形成图像设计的申请作出四个方面的规定	正式对大部分电脑形成的图像进行保护
2004	微软公司提出动态图形用户界面的专利申请；Verizon公司提出动态图标的申请	Verizon公司的专利代理人成功地说服审查员接受动态图标的表现方式	开始对动态电脑形成的图标进行保护
上述案之后	修改美国MPEP	增加对"动态电脑形成图像"的规定	正式对大部分电脑形成的图像进行保护

（二）苹果诉英国外观设计注册局案

2001年，英国高等法院审理的苹果公司诉英国外观设计注册局案是英国确立GUI外观设计保护模式的里程碑式案件。该案所争议的外观设计是一系列在电脑程序加载时定时出现在电脑屏幕上的图标。苹果电脑公司就该项图标设计，向英国知识产权局提出外观设计申请，但被拒绝予以注册。苹果公司不服，向英国知识产权局申请复审，知识产权局认为：（1）这一设计并不属于生产制造的产品；（2）此设计并不属于《注册外观设计法》要求的工业过程或方法中应用的设计，因此知识产权局拒绝予以注册。之后，苹果公司向英国高等法院衡平法庭提起诉讼。雅各布（Jacob）法官认为："要解决本案争议的图标是否可以取得注册外观设计，需要解决两个关键问题：（1）该图标是否存在载体？根据1949年《英国注册外观设计法》，答案是肯定的。（2）该存在于载体的图标设计是否通过工业程序制造？电脑屏幕上显示的图标是在电脑中运行的软件的组成部分，也是工业程序中的一部分，因此，答案也是肯定的。"因此，雅各布法官认为上诉请求成立，发回外观设计注册局处理。❷

---

❶ Manual of Patent Examining Procedure 1504.01 A part1（6th ed, 2d rev. July 1996）.

❷ Apple computer incorporated v. design registry,［2002］E.C.D.R.19.

在该案中，雅各布法官把图形用户界面分为两种：一种是计算机操作系统运行的结果，另一种是用户在使用过程中临时使用的一些软件所产生的图标和界面。雅各布法官认为前者符合外观设计保护的要求，因为其已经与作为硬件的载体结合在一起，并且在工业过程中批量生产。雅各布法官的观点意味着：系统软件产生的用户界面，因为从生产过程中就与计算机等电子产品结合在一起，可以受到外观设计法的保护；但是，如果用户在使用过程中人为地添加一些应用软件程序，该软件安装后显现在计算机屏幕上的用户界面和图标，就不是英国外观设计法保护的客体。但是从2002年开始，欧洲各国要与《欧共体外观设计保护指令》看齐，而指令下外观设计的定义包括了各种类型的电子产品的用户界面。不过难能可贵的是，雅各布法官在该案中将GUI外观设计类分为系统软件生成的GUI和应用软件生成的GUI，并发现两类GUI外观设计保护的差异。这一点对于我们细化认识GUI外观设计保护的类型化差异，提供了重要的思想资料。

（三）苹果诉三星系列案

2011年4月至9月，苹果公司在美国加利福尼亚州北区联邦法院对三星公司发起了知识产权诉讼。苹果公司诉称三星公司的Galaxy产品群对苹果公司的 IPAD 产品的知识产权进行了公开的抄袭。在涉案权利纠纷中，有1项外观设计专利格外引人关注，即苹果公司于 2007年11月17日得到授权的专利号为USD604305，专利名称为 "Graphical User Interface for a Display Screen or Portion Thereof" 的GUI外观设计专利。2012年8月24日，陪审团认定三星侵犯了苹果的外观设计和实用新型专利权并造成其商业外观淡化，三星赔偿苹果超过10亿美元。2014年3月6日，加州北区法院根据陪审团裁决作出有利于苹果的判决，侵权赔偿约9.3亿美元，其中外观设计的赔偿为3.99亿美元。三星不服一审判决提起上诉。2015年5月18日，美国联邦巡回上诉法院作出判决，认为原地区法院适用 "全部利润原则" 没有错误，维持一审判决。❶ 2016年3月

---

❶ Apple Inc. v. Samsung Electronics Co., Ltd., Samsung Electronics America, Inc., Samsung telecommunications America, LLC, 2014-1335, 2015-1029.

21日，三星公司向美国联邦最高法院提出调卷令申请，理由是GUI局部外观设计侵权损害赔偿责任适用"全部利润原则"不公平，侵权者利润的酌定赔偿额应当限定于该组成部分的利润。2016年12月6日，美国联邦最高法院驳回了联邦上诉法院的判决，裁决其重新审理该案。

GUI是互联网技术的新兴产物，其保护方式给传统外观设计制度带来了一些挑战和变革，如侵权损害赔偿的计算等问题。该案的二审和再审主要是围绕局部外观设计的侵权赔偿责任而进行，特别是局部GUI外观设计的侵权损害赔偿额的确定。❶ 最高法院认为，侵权专利可能只涉及设备的局部，下级法院根据整机来计算的赔偿金额存在不妥，也即适用于普通外观设计侵权赔偿计算的"全部利润原则"并不当然的适用于GUI外观设计的侵权损害赔偿计算。

三、国内GUI外观设计相关案件综述

2014年，我国修改《专利审查指南》，将GUI纳入外观设计保护范围。之后相继出现了国内关于GUI外观设计的"首案"。具体而言，主要有：（1）"国内GUI外观设计专利申请行政诉讼第一案"——苹果诉中国国家知识产权局案；（2）"国内GUI外观设计专利侵权第一案"——奇虎360诉江民科技案；（3）"国内GUI外观设计专利行政保护第一案"——动景科技诉猎豹移动案。下文予以详述。

（一）国内GUI外观设计专利申请行政诉讼第一案

2010年，苹果公司就5项图形用户界面向中国专利行政部门提出外观设计专利申请，先后被专利局和专利复审委员会驳回。❷ 原因是2010版《专利审查指南》将"产品通电后显示的图案"列为不授予外观设计专利权的情形之一。苹果公司不服，于2013年向北京市第一中级人民法院提起行政诉讼。北京市第一中级人民法院认为，虽然2010版《专利审查指南》规定"产品通电后显示的图案"属于不授予外观设计专利权的情形，但该规定不应被扩大解释为只要是包含有通电后显示的GUI的

---

❶ Samsung Electronics Co., Ltd., v. Apple Inc. 580 U.S.(2016).载：https://www.supremecourt.gov/opinions/16pdf/15-777_71ho.pdf, 2017年6月22日最后访问。

❷ 参见国家知识产权局专利复审委员会于2013年作出的第49036号、第49040号、第49596号、第49597号、第53023号复审请求审查决定。

外观设计专利申请，均当然被排除在授予外观设计专利权的范围之外。涉案申请虽包括了在产品通电状态下才能显示的图形用户界面，但其仍是对便携式显示设备在产品整体外观方面所进行的设计，亦能满足外观设计专利在工业应用和美感方面的要求，可以成为我国外观设计专利权的保护客体。❶ 据此，一审法院判决撤销专利复审委员会的复审决定，专利复审委员会不服，提起上诉。北京市高级人民法院二审判决驳回上诉、维持原判。❷

《专利审查指南》在2014年修改时，将"产品通电后显示的图案"从不授予外观设计专利权列表中删除。因此，目前GUI作为外观设计专利予以保护没有法律障碍。此外，从二审判决意见来看，法院强调GUI外观设计专利的工业产品要件，认为"在我国现行专利制度之下，产品通电后显示的图案享有外观设计专利权保护的前提，仍然应当是以特定工业产品为载体，相关申请文件亦应完整揭露且充分显示该工业产品的整体外观设计，脱离了特定工业产品的通电后显示的图案并不属于我国外观设计专利权的客体范围"。

（二）国内GUI外观设计专利侵权第一案

2016年4月22日，奇虎360公司将江民科技公司诉至北京知识产权法院，称江民公司的软件产品"江民优化专家"侵犯360电脑安全优化软件的GUI外观设计专利权，共索赔1000万元。❸ 涉案GUI是应用软件——"360电脑安全优化专家"的用户界面。2016年9月21日，北京知识产权法院对此案进行了开庭审理。❹ 庭审中，江民公司辩称：（1）《专利法》第11条规定未经外观设计专利权人许可，任何人都不得实施其专

---

❶ 北京市第一中级人民法院（2013）一中知行初字第3758、3759、3760、3761、3762号行政判决书。

❷ 北京市高级人民法院（2014）高行（知）终字第2815号行政判决书。

❸ 奇虎360最初起诉江民科技侵犯其ZL201430324280.2号、ZL201430329167.3号和ZL201430324283.6号三项外观设计专利，共索赔1500万元。开庭前，奇虎360撤销了针对江民公司侵犯其ZL201430324280.2号专利权提起的诉讼，北京知识产权法院合并审理了针对ZL201430329167.3号和ZL201430324283.6号两件外观设计专利的侵权案，奇虎360索赔金额为1000万元。

❹ 高鑫.奇虎VS江民：首例GUI外观设计专利侵权案开庭［EB/OL］.中国法院网，载：http://www.chinacourt.org/article/detail/2016/09/id/2090234.shtml，2017年6月20日最后访问；祝文明.360 VS江民：打响GUI专利保护"第一枪"［N］.中国知识产权报，2016-09-29.

利，即不得制造、许诺销售、销售、进口其外观设计专利产品。外观设计专利产品是有形产品，本案专利产品是"带图形用户界面的电脑"。江民公司只开发了具有GUI的"江民优化专家"软件，并没有制造或销售电脑的行为，也即江民公司没有生产或销售涉案外观设计专利产品，依据《专利法》第11条不存在专利侵权行为。（2）江民公司没有制造销售涉案外观设计专利产品（电脑）获利，所以360公司索赔1000万元没有根据。对江民公司的答辩意见，360公司认为：其专利产品包含但不限于计算机软件，江民公司的涉案软件与360软件产品均属于人机交互式杀毒软件，用户下载、安装涉案软件的过程就是制造、生产、经营图形用户界面产品的行为。此案尚未判决。

该案的待决问题有两个：一是江民公司是否存在对360涉案GUI外观设计专利的侵权行为？二是如果侵权成立，该案的侵权损害赔偿该怎么计算？该案凸显了应用软件生成的GUI外观设计专利的保护困境。上述两个待决问题的症结在于涉案GUI外观设计专利的"产品"该怎么解释？360公司主张的软件产品作为GUI外观设计专利产品的观点是否成立？这些司法实践中的待决问题，亟待相关研究予以回应。

（三）国内GUI外观设计专利行政保护第一案

2016年6月21日，动景科技向北京市知识产权局提交针对ZL201530383753.0号"带图形用户界面的手机"外观设计专利的专利侵权纠纷处理请求书，请求责令猎豹移动停止侵权行为。包括：停止制造、许诺销售及销售包含侵权界面设计的产品，即用于手机的应用程序——猎豹浏览器；删除其官网、应用商店、手机预装等多个渠道上包含侵权界面设计的猎豹浏览器的下载链接及安装包。❶ 2016年10月24日，猎豹移动向专利复审委员会提交针对涉案专利的无效宣告请求，其理由为涉案专利不符合《专利法》第2条第4款、《专利法》第23条（新颖性要件）。专利复审委员会于2017年3月2日举行了口头审理，并于2017年4月12日作出审查决定。专利复审委员会认为动景科技

---

❶ IvesDuran.首例GUI行政案，你想知道的细节都在这［EB/OL］.微信公众号《知产力》2017年4月21日推送文章；东至.全国首例GUI外观设计无效决定的启示［EB/OL］.载：http://www.chispo.com.cn/news/html/?480.html. 2017年6月20日最后访问。

涉案GUI外观设计专利主界面上滑设计不具有新颖性，而涉案GUI外观设计专利主界面下滑设计具有新颖性。因此，专利复审委员会宣告ZL201530383753.0号外观设计专利权部分无效。❶

从动景科技的行政保护请求内容来看，动景科技将自己GUI外观设计专利的产品，定位为用于手机的应用程序——猎豹浏览器，即动景科技主张软件产品即是应用软件GUI的外观设计专利产品。此外，由该案可以看出，GUI外观设计可以通过外观设计的形式来保护软件操作中动态设计的效果，可以有效地防止竞争对手的模仿，维护企业的有效权益；并且，GUI外观设计表达清晰、准确，确权直观，有利于互联网科技公司对产品的保护。

四、结　语

总体而言，国外GUI外观设计保护模式大多由案例法形式确立，GUI外观设计保护范围不断明确且有扩大的趋势。以美国为例，图标和电脑形成图像都可作为GUI外观设计获得保护。对于国内而言，GUI外观设计保护模式确立较晚，近期相继发生的系列GUI外观设计"首案"，凸显出了GUI外观设计保护中存在的一些问题。如外观设计的产品概念是什么？软件是否就是GUI外观设计专利所指的产品？这些问题在奇虎360案和动景科技案中都有体现。此外，GUI外观设计侵权赔偿的计算也是一个棘手的待决问题。该问题在国内外案例判决中都有体现，特别是苹果诉三星案，其争议焦点之一就在于外观设计侵权损害赔偿计算中"全部利润规则"和"分摊利润规则"该怎么解释，以及如何适用？案例分析是法学研究中重要的实证研究方法。本章所述案例为我们研究GUI外观设计提供了第一手的研究材料，其凸显的问题也为我们指明了GUI外观设计的研究方向。

---

❶ 国家知识产权局专利复审委员会2017年作出的第31958号专利无效审查决定。

专利无效宣告程序中专利文件修改问题文献综述

■ 李若源　吕卓明　李梦华

【摘要】我国授权后专利文件修改制度亟待完善，但专利文件在授权后可能存在的错误对当前专利无效宣告程序专利文件修改的尺度、方式和制度设计均提出了挑战，本文从专利无效宣告程序的修改尺度、修改方式和进一步完善的探讨三方面出发，梳理相关文献资料，发现相关研究普遍认为当前专利无效宣告程序中专利文件修改尺度过紧，但就如何放宽意见不一；对具体修改方式的理解与进退各有主张；对制度设计的走向"完善论"和"新设论"亦各有见解。专利无效宣告程序中专利文件修改问题既有现实需求也有理论争议，亟待更深入的研究。

【关键词】专利无效宣告程序；修改尺度；修改方式；进一步完善

一、引　　言

当前，我国专利申请和授权的数量急速增长，但大量专利质量低下，授权后难以被维持，其中一个重要因素是专利文件撰写水平较低。❶

---

❶　2013年12月，国家知识产权局在《国家知识产权局关于进一步提升专利申请质量的若干意见》中指出，专利申请质量暴露出一些亟待解决的问题，如文件撰写水平较低，如不及时解决已造成的不良影响，将削弱专利制度的公信力，影响社会公众对专利制度作为支撑创新驱动发展战略基本制度的信心。

实践中由于申请人高额付费意愿不高、专利代理人水平有待提升、审查员工作存在疏漏，加之语言文字本身的局限性和技术方案的复杂性等原因，专利文件中难免存在笔误或不规范表述，使专利权人的专利在授权后仍被挑战，需要通过修正来弥补疏漏。但通过无效宣告程序修改专利文件存在诸多限制，专利权人可能陷入烦琐的司法行政二元诉讼，导致贡献与获得利益无法平衡，影响专利制度促进发明创新功能的发挥。《国务院关于新形势下加快知识产权强国建设的若干意见》指出，应完善授权后专利文件修改制度，以促进知识产权的创造运用。

由于专利文件在无效宣告程序中可能被质疑的原因主要有描述专利缺乏新颖性、创造性、实用性和存在明显错误等，若允许修改将会对当前专利无效宣告程序的修改尺度、修改方式和制度设计产生冲击，故本文从专利无效宣告程序中专利文件的修改尺度、修改方式和对专利无效宣告程序中专利文件修改制度进一步完善的探讨三方面出发，梳理目前相关研究的进展，以为完善程序提供参考。

二、专利无效宣告程序中专利文件修改尺度

根据《专利法实施细则》第69条❶的规定，无效宣告程序中可被修改的专利类型限于发明和实用新型，可被修改的专利文件限于权利要求书，且修改不能扩大原专利的保护范围。而《专利审查指南》（2010）（以下简称为《审查指南》）进一步规定了无效宣告程序中专利文件修改

---

❶ 《专利法实施细则》第69条："在无效宣告请求的审查过程中，发明或者实用新型专利的专利权人可以修改其权利要求书，但是不得扩大原专利的保护范围。发明或者实用新型专利的专利权人不得修改专利说明书和附图，外观设计专利的专利权人不得修改图片、照片和简要说明。"

的原则和具体方式。❶ 不少学者指出这种限制过于严格。如管高峰❷ 认为这些限制对公众并无实际意义，因为不管是否限制无效结果肯定是公众的自由度和利益不变或增大，不会影响公众对专利权的预期性。陈贞健❸ 认为在独立权利要求和从属权利要求保护范围之间，可适当扩大权利修改范围。陈曦❹ 亦持这一观点。

就修改中文件类型和启动主体相关观点如下。

（一）修改文件类型

考虑到实践中授权后专利文件存在的错误可能不仅在权利要求书中，说明书或附图中均有可能出现动摇专利效力的错误，而可否在专利无效宣告程序中对这些错误加以更改颇有争议。

笔者认为相关研究主要分为三种观点。

一是倾向于扩大专利权人修改自由度，可对权利要求书、说明书和附图进行勘误性修改。如杨国为、陈有良❺ 在借鉴国外无效宣告中规定的基础上持此观点。

二是主张限制专利权人可修改文件的类型。如翁建新❻ 认为将修改范围扩展到说明书将极大增加无效程序复杂程度和周期，实际上是实质审查的再度进行，不符合无效宣告程序设置的基本宗旨，也不利于维持

---

❶ 《审查指南》第四部分第三章第4.6节规定："发明或者实用新型专利文件的修改仅限于权利要求书，其原则是：（1）不得改变原权利要求的主题名称。（2）与授权的权利要求相比，不得扩大原专利的保护范围。（3）不得超出原说明书和权利要求书记载的范围。（4）一般不得增加未包含在授权的权利要求书中的技术特征。外观设计专利的专利权人不得修改其专利文件。"2017年《审查指南》修改前对于具体修改方式规定"在满足上述修改原则的前提下，修改权利要求书的具体方式一般限于权利要求的删除、合并和技术方案的删除"，修改后规定"在满足上述修改原则的前提下，修改权利要求书的具体方式一般限于权利要求的删除、技术方案的删除、权利要求的进一步限定、明显错误的修正"。

❷ 管高峰.对无效宣告程序中专利权人修改专利限制的讨论 [A] //中华全国专利代理人协会.2013年中华全国专利代理人协会年会暨第四届知识产权论坛论文汇编第四部分.中华全国专利代理人协会, 2013:12.

❸ 陈贞健.论专利无效宣告程序中权利要求修改 [J].专利代理, 2015(1):48-52.

❹ 陈曦.论无效程序中专利文件的修改 [D].北京：中国政法大学, 2006.

❺ 杨国为，陈友良.美国专利改革法案中的授权后异议程序及对我国的启迪 [J].电子知识产权, 2005(11):44-48.

❻ 翁建新.论专利无效宣告程序的重构 [D].保定:河北大学, 2007.

专利稳定性。

三是主张有限制性地加以扩张。如石必胜❶认为修改范围若扩展到说明书，应严格限制对明显错误的修正以兼顾利益平衡原则和信赖利益保护原则。

（二）修改启动主体

我国专利法并未规定专利权授予之后的更正程序，专利权人即使发现专利文件存在错误或者问题，也只能承受无效风险主动请求宣告专利权无效以获取修改机会。面对此问题，相关研究将解决方案诉诸于专利复审委或专利权人。

认为专利复审委应向职权主义转变的代表学者为倪静❷、刘国伟❸。他们认为应当赋予审查组织一定的依职权审查的职能。董华丽❹进一步指出复审委自行修改的应当通知专利权人。

认为应允许专利权人主动提更正请求的代表学者为李新芝、谭红❺，他们认为可在现行立法框架中增设独立的授权后更正程序，允许专利权人在专利授权后对专利文件的明显缺陷进行修改。

由上，在修改尺度上相关研究普遍认为应当适当放宽，但对具体如何放宽并未达成一致意见。

二、专利无效宣告程序中专利文件修改方式

2017年修改的《审查指南》将专利无效阶段修改权利要求书的具体

---

❶ 石必胜.论无效程序中权利要求书修改的最小单元［J］.知识产权，2015（1）:37-44.

❷ 倪静.论我国专利无效宣告程序的完善——美、日、德三国制度比较及启示［J］.江西社会科学，2013（6）:175-179.

❸ 刘国伟.专利无效宣告程序中的当事人主义与依职权审查若干问题的研究［A］//中华全国专利代理人协会.全面实施国家知识产权战略，加快提升专利代理服务能力——2011年中华全国专利代理人协会暨第二届知识产权论坛论文集.中华全国专利代理人协会，2011:9.

❹ 董华丽.专利权无效宣告中权利要求修改规则研究［D］.上海：华东政法大学，2015.

❺ 李新芝，谭红.专利无效宣告程序中专利文件的修改［J］.法律适用，2012（8）:89-91.

方式由原来的三种❶更改为"权利要求的删除""技术方案的删除""权利要求的进一步限定"和"明显错误的修正"四种，且未绝对排除例外修改方式，对具体修改方式的理解与进退相关研究观点如下。

（一）权利要求的合并

权利要求的合并式修改一直面临学界较多质疑，大部分观点认为应严格限制权利要求的合并式修改。如李越、任晓兰❷认为每个符合《审查指南》规定的从属权利要求只能参与一次合并式修改。张艳❸提出合并式修改可能会导致专利复审委对新的技术方案授权却未考虑是否符合授权的其他条件，应允许合并式修改但细分复审委可以授权的情形。陈曦❹也赞同上述观点。

也有少部分观点认为不应允许权利要求的合并式修改。如吴贵明❺认为合并方式修改权利要求可能会引入原权利要求书和说明书中未记载的技术方案。

尽管大多数意见主张在保留"权利要求的合并"修改方式的基础上加以限制，此次《审查指南》修改用"权利要求的进一步限制"加以替换，可否克服原方式的弊端而起到更优的效果尚待进一步的研究。

（二）对明显错误的修正

《审查指南》在修改前并没有"对明显错误的修正"修改方式，实践中一般通过解释为例外修改方式予以接受或不属于《审查指南》规定的修改方式予以拒绝，本次《审查指南》修改虽增加了这一修改方式，但就这种增加的必要性相关研究观点并未统一。

支持意见如董华丽❻认为各级法院和专利复审委对"明显错误"的

---

❶ 2017年《审查指南》修改前对于具体修改方式规定："在满足上述修改原则的前提下，修改权利要求书的具体方式一般限于权利要求的删除、合并和技术方案的删除。"

❷ 李越，任晓兰.无效宣告程序中权利要求合并的若干问题思考［J］.中国专利与商标，2010（2）:27-40.

❸ 张艳.实质审查、复审和无效程序中发明专利文件修改的比较研究［J］.电子知识产权，2011（12）:66-69.

❹ 陈曦.论无效程序中专利文件的修改［D］.北京：中国政法大学，2006.

❺ 吴贵明.谈专利无效宣告程序中专利文件的修改［J］.电子知识产权，2011（Z1）:118-120.

❻ 董华丽.专利权无效宣告中权利要求修改规则研究［D］.上海：华东政法大学，2015.

解释不同会导致权利要求的不确定性更大。甚至有学者如吴贵明❶建议扩大"明显错误"的修改范围至发明或实用新型的权利要求书、说明书和附图以及外观设计专利中图片、照片和简要说明。

也有学者提出这种修改方式可能会带来新的问题，如刘庆辉❷指出修正后权利要求的可专利性判断和公示程序的缺乏使得争讼仍可能还会存在。即使根据"保护和贡献相一致"的专利法应当给予专利权人修正权利要求书中明显错误的机会，应借鉴美国再颁程序对修正时机予以限定。

关于"明显错误"的判断标准，《审查指南》第二部分第八章5.2.2.2❸提出了判断的基本规定。相关研究则提出了修改方式唯一合理的观点，如杨秦、张铮、何瑜❹认为虽然从字面理解和逻辑推导的角度可以得出多个技术方案，但如果根据技术背景、技术常识，结合本专利的具体发明内容，所属领域技术人员可以确定只有一种修改是"合理的"，也属于"明显错误"。王健、高欣、温国永和龙巧云❺也持相似观点。张爱欣、田芳、张金毅、刘文霞❻另外提出应当考虑到是否有额外的权利或者利益存在。

可见，对增加"明显错误"修改方式可能带来的弊端如何克服和"明显错误"的内涵如何确定都是争议不断、有待统一的问题。

---

❶ 吴贵明.谈专利无效宣告程序中专利文件的修改［J］.电子知识产权，2011（Z1）:118-120.

❷ 刘庆辉.专利权利要求的明显错误修正机制——兼评"层积型光电变换装置"发明专利无效行政纠纷案［J］.电子知识产权，2015（7）:90-95.

❸ 修改由所属技术领域的技术人员能够识别出的明显错误，即语法错误、文字错误和打印错误。对这些错误的修改必须是所属技术领域的技术人员能从说明书的整体及上下文看出的唯一的正确答案。

❹ 杨秦，张铮，何瑜.笔误是否为明显错误及其在修改超范围判断中的思考［A］//2014年中华全国专利代理人协会年会第五届知识产权论坛论文（第三部分）［C］.2014:5.

❺ 王健，高欣，温国永，等.关于化学领域"明显错误"修改超范围的思考［J］.中国发明与专利，2016（2）:75-79.

❻ 张爱欣，田芳，张金毅，等.从申请文件的笔误看修改超范围产生的原因及实务操作，［A］//2013年中华全国专利代理人协会年会暨第四届知识产权论坛论文汇编（第二部分）.

（三）例外修改方式

《审查指南》对具体修改方式除了明确列出之外还使用了"一般限于"的表述，实践中也多有案例对明示修改方式加以突破。❶ 相关研究主要有以下观点。

一是认为在专利审查阶段即应扩大接受的修改方式。如李新芝、谭红❷ 认为应对"一般"例外情形进行解释扩大专利权人修改专利文件的可能方式。毛琔❸ 则提出若与规定具体修改方式类似，在未扩大权利要求保护范围且未影响权利要求公示作用的情况下，应接受修改以实现个案实质正义。管高峰❹ 则将接受情况限于专利权人要求将说明书存在，而独立权利要求中缺少的必要技术特征补入独立权利要求的情况。

二是从立法层面上认为应当将接受的情况引入立法中。如董华丽❺ 建议应将最高人民法院审判中提出的原则性标准❻ 引入《审查指南》或发布司法解释，并在原则性标准之下列举具体的修改方式。

可见，面对审判实践的挑战，相关研究并没有给出一致的解决方案。

（四）技术方案的删除

《审查指南》中规定"技术方案的删除"即"从同一权利要求中并列的两种以上技术方案中删除一种或者一种以上技术方案"。相关分歧主要存在于对其中"并列技术方案"理解上的观点差异。

"外观解释论"主张"并列技术方案"应当从外观看是相互独立、

---

❶ 如"专利复审委与江苏先声药物研究有限公司、南京先声药物研究有限公司、李平专利无效行政纠纷一案""亨特博士实验室有限公司请求宣告深圳微芯生物科技有限责任公司西达本胺专利无效案"。

❷ 李新芝，谭红.专利无效宣告程序中专利文件的修改［J］.法律适用，2012（8）:89-91.

❸ 毛琔.论专利文件修改标准的新发展——评最高人民法院2011知行字第17号案［J］.中国发明与专利，2012（6）:175-179.

❹ 管高峰.对无效宣告程序中专利权人修改专利限制的讨论［A］//中华全国专利代理人协会.2013年中华全国专利代理人协会年会暨第四届知识产权论坛论文汇编第四部分.中华全国专利代理人协会，2013:12.

❺ 董华丽.专利权无效宣告中权利要求修改规则研究［D］.上海：华东政法大学，2015.

❻ （2011）知行字第17号。

地位相同、保护范围不会重叠或交叉的。如任晓兰❶将《审查指南》中与"并列"相关的几个概念总结后持此观点。

"扩大解释论"认为应对并列技术方案扩大解释。如李新芝、谭红❷认为应适当扩大解释而非僵硬地认为并列技术方案必须"边界清晰、相互独立",并可通过示例对常见情形进行阐释。

"结果解释论"认为应从删除结果观察是否是并列技术方案。如韦东❸认为应当审查即删除技术方案的结果是否为并列的技术方案。

可见,"并列技术方案"的具体内容各方观点并不统一。

由上,相关研究对具体修改方式及例外修改方式理解并未完全统一,对各种方式应然的走向亦缺乏完善的研究。

四、对无效程序中专利文件修改制度进一步完善的探讨

为使我国专利在授权后可通过更完善的途径克服专利文件缺陷、维持专利权效力并兼顾社会公众利益,相关研究分为两派展开讨论,一方持"完善论",认为通过对专利无效程序自身的完善可以解决现存的问题。另一方持"新设论",认为需要在专利无效程序之外探寻更适合我国国情的制度。其主要观点及依据如下。

(一)"完善论"

持"完善论"的学者认为通过完善具体修改方式、相应的公开制度和相关立法可解决目前修改制度中的问题。

部分学者支持对技术特征层面的修改。且在此种修改引入《审查指南》之前,就已就必要性及适用条件等进行过研究。如石必胜法官❹详细论述了以技术特征为最小修改单元的利弊得失,认为应在设定限制条

❶ 任晓兰.试论专利无效程序中"并列技术方案"的删除［A］.专利法研究(2011),2012:23.
❷ 李新芝,谭红.专利无效宣告程序中专利文件的修改［J］.法律适用,2012(8):89-91.
❸ 韦东.浅谈无效程序中马库什权利要求的修改［A］//中华全国专利代理人协会.实施国家知识产权战略,促进专利代理行业发展——2010年中华全国专利代理人协会年会暨首届知识产权论坛论文集.中华全国专利代理人协会,2010:4.
❹ 石必胜.论无效程序中权利要求书修改的最小单元［J］.知识产权,2015(1):37-44.

件的情况下以技术特征为最小修改单元。陈贞健❶则提出在满足不得扩大权利要求保护范围的要求且"技术特征的合并"后形成的新的技术方案得到说明书支持的前提下，可从其他权利要求中提取技术特征增加到某一权利要求。此种方式可能会导致技术方案与之前公开或授权专利相同或实质相同，但相关公众可根据原始独立权利要求及与各技术特征的有限组合方式预判最大或可能更小的保护范围。

笔者认为石必胜法官的论文很有参考价值，但其文仅列举了可能的修改限制，并未明确具体限定条件。陈贞健的观点同本次《审查指南》修改思路一致，而其提出的问题在"权利要求的合并"讨论中也有学者提及，笔者认为相关研究对合并式修改可能产生的问题均未较好解决，此为研究的空白点。

部分学者主张应完善修改公开。如刘蕾❷认为无效宣告修改文件尤其是获得专利复审委认可的应当公开，避免在公开不充分等问题上重复纠缠，也为需要适用"禁止反悔原则"的情形提供明确证据。张艳❸则认为可通过统一平台公告无效程序中对权利要求的解释来解决行政和司法程序中理解的不同。

部分学者主张增强法条间的协调性。如董华丽❹和陈曦❺皆认为我国《专利法》第33条规定的"修改不得超范围"并不涉及无效宣告程序中专利文件修改规则，仅《专利法实施细则》第69条有所规定，建议在《专利法》或司法解释中对无效宣告中修改权利要求是否必须遵循"修改不得超范围"原则予以明确。同时，陈曦结合多国审查指南规定认为无效程序中修改首要原则是不得扩大原专利保护范围，相关规定应在立法中予以明确。

还有相关研究主张应明确复审委职权。如陈曦❻认为我国无效制度

---

❶　陈贞健.论专利无效宣告程序中权利要求修改［J］.专利代理，2015（1）:48-52.

❷　刘蕾.论专利无效宣告制度的防御功能.知识产权［J］.2014（12）:33-38.

❸　张艳.实质审查、复审和无效程序中发明专利文件修改的比较研究［J］.电子知识产权，2011（12）:66-69.

❹　董华丽.专利权无效宣告中权利要求修改规则研究［D］.上海：华东政法大学，2015.

❺❻　陈曦.论无效程序中专利文件的修改［D］.北京：中国政法大学，2006.

中由于权利要求的合并而所产生的新权利要求被维持实质上复审委可授予专利权。建议直接在法律制度中明确规定复审委职权可适当扩大，并明确区分复审委可以授权的情况。

（二）"新设论"

就增设其他修改程序的必要性，刘蕾❶和吴贵明❷皆指出无效宣告程序在授权后专利文件修改上的局限性。崔国振❸认为从利益平衡角度及面对不利专利权评价报告实用新型和外观设计专利权人救济方式的有限出发，应给予专利权人在不扩大原授权保护范围情况下较大的修改权利。陈贞健❹通过域外制度和国内案例的分析，认为目前专利无效宣告程序中修改只保留一个相对较小的范围，与专利权人的技术创新贡献程度不匹配。

在具体制度设计上，刘蕾❺认为可与无效宣告程序并行，也可在无效宣告程序中专设专利权人修改程序。李新芝、谭红❻和陈曦❼认为可以在现行立法框架中增设独立的授权后更正程序，且均认为应允许专利权人在专利授权后对专利文件的明显缺陷进行修改。陈曦还认为应当允许专利权人主动提出或复审委行使行政职权修改。

由上，"完善论"和"新设论"在此问题上各有主张，本文认为其主张多从所支持观点的一方出发进行阐述，就两种观点利弊之间的对比尚待进一步研究。

五、结　　语

综上所述，本文梳理了无效宣告程序中专利文件修改问题在修改尺度、具体修改方式和对制度进一步完善等方面的研究现状，发现这些领

---

❶❺　刘蕾.论专利无效宣告制度的防御功能［J］.知识产权，2014（12）:33-38.

❷　吴贵明.谈专利无效宣告程序中专利文件的修改［J］.电子知识产权，2011（Z1）:118-120.

❸　崔国振.专利无效宣告制度的价值及其优化研究［M］//国家知识产权局条法司.专利法研究（2009）.北京：知识产权出版社，2010:18.

❹　陈贞健.论专利无效宣告程序中权利要求修改［J］.专利代理，2015（1）:48-52.

❻　李新芝，谭红.专利无效宣告程序中专利文件的修改［J］.法律适用，2012（8）:89-91.

❼　陈曦.论无效程序中专利文件的修改［D］.北京：中国政法大学，2006.

域的研究虽普遍认为当前无效宣告程序对专利文件的修改尺度过紧，但对具体放宽方式并未达成一致；对具体修改方式的理解与存废观点也不尽相同；对修改制度设计的未来走向亦各有见解。无效宣告程序作为当前我国专利授权后唯一的修改路径，面临着对专利公示公信制度的挑战和与专利权人专利维护之间的矛盾，需要更加科学的程序来平衡各方的利益。相关研究应当予以关注开展，以为我国专利无效宣告程序的完善提供意见。

专利无效宣告程序中专利文件修改问题案例综述

■ 李若源　吕卓明　李梦华

【摘要】我国专利获得授权后仅能通过专利无效程序进行修改，且修改方式较为有限，各种修改方式的具体内涵和存废进退等问题在理论界和实务界均颇有争议。笔者在检索相关专利复审委无效决定和法院判决的基础上，筛选出有价值的信息进行分析总结。明确了"并列技术方案"和"明显错误"的内涵，并得出了从"权利要求的合并"到"权利要求的进一步限定"修改方式的更改现实作用有限以及"例外修改方式"有待明确的结论。

【关键词】专利无效宣告程序；并列技术方案删除；明显错误的修正；权利要求的删除；权利要求的合并；例外修改方式

一、引　　言

不同于国外专利授权后仍有多种途径进行修改，❶我国专利获得授权后仅能在专利无效程序中进行修改，且修改方式较为有限。此虽维护

---

❶　如美国专利授权后，针对不同种类的情况可以通过提交错误修改声明（Certificate of Correction）、申请再颁专利（Reissue）、再审查（Reexamination）、授权后复审（Post Grant Review）等方式进行修改。

了专利公示公信作用，但也不免对专利权人维持专利造成了一定的限制，理论界和实务界均存在大量质疑。笔者旨在通过案例综述为专利无效程序中专利文件修改问题未来的更优解决提供现实素材。

《专利法实施细则》规定发明或实用新型专利的专利权人可以在无效宣告请求的审查过程中修改权利要求书。❶ 2017年修改前的《专利审查指南》（2010）（以下简称为《审查指南》）进一步规定修改权利要求书的具体方式在满足一定修改原则❷ 的情况下一般限于权利要求的删除❸、合并❹ 和技术方案的删除，❺ 所涉修改层次包括权利要求和技术方案。修改后的《审查指南》则在原规定的基础上删去了权利要求的合并，并增加了"权利要求的进一步限定"❻ 和"明显错误的修正"，首次将技术特征引入修改层次。笔者认为对各修改方式在实务中具体内涵和存废进退等问题的考察可以回应理论和实务界的一些疑问。结合文献综述中争议较多的修改方式，笔者从"技术方案层面的修改""明显错误的修正""权利要求层面的修改"和"例外修改方式"这几方面展开研究，通过专利复审委官方网站和北大法律信息网司法案例数据库中检索筛选，笔者得到符合研究主题的样本125个，具体分类如表1所示。

---

❶ 《专利法实施细则》第69条规定："在无效宣告请求的审查过程中，发明或者实用新型专利的专利权人可以修改其权利要求书，但是不得扩大原专利的保护范围。发明或者实用新型专利的专利权人不得修改专利说明书和附图，外观设计专利的专利权人不得修改图片、照片和简要说明。"

❷ 《审查指南》第四部分第三章第4.6节规定："发明或者实用新型专利文件的修改仅限于权利要求书，其原则是：（1）不得改变原权利要求的主题名称。（2）与授权的权利要求相比，不得扩大原专利的保护范围。（3）不得超出原说明书和权利要求书记载的范围。（4）一般不得增加未包含在授权的权利要求书中的技术特征。外观设计专利的专利权人不得修改其专利文件。"

❸ 《审查指南》第四部分第三章第4.6节规定："权利要求的删除是指从权利要求书中去掉某项或者某些项权利要求，例如独立权利要求或者从属权利要求。"

❹ 《审查指南》第四部分第三章第4.6节规定："权利要求的合并是指两项或者两项以上相互无从属关系但在授权公告文本中从属于同一独立权利要求的权利要求的合并。在此情况下，所合并的从属权利要求的技术特征组合在一起形成新的权利要求。该新的权利要求应当包含被合并的从属权利要求中的全部技术特征。在独立权利要求未作修改的情况下，不允许对其从属权利要求进行合并式修改。"

❺ 《审查指南》第四部分第三章第4.6节规定："技术方案的删除是指从同一权利要求中并列的两种以上技术方案中删除一种或者一种以上技术方案。"

❻ 《审查指南》第四部分第三章第4.6节规定："权利要求的进一步限定是指在权利要求中补入其他权利要求中记载的一个或多个技术特征，以缩小保护范围。"

表1　各修改方式案例检索数量统计

修改方式	复审委决定数量（件）	法院判决数量（件）	总数量（件）
技术方案层面的修改	4	14	18
明显错误的修正	—	57	57
权利要求层面的修改	18	13	31
例外修改方式	3	16	19
总数量	25	100	125

　　笔者将上述案例进行深入研读，以观察专利无效宣告程序中各种修改方式在实务中的具体内涵和存废进退。

二、技术方案层面的修改

　　对于技术方案层面的修改主要包括对"并列技术方案"的删除，本次《审查指南》修改前后均保留了这种修改方式。其中，"修改被接受"的占78%，"修改不被接受"的占22%。

　　《审查指南》并未详细说明何谓"并列技术方案"，通过实务中的认定可作如下总结。

（一）接受的"并列技术方案"删除

　　"并列技术方案"的通常形式较易确定，马库什权利要求和涉及数值范围的权利要求中并列技术方案认定较为特殊。

　　"并列技术方案"通常存在于对应方案之间无凸显发明点的组合逻辑，仅简单并列且易于相互剥离独立。❶ 专利复审委在判定时多以修改符合《专利法》第33条、第69条第1款和审查指南第四部分第三章4.6节规定而接受。

　　就马库什权利要求中并列技术方案的认定专利复审委和法院观点

---

　　❶　以"热稳定的葡糖淀粉酶"专利无效宣告案（复审委17956号无效决定）为例，专利权人将其权利要求6中描述的淀粉酶的序列同源程度可选为90%、95%、97%、99%修改成了原说明书中的优选方案99%以保证该权利要求的新颖性。

不一。在"拜尔公司诉专利复审委案"❶中，专利复审委认为马库什权利要求属于一个整体技术方案，❷北京市一中院、北京市高级人民法院皆认为马库什权利要求属于将并列技术方案撰写于同一权利要求的典型情形。因为马库什权利要求包含有多个并列的可选择要素，即马库什要素，每一个马库什要素与马库什权利要求中其他技术特征相结合均能解决该权利要求所要解决的技术问题，均构成独立的技术方案。北京市高级人民法院还认为当事人在马库什权利要求所限定的发明创造中对于现有技术及发明创造等的认知局限尤为明显。❸不能因为马库什权利要求中专利权人可后退的余地更多而不允许其删除。

涉及数值范围的权利要求中，若修改以确定数值替代了原比值范围，确定数值的比值在原比值范围内此修改可被接受。如"杨琳与专利复审委案"。❹

（二）"并列技术方案"删除修改方式的排除

"并列技术方案"应排除连续比值和不同数据形式，且内容应清

---

❶ （2013）高行终字第2046号。专利权人将授权公告文本权利要求第1～3项部分取代基定义中"可任选"以及"A和B"定义中"可被"中的用词"可"删除。

❷ 复审委认为不同选择项隶属于相同或者不同的取代基之下，无法在权利要求中形成并列的技术方案。允许删除将会使专利权人过度享受宽泛保护范围。若在无效程序中允许对于某些选择项的删除，将破坏专利权的明确性；专利权人通过一次又一次部分删除可化解一次又一次本应成立的无效宣告请求，马库什权利要求将会成为专利权人攻而不破的堡垒，使得专利权人过度享受宽泛保护范围所带来的利益而无需承担与之相匹配的风险，明显显失公平。

❸ 马库什权利要求本身是在有限的实施例的基础上对具有相同性能或作用的具有共同结构或虽不具有共同的结构但属于所属领域中公认的同一化合物类别的概括，即其权利要求请求保护的范围所包含的化合物的数量通常远多于实施例所展示的化合物的数量。上述认知能力的局限与概括后保护范围的巨大，难免会导致专利权人的概括不当。若不允许专利权人对相应并列技术方案进行删除，将使权利人承担其能力所不及规避的风险，是显失公平的。

❹ （2012）高行终字第828号。新权利要求虽未明确体现"其中立即释放层与缓慢释放层的阿莫西林比为3∶1至1∶3"的技术特征，但新权利要求1已经明确限定"其中所述立即释放层包含约563mg5%阿莫西林和62.5mg5%棒酸钾，而缓慢释放层包含438mg5%阿莫西林"，即已经限定了立即释放层与缓慢释放层中阿莫西林的具体含量，依据该具体含量计算出的立即释放层与缓慢释放层中的阿莫西林比例在3∶1至1∶3的范围内，因此该具体含量的限定实质上已经限定了立即释放层与缓慢释放层中阿莫西林比例，属于技术方案的删除。

晰，如"氨氯地平、厄贝沙坦复方制剂无效宣告案"❶和"晟展信息科技（上海）有限公司、上海锋众信息科技有限公司与专利复审委案"❷和"樊邦弘与专利复审委员会案"；❸且在并列技术方案的认定过程中，仅以权利要求书为依据，说明书不作为认定依据，如"诺华股份有限公司专利复审委行政裁决案"。❹

由上，技术方案层面的修改中，关键是对"并列技术方案"的确定。"并列技术方案"除通常形式外，还应内容清晰、排除连续比值和不同数据形式，并不以说明书作为认定依据。而马库什权利要求和涉及数值范围权利要求中"并列技术方案"的界定较为特殊。

三、"明显错误"的修正

本次《审查指南》修改，在无效宣告程序中增加了"明显错误的修正"修改方式，而对"明显错误"的界定是判断修改可否被接受的关键之处。笔者认为此处"明显错误"应当与《审查指南》第二部分第八章中的"明显错误"概念一致，即所属领域的技术人员能够识别出的语法

---

❶ 本案中，专利权人将其原权利要求中描述技术方案数据比例由"1：10～30"改成了"1：30"，最高院在审理中认为原权利要求中1：10～30的技术方案不属于典型的并列技术方案，在不违反修改原则的情况下修改才可被接受。

❷ （2011）高行终字第1696号。本案中晟展公司修改了本专利权利要求1，声称删除了本专利权利要求1中的一组技术方案，将授权公告文本权利要求1"所述内容可以代表任何语言中任何字、词或任何符号，或任何多媒体元素及表达式、或任何上述种类组合"中的"或任何多媒体元素及表达式"删除。复审委、北京一中院和北京高院皆认为本专利权利要求1中"内容名"的字、词、符号、多媒体元素及表达式等数据形式不能分别与其他技术特征共同组成不同的技术手段，也就不能构成并列的技术方案。

❸ （2006）一中行初字第951号。本案中复审委认为修改后的权利要求1扩大了本专利的保护范围。北京市一中院认为本专利权利要求1对桥堆的位置并没有进行限定，并不存在原告所述的桥堆位于三个不同位置的三种不同的技术方案。原告删除了原权利要求1中的部分特征，并将权利要求5附加技术特征加入到权利要求1中，使得修改后的权利要求1的保护范围不同于原权利要求1的保护范围，从而扩大了本专利的保护范围。

❹ （2014）高行终字第492号。本案中诺瓦提斯公司在权利要求1中加入了"单独使用"式I的化合物的措辞。复审委和北京市一中院认为虽说明书中记载了单独使用化合物I的技术方案和将化合物I与一些药物联合使用的技术方案，但授权公告的权利要求1并未明确记载可并列选择技术方案，修改不属于并列技术方案的删除。

错误、文字错误和打印错误，且能从说明书整体及上下文看出的唯一的正确答案。由于此为专利无效程序中新增的修改方式，笔者主要检索了法院57个相关的侵权或行政诉讼案例，梳理其对"明显错误"的认定情况，属于"明显错误"的占68%，不属于"明显错误"的占32%。

"明显错误"的内涵可作如下总结。

（一）接受的"明显错误"

若权利要求在表述时存在歧义，而所属技术领域技术人员可以结合说明书和附图唯一确定答案，这种歧义可被认定为"明显错误"。"榨汁机专利行政纠纷案"[1] 中，一审、二审法院认为权利要求1的确存在歧义，[2]但根据说明书和附图的记载，以及考虑到本专利的发明目的，本领域技术人员能够理解"网孔筒""插入到所述导向爪内"是毫无疑义地确定的唯一正确的技术方案，并且本领域技术人员能够实施该技术方案以解决其问题并达到有益技术效果，也不会扩大权利要求1中关于"网孔筒"的保护范围。类似案件还有"层积型光电变换装置案"、[3] "精密旋转补偿器案"。[4]

（二）"明显错误"的排除

若所属技术领域技术人员认为权利要求含义清楚完整，说明书未对权利要求的术语含义作特别界定，即使有相关实施例，仍不能认定为"明显错误"。"平滑型金属屏蔽复合带的制作方法专利侵权案"[5] 中，权利要求1为"使塑料膜的表面形成0.04～0.09mm厚的凹凸不平粗糙面"，专利权人认为权利要求1属于明显错误，其实际意思为"塑料膜厚度为0.04～0.09mm"。法院认为，权利要求1含义清楚完整，在说明书既未对权利要求1进行详细说明，又未对塑料薄膜的厚度进行限定和解

---

[1]　(2013)高行终字第123号。

[2]　权利要求1为"网孔筒，所述网孔筒具有：网孔结构，其在所述网孔筒的外壁上形成以将汁液排出到所述汁液出口端；以及多个壁刀，其在所述网孔筒的内表面上沿纵向形成以插入到所述导向爪内"。法院认为权利要求1为总分结构的并列表述，主语为"网孔筒"，两个分号相隔的从句分别表达了"网孔结构"和"多个壁刀"这两个特征，的确存在歧义。

[3]　(2014)高行终字第1811号。

[4]　(2011)行提字第13号。

[5]　(2012)民提字第3号。

释，而仅仅在实施例中提及塑料薄膜的厚度分别为0.04mm、0.09mm和0.07mm的情况下，本领域普通技术人员在阅读权利要求书和说明书之后，不会认为该表述存在明显错误，进而将塑料膜表面凹凸不平粗糙面的厚度修正为塑料膜的厚度。与此类似的还有"拉伸件修边机专利侵权案"。❶

若本领域技术人员结合专利文件和技术知识认为所述错误存在其他修改手段，则所述错误不能被认定为"明显错误"。"三菱树脂株式会社专利权无效案"❷中，专利权人以说明书中实施例为证，指出权利要求7和说明书中若干处出现的"碱性氯化铝的浓度"是明显错误，应改为"铝浓度"。专利复审委及两审法院均认为本案专利权利要求中的"碱性氯化铝的浓度"在整个权利要求整体中并没有出现明显矛盾，只是和说明书中的实施例产生矛盾，将其修改为"铝浓度"虽然能够克服这种矛盾，但是在此情况下还有可能存在其他修改手段，比如将其余矛盾的地方修改成与权利要求的表述相匹配，这都是本领域技术人员可能预见到的解决途径，这并不属于无效程序中能够被允许的明显错误的修改，涉案专利全部无效。与此类似的还有"电连接器专利行政纠纷案"。❸

若在无效程序中为规避风险作出意见陈述，不能以相反理由主张"明显错误"。"一种新型金融自助服务亭专利行政纠纷案"❹中，权利要求书及具体实施方式部分记载"设置显示与操作不面向服务区的自动存款机"，而发明内容及摘要部分又记载"设置显示与操作窗口面向服务区的自动存取款机"。法院认为专利权人在口头审理前的意见陈述中明确表示"显示与操作区不一定非要面向客户"，而在口头审理时和诉讼中又认为"显示与操作不面向服务区"为笔误，应理解为"显示与操作部面向服务区"。由于说明书和权利要求书中均没有记载过"显示与操作部"这一技术名词，从上述记载和意思表示中也无法清楚地、毫无疑义地判断出哪一种表述是正确的，故不能将"显示与操作不面向服务区"

---

❶ （2015）浙嘉知初字第75号。
❷ （2010）高行终字第1303号。
❸ （2007）一中行初字第1090号。
❹ （2005）一中行初字第542号。

唯一地解释为"显示与操作部面向服务区"。

由上，"明显错误"应准确把握本领域技术人员可以明确察觉和错误更正方式的唯一性这两个要件，即错误应是本领域技术人员能够明显察觉到的错误，且不属于本领域技术人员结合权利要求书、说明书和公知常识能够直接地、毫无疑义地确定的唯一答案。同时，专利权人不应在无效过程中做相反陈述。

四、权利要求层面的修改

权利要求层面的修改主要包括权利要求的删除与合并。小组共检索28个相关案件，其中12个案件采取了权利要求的删除的修改方式，18个案件采取了权利要求的合并修改方式，并有6个案件同时采取了权利要求的删除和合并的修改方式，相关统计如表2所示。

表2 权利要求层面修改案例接受数量及接受率统计 （单位：件）

修改方式	权利要求的删除	权利要求的合并	权利要求的合并和删除
接受	10	13	5
不接受	2	5	1
案件总数	12	18	6
接受率	83.33%	72.22%	83.33%

（一）权利要求的删除

"权利要求的删除"是指从权利要求书中去掉某项或者某些项权利要求，可删除内容包括独立权利要求或从属权利要求，是专利权人对一个保护防线的整体放弃。《审查指南》中无效程序的修改方式在修改前后均包括此项。由于此种修改方式边界较为清晰，修改被接受率较高，专利复审委对于此项修改方式基本持认可态度，如美的集团有限公司与专利复审委案❶、能防漏的发泡工具无效案❷、卡缘连接器无效案❸等。

---

❶ （2011）一中知行初字第3339号。

❷ WX14986专利无效审查决定。

❸ WX26007专利无效审查决定。

检索案例中不被接受的情况限于权利人修改的提交超过答复期限和权利人认为其修改是"权利要求的删除"但专利复审委不认可的情形，如山东天力干燥股份有限公司与专利复审委案❶和一种手袋钩扣无效宣告案。❷

（二）权利要求的合并

"权利要求的合并"要求被合并权利相互无从属关系但在授权公告文本中从属于同一独立权利要求，且包括被合并从属权利要求所有技术特征，对修改的要求较为严格，修改被接受率并不高。此次《审查指南》虽删去了此种修改方式，但笔者认为对"权利要求的合并"的案例分析仍有实践意义。

1. 接受的"权利要求的合并"修改方式

权利要求合并过程不能遗漏技术特征，但可对重复特征进行删除，如"多位变角器无效决定案"❸ 中，权利人在无效程序中将原独立权利要求1和从属权利要求3～5合并为新的独立权利要求2，并同时删除原权利要求3中"且与下座板铰接"这一特征。这一特征本身在原始权利要求1和权利要求3中就属于重复限定，而被请求人仅删除了原权利要求3中"且与下座板铰接"这一特征，并未同时删除原权利要求1中关于上座板与下座板铰接的有关特征，因此没有改变二者之间的连接方式，并未使得新修改的权利要求2扩大原权利要求的保护范围和超出原说明书和权利要求书记载的范围，且有助于在对权利要求进行合并的同时使之清楚简明。双环缝隙孔旋流集中燃烧器无效案❹ 中认为因原权利要求书中缝隙缝与孔是并列的等同关系，修改时删掉孔是允许的，与上例观点

---

❶ （2012）一中知行初字第120号。

❷ WX15211专利无效审查决定。此案中权利要求1中最后一句关于锁定装置的描述"锁定装置为设置于饰物盒内的弹簧盒及设置于弹簧盒内的弹簧，弹簧顶压着一个锁头，锁头的一部分伸出饰物盒"与原权利要求5中记载的相关内容"锁定装置是在饰物盒内设置有弹簧盒，弹簧盒内有弹簧顶压着一个锁头，锁头的一部分伸出饰物盒"并不一致，银图公司对权利要求书的修改方式不属于权利要求的删除、合并或技术方案的删除，因此银图公司提交的权利要求书的修改文本不符合《专利法实施细则》第68条第1款以及《审查指南》的规定。

❸ WX7056专利无效审查决定。

❹ WX3596专利无效审查决定。

类似。

间接从属于同一独立权利要求的权利要求合并可被接受，如多节式自动开收伞无效决定案❶；修改过程中独立权利要求的数目改变并不会受影响，如复审委WX7056号决定。❷

2. "权利要求的合并"修改方式的排除

权利要求合并修改方式并不接受对权利要求中部分技术特征的合并，如一种布面装饰板无效宣告案❸中专利权人修改后的权利要求1是将原权利要求6的附加技术特征和权利要求2中的一部分技术特征（删除了带有"或"的并列技术特征）合并而成。但是原权利要求6从属于原权利要求4，权利要求2与权利要求6合并修改必须要包括权利要求4中的技术特征，但修改后权利要求1没有包括权利要求4的技术特征，扶手无效案❹、宫炎平异形薄膜包衣片及其制造方法案❺、电子调节吸入式镇痛机无效案❻与此情况相同。

权利要求的合并要求被合并的权利要求从属于同一独立权利要求，若与从属于其他独立权利要求的合并则不被允许，如杨琳与专利复审委案。❼

由上，专利复审委对权利要求合并的修改方式要求虽不论直接从属还是间接从属、且不限制对独立权利要求数目的改变，但局限于具有从属关系的权利要求所有技术特征的合并，除非重复技术特征才可删除。总之，此种修改方式对修改要求较为严格，专利权人修改自由度低。

---

❶ WX4328专利无效审查决定。本案中原权利要求5~6虽然不是直接从属于原权利要求1的，但两权利要求都间接从属于原权利要求1，专利权人将原权利要求5~6的全部技术特征与原权利要求1合并可被接受。

❷ 专利权人将原独立权利要求1和从属权利要求2、权利要求4、权利要求6、权利要求9~10合并为新的独立权利要求1；将原独立权利要求1和从属权利要求3~5合并为新的独立权利要求2，此种修改即被接受。

❸ WX9480专利无效审查决定。

❹ WX17773专利无效审查决定。

❺ WX18171专利无效审查决定。

❻ WX17856专利无效审查决定。

❼ （2012）高行终字第828号。此案中原权利要求31~34属于药物用途独立权利要求，权利人将其修改为引用原权利要求1的从属权利要求9的形式，属于将独立权利要求与从属于其他独立权利要求的从属权利要求的合并。

"权利要求的合并"在理论界争议较大，但多认为应在保留的情况下加以限制，此次《审查指南》的修改直接删去了此种方式，并更换为"权利要求的进一步限定"，是否更优存在探讨的空间。

五、例外修改方式

"例外修改方式"即《审查指南》在专利无效宣告程序中明示修改方式外的修改方式。2017年《审查指南》修改前后在明示修改方式的同时均使用了"一般限于"的表述，可见其对于修改方式的规定并未完全封闭，通过阅读案例，实践中存在"例外修改方式"主要包括以下情况。

（一）"明显错误"的更正

以塔塔钢铁艾默伊登有限责任公司应对针对其发明专利无效宣告请求的修改❶为例，专利权人将计量单位由毫米修改为米。复审委通过阐述审查指南的非封闭式，本领域技术人员通过阅读说明书的记载内容，结合本领域的公知常识能够获得唯一确定的答案，指出该瑕疵属于应当被允许修改。

可见在《审查指南》未列明"明显错误"可被更正之前，"明显错误"仅能通过认定为"例外修改方式"被接受，此次增设这种修改方式很有必要。

（二）技术特征层面的修改

本次修改前的《审查指南》中未规定技术特征层面的修改，且在修改原则中规定"一般不得增加未包含在授权的权利要求书中的技术特征"，而此次修改则允许了在权利要求中加入其他权利要求中记载的一个或多个技术特征，通过对案例的考察，小组认为实践中存在对技术特征层面修改的认同，新增修改方式是对实践的回应。

---

❶ "生产适于热机械成型的定制板坯的涂覆钢带材的制备方法，如此制备的带材和这样的涂覆带材的用途"发明专利无效案，参见复审委28444号无效决定。

1. 技术特征层面修改的排除

无论技术特征是否出现在权利要求书中，添加技术特征均不被允许。如"RCA许可公司与专利复审委案"❶中添加未出现在权利要求书中的技术特征不被允许，复审委认为RCA公司提交的权利要求的修改文本在原权利要求1中加入的技术特征❷并未包含在授权权利要求中不予接受。随后的行政诉讼中法院认为审查指南之所以限制加入没有出现在权利要求书中的技术特征是为了维护专利权保护范围的稳定性，且根据技术捐献原则和禁止反悔原则，审查指南规定非常合理。"叶耀良、陈新泉与国家知识产权局专利复审委员会案"❸、"富士康（昆山）电脑接插件有限公司与国家知识产权局专利复审委员会案"❹中专利复审委亦持相同观点。而"台达电子工业股份有限公司与专利复审委案"❺中添加出现在权利要求中的技术特征亦不被允许。

此外，删除技术特征均不被允许，如"南京宁华工艺印刷机械厂与专利复审委案"❻、"曾平蔚与专利复审委案"❼和"袁德俊与专利复

---

❶ （2005）一中行初字第113号。

❷ 所述技术特征为"并且所述多极透镜的每一个与主聚焦透镜足够近，以至在所述多极透镜和所述主聚焦透镜之间存在静电耦合"。

❸ （2013）高行终字第134号。本案中专利复审委认为叶耀良、陈新泉提交的新修改的权利要求书相对于授权公告权利要求书增加了"温度在55℃~60℃时的"这一特征，此修改不符合2002年修订的《中华人民共和国专利法实施细则》第69条的规定，修改文本不予接受。

❹ （2005）一中行初字第483号。本案中专利权利要求书修改文本权利要求1增加了"与端子位于接合面上方且紧邻尾端的部分相比"的特征，复审委为这一修改不符合《审查指南》规定的权利要求书修改原则，修改不能被接受。

❺ （2012）高行终字第805号。本案中台达公司提交的修改后权利要求书将引用原权利要求2的附加技术特征加入到原权利要求1中构成新的权利要求1，复审委认为这种修改方式既不属于权利要求的合并也不属于权利要求的删除。

❻ （2004）高行终字第59号。本案中复审委认为对权利要求书的部分技术特征进行删除不符合《专利法实施细则》以及《审查指南》有关规定，不能被接受。

❼ （2003）高行终字第219号。本案中法院认为本案专利无效宣告请求审查程序中专利权人不能将"打击乐汉语英语选择开关"这个技术特征从权利要求中删除，否则将扩大专利的保护范围。

审委案"。❶

2. 接受的技术特征层面修改

若技术特征已出现在权利要求书中，缩小保护范围的技术特征删除可被准许。如"用于在移动通信系统中传送上行链路控制信号的方法专利无效案"❷ 中专利复审委指出修改缩小了原权利要求的保护范围符合规定。

由上，《审查指南》修改之前技术特征层面的修改虽大多被禁止，也有部分被允许。本次指南修改首次在具体修改方式中明确规定了技术特征层面的修改方式，❸ 但笔者认为是否需要限制"其他权利要求"有待商榷。

（三）因属说明书核心内容而被接受

司法实践中出现对例外修改方式的最宽松理解。即虽不属于明示修改方式，但若修改被认为是说明书核心内容可作为例外情形被接受。如"专利复审委与江苏先声药物研究有限公司、南京先声药物研究有限公司、李平专利无效行政纠纷一案"❹ 中，北京市第一中级人民法院认为1：30这一具体比值在原说明书中明确记载，且是其推荐的最佳剂量比，本专利权利要求仅有该一个变量，此种修改使本专利保护范围更加明

---

❶ （2003）高行终字第131号。本案中袁德俊删除了本案专利原权利要求1，将原权利要求2～4的特征部分变为新的权利要求1～3。复审委、北京市一中院和北京市高院均否认了这样的修改方式，认为修改后独立权利要求仅具备原独立权利要求2特征部分的技术内容，删除了原权利要求2前序部分的技术内容。修改后的权利要求相比之前不具备原权利要求1载明的必要技术特征，导致修改后的权利要求书扩大了原专利的保护范围。

❷ WX30242专利无效审查决定。专利权人为应对无效请求将原权利要求11和权利要求15中技术特征"随机接入响应信息包括标识符、位置信息和响应信息中的至少一个"的表述修改为"随机介入响应信息包括标识符、位置信息和响应信息"。

❸ 增加了"权利要求的进一步限定"的修改方式，即"在权利要求中补入其他权利要求中记载的一个或者多个技术特征，以缩小保护范围"。

❹ （2011）知行字第17号。

确。❶ 最高人民法院认为修改只要在"未扩大保护范围""未超出记载范围""不属于对无效宣告中权利要求修改作出限制所要避免的情形"时，就应该予以接受。"亨特博士实验室有限公司请求宣告深圳微芯生物科技有限责任公司西达本胺专利权无效案"❷ 法院亦持相同观点。

（四）对"例外修改方式"的否定

实践中，被认定为"例外修改方式"而接受的修改较少，大多修改因修改方式不属于《审查指南》明示方式、引用关系混乱、修改超出记载范围或保护范围等情况而被拒绝接受，笔者检索到的案例情况如表3所示。

表3　对"例外修改方式"否定统计

否定原因	不属于《审查指南》明示方式	引用关系混乱	修改超出记载范围或保护范围	总计
数量（个）	3	1	4	8

结合上文，以不属于明示修改方式进行修改的案例可被接受也可被拒绝，造成了专利无效程序中专利权人对修改的可预期性降低。笔者认为相关立法、司法应当做出回应，避免认定尺度的混乱。

综上所述，实践中早已出现对明显错误的修正和对技术特征的更改，本次对《审查指南》的修改是对实践的呼应，但笔者认为对技术特征修改的具体方式存在探讨的空间。部分修改方式虽超脱审查指南规

---

❶　北京市高院和最高院认为尽管原权利要求中1：10～30的技术方案不属于典型的并列技术方案，但鉴于1:30这一具体比值在原说明书中有明确记载，且是其推荐的最佳剂量比，本领域普通技术人员在阅读原说明书后会得出本专利包含1：30的技术方案这一结论，且本专利权利要求仅有该一个变量，此种修改使本专利保护范围更加明确，不会造成其他诸如有若干变量的情况下修改可能造成的保护范围模糊不清等不利后果，允许其进行修改更加公平。

❷　专利权人将权利要求1的马库什化合物修改为实施例2记载的具体化合物并主张为并列技术方案的删除。复审委员会认为上述实施例2具体化合物的制备、确认以及用途和使用效果在说明书中已经清楚、完整地予以公开，且是本专利唯一既给出了制备方法又确认了活性效果的具体化合物，所属领域技术人员通过阅读本专利说明书，根据该说明书所记载的内容应当可以获知上述实施例2化合物是本专利的发明核心所在。允许上述修改能够更加充分地体现专利制度鼓励发明创造的立法本意，有助于专利确权程序在评判专利的技术贡献时聚焦发明实质；鉴于修改后具体化合物在专利说明书中已被作为专利核心内容公开并在其保护范围之内，允许上述修改也不会带来公示性方面的问题；上述修改应可以作为例外情形而被接受。

定，但法院在裁判中基于对其为说明书中核心内容的考量也会接受。由于以明示修改方式之外的其他方式修改可能被拒绝也可能被接受，相关立法应及时做出回应。

六、结　　语

综上所述，笔者考察了专利无效宣告程序中多种修改方式的具体内涵和存废进退等问题，发现准确界定"并列技术方案"和"明显错误"等概念的准确内涵需要结合大量实例。同时，以下方面存在的问题亟待相关研究的进一步开展。

"权利要求的合并"修改方式对修改要求的严格一直备受争议，理论界多主张保留情况下加以限制，《审查指南》此次修改将其替换为"权利要求的进一步限定"，使得对技术特征层面的修改得以放宽，但笔者认为从"权利要求的合并"到"权利要求的进一步限定"并没有完全涵盖实践中已被接受的技术特征层面的修改，此种对修改方式的更改是否更优存在探讨的空间。

"例外修改方式"作为兜底规定，《审查指南》修改前未规定的"明显错误的修正"和技术特征层面的修改实际上都通过此规定的适用得以实现，但仍有诸如因修改后内容属说明书核心内容而被接受等司法实践中肯定的修改方式，并未脱离兜底规定另作规定。笔者认为"例外修改方式"应尽可能具体化，以应对审判工作中对修改方式的不同理解。

专利侵权诉讼中的抵触申请抗辩研究

■ 戴 婧

【摘要】抵触申请与现有技术具有相似的属性，即均能破坏专利的新颖性，在《专利法》已明确规定现有技术抗辩制度的背景下，是否可以参照该制度，允许在专利侵权诉讼中以抵触申请为由进行不侵权抗辩？这一问题值得关注。本文对36件裁判文书进行实证分析，考察抵触申请抗辩的基本情况，从中归纳出法院对抵触申请抗辩所持的不同态度，并进一步从提出方式、适用依据、比对方式、认定标准等分歧较大的方面剖析抵触申请抗辩在司法实践中的适用规则，以期推动理论研究中对该问题更深层次的学术探讨。

【关键词】专利侵权诉讼；抗辩权；抵触申请抗辩

通过中国裁判文书网对专利侵权诉讼中的抵触申请抗辩这一主题进行检索，筛选出与该主题密切相关的36件典型案例作为研究对象。本文将视线聚焦于这些案例所展现出的主要争议与矛盾，进而梳理出抵触申请抗辩在司法实践中的适用现状。

一、抵触申请抗辩案件的基本情况

（一）样本案例的地域分布（见表1）

表1　样本案例的地域分布

地区	总件数（件）	法院名称	件数（件）
安徽	3	安徽省高级人民法院	3❶
北京	3	北京市高级人民法院	1❷
		最高人民法院	2❸
广东	5	深圳市中级人民法院	1❹
		中山市中级人民法院	2❺
		广州知识产权法院	1❻
		广东省高级人民法院	1❼
湖南	5	长沙市中级人民法院	3❽
		株洲市中级人民法院	1❾
		湖南省高级人民法院	1❿
江苏	2	南京市中级人民法院	1⓫
		江苏省高级人民法院	1⓬

---

❶　（2015）皖民三终字第00107号；（2015）皖民三终字第00108号；（2015）皖民三终字第00112号。

❷　（2004）高民终字第61号。

❸　（2013）民提字第225号；（2015）民申字第188号。

❹　（2012）深中法知民初字第607号。

❺　（2014）中中法知民初字第293号；（2014）中中法知民初字第297号。

❻　（2016）粤73民初349号。

❼　（2012）粤高法民三终字第298号。

❽　（2009）长中民三初字第0336号；（2010）长中民三初字第0042号；（2010）长中民三初字第0084号。

❾　（2010）株中法民三初字第5号。

❿　（2010）湘高法民三终字第61号。

⓫　（2007）宁民三初字第408号。

⓬　（2012）宁知民初字第155号。

续表

地区	总件数（件）	法院名称	件数（件）
上海	6	上海市第一中级人民法院	3❶
		上海市高级人民法院	3❷
浙江	12	杭州市中级人民法院	3❸
		金华市中级人民法院	2❹
		宁波市中级人民法院	2❺
		绍兴市中级人民法院	2❻
		温州市中级人民法院	1❼
		浙江省高级人民法院	2❽

由表1数据可知，所有样本案例均由中级及以上人民法院管辖。这主要是由于《最高人民法院关于审理专利纠纷案件适用法律问题的若干规定》第2条规定，专利纠纷第一审案件，由各省、自治区、直辖市人民政府所在地的中级人民法院和最高人民法院指定的中级人民法院管辖。❾因此通常情况下，专利纠纷案件的管辖法院级别较高，高级别法院的判案水准决定了其具备在《中华人民共和国专利法》（以下简称《专利法》）条文没有明确规定的前提下，尝试对专利侵权诉讼中出现的抵触申请抗辩问题进行一番说理，并基于该理论进行相应裁判的能力；这也是为什么法无明文，但司法实践中却出现了不少相关判决的缘由。

---

❶ （2008）沪一中民五（知）初字第174号；（2014）沪一中民五（知）初字第19号；（2014）沪一中民五（知）初字第20号。

❷ （2011）沪高民三（知）终字第77号；（2014）沪高民三（知）终字第52号；（2016）沪民终463号。

❸ （2015）浙杭知初字第835号；（2015）浙杭知初字第1181号；（2016）浙01民初834号。

❹ （2012）浙金知民初字第7号；（2014）浙金知民初字第111号。

❺ （2012）浙甬知初字第326号；（2016）浙02民初521号。

❻ （2014）浙绍知初字第41号；（2014）浙绍知初字第42号。

❼ （2006）温民三初字第135号。

❽ （2014）浙知终字第263号；（2014）浙知终字第264号。

❾ 2013年4月1日，最高人民法院发布公告，对《最高人民法院关于审理专利纠纷案件适用法律问题的若干规定》作出修改，在第2条规定后增加一款："最高人民法院根据实际情况，可以指定基层人民法院管辖第一审专利纠纷案件。"新规定自2013年4月15日起施行。

（二）样本案例的审级与时间分布（见表2）

表2　样本案例的审级与时间分布

审级/件数	时间（年）	件数（件）	审级/件数	时间（年）	件数（件）
一审/23件	2006	1	二审/11件	2004	1
	2007	1		2010	1
	2008	1		2011	1
	2009	1		2012	1
	2010	3		2014	3
	2012	4		2015	3
	2014	7		2016	1
	2015	2	再审/2件	2013	1
	2016	3		2015	1

　　比较表2数据中一审、二审与再审案件的数量，可初步判断，涉及抵触申请抗辩的案件上诉率较高。究其原因，大致有三个：首先，抵触申请抗辩的必要性和正当性饱受争议，其中，必要性问题的矛盾主要在于抵触申请抗辩是否能真正缓解专利诉讼久拖不决的现状，正当性问题的矛盾则体现为适用抵触申请抗辩是否违背了职权分离原则。❶ 由于法律没有对抵触申请抗辩作出明确规定，法院和当事人往往对其内涵认识不足。其次，抵触申请抗辩与现有技术抗辩的界限较为模糊，虽然抵触申请和现有技术均能损害专利的新颖性，但现有技术还能进一步损害专利的创造性，部分法院不能较好地把握裁判的尺度，从而选择用含糊其辞的语言对抵触申请抗辩的释理一带而过，这样将直接导致裁判文书逻辑不够严密，说理欠缺力度。最后，就那些认同抵触申请抗辩的法院来说，其所作出的判决也呈现出对抵触申请抗辩认定方法不一的乱象。特别是不同地区法院间适用抵触申请抗辩的规则差异很大，不够统一的判决标准使得当事人并不信服法院的裁判，因而频频上诉。

---

　　❶　基于我国专利制度中的职权分离原则，判定专利权无效和判定专利侵权分别属于行政管辖和司法管辖的范畴。

通过考察样本案例的时间分布可知，抵触申请抗辩案件的数量整体表现出上升的态势，尤其是2014年，抵触申请抗辩案件呈井喷状，当年处理的案件达10件。以2008年《专利法》修订为界，在此之前，抵触申请抗辩案件年平均发案率为0.8起，而此后，年平均发案率增至4起。可以合理地推测，在2008年将现有技术抗辩写入《专利法》之前，司法实践中争议的焦点主要是现有技术抗辩的适用问题，而自确立现有技术抗辩的地位与效力后，抵触申请能否类推适用现有技术抗辩成为新兴热点。

二、法院对抵触申请抗辩的不同态度

在专利侵权诉讼中，抵触申请能否同现有技术、现有设计一样作为专利侵权抗辩事由在学术和实务界一直存在争议，通过归纳，司法实践中对于抵触申请抗辩的意见大致可以分为肯定说、否定说、限制说三种。

肯定说认为在专利侵权诉讼中，当被控侵权产品或方法源自于一件涉案专利的抵触申请时，该抵触申请可以作为抗辩的理由；否定说则主张不能援引与原告专利构成抵触申请的技术方案进行抗辩；限制说是一种较为新颖的观点，该观点认为抵触申请可以类推适用现有技术抗辩，但其效力需受到一定限制。

由样本分析数据可以得出，法院对抵触申请抗辩基本持赞同意见，仅有个别法院持反对观点。具体而言，持肯定说和限制说的裁判文书分别为30份和2份，占样本案例的89%，持否定说的裁判文书仅有4份，占样本案例的11%。

由于肯定说和限制说均涉及抵触申请抗辩的具体适用规则，而否定说仅涉及法院不接受抵触申请抗辩的理由，因此，本部分将对持否定说的裁判文书进行深入剖析，以探究法院反对抵触申请抗辩的依据。

仔细研读4份对抵触申请抗辩予以否定的判决，❶ 发现其共同基础在于法院均将抵触申请排除在已有技术/公知技术/现有技术之外，并认定仅有申请日以前在国内外为公众所知的技术才能用于对抗原告所提出的侵权主张。这种观点与当前的法律规定具有一致性——根据我国《专利法》第62条，"在专利侵权纠纷中，被控侵权人有证据证明其实施的技术或者设计属于现有技术或者现有设计的，不构成侵犯专利权"，而"现有技术"或"现有设计"的概念已经在《专利法》第22条、第23条中明确为"申请日以前在国内外为公众所知的"技术或设计，即《专利法》中现有技术、现有设计的概念明确排除了"抵触申请"。因此，从文义解释和体系解释的角度，《专利法》第62条没有给予抵触申请作为专利申请抗辩事由的适用空间。

三、抵触申请抗辩在司法实践中的适用规则

然而，法律条文的限制并未阻挡抵触申请抗辩的发展进程，本部分以持肯定说和限制说的32件样本案例为研究对象，从抵触申请抗辩的提出方式、适用依据、比对方式和认定标准等方面考察抵触申请抗辩在司法实践中的具体适用规则。

(一)抵触申请抗辩的提出方式

36件样本案例中，当事人直接主张抵触申请抗辩，法院对此持肯定态度的有15件，持否定态度的有1件；当事人主张在先技术/在先设计抗辩，法院将之更正为抵触申请抗辩的有3件；当事人主张现有技术/现有设计抗辩，法院将之更正为抵触申请抗辩的有10件；此外，当事人主张现有技术抗辩，法院以该现有技术实为抵触申请进行反驳的有1件；当事人主张公知技术抗辩，法院以该公知技术实为抵触申请进行反驳的有2件；当事人主张被控侵权产品与他人在先申请的抵触申请近似，法院将之归纳为抵触申请抗辩的有2件；当事人主张原告的专利内容已经被公

---

❶ (2004)高民终字第61号；(2007)宁民三初字第408号；(2010)株中法民三初字第5号；(2012)宁知民初字第155号。

告在先的专利所公开，而该在先公告专利实为抵触申请的有2件。

由此可见，司法实践中，抵触申请抗辩的提出方式多种多样。其中，当事人直接提出抵触申请抗辩的占样本案例总数的44.4%；剩下的则是通过其他方式提出，但归根结底，其实质都是试图以抵触申请为由达到主张不侵权抗辩的目的。究其缘由，这种提出方式的多样性主要是因为抵触申请抗辩的内涵不明，效力未定。因此，一方面，当事人可能确实存在对在先技术/在先设计、现有技术/现有设计、公知技术等概念的误解；另一方面，当事人也可能试图通过迂回战术，不直接主张抵触申请抗辩，转而利用法律的不完备来"曲线救国"。

（二）抵触申请抗辩的适用依据

由图1可以发现，半数以上的法院对抵触申请抗辩的法理基础进行了说明。例如，以宁波欧菱电梯配件有限公司诉宁波奥力迅电梯部件有限公司等侵害实用新型专利权纠纷案❶为代表的案件中，法院指出抵触申请与现有技术均具有损害专利新颖性的属性，可类推适用现有技术抗辩的规定；以广东雅洁五金有限公司诉上海普奇实业有限公司等侵害外观设计专利权纠纷案❷为代表的案件中，法院认为抵触申请能导致在后申

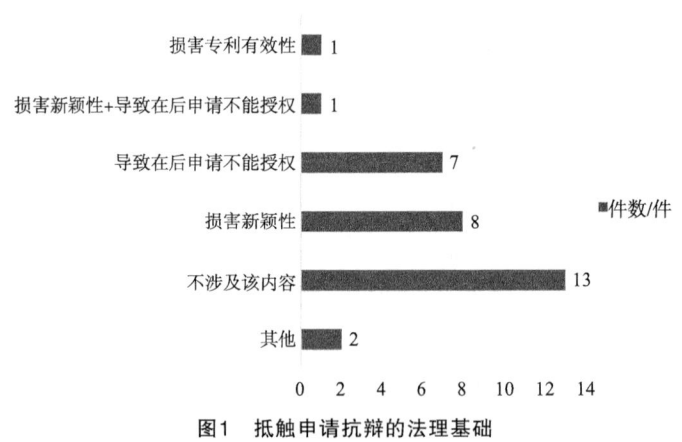

图1　抵触申请抗辩的法理基础

---

❶　（2012）浙甬知初字第326号。
❷　（2014）沪一中民五（知）初字第20号。

请不能获得专利授权，在这点上，其与现有设计性质相同。因此，法院可以类推适用现有设计抗辩的法理进行处理；在邱则有诉上海灵拓建材有限公司等侵犯发明专利权纠纷案❶中，一审法院既提出抵触申请能够损害在后申请专利的新颖性，也强调抵触申请会导致在后申请不能获得专利授权；二审法院则主张抵触申请和现有技术一样可以破坏专利的有效性（可用于评价新颖性与创造性），故抵触申请可以类推适用现有技术抗辩。尽管上述说辞各异，但实质上均是将抵触申请与现有技术进行比较，着眼于两者的共性，从而阐述法院支持抵触申请抗辩的原因。

此外，另有两件案例较为特殊。一件是正泰集团股份有限公司诉宁波保税区斯达电气设备有限公司乐清分公司、施耐德电气低压（天津）有限公司专利侵权案，❷ 因本案判决时间为2006年，当时现有技术抗辩尚未写入《专利法》，而是仅在司法解释中对公知技术抗辩进行了间接肯定。❸ 因此，法院认定抵触申请抗辩的理由为：虽然实施在先专利抗辩❹ 没有具体的法律规范或司法解释的直接规定，但鉴于其具有与公知技术抗辩相同的法理基础，而公知技术抗辩又已经被司法解释所间接肯定，故应当认定实施在先专利抗辩是有依据的。另一件是慈溪市博生塑料制品有限公司与陈某侵害实用新型专利权纠纷案，❺ 本案中，最高人民法院从涉案专利权保护范围的角度对抵触申请抗辩的正当性进行诠释，其主张由于抵触申请与现有技术均可以用于评价涉案专利的新颖性。因此，如果被诉侵权技术方案已被抵触申请公开，则相较于抵触申

---

❶ （2008）沪一中民五（知）初字第174号；（2011）沪高民三（知）终字第77号。

❷ （2006）温民三初字第135号，本案即一审判赔金额高达3.3亿元，二审经法院调解后双方达成和解的正泰诉施耐德"小型断路器"实用新型专利案。

❸ 2001年6月，最高人民法院发布的《关于审理专利纠纷案件适用法律问题的若干规定》第9条规定的关于实用新型、外观设计专利权纠纷案件，人民法院可以不中止的情形中有一条涉及现有技术抗辩：被告提供的证据足以证明其使用的技术已经公知的，法院可以不中止诉讼。最高人民法院民事审判第三庭对该条作出解释："第（二）项规定的可以不中止诉讼的情形是被告提出的证据足以证明其使用的技术已经属于公知技术，即通常所说的公知技术抗辩。具体说，在专利侵权诉讼中，人民法院可以不管专利权人的实用新型、外观设计专利是否具备授予专利权的条件，被告只要能够举证证明其使用的技术是自由公知技术，人民法院就可以根据公知技术抗辩这一公认的审判原则，直接判决被告不侵权。"

❹ 此处，在先专利抗辩中的"在先专利"为抵触申请。

❺ （2015）民申字第188号。

请亦不应被授予专利权，相应地也不应被纳入涉案专利权的保护范围。

（三）抵触申请抗辩的比对方式

抵触申请抗辩的比对方式通常分为三种：第一种是将被控侵权产品/设计/方案与抵触申请进行比对（10件），判断被控侵权产品/设计/方案是否属于对抵触申请的实施；第二种是将涉案专利与抵触申请进行比对（6件），判断被告所援引的"抵触申请"是否公开了涉案专利的技术特征；第三种则是将被控侵权产品/设计/方案与涉案专利和抵触申请分别进行比对（9件），这种比对方式又可以细分为两种情形——其一，先将被控侵权技术与涉案专利技术比对，当侵权成立时，再比较被控侵权技术与抵触申请，判断被控侵权技术是否属于对抵触申请的实施；其二，先将被控侵权技术与抵触申请比对，当抵触申请抗辩不成立时，再比较被控侵权技术与涉案专利技术，判断是否侵权。

从数量上看，第一种比对方式和第三种比对方式的数量基本持平，第二种比对方式相对而言则较少采用，此外，还有部分裁判并未对该问题进行讨论（7件）。出现这种差异的关键在于，尽管抵触申请抗辩属于不侵权抗辩，但其实质是一种"侵权的例外"，原告的专利权依然存续，只是在被告主张抵触申请抗辩并且抵触申请抗辩成立的个案中，原告无法行使该排他权。法院从不同角度出发，采用不同比对方法对涉案专利、被控侵权技术与抵触申请进行比较，实际上是殊途同归，而这些比对方法究竟孰优孰劣，还有待进一步考证。可供参考的是，从《关于审理侵犯专利权纠纷案件应用法律若干问题的解释（法释〔2009〕21号）》第14条第1款中可以看出一个隐含的适用现有技术抗辩的规则，即先将被控侵权技术与涉案专利技术对比，再将被诉落入专利权保护范围的全部技术特征与一项现有技术的相应技术特征对比。❶

---

❶ 《关于审理侵犯专利权纠纷案件应用法律若干问题的解释（法释〔2009〕21号）》第14条第1款规定，被诉落入专利权保护范围的全部技术特征，与一项现有技术方案中的相应技术特征相同或者无实质性差异的，人民法院应当认定被诉侵权人实施的技术属于《专利法》第62条规定的现有技术。

（四）抵触申请抗辩的认定标准❶

在发明或实用新型专利侵权案例中适用抵触申请抗辩的认定标准及其所占比重如下。

（1）相同或无实质性差异标准，29%，包括被控侵权产品/方案与抵触申请相同，3件；❷ 被控侵权产品中落入原告涉案专利权利要求保护范围的技术特征，与抵触申请专利中实施例技术方案记载的特征相同或无实质性差异，2件。❸

（2）公开标准，50%，包括被诉侵权技术产品/方案被抵触申请公开，2件；❹ 涉案专利技术被抵触申请公开，4件；❺ 被控侵权产品对应于专利技术方案的所有技术特征被抵触申请公开，1件。❻

（3）另有2件案例，❼ 法院仅笼统地表述为"参照现有技术抗辩对抵触申请进行审查"。

在外观设计专利侵权案例中适用抵触申请抗辩的认定标准及其所占比重为：

（1）相同标准或无实质性差异标准，67%，包括被控侵权设计与抵触申请相同，2件；❽ 被控侵权设计与抵触申请无实质性差异，6件；❾ 涉案专利与抵触申请整体设计实质相同，2件。❿

---

❶ 样本案例中有3件案例因被告主张为"抵触申请"的专利申请日与涉案专利为同一天，故抵触申请抗辩不能成立。因此，该部分仅选取了法院在判决中明确阐述适用抵触申请抗辩之认定标准的29件案例进行分析。同时，因为发明/实用新型与外观设计间存在诸多差异，这些差异会影响抵触申请抗辩的认定标准，所以将抵触申请抗辩的认定标准分为发明/实用新型与外观设计两个部分，分别进行解读。

❷ （2012）浙甬知初字第326号；（2012）浙金知初字第7号；（2011）沪高民三（知）终字第77号。

❸ （2009）长中民三初字第0336号；（2010）湘高法民三终字第61号。

❹ （2015）民申字第188号；（2013）民提字第225号。

❺ （2008）沪一中民五（知）初字第174号；（2014）浙金知民初字第111号；（2014）浙知终字第263号；（2014）浙知终字第264号。

❻ （2006）温民三初字第135号。

❼ （2010）长中民三初字第0042号；（2010）长中民三初字第0084号。

❽ （2014）沪高民三（知）终字第52号；（2016）浙01民初834号。

❾ （2012）深中法知民初字第607号；（2012）粤高法民三终字第298号；（2014）沪一中民五（知）初字第19号；（2014）沪一中民五（知）初字第20号；（2015）浙杭知字第1181号；（2016）粤73民初349号。

❿ （2014）浙绍知初字第41号；（2014）浙绍知初字第42号。

（2）更接近标准，13%，指将被控侵权设计与涉案专利和抵触申请分别比对后，判断与何者更为接近，2件。❶

（3）公开标准，7%，指抵触申请公开被诉侵权产品的所有技术特征，1件。❷

（4）另有2件案例，❸ 法院将认定标准归结于"以一般消费者的认知能力，并不能在外观上将被控侵权设计与抵触申请明显区分"。

综上可知，发明或实用新型专利侵权案例较多采用公开标准，这种公开标准的具体适用又包括三种情况，一是判断被诉侵权技术是否被抵触申请公开，若被公开，可以认定被控侵权技术属于对抵触申请的实施，抗辩成立；二是判断涉案专利技术是否被抵触申请公开，在这种情形下，法院实际上间接对涉案专利技术的有效性进行了判断；三是判断被控侵权产品对应于专利技术方案的所有技术特征是否被抵触申请公开，采用该标准需要进行两次比对，对法官的要求较高。而外观设计专利侵权案例倾向于采用相同标准或无实质性差异标准，这两种标准与相同原则和等同原则相似，所以法院对此较为熟悉。此外，在外观设计的侵权判定中，"整体比较"是一个相当重要的依据，其核心在于判断产品的整体视觉效果，因此样本案例中出现了"更接近标准"以及"明显区分标准"，这些标准是与外观设计的特性相适应的。但须注意，若采用较主观的认定标准，如更接近标准，因各地法院的审查水平不一，可能会导致不同法院的审查结果不一致。

四、小　　结

根据本文的实证分析可以发现，抵触申请抗辩在司法实践中已并非个例，但在如何适用该抗辩这一问题上，不同法院的判决存在诸多不同。一方面，这与法院对抵触申请抗辩的理解不同有关；另一方面，也是因为法律并未对抵触申请抗辩作出明文规定。故而，当务之急不仅是

---

❶ （2016）浙02民初521号；（2016）沪民终463号。

❷ （2015）浙杭知初字第835号。

❸ （2014）中中法知民初字第293号；（2014）中中法知民初字第297号。

要在实践中继续摸索抵触申请抗辩的适用规则，更应从理论上全面展开对抵触申请抗辩的研究，最终将实践中符合专利法原理的有益经验上升到立法层面，从而完善专利侵权诉讼中的抵触申请抗辩制度。

捐献原则综述研究

■ 起琳娜 秦 希 胡慧雯 赵 娜

【摘要】捐献原则源于美国，一般认为是对等同原则的限制，有利于实现专利申请书中权利要求的公示作用和划界作用，维护社会公众信赖利益，促进利益平衡。我国目前对该原则的文献研究和司法实践较少，仅简单探讨该原则的适用基础、适用条件限制、专利撰写建议。本文通过分析中美文献案例，总结当前研究成果，着重探究捐献原则适用条件，参考美国在适用捐献原则时专利权人补救捐献范围的措施，为捐献原则在我国的适用提出建议。

【关键词】捐献原则；等同原则；权利要求

一、引 言

美国法院通过判例确立了捐献原则（the Dedication Rule），即专利权人仅在说明书及附图中描述了一项技术方案，但未在权利要求书中记载，则该项技术方案视为自愿捐献给社会，他人使用不被认定为侵权。[1]

捐献原则最初出现在1881年的Miller案中。美国最高法院在1950年Graver案中首次将捐献原则应用于限制等同原则。[2] 自1991年Unique

---

[1] 王迁.知识产权法教程.第3版［M］.北京：中国人民大学出版社，2011:376.

[2] 339 U.S. 605（1950）.

案❶后，联邦巡回法院的判决推动了捐献原则的复兴。在1996年和1997年的Maxwell案❷和Sage案❸中达到顶峰。1998年YBM案❹严格限制该原则，要求说明书披露的是"独特、有区别的"具体方案，才适用捐献原则。❺2004年PSC案❻确立了适用捐献原则的标准。

我国专利权保护范围以权利要求的内容为准，❼也包括其等同特征确定的范围。❽早在2001年的《北京市高级人民法院专利侵权判定若干问题的意见（试行）》中就提到过类似捐献原则的判定方法。❾2009年《最高人民法院关于审理侵犯专利权纠纷案件应用法律若干问题的解释》第5条规定："对于仅在说明书或者附图中描述而在权利要求中未记载的技术方案，权利人在侵犯专利权纠纷案件中将其纳入专利权保护范围的，人民法院不予支持。"通过司法解释在我国确立了捐献原则。但是，该原则如何适用却没有明确的法律规定和司法解释。

---

❶ 939 F.2d 1558（1991）.

❷ 86 F.3d 1098（1996）.

❸ 126 F.3d 1420（1997）.

❹ 145 F.3d 1317（1998）.

❺ 有学者认为YBM案与Brunswick案出现的不同结果，可能是审判团成员组成的不同，导致对捐献原则的适用范围和含义的解释也不同。YBM案中，由法官纽曼（Brunswick案中持反对意见的法官）、里奇（Unique Concepts案中持反对意见的法官）以及高级法官史密斯形成一致意见，严格限制捐献原则适用。

❻ 355 F.3d 1353（2004）.

❼ 《中华人民共和国专利法》第59条第1款规定："发明或者实用新型专利权的保护范围以其权利要求的内容为准。"

❽ 《最高人民法院关于审理专利纠纷案件适用法律问题的若干规定》第17条规定："专利法第五十九条第一款所称的'发明或者实用新型专利权的保护范围以其权利要求的内容为准，说明书及附图可以用于解释权利要求的内容'，是指专利的保护范围应当以权利要求记载的全部技术特征所确定的范围为准，也包括与该技术特征相等同的特征所确定的范围。等同特征，是指与所记载的技术特征以基本相同的手段，实现基本相同的功能，达到基本相同的效果，并且本领域普通技术人员在被诉侵权行为发生时无需经过创造性劳动就能够联想到的特征。"

❾ 《北京市高级人民法院专利侵权判定若干问题的意见（试行）》第15条规定："仅记载在专利说明书及附图中，而未反映在专利权利要求书中的技术方案，不能纳入专利保护范围。即不能以说明书及附图为依据，确定专利权的保护范围。"北京市高级人民法院民三庭. 知识产权审判规范［M］.北京: 知识产权出版社, 2003: 149.

二、捐献原则文献综述

当前我国文献讨论了该原则的理论基础和引入必要，但对适用条件限制的探讨主要借鉴美国标准，较为概括，论证不充分，未充分结合我国司法实践，缺乏实证研究。对平衡专利权人的补救措施探讨较少。

（一）可捐献部分出现的原因

可捐献部分指，专利权人仅在说明书及附图中描述了一项技术方案，但未在权利要求书中记载的部分。岳利浩总结了出现捐献的两点原因：第一，疏忽大意；第二，专利权人在申请专利时为更容易获得授权而使权利要求记载窄于说明书的保护范围，侵权诉讼中，又主张说明书所扩张的部分属于等同特征。❶

李德山认为申请人会在说明书中公开尽可能多的实施方式：第一，专利权利要求应得到说明书的支持。第二，申请人可基于说明书描述来修改或重新撰写权利要求。描述内容越多，修改空间越大。第三，实践中易让法官根据说明书描述判定等同。❷ 故捐献原则的确立，有利于维护权利要求的公示作用，平衡专利权人与社会公众的利益关系。❸

（二）捐献原则理论基础

1. 公示公信原则

专利技术在获取独占保护的同时，也承担着公示的社会义务。丁锦希认为，公示义务包括：权利要求书公示专利权保护范围；说明书充分披露专利技术内容，以达到使相关技术领域的普通技术人员能够实施

---

❶ 岳利浩.捐献原则是对专利侵权判断适用等同原则的必要限制［J］.人民司法，2014（14）:86.

❷ 李德山.论专利侵权判定中的捐献原则［A］//中华全国专利代理人协会.全面实施国家知识产权战略，加快提升专利代理服务能力——2011年中华全国专利代理人协会年会暨第二届知识产权论坛论文集.中华全国专利代理人协会，2011:7.

❸ 最高人民法院知识产权庭负责人就《关于审理侵犯专利权纠纷案件应用法律若干问题的解释》答记者问，参见：http://www.legaldaily.com.cn/index_article/content/2009-12/29/content_2012814.htm.

专利的程度。❶ 公众对专利授权文本的信赖利益需得到保护。徐兴祥认为，如果将专利权人放弃了的技术方案纳入保护范围，将影响权利界定，社会公众难以预测专利保护范围。❷

2. 专利权经国家审查后授予

专利权不是自动产生的，经过国家专利主管部门审查才能授予。李德山强调这是捐献原则的理论依据。❸ 伯里克（Boalick）认为，专利权人不得规避美国专利商标局（PTO）对权利要求内容的审查。如果专利权人在专利申请中，被说明书披露但未在权利要求书主张的技术特征不受PTO的审查，却被纳入保护范围，这是被专利制度禁止的。❹ 捐献原则就是防止专利保护范围规避国家审查。

3. 利益平衡原则

大部分文献讨论过专利权人利益与公共利益的平衡。伯里克认为等同原则增加了专利制度的不确定性，引发了更多高成本诉讼，增加了市场的经营成本。捐献原则可限制这种不确定性。专利权人选择保护范围处于更有利更主动的地位，对待说明书描述权利要求未记载的方案，应向社会公众倾斜；在美国，因为继续申请程序，再颁发专利程序给专利权人提供更多扩大修改范围的机会，用捐献原则平衡利益的特点更加明显。❺

---

❶ 丁锦希，郭璇，姜晖，等. 美国捐献原则及其对我国的启示——基于"Pfizer" v.s. "Ranbaxy and Teva"生物医药专利侵权诉讼案的实证分析［J］. 知识产权，2011(10)：93.

❷ 徐兴祥. 专利侵权判定研究［D］. 北京：中国政法大学，2011.

❸ 李德山. 论专利侵权判定中的捐献原则［A］//中华全国专利代理人协会. 全面实施国家知识产权战略，加快提升专利代理服务能力——2011年中华全国专利代理人协会年会暨第二届知识产权论坛论文集. 中华全国专利代理人协会，2011:7.

❹ Boalick, S. R. The Dedication Rule And The Doctrine Of Equivalents: A proposal for reconciliation［J］. Georgetown Law Journal, 1999, 87(7)：2363-2397.

❺ Sage Products, Inc. v. Devon Indus案中，法官认为：第一，依据再颁发专利程序，专利权人有充分的机会来拓宽权利要求书范围；第二，捐献原则提高了专利申请撰写的预见性要求，可能导致专利申请审查的成本提高。但扩大化适用等同原则，使每一项公开的权利要求内容更加模糊，会阻碍竞争，带来更高的社会成本。在提高发明人谨慎撰写专利申请成本，还是阻碍商业竞争增加社会成本之间，法院要做出选择。而专利权人是最有能力决定是否需要在更高层次上对专利授权进行投资的群体，给其增加成本更为合适。

（三）捐献原则与等同原则

1. 等同原则

等同原则是专利侵权判定中的重要原则，胡淑珠把等同侵权总结为：与权利要求中的技术特征以基本相同的手段，实现基本相同的功能，达到基本相同的效果；本领域的普通技术人员无须经过创造性劳动就能够联想到。❶ 等同实质是，阻止"厚颜无耻的专利模仿者通过对专利加以非实质性改动，规避仿造品落入专利保护范围"，来避免专利欺诈（a fraud on a patent）。❷ 美国法院曾把等同原则的适用称为例外而非常态。但在美国实务中，专利权人的律师几乎都会指称被诉侵权方案是等同侵权，否则，律师没提出等同侵权主张的还会被认为是失职。❸

扩大等同范围，会不当扩大专利权保护范围，破坏权利要求的公示界定作用及法律的确定性和可预见性，❹ 损害社会公共利益和社会整体创新能力。因此，等同原则需要全面覆盖原则、禁止反悔原则、现有技术抗辩原则、捐献原则等规则来进行限制。

2. 捐献原则对等同原则的限制

刘永沛认为，捐献原则不是对等同原则进行限制，只有说明书描述与权利要求方案不等同，才能认定捐献。❺ 笔者认为完全不构成等同的没必要再考虑捐献原则，把等同判定视为捐献原则前提，违背该原则基础，加重审理负担。岳利浩、徐兴祥、孙平等人明确捐献原则是对等同原则的限制。孙平还认为明显等同的情况，并不会存在"两头得利"的情形，不应认定捐献，否则会对专利权人造成极大的不公平。❻ 但在侵权判定中，有的法院认为说明书与权利要求范围相同而不适用捐献，

---

❶ 胡淑珠. 判定专利侵权的等同原则在我国审判实践中的适用与限制［J］. 法学，2006（8）：157.

❷ Graver Tank & Mfg. Co. v. Linde Air Prods. Co., 339 U.S. 605, 607-08（1950）.

❸ 王迁. 知识产权法教程.第3版［M］.北京：中国人民大学出版社，2011：375.

❹ 马玉强. 等同原则的限制规则及其对专利申请文件的规范作用［J］.经济视角（下），2012（10）：79.

❺ 刘永沛.《最高人民法院关于审理侵犯专利权纠纷案件应用法律若干问题的解释》解读［J］.今日财富:中国知识产权，2010（2）：72.

❻ 孙平. 捐献规则在我国适用的探讨［A］//国家知识产权局条法司.专利法研究（2010）.北京：知识产权出版社，2011:10.

似乎把等同判定作为捐献适用的前提，这是否违背捐献原则初衷，有待商榷。❶

（四）捐献原则的适用条件与限制

该原则的不当扩大适用会带来很多问题，如与等同原则冲突，增加专利申请成本，缩小专利人披露内容的范围；我国没有类似美国的再颁发程序等专利人调整捐献范围的制度，对专利权人不公。因此，应重视其适用的条件和限制。我国对于该原则的理论研究和实务实践较少，大多数学者根据美国判例中确立的标准简单分析该原则如何适用，但内容较为相似概括，未结合司法实践。孙平、李德山、丁锦希等人都有所总结。本文在案例综述中详细讨论该问题。

1. 通过判定权利要求和说明书中的上下位概念来确定是否适用捐献

权利要求记载上位概念，所有下位概念当然纳入保护范围；反之，若权利要求记载下位概念，说明书描述上位概念，并不意味着其他所有下位概念都捐献给社会，因为这种捐献的范围已延伸到说明书中没有记载的范围。当然，这种判定方式的前提是正确界定两者何为总概念何为属概念，或是同一概念。

2. "说明书和附图描述"达到明确要求

（1）特定化：说明书的描述应特定化到本领域技术人员通过阅读说明书可以理解。

（2）替代或并列方案：说明书中描述的方案与权利要求中所限定的技术特征作为替代方案或者并列方案。

（3）因说明书"描述"而捐献的部分只限定在说明书明确的字面意义内。当说明书描述的方案被视为捐献，与该捐献方案等同的方案不能适用捐献原则。

3. 正确理解"权利要求中未记载"

在专利申请、专利无效程序、再颁发程序中权利要求的方案被修改或无效，只要该方案曾被权利要求书记载，不适用捐献原则。因为这些

---

❶ （2015）浙杭知初字第554号：程某某案中，说明书描述"轴接"，权利要求记载"轴承连接"，法院认为这两个范围等同，不适用捐献原则。

情形下，被诉侵权人一般能通过现有技术抗辩、禁止反悔原则、再颁发程序里的干预权获得救济；且这些权利要求并未规避国家审查，不符合捐献原则适用基础。

4. 完全不构成等同的没必要再考虑捐献原则

因为完全不构成等同可直接适用全面覆盖原则，不必再适用捐献。但是，若说明书描述而权利要求未记载的方案与权利要求记载的方案等同，是判定说明书与权利要求范围一致，还是适用捐献？文献和案例中都存在争议。

5. 溯及力

该原则的司法解释自2010年1月1日起施行，应适用于此后发生的被诉专利侵权行为。但是否适用于之前申请授权的专利？李洪江认为不应当溯及既往。❶ 张长琦认为，司法解释并未排除对申请日在1月1日之前的专利适用捐献规则。否则会导致同时发生的侵权行为，因专利申请时间不同，而侵权判断规则不同。❷ 笔者赞同第二种观点。

6. 法院能否主动适用

孙平认为不应由法院依照职权来适用。笔者赞同张长琦的观点，即在侵权诉讼中，法院不可能了解专利权的所有现有技术，而被诉侵权人通常系从事与专利权所属技术领域相关的工作，对专利现有技术有了解，因此，法院不可能也无法主动适用现有技术抗辩审查。但对于捐献规则的适用，由于专利权人已经将有关技术方案写入了专利说明书中，因此无论被诉侵权人是否提出适用捐献原则的主张，法院对此主动审查并无事实与法律认定上的障碍。❸ 我国案例中也有法院主动适用该原则的情形，且在等同侵权难以判断时，适用捐献原则可减轻法院的审理负

---

❶ 李洪江. "捐献原则"在司法审判实践中适用的再思考［A］//中华全国专利代理人协会.实施国家知识产权战略，促进专利代理行业发展——2010年中华全国专利代理人协会年会暨首届知识产权论坛论文集.中华全国专利代理人协会，2010:5.

❷❸ 张长琦.捐献规则在专利权侵权案件中的适用［N］.中国知识产权，2015-7-29（007）.

担，增强判决说理性。❶

（五）捐献原则下的专利质量和专利申请撰写建议

捐献原则不仅在专利侵权判定中具有重要作用，对专利质量以及专利撰写也有很大影响。具体影响如下。

1. 专利质量提高

我国专利制度建立之初，专利撰写水平不高，司法实践曾通过扩大等同原则的适用范围来加大对专利权人的保护力度。而目前法院保护的重心已经转移到受专利公示约束的社会公众上。通过捐献原则的适用，促使专利权人提高专利撰写水平。

伯里克提道，捐献原则虽增加专利申请成本，但专利申请阶段的成本明显少于为起诉侵权而产生的成本。❷捐献原则的适用将提高专利权利要求的清晰度和准确性，继而提高专利质量，明确侵权界限，减少专利不确定性，减少司法成本。❸但霍普金斯提出即使适用捐献原则，由于语言具有局限性，权利要求书难以尽善尽美，难以消除所有的专利权不确定性。❹

2. 专利申请撰写建议

李德山认为：（1）说明书中尽量少写实施方式；（2）权利要求尽量用概括性的语言；（3）在说明书中多描述实施方式，但撰写能够覆盖所有实施方式的概括性的独立权利要求，并针对每个实施方式分别撰写一个权利要求；或通过分案的方式使每个实施方式都被权利要求所覆

---

❶ 格力案中，美的公司认为被诉侵权产品一旦安装后不经破坏无法拆卸，与权利要求1的"可拆装式空调室内机管路安装挡板"的技术特征不相同，但法院主动适用了捐献原则。银河公司案中，天河公司主张涉案专利特征为"控制系统包括无线控制器与接收装置"，被控产品的特征为"控制系统中的控制器是有线控制器"。两者特征不同，而一审法院主动适用了捐献原则。

❷ 伯里克调查发现，专利申请的中等成本大约是\$6900到\$8300，侵权诉讼成本范围是\$290000到\$2500000。

❸ Scott R. Boalick, Patent Quality and the Dedication Rule, 11 J. Intell. Prop. L. 215（2004）.

❹ Thomas R. Hipkins：A Rebuttable Presumption of Dedication: Protecting the Hard-Luck Patentee from Johnson & Johnston'S Dedication Rule, Minnesota Law Review, February, 2003, 87 Minn. L. Rev. 779.

盖，最昂贵最稳妥的策略，受提交分案期限的固定的限制。❶ 岳利浩强调，用精准的措辞确立尽可能宽的保护范围，但窄于现有技术，并且包含说明书所有方案；不受产品设计的影响，综合考虑各种可能的设计思路。❷

还有学者提出，在起草前，专利代理人需要与申请人密切交流，通过申请专利的目的来确定专利所要求的强度。若这个目标是希望限制竞争对手、获得市场份额等，需尝试获得强专利。如果目标是提高公司知识产权集的价值，对已有专利技术的轻微改进，专利的强度就没那么重要了。同时，需发现更多的相关实施方案，并做好检索、检查工作。起草时，保证所有说明书描述的方案都记载于权利要求中，避免使用"重要"这样的语言来描述，以防不能适用等同原则。确定独立权利要求的不同保护程度。❸

（六）美国专利权人的三种补救方式

捐献原则侧重保护社会公众利益，那是否应该适用相应的制度安排，来增加专利权人利益保护，与公共利益之间达到更好的平衡呢？

我国专利审查实践中，申请人对申请文件的修改受到严格限制。获得授权后，只能通过无效程序来修改权利要求；而无效中的修改仅限于权利要求的合并、删除和技术方案的删除，难以将说明书中记载的技术方案再次补入到权利要求中。李德山、孙平等学者都提到应借鉴美国对专利权人的补救措施。外文文献中也多次提出这些程序的重要性。

1. 再颁发程序（reissue process）

专利授权两年内，专利权人可提交扩大范围的再颁发申请。再颁发专利（Reissue Patent, RP）和最初专利同时到期。最初专利公布后，再颁

❶ 李德山. 论专利侵权判定中的捐献原则［A］//中华全国专利代理人协会.全面实施国家知识产权战略，加快提升专利代理服务能力 —— 2011年中华全国专利代理人协会年会暨第二届知识产权论坛论文集.中华全国专利代理人协会，2011:7.

❷ 岳利浩.捐献原则是对专利侵权判断适用等同原则的必要限制［J］. 人民司法，2014（14）:85-87.

❸ Robert A. Migliorini. the Dedication to the Public Doctrine and Lessons for Patent Practitioners［J］. Journal of the Patent and Trademark Office Society November, 2005, 87 J. Pat. & Trademark Off. Soc' y 825.

发专利授予前这一期间，第三人享有干预权（intervening rights）。❶ 强制干预权（mandatory intervening rights）允许在RP授予日前使用、销售一切相关专利。任意干预权（discretionary intervening rights）允许法院运用衡平权，保护早于RP的投资，在RP授予后继续生产、销售。

2. 继续申请程序（continuing applications）

专利授权一年内，可以提交第二个独立专利申请。

3. 如果向PTO提交的专利申请审查未决，专利申请人可以采取三种方式之一来修改权利要求

（1）提交说明书里披露但未在权利要求里记载的方案来扩大申请。

（2）直接修正扩大现有权利要求范围。

（3）在继续申请中再申请一个新的更大的范围。

可见，美国在专利授权前后都给予了专利权人充分界定权利要求范围的机会，在此基础上适用捐献原则，专利性质的垄断并未扩张；也保护了第三方在再颁发程序里的合理权利；还能减少专利权人通过等同原则来逃避美国专利商标局（PTO）的审查的情形。充分体现了利益平衡。

三、捐献原则案例综述

笔者通过对美国的案例分析明确捐献原则在美国的发展概况及适用标准，同时结合我国的司法实践，分析捐献原则在我国的适用条件和限制。

（一）美国案例分析

本部分通过Westlaw International平台检索美国联邦最高法院、联邦巡回法院涉及专利捐献原则的案例共76件，其中最高法院判例16件，联邦巡回法院判例60件。选取其中代表性判例共13件，其中最高法院判例4件，时间跨度从1881～1966年；联邦巡回法院及其前身海关和专利上诉法院判例9件，时间跨度从1949～2004年。通过判例研究，梳理捐献原则在美国司法实践中的发展概况及适用标准等问题（见表1）。

---

❶　35 U.S.C. § 251（1994）.

表1　美国捐献原则典型案例梳理

编号	名称	引称号	案情
1	Edward Miller & Co. v. Bridgeport Brass Co.	104 U.S. 350（1881）	争议专利是对灯具的改进，最初于1860年10月16日授予Joshua E. Ambrose。该专利分别于1873年5月、1876年1月两次被放弃并再颁发，扩大保护范围。该案涉及第二次再颁发有效性问题
2	Mahn v. Harwood	112 U.S. 354（1884）	争议专利与棒球皮罩相关。在原始专利颁发近4年后，专利权人申请再颁发专利，扩大其专利保护范围
3	Graver Tank & Mfg. Co. v. Linde Air Prod. Co.	339 U.S. 605（1950）	争议专利与焊剂有关，权利要求包括碱土金属硅酸盐。被告产品中含有硅酸锰。锰成分在专利说明书中披露，但未在权利要求中列举
4	Graham v. John Deere Co.	383 U.S. 1（1966）	该案涉及显著性产生的专利无效问题。争议专利的现有技术专利中披露了一项特别的（particular）技术特征。该特征未请求保护，但在附图和专利说明中被披露
5	Hayes	178 F.2d 940（1949）	本案争议专利涉及钓鱼绕线轮。在专利颁发后，经过两年零11个月与一个钓鱼绕线轮制造商进行专利许可的协商后，专利权人发现其权利请求是不充分的。专利颁发3年零1个月后，专利权人提交了再颁发申请。PTO以懈怠为由拒绝了其再颁发申请
6	Gibbs	437 F.2d 486（1971）	本案争议专利申请在在先授权专利之后1年内提交，并且并未与在先授权专利同时处于待授权状态。在后提交的专利申请对在先授权专利中披露了但未要求保护的内容要求权利。PTO拒绝了后提交的专利申请，因该内容已在在先授权的专利中被捐献
7	Unique Concepts, Inc. v. Brown	939 F.2d 1558（1991）	争议专利涉及一种把织物墙布附着于墙上的边框装配部件（assembly of border pieces）。说明书披露并在权利要求书中主张了单一直角边框部件。说明书还提到"临时的角加固部件"是"斜切割一副成直角的，短直线边框部件尾部得到的"，但未在权利要求书中主张。被控方使用了斜切直线部件
8	International Visual Corp. v. Crown Metal Mfg. Co., Inc.	991 F.2d 768（1993）	该案中，IVC作为磁保护显示器的专利所有人起诉其竞争者侵权

续表

编号	名称	引称号	案情
9	Maxwell v. Baker	86 F.3d 1098（1996）	该案中，专利权人在说明书中披露"标签可以缝到鞋子两边或者后边的衬里缝中"这一保持鞋子成对的替代方法，但是未对其主张权利，被诉侵权的产品即采用了这一方法
10	Sage Products, Inc. v. Devon Indus	126 F.3d 1420（1997）	该案涉及一项危险废弃物处理容器的专利
11	YBM Magnex, Inc. v. International Trade Commission	145 F.3d 1317（1998）	该案专利问题涉及含氧永磁合金组合物，被指控的侵权人出售的磁铁中的含氧量在说明书已经披露的范围之中，但是这个范围没有在权利要求中主张
12	Johnson & Johnston Assocs. v. R.E. Serv. Co.	285 F.3d 1046（2002）	该案Johnson公司对用于减少印刷电路板在分层处理过程中由手工处理导致的损害的影响的方法拥有专利。说明书中描述了铝作为首选基板，也提出了其他合金。但是权利要求中只有铝。RES开始采用铜箔作为基板生产电路板，随后Johnson提出侵权诉讼
13	PSC Computer Products, Inc. v. Foxconn International, Inc.	355 F.3d 1353（2004）	该案争议专利是一种用凸轮式保持器夹子将散热器固定在微芯片上的发明。权利要求中描述了一种加长型弹性金属条作为夹子的材料。PSC基于等同原则主张被告富士康所使用的塑料夹子侵权。但是富士康认为PSC已经将塑料夹子捐献给了公众

1. 捐献原则发展概述

美国法院在早期的案例中将捐献原则用于确定再颁发专利的有效性，其后逐渐在限制等同侵权的滥用中适用。

（1）再颁发专利有效性中的应用。

在确定再颁发专利有效性时适用捐献原则的原因是，专利人怠于申请再颁发专利，以及专利的公示功能。

捐献原则在美国的确立，源于1881年Miller v. Brass Co.案。❶ 在该案中，美国联邦最高法院在判决中指出："若要求保护某一装置，而从专利表面来看其他装置非常明显地未要求保护，从法律上看，没有要求保

---

❶ 112 U.S. 350, 351（1881）.

护的部分就捐献给了公众。" 1952年《美国专利法》规定，专利权人在专利颁发后两年内可通过再颁发程序扩展专利权保护范围，而此前，法律并未明确时效限制。最高法院以及海关和专利上诉法院在早期若干案件中，以懈怠为由将捐献原则用于确定再颁发专利的有效性，认为若专利权人申请再颁发专利时存在懈怠，则该再颁发专利是无效的，如Mahn案、Sontag Chain Stores Co.案、re Hayes 案等。联邦巡回法院在1991年Unique案中首次适用捐献原则。

最高法院在1884年Mahn v. Harwood案中根据专利的公示功能否定了再颁发专利的有效性，认为相关部分已捐献给公众。"公众已通过专利人这一最庄严的行为得知其申请专利的元素与组合，及哪些部分未向社会要求权利。""我们一般推定专利人未要求权利的部分非专利人发明，或已在其之前的发明中被知悉或使用。即便不是如此，他的行为也已使这一部分成了公共财产。"❶

1940年Sontag Chain Stores Co.案中，最高法院引用Miller案判决，认为"专利权人本可在申请原始专利时，在权利要求中主张足以涵盖被诉机器的要求，但其没有。这使公众理解为，未被主张权利的不属于其专利的保护范围，任何人均可正当制造相应产品"。❷

1949年re Hayes 案中，海关和专利上诉法院支持了美国专利商标局（PTO）拒绝对因懈怠而提出的再颁发专利请求。法院承认"专利说明和权利要求的起草充满不充分或过分陈述以及含糊"。但"对于披露内容很广、权利要求很窄的专利授权，相当于告知公众，发明者对于专利所公开但未主张权利的进步技术，不保留其排他使用权"。❸

（2）等同原则适用中的应用。

专利人为逃避专利局审查，在专利申请时缩小权利要求范围，专利侵权判定时，再通过等同原则扩大权利范围。而捐献原则可以限制这一滥用。美国法院通过判例确定了用捐献原则来限制等同原则适用。

最高法院的法官在1950年Graver Tank案中首次将捐献原则用于限制

---

❶　112 U.S. 354（1884）.

❷　310 U.S. 281（1940）.

❸　178 F.2d 940（1949）.

等同原则。❶联邦巡回法院的法官在1993年International Visual Corp案的判决中主张在等同原则的问题上适用捐献原则。❷ 而捐献原则正式应用于等同原则的问题上，是在1996年Maxwell和1997年Sage Products，Inc案。❸❹ 随后，在1998年YBM案中，法院将捐献原则限制在Maxwell案的具体情形下适用，即披露了两种"独特的（distinct）"技术方案，但只对其中之一主张权利。❺ YBM案与其他的先例产生冲突，给捐献原则的适用带来不确定性和混乱。

1991年Unique Concepts案中，巡回法院多数方认为等同原则滥用会促使专利申请人逃避PTO的审查而故意缩小权利要求的范围，在获得专利后，却又基于在说明书里陈述却未在权利要求书里主张的一项替代方案，主张更大的保护范围。❻

1993年International Visual Corp.案的一致意见中，法官从公平的角度主张在捐献原则适用于等同原则的应用，认为等同原则的公平本质是阻止肆无忌惮的抄袭者进行非实质性改变以逃避法律责任，避免专利欺骗欺诈（a fraud on a patent）。若等同原则经常性地应用于扩展保护范围，权利要求将难以实现其公示功能，这会纵容专利权人逃避PTO的审查，不符合公平。而专利持有人有两年时间，通过再颁发程序获得更广的权利保护范围。❼

1996年 Maxwell v. Baker案中，CAFC也有类似的担忧，认为等同原则的滥用将鼓励专利申请人在申请时扩大说明书写范围，而缩小权利要求范围。❽

2. 捐献原则的适用标准

美国法院对适用捐献原则的标准进行探索。并在2004年的PSC案

---

❶　339 U.S. 605（1950）.

❷　991 F.2d 768（1993）.

❸　86 F.3d 1098（1996）.

❹　126 F.3d 1420（1997）.

❺　145 F 3d 1317（1998）.

❻　939 F.2d 1558（1991）.

❼　991 F.2d 768（1993）.

❽　86 F. 3d 1098（1996）.

中明确：说明书的披露必须明确，该行业普通技术人员通过阅读书面描述，就能够理解未被主张权利的披露事项。

1996年 Maxwell v. Baker案中，专利权人在说明书中披露"标签可以缝到鞋子两边或者后边的衬里缝中"这一保持鞋子成对的替代方法，但未对其主张权利。法院据此认为专利权人向公众捐献了这一替代方案。❶ Maxwell案之后，捐献原则明确适用于专利中披露但未主张权利的事项，但披露应达到的程度未被明确。

联邦巡回法院在1998年YBM案中提出"独特的、有区别的"具体事物的披露标准。YBM案法官认为，Maxwell披露了两种独特的（distinct）、可替代的方式来连接鞋子，且都在专利说明中详细描述，据此法院才拒绝对Maxwell所披露的另一种方式适用等同原则判定侵权。而YBM案对启动捐献原则使用的"独特的、有区别的"具体事物的披露标准未给出任何政策原理，且对该具体事物到底是什么、它如何被识别造成混乱。❷

2004年的PSC案确立了适用捐献原则的标准。本案中，富士康公司是否构成侵权取决于PSC能否基于等同原则对塑料夹子主张权利，尽管其在专利说明中披露塑料部件在先前技术中被使用，且未在权利要求中主张保护。PSC主张，该案不同于Johnson案，因为Johnson案中的披露是清晰（clear）明确的（specific），而PSC的披露并非如此。❸ 针对披露的程度，法院认为若该行业普通技术人员通过阅读书面描述能够理解未被主张权利的披露事项，则该可替代的披露事项捐献给了公众。但并不意味着任何书面说明中的类指都捐献了其所有的下位概念。披露必须足够特殊，以至于该行业普通技术人员能够明确披露但未主张权利的事项。❹

（二）中国案例分析

该部分通过北大法宝平台检索我国案例，通过捐献原则法条检索，

---

❶　86 F. 3d 1098（1996）.
❷　145 F. 3d 1317（1998）.
❸❹　285 F. 3d 1046（2002）.

共有12个结果，输入捐献原则进行全文搜索，有36个结果，去除重复案例，获得相关案例16个，选取有代表性的10个进行分析（见表2）。

1. **中国典型案例梳理**

中国确立捐献原则时间较晚，无法律规定具体适用标准，案例较少，部分判决参考了美国适用标准，如"说明书描述明确"；但在如何确定"明确"，如何确定说明书描述范围和权利要求记载范围，还存在争议；应注意该原则与禁止反悔原则、全面覆盖原则的适用界限。

表2 中国捐献原则典型案例梳理

编号	案名	案号	专利类型	案情
1	东莞市倍嘉电池科技有限公司与北京物美生活超市有限公司等侵害实用新型专利权纠纷上诉案	(2012)高民终字第3338号	实用新型	倍嘉公司对"电池包装装置"享有实用新型专利权。权利要求为"衬板上设置有镂空的开口"。说明书中记载"衬板上设一镂空开口……薄膜上也可设一镂空开口"，被诉南孚电池在长方形包覆盒中间部有一镂空开口
2	陈某某与浙江乐雪儿家居用品有限公司、何某某及第三人温士丹侵害发明专利权纠纷案	(2013)民提字第225号	发明	陈某某有"布塑热水袋的加工方法"发明专利，该专利权利要求为1中包含12项步骤，"第十步：将密封垫片和螺纹塞座互相装配后旋入螺纹塞座中；第十一步：充气试压检验，向热水袋充入压缩空气进行耐压试验"；说明书已记载了步骤10、11的顺序可以调换。被诉侵权公司乐雪儿产品调换了第10、11步顺序
3	江苏优凝舒布洛克建材有限公司诉常州市航务工程有限责任公司、靖江市红星水泥构件厂侵害专利权纠纷案	(2013)苏知民终字第0209号民事判决书	发明	优凝公司系"一种建造挡土墙方法及该方法所用挡土块"发明专利独占实施许可人。说明书中公开了三种挡土块的卡固结构，权利要求中仅记载了第一种、第三种卡固结构，而被诉侵权技术方案采用第二种结构
4	珠海格力电器股份有限公司与广东美的制冷设备有限公司实用新型专利权纠纷	(2013)粤高法民三终字第615号	实用新型	格力公司是"可拆装式空调室内机管路安装挡板"，实用新型专利权人。独立权利要求1表述为："一种可拆装式空调室内机管路安装挡板"，说明书没做可拆装限定。被诉侵权的安装挡板不可拆卸

编号	案名	案号	专利类型	案情
5	ＳＥＢ公司与中山市金朗宝电器有限公司侵害发明专利权纠纷上诉案	（2014）粤高法民三终字第384号	发明	SEB有"自动涂覆油脂的煎炸锅"的发明专利。权利要求1"该干煎炸锅还包括安装在所述主体上的主加热装置"。被诉侵权方金朗宝公司产品主加热器安装在"盖"上。金朗宝公司主张本案专利权利要求限定主加热装置安装于主体上，说明书记载"主加热装置可装在煎炸锅的内部"，而内部包括主体和盖，则安装在盖上的技术特征被捐献了
6	程某某与宁波高新区汇富科技有限公司、杭州阿里巴巴广告有限公司侵害实用新型专利权纠纷	（2015）浙杭知初字第554号	实用新型	程某某系"一种滑板车折叠机构"实用新型专利专利权人。权利要求书记载"第一连接件位于第二连接件两层间，并与第二连接件轴承连接"说明书记载"所述第一连接件一端连接方向组件，另一端轴接第二连接件"。而被控侵权折叠机构的第一连接件和第二连接件间直接通过转轴连接，未使用轴承
7	建科机械（天津）股份有限公司与天津市银丰机械设备有限公司侵害实用新型专利权纠纷案	（2015）津高民三终字第0022号	实用新型	建科机械有"双向钢筋弯曲机的分体式移料输送装置"实用新型专利。权利要求为："1.一种双向钢筋弯曲机的分体式移料输送装置……分体式移料输送装置有2个以上"。说明书背景技术中陈述，存在一种移料输送装置"一个动力源驱动一台移动输送钢筋供给两台弯曲机头在一根钢筋两段同时弯曲的生产模式……但移料输送装置不能分别供应每一台弯曲机头钢筋"。银丰公司被诉侵权权利要求"移料输送装置有1个"
8	青岛汉尚电器有限公司与图们惠人电子有限公司侵害发明专利权纠纷上诉案	（2016）京民终239号	发明	图们惠人公司拥有"榨汁机"的发明专利，权利要求"导向爪"，说明书记载为"圆形导向爪"被控侵权产品碗状外壳底部上也有一道带卡口的环形壁状凸起

续表

编号	案名	案号	专利类型	案情
9	陕西银河消防科技装备股份有限公司与山东省天河消防车辆装备有限公司侵害发明专利权纠纷案	（2015）鲁民三终字第151号	发明	银河公司有"多和驱动的多级增压组合消防排烟装置"发明专利权。权利要求记载"控制系统，包括无线控制器与接收装置"，而说明书描述"控制系统可为无线控制亦可是有线控制系统，本发明采用无线控制系统"。天河公司采用的控制系统为有线控制系统
10	苏州安特威阀门有限公司与上海开维喜集团股份有限公司等侵害发明专利权纠纷上诉案	（2017）沪民终23号	发明	安特威有"双阀一体式盘阀"的发明专利。权利要求1中仅记载了焊接连接方式，说明书描述了横轴和固定阀轴可用焊接、花键、销钉连接或整体锻造的连接方式。被控侵权产品采用平键加紧固螺钉的连接方式

2. 适用条件与限制

通过以上案例分析，笔者总结出捐献原则目前在我国的适用有如下几点条件和限制。

（1）说明书的描述需要足够明确，本领域技术人员通过阅读说明书可以理解。

SEB案❶中，专利说明书未明确描述主加热装置安装在盖上的技术方案，所以主加热装置安装在盖上未被捐献。

陈呆某与乐雪儿案❷中，说明书明确描述了第10步、第11步的步骤可以调换，本领域技术人员可理解，达到明确描述的要求；且未体现在权利要求中，因此调换后的步骤视为捐献。

优凝公司案❸的涉案说明书中公开了三种挡土块的卡固结构，并详细附图，权利要求书里只记载了第一种和第三种，因说明书达明确描述标准，法院认定第二种结构适用捐献。

银河公司案❹中，权利要求"控制系统包括无线控制器"，说明书描

---

❶ （2014）粤高法民三终字第384号。
❷ （2013）民提字第225号。
❸ （2013）苏知民终字第0209号民事判决书。
❹ （2015）鲁民三终字第151号。

述"控制系统可以是无线控制亦可是有线控制系统，本发明采用无线控制系统"，有线控制系统属于被放弃的技术方案。但是，法院没判断说明书是否明确描述有线控制方案；并且，在法院论证可适用捐献原则后，依然论证两方案信号输入输出控制方式不同，电路设计、元件及技术手段均不同，不构成等同。因此，该案并不是用捐献原则论证两方案不等同，捐献原则怎样限制等同原则？认定适用捐献是否不用判定是否等同？确定不等同是否就没必要考虑捐献？是否是因为等同理由不充分，以捐献原则作为补充？这些问题在本案中都未得到解决。

（2）说明书与权利要求范围一致，不适用捐献原则。

SEB案中，法院认为涉案权利要求限定的是主加热装置与主体的关系，未限定主体与盖的位置关系。说明书与权利要求范围一致，不适用捐献原则。但笔者认为说明书"主体设置有……盖，……盖与主体一起形成……腔"这一表述有一定模糊性，不能绝对否定盖与主体是两个部分。❶

程某某案中，法院论述"说明书中记载轴接方案，权利要求书记载轴承连接方案，不代表涉案专利排除了轴接方案"。法院说理模糊，为何轴接没被捐献？轴接与轴承连接是上下位概念还是相同概念？法院在这一部分并未判断。若是上下位概念，或可适用权利要求书记载了下位概念，说明书描述了上位概念，不等于上位概念中所有的下位概念都被捐献。但从判决不适用禁止反悔原则论述发现，法院认为这两个概念是等同的，是否有用等同来限制捐献之嫌还存在争议。❷

（3）权利要求中的方案是被诉侵权的改进方案，不适用捐献原则。区分与全面覆盖原则的适用界限。

格力案中，第一，专利主题名称限定的技术特征应纳入专利权保护范围。第二，涉案专利的"可拆装"包含"可拆卸"和"可安装"两个功能，按照本领域普通技术人员的理解，这种拆卸和安装应不破坏产品基本结构和使用功能。被诉侵权的安装挡板安装后，在拆卸过程中卡爪

---

❶ （2014）粤高法民三终字第384号。
❷ （2015）浙杭知初字第554号。

被破坏，无法正常使用，不具有"可拆卸"的特征。第三，虽然涉案专利说明书未提到"可拆卸"这一特征，但权利要求时明确记载，客观上缩小了专利保护范围。适用捐献原则。❶

但笔者认为，由于本案特殊性，可拆装方案比说明书里的隐含的不可拆卸方案更具有进步性，与一般捐献原则的适用情形不同，两者不是替代方案或者并列方案。因此，该案也可以通过适用全面覆盖原则，认定被诉方案不具有可拆卸功能，未落入专利保护范围。

建科机械案中，原审法院认为，建科机械公司的专利说明书的背景技术因不在权利要求中，不得在专利侵权诉讼中主张上述已捐献的内容属于等同特征所确定的范围。二审法院认为，应适用全面覆盖原则，被诉侵权产品不落入涉案专利保护范围。被诉侵权的技术方案正是建科机械公司要克服的现有技术缺陷。缺少涉案权利要求中2个以上分体式移料输送装置这一技术特征。❷

可见，被诉方案是涉案专利说明书中描述而未在权利要求中记载的方案时，若涉案方案是被诉方案的改进方案，被诉方案缺乏涉案专利的技术特征，应适用全面覆盖原则，而非捐献原则。

（4）因说明书"描述"而捐献的部分只限定在说明书明确的字面意义内，且不构成等同的没必要再考虑捐献原则。

倍嘉诉南孚电池案中，原审法院认为，涉案专利权利要求包括："……C、包覆电池的薄膜，D、所述衬板上设置有镂空的开口。""在薄膜上设置有镂空的开口"这种方案仅在说明书中描述，未记载在权利要求中，故不能被纳入本案专利权的保护范围。被控侵权产品包装纸盒上有镂空，不具备涉案专利的C、D特征。二审法院仅认定被控侵权产品不具备D特征，不落入专利保护范围。未适用捐献。❸

二审没继续用捐献原则的原因可能是：①表面看，"薄膜上有镂空的开口"满足捐献条件，但因说明书"描述"而捐献的部分只限定在说明书明确的字面意义内。包装纸盒上有镂空超出薄膜上有镂空的字面含

---

❶ （2013）粤高法民三终字第615号。

❷ （2015）津高民三终字第0022号。

❸ （2012）高民终字第3338号。

义，不是涉案专利捐献的方案。②在能明确判断出不等同的情形下，没必要适用捐献原则。

安特威公司案中，一审法院认为涉案专利说明书描述了横轴和固定阀轴可以采用焊接、花键、销钉连接或整体锻造的连接方式，但权利要求仅记载焊接的连接方式。花键、销钉连接或整体锻造的技术方案应适用捐献原则。❶

但本案被控侵权产品连接方式与涉案专利说明书中捐献部分有所不同；且捐献原则实质上是对等同原则适用的一种限制，焊接与平键加紧固螺钉的连接方式不构成等同，故此情况下已无考虑捐献原则必要。

（5）权利要求记载上位概念，所有下位概念纳入保护范围。

汉尚公司与图们惠人公司案中，法院认为本案涉案专利权利要求中的"导向爪"和说明书中的"圆形导向爪"是上下位概念，后者是对前者的具体化，不符合捐献原则。故被控侵权产品含涉案专利权利要求中"导向爪"的技术特征。❷

四、结　　语

捐献原则作为限制等同原则的重要原则，在我国确立时间晚，理论研究司法实践较少，尤其在适用条件上缺乏实证研究和有力论证，较少讨论美国专利权人修改权利要求保护范围的程序。

一方面，捐献原则能推动实现权利要求的公示界定功能，防止专利权人 "两头得利"，提高专利撰写水平和专利质量。另一方面，捐献原则扩大适用会损害专利权人利益，影响整个社会的效益。捐献原则虽有缺陷，不能否认其适用的必要性。应通过厘清其与全面覆盖原则、禁止反悔原则的适用界限，明确适用条件和限制，克服其缺陷；再借鉴美国专利权人补救措施，推动专利权人修改权利要求范围程序的发展，平衡专利权人和社会公众的利益。

---

❶ （2017）沪民终23号。
❷ （2016）京民终239号。

捐献原则的案例综述研究

■ 马 洋 吴晓雨

【摘要】捐献原则起源于美国1881年的Miller v. Brass Company案，确立于1991年的Unique Concept v. Kevin Brown案，在此之后，针对捐献原则是否是对等同原则的限制，各判例反复争论了十余年，在2002年的Johnson & Johnston Associates案中画下句号。之后的判例为捐献原则的适用细节作出了贡献。总而言之，在美国，捐献原则是指披露在专利说明书中却未要求保护的内容，被认为捐献给了公众。捐献原则是且仅仅是对等同原则的限制，适用捐献原则必须以被控侵权物与特定权利要求实质性等同为前提。不同于美国，捐献原则在我国起步较晚，根据2009年《司法解释》第5条，我国确立了捐献原则。捐献原则的定义与美国相似，司法实践中则有差异，具体分为两种情形，其一，在存在等同可能性的情况下将捐献原则作为排斥等同原则的理由而适用，其二，在已经得出不等同的情况下作为补强不等同成立的理由而适用；就是否需要进行可预见性分析，各法院有所分歧，部分法院在适用捐献原则时以此为必要，其他法院却对此不予考虑。显而易见地，捐献原则在我国才刚刚得到发展，尚有许多不足，必须承认，规则的移植和本土化需要实践，更需要时间。

【关键词】捐献原则；等同原则；披露；专利说明书；权利要求

捐献原则源于美国，也发展于美国，至今已逾百年，却是在20世纪才引入中国。因此，要研究捐献原则，必须先研究美国这百年间的判例发展史；以此为基础，再研究捐献原则在我国司法实践中的发展。

一、美国判例发展脉络研究

学界一般认为，捐献原则最早起源于美国1881年的Miller v. Brass Company案。❶ 因而，本文试对美国1881～2017年所有涉及捐献原则的案例进行一个发展脉络的梳理，以期对美国最终确立的捐献原则的概念和适用标准有一个准确的了解。

（一）萌芽

萌芽时期的捐献原则主要出自1881年Miller v. Brass Company案，这其实并不是严格意义上的捐献原则，它虽然有"披露却不要求保护"的构成要件，但它的披露是发生在生产销售环节中，而不是在说明书中披露的，该案的主要争议点实为再颁专利（reissue❷）的有效性问题。

1881年Miller v. Brass Company案❸的案情为：原告原先为一油灯灯具构造的发明人，该灯具构造的其中一重要特点为有上下两层圆顶状物，没有灯罩，以达到能够燃烧而没有爆炸危险的效果。然而实践证明，只用一个圆顶状物，加上灯罩才是能实现上述效果的改进发明。于是在15年后，原告又提起了再颁专利，同时起诉使用后一改进发明构造的被告侵权。在此之前，原告和被告都大量生产销售了这种构造的灯具。美国联邦最高法院经审理后判决原告的再颁专利申请没有法律基础，侵权主张不被支持。在判决主文中，法院提出了一个重要的理论：在权利要求书中主张一种特定的装置或组合物，而不主张其他于此专利

---

❶ 丁锦希等.美国捐献原则及其对我国的启示［J］.知识产权，2011（10）:92-96；李德山.论专利侵权判定中的捐献原则［J］.专利司法保护与海外维权，2011:1038-1044。

❷ 关于reissue的翻译问题，国内学者有多种说法，"再版专利""再公告专利""权利重授""再授权专利"等，目前尚未见到通称，此处采用国家知识产权局网站上使用的说法"再颁专利"。

❸ Miller v. Brass Company, 104 U.S. 350（U.S. 1881）.

来说明显的装置或组合物，在法律意义上，权利人没有主张的内容是对公众的捐献。没有主张的内容要么就不是专利权人的发明，要么就是专利权人捐献给公众的内容。❶

该理论被后来许多适用捐献原则的案例引用，视为捐献原则发展的鼻祖。但值得注意的是，本案原告并没有在原发明的说明书中揭露一个圆顶状物加灯罩的构造，而是在生产销售中公开的，这一点与如今确定的捐献原则有很大的区别。或许正如YBM案❷法官所分析的那样，Miller v. Brass Company案实际上只是有关再颁专利申请的有效性问题，而非对等同原则的限制。

（二）确立——捐献原则适用的前提是等同侵权

自1991年的Unique Concept v. Kevin Brown案之后，法院判决对捐献原则的适用进行了逐步而曲折的探索。一些节点性案件值得关注。Unique案中认为捐献原则可适用于一切将某特定内容在说明书中披露却未要求保护的案件，实为错误；Maxwell案错误理解了等同原则中的等同对象；YBM案一错再错，认为适用等同原则判定侵权，就没有适用捐献原则的余地；Johnson案部分纠正了前案的错误，但仍有不足；PSC案首次厘清了等同原则与捐献原则之间的关系。至此，捐献原则适用的前提已基本确立。

1. Unique案：被诉侵权物与权利要求不构成等同，捐献原则无适用余地

【事实】在1991年的Unique Concept v. Kevin Brown案❸中，原告

---

❶ "the claim of a specific device or combination, and an omission to claim other devices or combinations apparent on the face of the patent, are, in law, a dedication to the public of that which is not claimed. It is a declaration that that which is not claimed is either not the patentee's invention, or, if his, he dedicates it to the public."

❷ Ybm Magnex, Inc., Appellant, v. International Trade Commission, Appellee, and San Huan New Materials High Tech, Inc., Ningbo Konit Industries, Inc., and Tridus International, Inc., Intervenors. 145 F.3d 1317（U.S. App.1998）.

❸ Unique Concepts, Inc., And Floyd M. Baslow, Plaintiffs-Appellants, v. Kevin Brown D/B/A Creative Walls, Templar And Schram, And World Plastics Extruders, Inc., Defendants-Appellees, 939 F.2d 1558（U.S. App. 1991）.

是"安装织物墙壁挂件的边角组装件"发明的专有被许可人，原告的发明只限于现成的线形边框件和直角拐角边框件，而被告使用的是斜角线形件，这样的斜角线形件是需要顾客自己组装成直角拐角边框件的。原告起诉被告专利侵权，法院经审理查明原告曾在其说明书中提到一次"直角拐角边框件可由斜角线形件临时组装而成，其好处是可以低廉的价格批量生产，而现成的直角拐角边框件却必须使用压模等昂贵的技术来制造，但是现成的拐角件的使用时的便利性无可替代"。法院认为，正如Miller案所确立的那样，被披露却没有在权利要求书中主张的内容是被捐献给了公众的。如果原告意图主张斜角线形边框件作为其直角拐角边框件的替代实施例，它就该说服审查员公布这样的权利要求，然而它没有。

【分析评价】本案是捐献原则"概念"的首次成型，因为被法院排除保护范围的是原告披露在专利说明书中的替代实施例，而非在实际生产中公开使用的替代物件。但案件事实本身却没有适用捐献原则的必要。本案法院的判决理由为说明书中披露的内容被捐献给公众是因为《美国法典》第112条要求权利要求书的撰写需要明确指出其限制的权利要求，未明确限制的内容自然不被视为权利要求的部分，因此被利用也不会构成侵权。

但是，根据法院的分析，本案中被披露的替代实施例（也即被控侵权的内容）与权利要求书中主张的实施例并不构成等同，因为需要拼装的斜角线形件在功能和效果上都比不上现成的直角拐角边框件。既然如此，被控侵权物与对应的权利要求不构成等同侵权，又兼权利要求书而非说明书确定权利的保护范围，可知原告的侵权指控本身就不成立，自然没有适用捐献原则的必要。

2. Maxwell案：错误理解了等同原则中的等同对象，等同与说明书中的实施例无关

【事实】在1996年的Maxwell v. Baker案❶中，该案原告是一种将成

---

❶ Susan M. Maxwell, Plaintiff-Appellee, v. J. Baker, Inc., Defendant-Appellant, And Prange Way, Inc., Defendant, 86 F.3d 1098（U.S. App. 1996）.

对的鞋子拴在一起的发明的专利权人，其权利要求限于在鞋的内底和外底之间的紧固鞋标，而被告使用的是缝合到鞋的衬里缝中的紧固鞋标，这也是原告披露在说明书中的替代实施例。联邦巡回上诉法院认为鞋业的任何一个普通技术人员，在阅读了说明书和本案诉讼历史，解释了权利要求书后，都能得出这样的结论：原告披露在说明书中却没有在权利要求中主张的内容是对公众的捐献。

【分析评价】本案沿袭了Unique案所犯的错误：被控侵权物与相应的权利要求本就不等同，并且，还进一步加深了对等同原则的错误认知，认为等同侵权中的等同对象为说明书中的披露内容。本案法院的判决理由为权利人不得小范围地主张权利要求、大范围地撰写发明书，不能因说明书中披露了与被控侵权物等同的内容进而主张等同侵权，因为披露在说明书中却不主张保护的内容已经被捐献给公众（即捐献原则）。这样的判决理由错误地理解了等同原则中的等同对象，等同对象不可能出现在说明书中，因为定义权利保护范围的是权利要求书，所以等同侵权比较的对象是权利要求与被诉侵权物。本案中权利要求限定为鞋的内底和外底之间的紧固鞋标，与被诉侵权的缝合到鞋的衬里缝中的紧固鞋标，是不构成等同的，直接不构成侵权，没有适用捐献原则的余地。

3. YBM案：适用等同原则判定侵权，就没有适用捐献原则的余地

【分析评价】Maxwell案对基本原则的错误理解使得紧随其后的YBM案一错再错。该案法官认为Maxwell v. Baker案所确立的原则只能适用于披露的实施例与被授权的专利有实质性不同的情况，因为Maxwell案中的事实有其特殊性，本身就不可能适用等同原则；而在被披露的实施例与主张保护的发明之间的差异很微小的YBM案以及其他案件中，应当适用等同原则判定侵权，而不能适用捐献原则。❶

上述法院意见有对等同侵权原则理解的致命硬伤。首先，等同侵权比较的是被控侵权物与主张保护的发明之间的关系，而非被披露的实

---

❶ "However, the Commission errs in deeming it now to be irrelevant whether there is probative evidence of insubstantial differences, or substantial identity of function, way, and result." And "this court in YBM Magnex purported to limit Maxwell to situations where a patent discloses an unclaimed alternative distinct from the claimed invention."

施例。其次，捐献原则是对等同原则的限制性适用，而非非此即彼的关系。正是由于为遏制等同侵权适用带来的权利要求扩大化问题，才规定已经在说明书中披露的与被诉侵权物一致的内容不得受保护。

4. Johnson案：部分纠正了前案的错误，但仍有不足

【事实】2002年的Johnson & Johnston Associates案❶纠正了YBM案中的错误走向。本案原告的发明涉及印刷电路板的制造，在权利要求中主张用铝基板来保护脆弱的铜箔，同时在说明书中提到"尽管铝是作为基板的优选材料，其他诸如不锈钢或镍合金的金属也可以被使用"。被告即使用的钢片来作基板。被告要求适用Maxwell v. Baker确立的规则主张捐献不侵权，原告则坚持YBM案的观点主张未捐献。

【分析评价】法院在决定适用哪套规则时进行了如下推理：权利要求书决定专利保护的范围，而非说明书。因而侵权，不论是在字面意义还是在等同原则下，不是通过比较被诉侵权产品和说明书中的替代实施例得出的，而是比较被诉侵权产品和权利人主张的权利要求。（本案中钢片和铝片可能会构成等同）等同原则是扩大专有权至超出权利要求的字面范围，因而任何试图利用等同原则要求保护此前故意不要求保护的内容的尝试，都是对权利要求书决定专利权保护范围的原则的挑战。本案中，原告既然披露了而不要求保护的钢基板，现在就不能援引等同原则来扩大其铝片的权利要求至包括钢片。

该法官意见前半部分对此前案件中对等同侵权的错误理解进行纠正，但可惜的是，后半部分"任何试图利用等同原则要求保护此前故意不要求保护的内容的尝试"有失妥当，此前故意不要求保护的内容即为说明书中的内容，该内容并非等同侵权的比较对象，又如何会出现利用等同原则要求保护该内容的现象呢？此逻辑推论间仍欠缺合理的解释。

5. PSC案：首次厘清等同原则与捐献原则之间的关系

【事实】PSC和Foxconn是散热器装置中凸轮式定位夹的两位竞争厂家，PSC是"电子集成电路的散热器的凸轮式定位夹"的专利权人，

---

❶ Johnson & Johnston Associates Inc., Plaintiff-Appellee, v. R.E. Service Co., Inc. And Mark Frater, Defendants-Appellants. 285 F.3d 1046（U.S. App. 2002）.

PSC制作的凸轮式定位夹的材质是金属的，而Foxconn的材质是塑料的。PSC起诉Foxconn侵犯其专利权，但Foxconn辩称PSC的专利权利要求1里阐明了其夹子是有弹性的金属条，并且在说明书里将塑料材质的夹子捐献给了公众，其说明书里明确提到"其他在先技术装置使用模制塑料来制作夹子"，却没有在权利要求书里主张塑料材质的夹子，反而明确限定材质为"金属"。

【分析评价】2004年的PSC v. Foxconn案❶首次提出披露—捐献规则（Disclosure-Dedication Rule）这一为后案例沿用的术语，也是首次厘清等同原则与捐献原则的关系。其在判决理由中探讨权利要求书与说明书之间一直被肯定的关系：权利要求书确定保护范围，说明书帮助理解权利要求书。权利要求书的保护范围是基于说明书来确定的。因而，权利人通过说明书的解释功能将被诉侵权物解释进权利要求书的范围，解释成双方等同，妄图以此扩大保护范围。此时，正是捐献原则应运而生的契机所在。因此，捐献原则当为对等同侵权的限制。

（三）成熟—逐步阐述了捐献规则下披露的程度要求

披露原则自2002年后逐步走向成熟。2004年的PSC v. Foxconn案开始探讨说明书中披露的内容要有多具体才能够援引捐献原则，给出了该领域普通技术人员能够理解的披露程度要求；同年的Toro案进一步认为披露程度无需达到权利要求书中的公开程度，在"背景技术"中提到也未尝不可；2005年的Pfizer案则提出披露内容必须被专利权人视为"替代实施例"方可，2012年的Sandisk案附议了该观点；2016年的CSP案对该观点进行阐释：实质意义上的"替代实施例"即可。至此，披露的程度要求已得到明确。笔者看来，这不啻为等同原则限制的进一步延展。

（1）2004年的PSC v. Foxconn一案首次明确回答了这一问题：说明书中披露的内容要有多具体才被视为捐献给了公众？该案主审法官的回答是如果该领域的普通技术人员能够在阅读说明书后理解了披露而未要

---

❶ Psc Computer Products, Inc., Plaintiff-Appellant, V. Foxconn International, Inc. And Hon Hai Precision Industry Co., Ltd., Defendants-Appellees. 355 F.3d 1353（U.S. App. 2004）.

求保护的内容，那么披露的替代实施例就被捐献给了公众。❶ "披露—捐献"规则并不是说任何在说明书中的类别化的提及（如"其他有记忆性的材料"）都会向公众捐献该类别中的所有成员（如铜锌合金、镍钛合金）。规则中的披露必须是具体到使该领域普通技术人员能够识别被披露的内容。

（2）同年的Toro案❷首次确立了上诉法院对原审法院适用披露—捐献规则的复审标准，其认为，披露—捐献规则和禁止反悔原则一样都是对等同原则适用的限制，都是基于专利权人放弃或捐献的行为而排除了等同原则的援引，因此，披露—捐献规则和禁止反悔原则应当适用同样的复审标准进行分析。披露—捐献规则，同禁止反悔原则一样，属于法律问题。

此外，本案还对披露的程度进行进一步阐明。适用披露—捐献原则所需要的披露程度和112小节下对权利要求书决定发明保护范围的披露要求是不一样的，事实上，披露的内容甚至不一定要出现在说明书中对发明进行详细描述的那一部分，完全可以出现在"背景技术"那一部分。❸

（3）2005年的Pfizer案❹对披露—捐献规则中披露的要求作了进一步的限定，该判决认为，专利的公告功能意味着专利权人必须将未要求保护的内容视为对权利要求的替代实施例，该未要求保护的内容才能被

---

❶　"if one of ordinary skill in the art could understand an unclaimed disclosed teaching upon reading the written description, the alternative matter disclosed had been dedicated to the public."

❷　The Toro Company, Plaintiff-Appellant, v. White Consolidated Industries, Inc. And Wci Outdoor Products, Inc., Defendants-Appellees. 383 F.3d 1326（U.S. App. 2004）.

❸　"Indeed, disclosures implicating the disclosure-dedication rule need not directly relate to the description of the claimed invention or be contained in the "Detailed Description of the Invention" section of the patent, but may appear merely in the portion of the patent describing the "Background of the Invention.".

❹　Pfizer, Inc. And Warner-Lambert Company, Llc, Plaintiffs-Appellees, v. Teva Pharmaceuticals Usa, Inc., Defendant-Appellant, And Ranbaxy Pharmaceuticals, Inc. And Ranbaxy Laboratories Limited, Defendants-Appellants. 429 F.3d 1364（U.S. App. 2005）

认为捐献给了公众。❶ 2012年的Sandisk案引用并附议该观点。

（4）2016年的CSP一案❷ 对上述观点进行阐明：将未要求保护的内容视为对权利要求的替代实施例的要求，并不是指专利权人要明确地陈述"替代实施例"这个词，否则申请者只要绕过"替代实施例"这个词就可以规避披露—捐献规则。相反，这个要求是指该领域的普通技术人员在阅读说明书后，会得出结论：披露的内容是专利权人要求保护的实施例的替代实施例。意即"替代实施例"须为实质意义上的可替代实施例。

至此，披露—捐献规则已基本确立，不论是在概念上，还是在适用条件上，抑或是在审查标准上，未再出现新的修正。总结如下：捐献原则是指披露在专利说明书中却未要求保护的内容，被认为捐献给了公众。捐献原则是且仅仅是对等同原则的限制，适用捐献原则必须以被控侵权物与特定权利要求实质性等同为前提。在说明书中披露的内容必须达到被权利人实质作为特定权利要求的替代实施例的程度。捐献原则的审查适用法律问题。

二、中国捐献案例比较研究

2009年《最高人民法院关于审理侵犯专利权纠纷案件应用法律若干问题的解释》（以下简称《司法解释》）第5条规定："对于仅在说明书或者附图中描述而在权利要求中未记载的技术方案，权利人在侵犯专利权纠纷案件中将其纳入专利权保护范围的，人民法院不予支持。"自此，我国正式确立了捐献原则。

根据《专利法》第59条第1款规定，专利权利范围由权利要求书界

---

❶ "the public notice function of patents suggests that before unclaimed subject matter is deemed to have been dedicated to the public, that unclaimed subject matter must have been identified by the patentee as an alternative to a claim limitation."

❷ Csp Technologies, Inc., Plaintiff-Appellant v. Sud-Chemie Ag, Sud-Chemie, Inc., Airsec S.A.S., Clariant Produkte Deutschland Gmbh, Clariant Corporation, Clariant Production（France）S.A.S., Defendants-Appellees, 643 Fed. Appx. 953（U.S. App. 2016）.

定，说明书和附图只能对权利要求书中记载的内容进行解释而不能补充，因此能够当然地得出仅记载于说明书、附图却未记载于权利要求书的技术方案不能受到专利权的保护。捐献原则看似是《专利法》第59条第1款的简单重复，其实不然。因为等同原则的存在，原告通过说明书和附图"解释"权利要求书，可能不适当地扩大了专利权保护范围，❶也违背了专利制度权利公示原则。❷在权利要求解释中确立捐献原则，是对专利的保护功能和公示功能进行利益衡量的结果。对于在说明书中披露而未写入权利要求的技术方案，如果不适用捐献原则，虽然对专利权人的保护是较为充分的，但这一方面会给专利申请人规避对较宽范围的权利要求的审查提供便利；另一方面会降低权利要求的划界作用，使专利权保护范围的确定成为一件过于灵活和不确定的事情，增加了公众预测专利权保护范围的难度，不利于专利公示作用的发挥以及公众利益的维护。❸

笔者通过检索和筛选，最终得到32个有效样本，❹分析如下。

（一）捐献原则的适用前提

《司法解释》第5条所称的"仅在说明书或者附图中描述而在权利要求中未记载的技术方案"，是指该技术方案仅仅记载在说明书或者附图中，但是没有被权利要求限定的保护范围所覆盖的情形，即捐献原则

---

❶ （2016）浙民初41号。
❷ （2016）苏民终869号。
❸ （2013）民提字第225号。
❹ 按照裁判时间顺序，依次为：（2010）沪二中民五（知）初字第102号；（2010）一中知行初字第1938号；（2007）沪一中民五（知）初字第115号；（2011）沪高民三（知）终字第90号；（2012）高民终字第3338号；（2012）渝一中法民初字第00535号；（2012）苏知民终字第0202号；（2012）深中法知民初字第1523号；（2013）民申字第1284号；（2012）津高民三终字第41号；（2012）津高民三终字第42号；（2013）民提字第225号；（2013）民申字第1284号（2013）粤高法民三终字第615号；（2013）苏知民终字第0209号；（2014）闽民三终字第407号；（2014）民提字第89号；（2014）皖民三终字第00048号；（2015）内民知终字第00029号；（2015）民申字第983号；（2015）津高民三终字第0022号；（2015）鲁民三终字第151号；（2015）粤高法民三终字第499号；（2015）民申字第188号；（2014）粤高法民三终字第384号；（2015）沪知民初字第217号；（2015）浙杭知初字第554号；（2016）浙民初41号；（2016）京民终237号；（2016）苏民终869号；（2016）鲁民终1802号；（2017）沪民终23号。

的适用以某技术方案记载于说明书或者附图，却未记载于权利要求书中为前提。此外，从检索结果来看，捐献原则仅适用于说明书或者附图直接披露了某技术特征的情形，只限定在字面意义范围内。具体来说，如果本领域技术人员通过阅读说明书可以理解披露但未要求保护的技术方案是被专利权人作为权利要求中技术特征的另一种选择而被特定化，则这种技术方案就视为捐献给社会。❶

1. 不适用捐献原则

在检索到的样本中，因不满足此前提而不能适用捐献原则的案例有SEB案、❷ 博生案❸ 和程恩某案、❹ 汉尚案、❺ 隆大案，❻ 接下来将以SEB案为例进行详细介绍。

SEB公司系名称为"自动涂覆油脂的煎炸锅"发明专利的专利权人，被告金朗宝公司生产的干煎炸锅涉嫌侵犯其专利。经比对发现，涉案专利权利要求1记载，"该干煎炸锅还包括安装在所述主体上的主加热装置"，说明书记载"主加热装置24的安装位置可以是煎炸锅的内部"，而被诉侵权产品主加热器安装在"盖"上。

二审法院❼ 认为专利权利要求1限定的是主加热装置与主体的关系，没有限定主体与盖的位置关系。结合专利说明书的记载，主体包括基部、侧裙部和盖，以及"主加热装置24的安装位置可以是煎炸锅的内部"，并没有作出盖是独立于主体的另一装置的解释。同时本案专利说明书亦未明确记载一主加热装置安装在盖上的技术方案，因此本案不适用捐献原则。

---

❶ （2013）民提字第225号。

❷ （2014）粤高法民三终字第384号。

❸ （2015）民申字第188号。

❹ （2015）浙杭知初字第554号。

❺ （2016）京民终237号。

❻ （2012）津高民三终字第41号。

❼ 一审法院认为，金朗宝公司在庭审中提出的被控侵权产品与本专利的区别点或不存在或构成等同，即被控侵权产品的技术特征a、b、f分别和本专利的技术特征A、B、E相同，技术特征c、d、e与本专利的技术特征C、D等同，被控侵权产品落入了本专利的保护范围。

2. 适用捐献原则

除以上几个案例，其余案例❶中均存在技术特征被说明书或者附图公开却未写入权利要求书的情形，能够适用捐献原则。下面以陈顺某案❷为例进行详细介绍。

原告陈顺某系方法发明"布塑热水袋的加工方法"的专利权人，被告生产销售的布塑热水袋涉嫌侵犯其专利。经比对，被控侵权方法第6、7、8、10步分别与涉案专利权利要求1的第7、6、11、10步的内容相同，但顺序不同。

再审法院认为，❸如果本领域技术人员通过阅读说明书可以理解披露，但未要求保护的技术方案是被专利权人作为权利要求中技术特征的另一种选择而被特定化，则这种技术方案就视为捐献给社会。本案中，涉案专利说明书明确记载了第10步、第11步的步骤可以调换，但调换后的步骤并未体现在权利要求中，因此适用捐献原则。

---

❶ （2010）沪二中民五（知）初字第102号；（2010）一中知行初字第1938号；（2007）沪一中民五（知）初字第115号；（2011）沪高民三（知）终字第90号；（2012）高民终字第3338号；（2012）渝一中法民初字第00535号；（2012）苏知民终字第0202号；（2012）深中法知民初字第1523号；（2013）民申字第1284号；（2012）津高民三终字第42号；（2013）民提字第225号；（2013）民申字第1284号（2013）粤高法民三终字第615号；（2013）苏知民终字第0209号；（2014）闽民终字第407号；（2014）民提字第89号；（2014）皖民三终字第00048号；（2015）内民知终字第00029号；（2015）民申字第983号；（2015）津高民三终字第0022号；（2015）鲁民三终字第151号；（2015）粤高法民三终字第499号；（2015）沪知民初字第217号；（2015）浙杭知初字第554号；（2016）京民终237号；（2016）苏民终869号；（2016）鲁民终1802号；（2017）沪民终23号。

❷ （2013）民提字第225号。

❸ 一审法院认为，由于按照被诉侵权方法的顺序与按照涉案专利权利要求的顺序进行加工，其技术特征及技术效果并无实质区别，因而落入涉案专利保护范围。二审法院同样认为，虽然被诉侵权方法的第6、7步和第8、10步虽然分别与涉案专利权利要求1第6、7步和第10、11步步骤顺序不同，但其技术特征和技术效果无实质区别。

（二）捐献原则的适用情形

（1）在存在等同可能性❶的情况下适用捐献原则——实际上是作为排斥等同适用的理由。

以检索结果看，大部分法院的裁判❷逻辑均是如此，首先适用《专利法》第59条第1款确定专利权保护范围，其次根据全面覆盖原则或等同原则判断被控侵权产品/方法是否落入专利权保护范围，最后在可能等同的情形下根据捐献原则排除等同原则的适用。接下来以陕西银河案❸和苏州安特威案❹为例从正反两方面详细介绍。

陕西银河案中，原告陕西银河公司系名称为"多核驱动的多级增压组合式消防排烟装置"发明专利的专利权人，被告天河公司生产销售的产品涉嫌侵犯其专利权。经比对，涉案专利特征为"控制系统包括无线控制器与接收装置"，被控侵权产品的特征为"控制系统中的控制器是有线控制器"。

一审、二审法院均先适用捐献原则判定涉案专利保护范围：涉案专利的说明书中记载"该专利设置有控制系统，控制系统可以是无线控制亦可是有线控制系统"，公开了有线和无线两种控制系统，但在权利要求中并未记载有线控制系统技术方案，因此，有线控制系统技术方案不应再纳入专利权的保护范围。之后再依据等同原则判断被控侵权产品是否落入涉案专利保护范围。

---

❶ "存在等同可能性"是指若不适用捐献原则，被控侵权产品的技术特征和专利权利要求书中记载的技术方案存在被认定为等同特征的可能性。

❷ （2010）沪二中民五（知）初字第102号；（2010）一中知行初字第1938号；（2007）沪一中民五（知）初字第115号；（2011）沪高民三（知）终字第90号；（2012）高民终字第3338号；（2012）渝一中法民初字第00535号；（2012）苏知民终字第0202号；（2012）深中法知民初字第1523号；（2013）民申字第1284号；（2012）津高民三终字第41号；（2012）津高民三终字第42号；（2013）民提字第225号；（2013）民申字第1284号（2013）粤高法民三终字第615号；（2013）苏知民终字第0209号；（2014）闽民终字第407号；（2014）民提字第89号；（2014）皖民三终字第00048号；（2015）内民知终字第00029号；（2015）民申字第983号；（2015）鲁民三终字第151号；（2015）粤高法民三终字第499号；（2015）民申字第188号；（2014）粤高法民三终字第384号；（2015）沪知民初字第217号；（2015）浙杭知初字第554号；（2016）浙02民初41号；（2016）京民终237号；（2016）苏民终869号；（2016）鲁民终1802号；（2017）沪民终23号。

❸ （2015）鲁民三终字第151号。

❹ （2017）沪民终23号。

苏州安特威案中，原告安特威公司系名称为"双阀一体式盘阀"发明专利的专利权人，被告制造使用的双阀一体式盘阀涉嫌侵犯其专利。经比对发现，被控侵权产品与涉案专利在横轴与固定阀轴的连接方式上明显不同，分别是平键与焊接。

一审法院认为，虽然焊接与平键加固定螺钉的连接功能相同，但由于两者采用的技术手段和所达到的效果不同，故两者在横轴与固定阀轴的连接方式上不构成等同。法院进而表明，捐献原则实质上是对等同原则适用的一种限制，由于焊接与平键加紧固螺钉的连接方式不构成等同，故在此情况下已无必要再考虑捐献原则的问题。

（2）在已得出不等同的结论情况下适用捐献原则—实际上可以理解为是用来补强不等同成立的理由。

这种判决逻辑在实践中比较少见，以建科案❶为典型。

原告建科公司系名称为"双向钢筋弯曲机的分体式移料输送装置"实用新型专利的专利权人，其以被告银丰公司侵犯其专利权为由将被告诉至法院。经比对，建科公司诉请保护的权利要求中的技术特征为"分体式移料输送装置有2个以上，每个分体式移料输送装置位于其中一个弯曲机头一侧的上方"，而被诉技术方案中对应的技术特征为"移料输送装置有1个，移料输送装置位于两个弯曲机头一侧的上方"。

法院认为，被诉技术方案因技术特征的不同，不能实现建科公司专利技术方案所能实现的功能，因而效果差异明显。故两项技术特征并不等同。

在得出两者不等同的结论后，法院进一步适用捐献原则。法院认为，建科公司的专利说明书中明确陈述，存在一种移料输送装置"是一个动力源驱动一台移动输送钢筋供给两台弯曲机头在一根钢筋两段同时弯曲的生产模式……但是移料输送装置却不能分别供应每一台弯曲机头钢筋"，但原告未将其纳入权利要求中，因此不得再在专利侵权诉讼中主张上述已捐献的内容属于等同特征所确定的范围。

---

❶ （2015）津高民三终字第0022号。

（三）法院在判定时是否进行可预见性分析

1. 进行可预见性分析❶

只有专利权人在撰写权利要求书时已经预见或者能够预见该技术方案，才能对该技术方案适用捐献原则。接下来以优凝案❷为例详细介绍。

原告优凝公司系发明专利"一种建造挡土墙的方法及该方法所用挡土块"的独占实施许可被许可人，2013年，原告以被告航务公司、红星水泥厂侵犯其专利权为由将被告诉至法院。经比对，被控侵权产品的卡固结构系设置于所述挡土块后端并突出所述挡土块下表面的后凸缘，而涉案专利权利要求所述卡固结构为设置于所述挡土块前端并突出所述挡土块上表面的前凸缘。

二审法院❸认为，如果专利权人在专利说明书或者附图中公开了某个技术方案而未写入权利要求，则表明专利权人在撰写专利权利要求时，已经预见到了该技术方案，但其并不要求将该技术方案纳入专利保护范围，则人民法院不能再通过等同原则的适用将其重新纳入专利的保护范围，从而有利于维护专利的公示性，平衡专利权人与社会公众的利益关系。涉案专利说明书中既公开了挡土块前端设置突出上表面的前凸缘的技术特征，又公开了在挡土块后端设置突出下表面的后凸缘的技术特征，但后者未写入权利要求书，因此该技术方案不属于涉案专利保护范围。

---

❶ （2011）沪高民三（知）终字第90号；（2013）苏知民终字第0209号；（2016）浙02民初41号。

❷ （2013）苏知民终字第0209号。

❸ 一审法院认为，虽然涉案发明专利在说明书及实施例记载了与被控侵权产品卡固结构相同的技术特征，但该技术特征"为设置于所述挡土块后端并突出所述挡土块下表面的后凸缘"未写入权利要求1的必要技术特征部分，故不能落入专利权利保护范围。

2. 不作可预见性分析●

法院在适用捐献原则时，不考虑专利权人在撰写权利要求书时是否预见该技术方案，只要该技术方案记载于说明书或者附图而未记载于权利要求书，即可适用。接下来以格力案●为例详细介绍。

原告格力公司系名称为"可拆装式空调室内机管路安装挡板"实用新型专利的专利权人，美的公司被控侵犯其专利权。经比对，涉案专利权利要求的技术特征之一为"可拆装"，而被控侵权产品的技术特征为"不可拆卸"。

二审法院●未作专利权人可预见性分析，而是直接认为，虽然涉案专利说明书不支持"可拆卸"这一功能性技术特征，但由于专利权人在撰写专利权利要求时，明确增加了"可拆卸"的功能，客观上缩小了专利保护范围，专利权人不能再随意将已经捐献的技术方案再纳入专利保护范围。

经过上述分析研究可知，在我国，捐献原则的适用以技术方案记载于说明书或者附图，但未记载于权利要求书为前提。在实践中，它既可以作为排斥等同侵权适用的理由，也可以用来补强不等同成立的理由。部分法院在适用捐献原则时会考虑专利权人撰写权利要求书时是否预见该技术方案，但更多法院则不会作此考虑。

● （2007）沪一中民五（知）初字第115号；（2012）高民终字第3338号；（2012）渝一中法民初字第00535号；（2012）深中法知民初字第1523号；（2012）津高民三终字第42号；（2013）民提字第225号；（2013）粤高法民三终字第615号；（2014）闽民终字第407号；（2014）民提字第89号；（2014）皖民三终字第00048号；（2015）内民知终字第00029号；（2015）民申字第983号；（2015）津高民三终字第0022号；（2015）鲁民三终字第151号；（2015）粤高法民三终字第499号；（2015）民申字第188号；（2014）粤高法民三终字第384号；（2015）沪知民初字第217号；（2015）浙杭知初字第554号；（2016）浙02民初41号；（2016）京民终237号；（2016）苏民终869号；（2017）沪民终23号。

● （2013）粤高法民三终字第615号。

● 一审法院认为，涉案专利与被控侵权产品均属于一种可拆装式空调室内机管路安装挡板，组合部件亦呈现"包括固定板和滑动板两部分，固定板为一中空的薄板"的技术特征，因此两者技术特征构成相同。

三、总　　结

　　捐献原则在美国经历了100多年的发展，明显更加成熟稳定，适用上也会考虑更多细节，如披露的技术方案的程度要求；而在我国，捐献原则虽以较成熟的状态引进，在本土适用上却是刚刚起步，因而不仅样本容量不大，各法院在适用捐献原则时甚至时有冲突，也会发展出已经被美国在实践中淘汰的适用要件，如可预见性分析。我们必须承认，规则的移植和本土化需要实践，更需要时间，假以时日，捐献原则在我国司法环境中的适用会更加稳定和成熟。

专利等同侵权原则的适用与重构案例综述

金方斐　范　瑞

【摘要】作为一项重要的知识产权，专利权在各国知识产权制度中都占据着至关重要的地位。最高人民法院2017年工作报告指出，为加强知识产权司法保护，2016年各级法院审结一审知识产权案件12万件，其中，新收专利案件12 357件，同比上升6.46%。侵犯专利权是知识产权领域的多发行为，而受专利本身的专业性影响，专利侵权的认定涉及复杂的技术问题、法律问题，实践操作极为困难。

在早期的专利侵权案件中，被控侵权产品与专利权利要求书中的技术特征大多是一致的，可以直接运用全面覆盖原则将两者的必要技术特征加以对比，通过字面判断就可以认定专利侵权。但随着科学技术的不断发展，越来越多的专利侵权表现为等同侵权。本文拟从案例的角度对司法实践中的等同侵权问题展开总结和探讨。

【关键词】等同侵权；手段；功能；效果；创造性劳动

一、概况与样本来源介绍

笔者主要采用实证分析的方法对相关司法案例加以分析，以期得出司法实践适用的实然和应然状况的衔接与冲突。本文数据来源为"北大法宝网"，通过检索"等同侵权""专利权权属、侵权纠纷"等关键词，

146

笔者收集了该网站上所有等同侵权的司法案例。经过筛选，笔者删除了一部分虽然提及关键字"等同侵权"，但实际上并未涉及此争议点的案例，因网站编排或审级原因重复的案例以及相关裁定书，最终得到有效样本案例共计174个。需要说明的是，笔者收集的司法案例仅限于法院公开宣判的案例，涉及商业秘密等原因不能在公开网络上找到的案例不在此列。

二、案件背景情况统计

表1体现了等同侵权案例的地域分布差异性。在进行数据统计时，笔者剔除了由最高人民法院裁判的23个案例。从统计数据可以看出，等同侵权案件大多发生在经济发达地区，其中浙江省发生案件37起，占总数的24.50%；广东为25起，占总数的16.55%；北京为25起，占总数的16.55%。而经济相对较不发达的地区，如云南省、甘肃省等省份案件数量之和也仅占总数的1.98%。另外，在对判决书进行细致分析的过程中，笔者发现经济发达地区法院作出的判决对等同侵权的论述更为深入全面，而经济欠发达地区的裁判文书则相对较为简单，这与法官的专业素养、对等同侵权原则的理解程度不无关系。

表1　地域分布差异性

案件审理省份（年）	案件数量（件）	整体比例
浙江	37	24.50%
广东	25	16.55%
北京	25	16.55%
河南	10	6.62%
福建	9	5.96%
上海	8	5.30%
山东	6	3.97%
吉林	6	3.97%
重庆	3	1.99%
天津	3	1.99%
江苏	3	1.99%

续表

案件审理省份（年）	案件数量（件）	整体比例
湖南	3	1.99%
云南	2	1.32%
陕西	2	1.32%
湖北	2	1.32%
安徽	2	1.32%
四川	1	0.66%
山西	1	0.66%
江西	1	0.66%
河北	1	0.66%
甘肃	1	0.66%

表2是我国专利等同侵权案件审理年份分布表，案件数量整体比例总体上呈现从少到多的态势。值得注意的是，案件数量有两个高峰期，第一个高峰出现在2010年，第二个高峰出现在2015年前后。这说明随着2001年《关于审理专利纠纷案件适用法律问题的若干规定》的颁布，法院对等同侵权原则适用的积极性缓慢上涨。2010年《专利法》修改以及《关于审理侵犯专利权纠纷案件应用法律若干问题的解释》颁布后，等同侵权案件数量达到第一个峰值。2010年后该类案件数量暂时减少，体现出法院对此类案件的态度渐趋谨慎。随着社会经济和科学技术不断发展，2014～2016年前后等同侵权案件数量，呈现良好的态势，连续3年稳定在20件以上，我国专利司法审判逐步走向成熟。

表2　专利等同侵权案件年份分布

案例审理年份	案例数量（件）	整体比例
2017	2	1.14%
2016	21	12.06%
2015	33	18.97%
2014	32	18.39%
2013	17	9.77%

案例审理年份	案例数量（件）	整体比例
2012	16	9.20%
2011	9	5.17%
2010	18	10.34%
2009	11	6.32%
2008	5	2.87%
2007	2	1.15%
2006	2	1.15%
2005	2	1.15%
2004	1	0.57%
2003	1	0.57%
2002	2	1.15%

表3是专利等同侵权案件审级分布表。从案件整体比例可以看出，专利等同侵权以二审审结的案件数量明显多于一审，这与知识产权案件尤其是专利案件本身的特性有关。与普通案件相比，知识产权案件尤其是专利案例往往涉及复杂的技术判定和案件事实，对法官的法律专业水平要求较高。因此，除少数经济发达地区的基层法院以外，专利侵权纠纷案件由中级人民法院进行一审。即便如此，涉及等同侵权等疑难问题的案件仍需要通过二审甚至是再审才能解决纠纷。

表3 专利等同侵权案件审级分布

审级	案件数量（件）	整体比例
一审	40	22.99%
二审	111	63.79%
再审	23	13.22%

另外，根据最高人民法院2016年发布的《中国法院知识产权司法保护状况》，2016年全国地方人民法院知识产权案件一审结案率为83.18%，而专利等同侵权案例一审结案率仅为38.10%，远低于全国

知识产权案件一审结案率。同时，2016年专利等同侵权案例改判率为19.05%。也就是说，大部分当事人双方很难在等同侵权案件一审中即对判决结果表示满意，而是选择将诉讼进程延伸至二审当中，但绝大多数当事人并不能因此得到法院更有利的改判结果。这一方面浪费了司法资源与当事人的时间和金钱，另一方面还可能影响专利司法保护的权威性。

分析专利类型可知，实用新型专利案件共计98件，占等同侵权案件总数的56.32%；发明专利案件共计74件，占等同侵权案件总数的42.53%；而外观设计专利仅有2件，只占总数的1.15%。

与发明专利相比，实用新型专利的创造性程度要求较低，一般是在现有技术的基础之上进行创新。也正因此，我国专利类型中增长速度最快、基数最大的就是实用新型专利。实用新型专利其特征决定其本身具有更大的等同侵权风险。为抢占市场份额或获得其他不法利益，被控侵权人往往会通过词意替换对技术特征加以非实质性的变更或采取与专利要求书中不同的方法制造与专利产品具有基本相同功能和基本相同效果的产品。

而发明专利的创新程度最高，发明的过程是一个从无到有的过程，能在很大程度上绕开其他现有技术而进行创造发明，涉及等同侵权案件数量相对较少。另外，对发明专利的技术特征进行等同替换的难度和成本也要高于实用新型，这也在一定程度上减少了发明专利等同侵权案件的数量。

涉及外观设计专利的等同侵权案例仅占整体比例的1.15%，这是由外观设计专利的保护内容所决定的。发明和实用新型保护的是抽象的技术方案，要依据专利权利要求书记载的必要技术特征和由必要技术特征组成的技术方案与侵权产品的技术特征进行对比分析。运用等同原则时，不仅要满足技术特征等同的前提，还需要检验两者的功能、作用、目的、效果等。而外观设计的侵权判定则只需对比侵权产品与专利产品的外观设计是否构成相同或近似即可，基本无须通过等同原则加以判定。

三、等同侵权判定依据

对于等同侵权的认定是一个复杂的系统工程，目前大致的思路是对技术方案进行技术特征的划分，再对专利中的技术特征与侵权产品的技术特征进行比对，然后适用全面覆盖原则，判定是否构成等同侵权。因此比对的依据成了等同侵权判定的关键。笔者拟从司法实践中对于手段、功能、效果、无须经过创造性劳动的适用，以及判定模式和判定顺序进行归纳和总结，以探求司法实践中法官对于等同侵权判定依据的观点和倾向。

1. 对"基本相同手段"的适用

基本相同的手段，一般是指在被诉侵权行为发生日前专利所属技术领域惯常替换的技术特征以及工作原理基本相同的技术特征。申请日后出现的、工作原理与专利技术特征不同的技术特征，属于被诉侵权行为发生日所属技术领域普通技术人员容易想到的替换特征，可以认定为基本相同的手段。在等同侵权的认定中，对手段的分析是案件审理的重要一环，在司法实践当中有着较为广泛的应用。据统计，适用了相同手段分析方法的案例有78个，占到样本案例的44.80%。

判决文书中对于基本相同手段的探讨，具有其显著特征。首先，其具有相当的专业性，通常包含大量的专业术语。在吴某某与瑞安市一正包装机械有限公司侵害发明专利权纠纷一案中❶就涉及传送辊、压纸辊、钩槽机等专业术语。其次，注重手段实现的过程性。技术方案中的手段，往往包括了一系列复杂的步骤，通过对技术手段的阐述，再现了技术手段实现的过程。因此，在法院说理的过程中，往往需要将相关的

---

❶ （2014）浙温知民初字第273号，法院认为，"涉案专利权利要求限定的送纸平台由一条与送纸平台等宽的平带绕接在两传送辊上形成，两传送辊中与压纸辊相邻的为主传送辊，该主传送辊通过链条与压纸辊连接。说明书记载，该技术方案所产生的技术效果是送纸平台具有完整的工作台面，当主传送辊与相邻的压纸辊之间的链条连接卸掉，无论钩槽机是否工作，送纸平台都是固定的，可用于极少数大规格的纸板的开槽，当把链条连接上，送纸平台就是活动的，可用于自动送纸，易于选择。而被诉侵权技术方案采用了两段式送纸装置，第一段由一条与平台等宽的平带与两传送辊绕接而成，第二段由链条与两传送辊绕接而成。该送纸平台不构成完整的工作台面，与涉案专利权利要求限定的完整送纸平台相比，二者不属于基本相同的手段，故不属于等同的技术特征"。

技术情景予以再现，增强说理效果。例如在蒋某某与连云港市一明医疗科技有限公司侵犯专利权纠纷上诉案中，法院就对产品的工作工程予以全程再现。❶

2. 对"基本相同功能"的适用

基本相同的功能，是指被诉侵权技术方案中的替换手段所起的作用与权利要求对应技术特征在专利技术方案中所起的作用基本上是相同的。据统计，样本中适用了基本相同的功能分析方法的案例有67个，占到样本案例总量的38.5%。

对于基本相同功能的认定，在适用的过程中也有其特殊性。首先，其具有一定的概括性。对于功能的描述和认定不像对手段的阐述，会基于大量的专业术语展开论事，更加注重过程，用相对少的文字达到说理的目的。在陈某某诉浙江乐雪儿家居用品有限公司等侵害发明专利权纠纷案中，法院就对涉案专利的技术特征进行高度概括。❷ 其次，对功能的基本相同判定很少单独适用，通常与手段、效果结合在一起说理。仍以蒋某某与连云港市一明医疗科技有限公司侵犯专利权纠纷上诉案为例，❸ 在说理的过程中，法院多次提到了"两者所使用的技术手段相同，功能和效果也基本相同，构成等同特征"。

---

❶ （2008）高民终字第87号，法院认为，"本专利说明书称，没有独立下沉式燃烧仓的产品会使得热量传导至仪器上，导致仪器受热变形，同时灸柱燃烧产生大量烟雾，在腔体内聚集难以及时排出，而本专利改进的关键点就在于下沉式燃烧仓，其解决了上述问题。而被控侵权产品灸柱是在金属内壳内燃烧，不能解决烟雾在腔体内聚集难以及时排出的技术问题。因此本专利所采用的下沉式燃烧仓的技术特征与被控侵权产品灸柱在金属内壳体内燃烧所采用的技术手段不同"。

❷ （2013）民提第225号，法院认为，"技术特征（B）的功能在于确定不同的管径大小以及实现管径大小的转换，被诉侵权产品的技术特征（b）的功能与此相同"。

❸ （2008）高民终字第87号，在对区别特征B和区别特征C是否等同进行说理的时候，法院阐述到："对于区别B，本院认为，本专利在燃烧仓靠近底部的壁上开设有进风孔，其功能在于进风，其效果在于有利于空气向上运动，促进灸柱燃烧。被告产品并非如被告所述没有进风孔，相反在相应的位置同样存在均匀密布的小孔，通过端盖上的通风口进来的空气必然通过这些小孔进入燃烧仓，从而促进灸柱燃烧。两者所使用的技术手段相同，功能和效果也基本相同，构成等同特征"，以及"对于区别C，本院认为，本专利所设的灸柱支架的位置在于在进风孔和热辐射口之间，其目的就在于能较好地实现燃烧和热辐射，被告产品的灸柱支架虽然直接固定在燃烧仓底部，但其支架是倒锥形弹簧圈，放置灸柱时，灸柱离燃烧仓底部有一定距离，其燃烧点就在燃烧仓的底部和顶部之间，因此也实现与本专利基本相同的功能，达到基本相同的效果，构成等同特征。"

3. 对 "基本相同效果" 的适用

基本相同的效果，一般是指被诉侵权技术方案中的替换手段所达到的效果与权利要求对应技术特征的技术效果无实质性差异。但是被诉侵权技术方案中的替换手段相对于权利要求对应技术特征在技术效果上不属于明显提高或者降低的，应当认为属于无实质性差异。也就是说，如果某种差异未能实现改良，甚至是导致了 "改劣" 的结果的，将难以基于 "基本相同效果" 而被认定为等同特征。据统计，适用了相同功能分析方法的案例有84个，占到样本案例的48.3%。

基于对样本案例的分析，笔者发现 "基本相同效果" 的论述也有其自身的特点。其一，具有一定的模糊性。在北京中生金某某诊断技术有限公司诉安徽拓特生物工程有限公司侵害发明专利权纠纷案中，法院并没有对关键的效果——"变色" 做进一步阐述，留下了一定的模糊空间。❶ 另外，森藤株式会社诉深圳市大石久恒实业有限公司等侵害发明专利权纠纷案中，❷ 上海市第一中级人民法院也没有对关键效果 "止定" 做进一步阐述。综合以上两例，可见对于基本相同效果的说理明确程度要低于手段和功能。其二，"基本相同效果" 分析方法同样也很少单独适用，通常与手段、功能结合在一起说理。这在中山市汇隆电器有限公司与阿尔弗雷德·凯驰两合公司侵害发明专利权纠纷上诉案中也有所体现。❸

---

❶ （2015）浙绍知初字第5号，浙江省绍兴市人民法院认为，"与涉案专利相比，均实现与显色剂作用后变色的功能，也都达到了变色的效果"。

❷ （2014）沪一中民（五）知初字第189号，上海市第一中级人民法院认为，"从技术效果角度而言，二者均起到良好的止定作用，效果相同"。

❸ （2014）粤高法民三终字第339号，广东省高级人民法院指出，"本案专利的分离装置是一块拱形弯曲挡壁，其功能是通过碰撞改变从抽吸嘴抽进来的液体空气混合物的速度和流向，实现将液体空气混合物中的液体与空气进行分离。被诉侵权产品的 '进风管' 前端封闭，从抽吸嘴抽进来的液体空气混合物与 '进风管' 前端端壁碰撞后同样会改变速度和流向，协同螺丝连接体外壁起到将液体空气混合物中的液体与空气进行分离的作用。汇隆公司虽称被诉侵权产品没有分离装置，但亦确认被诉侵权产品的 '进风管' 具有一定的分离作用。故被诉侵权产品是以基本相同的方式，实现基本相同的功能，达到基本相同的效果"。

4. 对"无需经过创造性劳动"的适用

无需经过创造性劳动就能够想到，即对所属技术领域的普通技术人员而言，被诉侵权技术方案中替换手段与权利要求对应技术特征相互替换是显而易见的。据统计，适用了"创造性劳动"分析方法的案例有54个，占样本案例总量的31%。

对"无需经过创造性劳动"的适用也有其特点。其一，存在单独适用的情形。有的法院在裁判的过程当中，如果已经认定技术特征是无需经过创造性劳动就能够想到的，就不再对手段、功能、效果进行阐释。以安徽拓特生物工程有限公司与北京中生金域诊断技术有限公司侵害发明专利权纠纷上诉案为例，❶浙江省高级人民法院认为通过论证"该技术特征是无需经过创造性劳动就能够想到的"，直接得出构成等同的结论。其二，具有一定的主观性和不确定性。在对"无需经过创造性劳动就能够想到"的理解和适用上，在没有专家或者鉴定机构介入的情况下，裁判者通过假想一个本技术领域的普通技术人员，从其角度进行出发，考虑是否需要创造性劳动，这样的认定方式具有很强的主观性。正是由于这种主观性，导致了适用的不确定性，在一定程度上外化为，对于是否需要"创造性劳动"的认识和把握的不准确已经成为诸多专利侵权案件的改判原因之一。一个典型的案例是高某某与临海市静思夜眼镜厂等侵害发明专利权纠纷上诉案，对于是否需要眼镜领域，特别是可折叠眼镜领域的普通技术人员经过一定程度的创造性劳动的认定，一审法

---

❶ （2015）浙知终字第205号，浙江省高级人民法院认为，"根据业内通识，甘氨酰精氨酸β萘胺与甘氨酰精氨酸-4甲氧基-β萘胺虽系两种不同的物质，但此类添加甲氧基等原子基团的做法较为常见"，以及"涉案专利在应用于上述检测时同样是凝固酶与甘氨酰精氨酸β萘胺作用，裂解而成的β萘胺参与显色反应，以最终呈现的颜色判定检测结果。被诉侵权产品与涉案专利系通过相同的反应机理实现相同的检测功能，检测效果亦无明显差异，两种物质的替换为该领域普通技术人员无需创造性劳动即可联想到，拓特公司也未能证明4-甲氧基对显色反应及检测效果具有明显的区分作用，故应认定甘氨酰精氨酸β萘胺与甘氨酰精氨酸-4甲氧基-β萘胺构成等同"，可见在本案中，法院在并未论证手段、功能、效果基本相同的情况下，通过论证"两种物质的替换为该领域普通技术人员无需创造性劳动即可联想到"。

院与二审法院的观点就存在分歧。❶

5. 等同侵权的判定模式

在判定等同侵权的过程中，因选择的判断依据的个数不同，会有不同的判断模式。通过排列组合，理论上会存在以下16种判断模式。笔者通过对174个案例进行分析，得到相关的判断模式以及所占的比例。具体见表4所示：

表4　等同侵权的判定模式

判断模式	案例数目	所占比例
没有用到手段、功能、效果或创造性劳动	49	28.16%
手段	9	5.17%
功能	5	2.87%
效果	6	3.45%
是否需要创造性劳动	13	7.47%
手段+功能	6	3.45%
手段+效果	7	4.02%
手段+创造性劳动	4	2.30%
功能+效果	5	2.87%
功能+创造性劳动	0	0
效果+创造性劳动	5	2.87%
手段+功能+效果	23	13.2%
手段+功能+创造性劳动	3	1.72%

---

❶　（2016）浙民终348号，本案原审法院的观点是，"被诉侵权技术方案相对于涉案专利技术方案而言，无需在连接机构主体上加工出带螺纹的孔，也不需要使用螺钉，而是通过反向打孔并利用缩颈自身的限位作用实现了转动连接的效果，其在孔加工、零部件制作、组装时相对更为方便，是一种更优的技术方案。原审法院认为，本领域普通技术人员必然需要经过一定程度的创造性劳动方能联想到这一技术方案。因而，前述争议特征不属于等同特征，即被诉侵权技术方案缺少与涉案专利部分技术特征相同或等同的技术特征，未落入涉案专利权保护范围"，判决驳回高某某的诉讼请求。高某某不服，向浙江省高级人民法院提出上诉。浙江省高级人民法院认为，"眼镜领域特别是可折叠成盒子的眼镜领域的技术发展已经过十余年之久，本领域的技术人员在被诉侵权行为发生时应当无需经过创造性劳动即可联想到被诉侵权技术手段的替换"，从而改判静思夜厂立即停止许诺销售和销售，赔偿经济损失3万元。

续表

判断模式	案例数目	所占比例
手段+效果+创造性劳动	7	4.02%
功能+效果+创造性劳动	2	1.15%
手段+功能+效果+创造性劳动	30	17.2%

6. 等同侵权判定顺序

既然存在着多种判定模式，当判定依据数量大于等于2的时候，就涉及判断顺序的问题。通过对样本案例进行分析，笔者发现法院一般会按照手段、功能、效果以及是否需要创造性劳动的顺序依次进行判断。据统计，严格按照该顺序论述的案例共有77个，占样本案例的44.3%。

笔者对等同侵权不同判断模式的说理顺序予以统计。其中有24个案例采取"手段→功能→效果→创造性劳动"的说理顺序，占总数的13.8%；有17个案例采取"手段→功能→效果"的说理顺序，占总数的9.77%；有6个案例采取"手段→效果"的说理顺序，占总数的3.45%；有5个案例采取"手段→功能"的说理顺序，占总数的2.87%；采取"功能→效果""创造性劳动→效果""效果→手段→功能→创造性劳动"说理顺序的各有4个案例，各占总数的2.30%；有3个案例采取"手段→创造性劳动"的说理顺序，占总数的1.72%；采取"功能→手段→效果""功能→效果→手段""手段→功能→创造性劳动""手段→效果→创造性劳动""创造性劳动→手段→效果""创造性劳动→效果→手段""功能→效果→创造性劳动"说理顺序的各有2个案例，各占总数的1.15%；采取"功能→手段""效果→手段""创造性劳动→手段""效果→功能""效果→创造性劳动""手段→效果→功能""效果→手段→功能""创造性劳动→功能→手段""手段→创造性劳动→效果""手段→创造性劳动→功能→效果""功能→手段→效果→创造性劳动"说理顺序的均仅有1个案例，各占总数的0.57%；除此之外，就目前的研究样本而言，并不存在其他的说理顺序。

四、案件结果统计

法院最终裁判的救济方式的分析，构成等同侵权的案例数量占整体比例的36.78%，而法院同时判决被控侵权人停止侵权并赔偿经济损失的案件占31.69%。根据《侵权责任法》第2～3条和第15条的规定，侵害民事权益的，包括专利权，应当承担侵权责任，方式包括停止侵害、赔偿损失等。在专利等同侵权领域，法院一般采用的救济方式就包括停止侵害、赔偿损失，且构成等同侵权的案件87.50%都同时得到这两种救济方式。

其中，法院就2.87%的案例仅判定赔偿经济损失，没有要求被控侵权人停止侵权行为。❶ 保护专利权的根本目标是确保专利权人因发明创造得到足够的经济回报。当被侵权人因本案被诉侵权产品而产生的经济损失得到充分补偿时，涉案专利权受侵害的状态已经得到恢复，其要求保护涉案专利权的目的就已经实现。因此，法院有时会从利益平衡的角度考虑，不支持停止使用被诉侵权产品的诉讼请求。

另有2.30%的案例最终被法院判定为等同侵权，并要求被控侵权人停止侵权，却未要求赔偿经济损失。❷ 此类案例主要涉及《专利法》第70条的情形，即为生产经营目的使用、许诺销售或者销售不知道是未经专利权人许可而制造并售出的专利侵权产品，能证明该产品合法来源的，不承担赔偿责任。

通过对赔偿数额的计算方式进行分析，以判决赔偿经济损失的60个案例为基数，❸ 其中93.33%的案件采取酌定赔偿的方式，3.33%的案件

---

❶ （2014）吉民三知终字第19号，吉林省高级人民法院认为，孙某某享有该案争议的实用新型专利权，黄某某销售的排气阀的技术特征落入孙某某所享有的实用新型专利权权利要求书的保护内容范围，且两种技术方案之间构成等同的技术特征，本案争议产品已经侵害了孙某某所享有的实用新型专利权，侵权责任应由黄某某承担。但法院最终仅裁判由黄某某赔偿孙某某经济损失人民币1万元整，而未要求其承担停止侵权的责任。

❷ （2013）一中民初字第6558号，北京市第一中级人民法院认为，法院认定被控侵权产品技术方案包含与权利要求2及其所引用权利要求1记载的全部技术特征相同或者等同的技术特征，该被控侵权产品完全落入了涉案专利的保护范围，侵犯了原告的专利权。但法院驳回了原告要求被告赔偿其50万元经济损失的诉讼请求，仅支持了其停止侵权的要求。

❸ 其中，55个案例同时判决停止侵权和赔偿经济损失，5个案例仅判决赔偿经济损失。

选择实际损失计算方式，采取侵权获利和专利许可使用费倍数的案件分别各占1.67%。《专利法》第65条规定："侵犯专利权的赔偿数额按照权利人因被侵权所受到的实际损失确定；实际损失难以确定的，可以按照侵权人因侵权所获得的利益确定。权利人的损失或者侵权人获得的利益难以确定的，参照该专利许可使用费的倍数合理确定。赔偿数额还应当包括权利人为制止侵权行为所支付的合理开支。权利人的损失、侵权人获得的利益和专利许可使用费均难以确定的，人民法院可以根据专利权的类型、侵权行为的性质和情节等因素，确定给予一万元以上一百万元以下的赔偿。"

关于实际损失的认定，最高人民法院于2001年6月公布的《关于审理专利纠纷案件适用法律问题的若干规定》第20条第2款作出相关规定，❶ 实践中也有相关案例。❷ 但实际损失的确定在实践中很难得到证明，需要结合会计报表、审计报告等诸多材料，因此法院很少采纳这一计算方式。第20条第3款就侵权获利的认定作出规定，❸ 同时也有案例支撑。❹ 实践中，由于难以确定实际损失、侵权获利和专利许可使用费，法院往往会根据涉案专利权的类别、侵权性质和情节等因素，酌定确定赔偿数额。❺

---

❶ 《关于审理专利纠纷案件适用法律问题的若干规定》第20条第2款规定："权利人因被侵权所受到的损失可以根据专利权人的专利产品因侵权所造成销售量减少的总数乘以每件专利产品的合理利润所得之积计算。权利人销售量减少的总数难以确定的，侵权产品在市场上销售的总数乘以每件专利产品的合理利润所得之积可以视为权利人因被侵权所受到的损失。"

❷ (2001)民三提字第1号，最高人民法院采信了审计报告有关音片的单位利润的审计结论，计算得出被侵权人的实际损失，考虑到其仅主张赔偿100万元，且其生产的音片利润中含有其他知识产权所创造的价值等因素，最终判决赔偿经济损失100万元。

❸ 《关于审理专利纠纷案件适用法律问题的若干规定》第20条第3款规定："侵权人因侵权所获得的利益可以根据该侵权产品在市场上销售的总数乘以每件侵权产品的合理利润所得之积计算。侵权人因侵权所获得的利益一般按照侵权人的营业利润计算，对于完全以侵权为业的侵权人，可以按照销售利润计算。"

❹ (2014)高民终字第723号，北京市高级人民法院认为，考虑到千山公司仅主张一台产品的赔偿，法院采取了侵权获利的计算方式，依据被诉侵权产品的售价350万元及涉案专利产品的利润率进行计算，认定赔偿经济损失200万元。

❺ (2011)民提字第306号，最高人民法院考虑到千山公司仅主张一台产品的赔偿，法院采取了侵权获利的计算方式，依据被诉侵权产品的售价350万元及涉案专利产品的利润率进行计算，认定赔偿经济损失200万元。

通过对赔偿数额进行分析可知,专利等同侵权案件中赔偿数额整体呈现中段多两头少的态势,48.3%的案件赔偿数额低于20万元,在1万元以下的案件为1.67%,在100万元以上的案件为3.33%。2005～2016年平均赔偿数额为30.9万元,2009年赔偿数额达到峰值,经过短暂回落后又稳步上升,目前已超过总平均数额。专利侵权赔偿是权利人获得救济的重要手段,也是补偿专利权人损失的主要路径。与欧美国家动辄上亿美元的赔偿数额相比,我国接近一半的专利等同侵权案件赔偿数额较低。在有些案件中,赔偿数额甚至不足以弥补诉讼开支。鉴于绝大多数法院在计算赔偿总额时均采酌定赔偿,而法律规定数额应当在"一万元以上一百万元以下"。❶ 在本文筛选出的所有案例中,判赔超过100万元的案例有且仅有一个。❷ 因此,若没有特别充分的证据能够支持所请求的高额赔偿金的情况下,通过诉讼获得高额赔偿金的机会是很渺茫的。在这样的情况下,赢得专利等同侵权诉讼的意义就更体现在停止侵权上。同时也说明,在目前的形势下,为了充分保护专利权人的合法利益,有效遏制等同侵权行为,有必要提高专利侵权赔偿数额。

五、小　　结

综上,在实证分析过程中,笔者发现,我国现行专利等同侵权原则从其适用范围、顺序、考虑因素体现出司法实践与理论之间的反差,以及司法审判标准的不统一,这都反映了我国专利等同侵权原则使用中存在的诸多问题。笔者期待对此进行深入探究,扩大检索范围,以求获得更加科学的实证研究数据。

---

❶ 《专利法》第65条规定:"侵犯专利权的赔偿数额按照权利人因被侵权所受到的实际损失确定;实际损失难以确定的,可以按照侵权人因侵权所获得的利益确定。权利人的损失或者侵权人获得的利益难以确定的,参照该专利许可使用费的倍数合理确定。赔偿数额还应当包括权利人为制止侵权行为所支付的合理开支。权利人的损失、侵权人获得的利益和专利许可使用费均难以确定的,人民法院可以根据专利权的类型、侵权行为的性质和情节等因素,确定给予一万元以上一百万元以下的赔偿。"

❷ (2014)高民终字第723号,北京市高级人民法院认为,被侵权人用充足的证据证明了被诉侵权产品的售价及涉案专利产品的利润率,法院最终支持了被侵权人主张的侵权获利数额。

专利等同侵权原则的适用与重构文献综述

■ 金方斐　范　瑞

【摘要】等同侵权原则在当今司法实践中发挥着越来越大的作用，但我国还未专门通过立法规定其具体标准，仅在相关司法解释作了原则性的规定。司法实践的适用标准和结果的不稳定性，使当事人无法对等同侵权案件产生稳定统一的预期。我国学术界虽然对等同侵权原则做过深入的探讨，但少有学者以文献综述的方式对法规司法解释和学者观点予以汇总分析。有鉴于此，本文首先对专利等同侵权问题的研究意义、相关概念与样本来源进行铺垫说明，而后着重分析专利等同侵权原则的适用标准和限制条件等内容，最后关注了学者就建立完善的等同侵权判定体系提出的展望，以期为专利等同侵权原则的适用与重构提供较为完整的文献参考。

【关键词】等同侵权原则；判定标准；适用限制

一、专利等同侵权问题概述

（一）研究意义

等同侵权原则是当今世界各国在司法实践中用来判断专利侵权的一

个重要原则,在专利侵权案件中发挥着越来越大的作用。我国还未专门通过立法规定等同侵权原则,仅在相关司法解释作了原则性的规定,并没有对其适用标准和限制条件作出明确界定。这也进一步导致各级法院在司法实践中因对等同原则的把握不一致而出现适用的混乱。面对这些分歧和问题,有必要重新审视等同侵权原则。有鉴于此,本文将以专利等同侵权原则为切入点,着重分析专利等同侵权原则的的概念、内容、适用标准和限制条件等内容,以期为专利等同侵权原则的适用与重构提供较为完整的文献参考。

(二)专利等同侵权原则及其相关概念

等同侵权,是指被控侵权产品或被控侵权方法中有一个或一个以上的技术特征与专利独立权利要求保护的技术特征相比,字面上并不相同,但经过分析可以认定两者之间的差别是非实质性的,被控侵权产品或被控侵权方法可能被认定为是与该专利等同的。

李明德认为,等同侵权又称等同原则或依据等同理论的侵权,系相对于字面侵权而言。所谓等同侵权是指:被控侵权产品或方法中的一个或几个技术要素虽然与权利要求书中的技术要素不一样,但二者仅有非实质性的区别;或者说,在专利法看来,被控侵权产品或方法中的那一个或几个技术要素等同于权利要求书中的某一个或某几个技术要素。❶

原最高人民法院民事审判第三庭(知识产权审判庭)庭长、最高人民法院审判委员会委员蒋志培认为将被控侵权的技术构成与专利权利要求书记载的相应技术特征相比,如果所属技术领域的普通技术人员在研究了专利权人的专利说明书和权利要求后,不经过创造性的智力劳动就能够联想到的,诸如采用等同替换、部件移位、分解或合成等替换手段实现专利的发明目的和积极效果的,并且与专利技术相比,在目的、功能、效果上相同或基本相同,人民法院将适用等同侵权原则确认侵权。❷

---

❶ 李明德.美国专利法中的等同理论——希尔顿化学公司按述评 [J]. 外国法译评, 1999 (2):38.

❷ 蒋志培.专利商标新型疑难案件审判实务 [M].法律出版社, 2008:258.

胡淑珠则认为，等同原则可被归纳为在专利侵权诉讼中，被控侵权物（产品或方法）的全部技术特征字面上未覆盖专利方案的全部必要技术特征，但等同替换了专利权利要求中的部分或全部必要技术特征，使被控侵权物以实质上相同的方式，实现实质上相同的功能，发挥实质上相同的效果，并且这种替换对于同领域的普通技术人员来说是显而易见的，此时可以判定专利侵权成立。❶

纵观我国理论界和司法界对等同侵权原则所作的界定，虽然表达各有差异，但概括起来无外乎以下几个要点：第一，适用等同侵权原则的前提是专利相同侵权不成立；第二，被控侵权产品或方案等同替换的专利方案是部分或全部技术特征；第三，等同替换的标准是被控侵权人以实质上相同的方式，执行实质上相同的功能，发挥实质上相同的效果，并且这种方式、功能、效果的相同性对同领域的普通技术人员来说是显而易见的。

（三）样本来源

笔者以中国知网为数据库，利用主题含"专利"词频并含"等同原则"词频进行精确检索，检索结果为413篇文献，剔除无关文献，得到84篇有关文献，利用主题含"专利"词频并含"等同侵权"词频进行精确检索，检索结果为176篇文献，剔除无关文献，剩余56篇有关文献。

以北大法宝为数据库，以法规全文含"等同侵权"关键词为条件进行精确检索，得到12部相关司法解释和1篇部门规章，剔除无关规定，得到2篇司法解释和1篇部门规章。以法规全文含"等同侵权"关键词为条件进行精确检索，得到10部相关司法解释和2篇部门规章，剔除无关规定，得到1篇司法解释。利用"专利"和"等同"为关键词，检索得1部行政法规、39篇司法解释、64篇部门规章，剔除无关规定，得到2篇司法解释。具体规章列表见附录一。

同时笔者还充分利用了学校图书馆资源及网上资源，经过筛选，得

---

❶ 胡淑珠.判定专利侵权的等同原则在我国审判实践中的适用与限制［J］.法学，2006（8）:156.

到专著6部。❶

　　笔者通过对上述文献的综合梳理，针对专利等同侵权的适用标准和限制条件等问题，撰写此文献综述。

二、专利等同侵权原则的适用

（一）相关法规司法解释

　　最高人民法院于2001年6月颁布的《关于审理专利纠纷案件适用法律问题的若干规定》第17条就明确规定了等同侵权原则，2015年又在《关于审理侵犯专利权纠纷案件应用法律若干问题的解释》第7条第2款做出进一步规定。上述司法解释的规定确立了等同侵权原则的概念与适用依据，目前等同原则在司法实践中发挥了重要作用。

　　将附录一涉及的相关司法政策予以筛选整理，❷ 可以看出最高人民法院在每年的司法政策性文件中对等同侵权判断的态度演变，这也将有助于确定判定标准（见表1）。

表1　专利等同侵权政策意见演变

年份	政策意见	编号
2016	判断是否构成等同时，对于并非专利发明点的技术特征，不宜过分限制该技术特征的等同范围	1
2015	等同特征是指与所记载的技术特征以基本相同手段，实现基本相同的功能，达到基本相同的效果，并且本领域的普通技术人员无需经过创造性劳动就能够联想到的特征	3
2014	等同侵权要在区别情况的基础上适当从严把握适用条件	4
2013	适度从严把握等同侵权的适用条件	6

---

　　❶　闫文军.专利权的保护范围——权利要求解释和等同原则适用［M］.北京：法律出版社，2007；蒋志培.专利商标新型疑难案件审判实务［M］.北京：法律出版社，2008；冯晓青.知识产权前沿问题研究［M］.北京：法律出版社，2004；程永顺.专利侵权判定实务［M］.北京：法律出版社，2002；王明达.北京市高级人民法院《专利侵权判定指南》理解与适用［M］.北京：中国法制出版社，2014；曲三强.现代知识产权法［M］.北京：北京大学出版社，2009.

　　❷　此处编号对应附录一的政策编号。

续表

年份	政策意见	编号
2012	适度从严把握等同侵权的适用条件，避免不适当地扩张专利权保护范围，防止压缩创新空间和损害公共利益	7
2011	对于创新程度高、研发投入大、对经济增长具有突破和带动作用的首创发明，要给予更高的保护强度和更宽的等同保护范围；对于创新程度相对较低的改进发明，应适当限制其等同保护范围。防止因等同原则适用过宽而妨碍创新	8
2010	要准确把握司法解释有关等同侵权规则的适用精神，既要以等同原则克服字面侵权的局限，又要适度从严把握等同侵权的适用条件，防止等同原则适用过宽过滥，避免以认定等同侵权的方式不适当地扩张专利权保护范围，压缩创新空间和损害公共利益。要准确把握新司法解释有关全部技术特征、禁止反悔、捐献等新规则，不接受所谓的多余指定规则，充分尊重专利权利要求的公示和划界作用，确保权利范围的确定性，为社会公众提供明确的法律预期。要准确适用现有技术抗辩规则，在等同侵权和相同侵权中均可以适用该规则	9
2009	严格专利权利要求的解释，充分尊重权利要求的公示和划界作用，妥善处理相同侵权与等同侵权的关系，适度从严把握等同侵权的适用条件，合理确定等同侵权的适用范围，防止等同侵权的过度适用	10
2008	要正确理解司法解释关于等同侵权的规定，准确把握其适用条件，在依法保护专利权的同时，防止不适当地扩张专利权保护范围、压缩创新空间、损害创新能力和公共利益	12
2007	严格掌握专利侵权案件认定等同特征的条件	14

通过以上梳理，可以总结出最高人民法院关于等同侵权判定的态度演变。在2011年以前，一直强调严格认定等同侵权。在2011~2014年，司法政策有一定放宽，坚持"宽严适度"标准。2015年仅有《关于审理侵犯专利权纠纷案件应用法律若干问题的解释》对等同侵权的适用作出规定。2016年最高人民法院又将司法政策调整为不宜过分限制等同判定，但仍以从严认定为基本原则。❶

（二）相关学者意见

等同侵权原则最早进入学者视野的时间点，可以追溯到张乃根教授

---

❶ 张书青.专利侵权等同判定的原则与规则［J］.电子知识产权，2016（12）：70-71.

于1995年发表的《美国专利侵权的等同原则案例分析及其比较》。❶笔者通过阅读1995年以来的文献资料，发现对于等同侵权的适用，理论界和实务界都提出了各种观点，大大丰富了等同侵权原则的内容。主要的成果包括以下方面。

1. 等同侵权原则的制度有其存在的重要意义

陈柳叶等人认为，等同原则的规则设置意义在于，既能够保护专利权人的创造性劳动，又能够防止专利权保护范围的不当延展。在适用等同原则时，不仅要兼顾专利权人的正当权益，避免不当压缩专利权的保护范围，同时还要兼顾公众的利益，避免掌握过于宽松而限制公众的创造空间。❷赵然提出，等同原则是知识产权理论界和司法实践界普遍认可和应用的专利侵权判定中的重要原则，对全面覆盖原则进行了补充，对确定专利权保护的范围，平衡专利权人与公众的利益起到了重要的作用。等同原则的出现与适用，为判定专利侵权的成立提供了一套行之有效的方法。❸

2. 等同原则的适用应有其自身应当遵循的规则

焦彦指出，多余指定原则和变劣技术方案推出历史舞台，全面覆盖原则成为正统。同时，字面明确排除的内容不宜纳入等同，还要区别对待。❹广东省高级人民法院知识产权庭的邓燕辉法官认为，在专利侵权判断中，应适度从严把握等同侵权的适用条件，合理确定等同侵权的适用范围，防止等同侵权的过度适用❺。何晓平认为，在理论上和实践中，曾经出现了专利申请日、专利公开日、专利授权日、侵权行为日等不同标准。相对而言，侵权行为日标准不仅没有损害专利权利要求的告知功能，而且能够充分保护专利权人的利益，因而是一种较佳选择。❻王艺博对美国、德国以及日本的等同侵权判断标准进行了汇总和比较。"功

---

❶ 张乃根.美国专利侵权的等同原则案例分析及其比较 [J].比较法研究1995（2）：23.

❷ 陈柳叶，荣芳，朱艳华.从专利权纠纷案探析等同原则的适用性 [J].电视技术，2013（2）：37.

❸ 赵然.论专利侵权归责的等同原则 [J].山东审判，2011（7）：66-69.

❹ 焦彦.等同侵权判定中的若干重要问题 [J].中国专利与商标，2014（4）：38-45.

❺ 邓燕辉.论等同原则在专利侵权判断中的适用问题 [J].科技与法律，2010（5）：70-73.

❻ 何晓平.论专利等同侵权的判定时间 [J].法学杂志，2012（7）165-170.

能—方式—效果"准则仍然是美国等同侵权中最为重要制度，而德国主张要判断是否等同就是判断所属领域的技术人员在权利要求所述技术方案的基础上，结合说明书和附图的内容。日本对于等同原则的判断标准问题相对更加全面，其通过对美国和德国的两种判断标准进行融合，形成了所谓的"四要件"理论，不仅解决了美国过于公式化的"功能—方式—效果"准则对于一些问题的僵硬，也同时解决了德国过于主观化的缺陷。❶ 至于外观设计的等同判断，学界讨论并不多，其中刘友华等人认为，外观设计的申请人特别需要注意简要说明的撰写，其侵权判断应审查一般消费者对不同外观设计的整体视觉效果是否混同。❷

3. 等同侵权原则的适用也应当受到一定的限制

闫文军提出，尽管等同原则的适用将专利的保护范围扩大到权利要求的字面含义之外，但如果专利申请人对其保护的范围进行了明确的限制，将其他变换技术方案特意排除在权利要求的范围之外，则不能将变换技术认定为等同技术。❸ 岳利浩也认为，捐献原则是对专利侵权判断适用等同原则的必要限制。确立捐献原则的价值取向就是保护公众对专利公示的信赖利益。捐献原则是美国联邦巡回上诉法院最早确立的对适用等同原则的限制性措施。❹ 张广良提出，为了严格适用等同原则，防止专利权的不当扩大，等同侵权原则在我国的适用除了受到禁止反悔原则的限制外，还应受到可预见性原则、捐献规则的限制，在等同特征的认定上应从严把握，以切实防止专利权人滥用等同侵权原则，不当扩大专利权的保护范围。❺ 还有学者提出了"逆等同原则"的抗辩适用问题。何晓平指出，当被控侵权物再现了专利权利要求中记载的全部技术特征时，如果被控侵权物与专利技术相比，已经发生了根本变化，是以

---

❶ 王艺博.论专利侵权判定中等同原则的判断标准［J］.法制博览，2013（7）：289.

❷ 刘友华，陈骞.我国专利侵权判定原则及其适用研究［J］.湖南科技大学学报，2014（1）：52-59.

❸ 闫文军."特意排除"规则：限制等同原则适用的一种新规则［J］.知识产权，2013（1）：39-43.

❹ 岳利浩.捐献原则是对专利侵权判断适用等同原则的必要限制［J］.人民司法，2014（14）:85-87.

❺ 张广良.论我国专利等同侵权原则的适用及限制［J］.知识产权，2009（19）:28-33.

与专利技术实质不同的方式、实现了与专利技术相同或基本相同的功能或效果，则被控侵权行为人可凭借逆等同原则，否认相同侵权指控。❶柳青也认为，在侵权诉讼中，法官判定侵权需要借助专利申请、审查中的文献来判断等同侵权是否成立。为了兼顾社会公众和专利权人双方的利益，同时还要用另外一项衡平性原则即禁止翻悔原则来限制等同侵权的适用。只有准确把握限制的幅度，才能充分发挥两个原则的平衡作用，找到既保护权利人发明创造积极性又不干扰公众正常技术改进的平衡点。❷

(三)问题与展望

目前等同侵权制度依旧存在着不足之处，需要理论界和实务界的进一步讨论，建立一套完善的等同侵权判定体系。有不少学者在指出问题的同时，提出了自己的展望。

李旭东认为，我国专利法中并没有明确的等同原则规定，但以司法解释的方式将其确定为判定专利侵权的司法准则。等同原则在国外法律系统中规定较为成熟，应积极移植、借鉴先进经验。将等同原则适用于专利侵权案件的审判时，应注意判断主体、侵权时间标准等问题，要做好等同原则立法完善以及适用限制方面的工作。❸胡淑珠则认为，等同原则在我国审判实践中的适用基础存在诸多问题，应从统一分散的法院审判体制、制定专利侵权判定标准等方面予以完善。首先，不统一的理论体系和法律规范导致法官的过分自由裁量。其次，专利审判法官的素质与专利审判实践的需要不相称。最后，执法指导思想的偏差导致等同原则的滥用。❹张微提出，等同原则是专利审判适用最为频繁的原则，但由于法律并没有明确规定其适用标准、限制、程序等问题，使得我国的专利审判实践难以统一。应当明确等同原则的适用标准、灵活利用限

---

❶ 何晓平.论专利侵权判定中的逆等同原则 [J].知识产权, 2011(1)53-57.

❷ 柳青.判定专利等同侵权中禁止翻悔原则的限制作用 [J]. 山东省青年管理干部学院学报, 2008(1)：106-109.

❸ 李旭东.论我国专利等同侵权判定规则的完善法制与社会 [J]. 河南科技学院学报, 2014 (3)：28-33.

❹ 胡淑珠，判定专利侵权的等同原则在我国审判实践中的适用与限制 [J]. 法学2006 (8):153-160.

制适用等同原则的相关制度、掌握适用等同原则判定侵权的基本步骤，提出完善等同原则适用的相关对策，以期促进等同原则的发展，提高专利案件的审判效率。❶ 高莉更是直言，近年来不断有美国学者对等同原则的价值提出质疑，甚至有人提出等同原则已终结的论断。适用等同原则，对专利权人而言，是一种超出字面侵权认定而进行的扩大性保护；但对竞争者或者公众而言，由于权利范围的不确定，易导致不公平。❷

附　　录

专利等同侵权制度列表

制定机关	名称	发文字号	颁布日期	编号
最高人民法院	最高人民人民法院知识产权案件年度报告(2015年)		2016.4.25	1
	最高人民法院关于审理侵犯专利权纠纷案件应用法律若干问题的解释(二)	法释〔2016〕1号	2016.3.21	2
	最高人民法院关于审理专利纠纷案件适用法律问题的若干规定	法释〔2015〕4号	2015.1.29	3
	最高人民法院知识产权庭庭长在2014全国法院知识产权审判工作座谈会上的总结讲话		2014.7.4	4
	最高人民法院知识产权案件年度报告(2012)		2013.4.25	5
	最高人民法院副院长在第三次全国法院知识产权审判工作座谈会上的讲话		2013.3.21	6
	最高人民法院关于充分发挥审判职能作用为深化科技体制改革和加快国家创新体系建设提供司法保障的意见	法发〔2012〕15号	2012.7.19	7

---

❶　张微，完善专利侵权等同原则适用的思考［J］.法制与社会，2014.5（上）：63-64.
❷　高莉，专利等同原则的发展困境［J］.苏州大学学报，2013（5）：99-103.

制定机关	名称	发文字号	颁布日期	编号
最高人民法院	最高人民法院关于充分发挥知识产权审判职能作用推动社会主义文化大发展大繁荣和促进经济自主协调发展若干问题的意见	法发〔2011〕18号	2011.12.16	8
	最高人民法院知识产权审判庭孔祥俊庭长在全国法院知识产权审判工作座谈会上的总结讲话		2010.4.28	9
	最高人民法院关于贯彻实施国家知识产权战略若干问题的意见	法发〔2009〕16号	2010.2.25	10
	最高人民法院关于当前经济形势下知识产权审判服务大局若干问题的意见	法发〔2009〕23号	2009.4.21	11
	最高人民法院副院长在全国法院知识产权审判工作座谈会暨知识产权审判工作先进集体和先进个人表彰大会上的讲话		2008.11.28	12
	最高人民法院副院长在第二次全国法院知识产权审判工作会议上的讲话		2008.2.19	13
	最高人民法院关于全面加强知识产权审判工作为建设创新型国家提供司法保障的意见	法发〔2007〕1号	2007.1.11	14
国家知识产权局	国家知识产权局关于印发《关于严格专利保护若干意见》的通知	国知发管字〔2016〕93号	2016.11.29	15

外观设计侵权认定的功能性特征排除问题文献综述

吴雨阳　舒馨悦

【摘要】近年来，我国外观设计专利侵权纠纷逐渐增多，外观设计侵权认定的功能性特征排除也成为该领域的难点。针对功能性特征存在的必然性与排除的正当性、功能性特征的判断方法，笔者以专业文献与法院判例为依据，明确相关概念，将各学者提出的观点以探讨。本文认为，外观设计的功能性特征是必然存在的，其排除具有正当性，而其判断方法多运用于功能性抗辩中，学界主要运用唯一限定原则与整体视觉效果判断原则。

【关键词】外观设计；功能性特征；功能性抗辩

一、外观设计侵权认定的功能性特征排除问题研究意义

在专利法领域中，外观设计作为一项单独专利，随着现代人美感的提升和知识产权保护意识的增强而取得长足的发展。据中华人民共和国国家知识产权局公布的数据，截至2016年10月28日，我国外观设计专利权评价报告请求量累计突破2万件。❶ 外观设计专利数量增多的同时，外观设计领域的侵权纠纷也随之增加。其中，功能性特征在外观设计侵

---

❶ 数据来源于中华人民共和国国家知识产权局网站知识产权工作检索，载 http://www.sipo.gov.cn/zscqgz/2016/201611/t20161111_1300882.html，2017年5月6日最后访问。

权领域中也问题百出：功能性特征与产品本身难以分离的属性，功能性特征的排除是否具有正当性，在外观设计专利侵权认定中对于功能性特征的判断方法，对于同时具有功能性和装饰性的外观设计是否应当实施专利保护。无论国内实务界还是理论界，对上述问题仍无法达成一致观点，值得进一步研究。❶ 因此，本文将从外观设计侵权认定的功能性特征排除问题入手，结合经过收集、筛选出具有代表性的国内文献，针对上述问题进行观点的梳理。

二、功能性特征存在的必然性

依据我国专利法可知，外观设计本身的载体是产品。❷ 出于市场流通的需要，产品本身应当具备一定功能，因而可申请外观设计专利的产品本身必然具有功能性特征。但探讨外观设计领域的功能性特征存在必然性时，应当首先认识到其身为外观的一部分也具有一定装饰性，方可进而考虑。谢冠斌指出，外观设计基于产品这一载体，其本身功能性特征无法排除，大多数的外观设计或多或少都为产品的功能提供了服务，因而其功能性特征的存在具有必然性。❸ 崔峥、路传亮认为，外观设计的本质是对于工业产品的美感与功能之间的协调，外观设计本身包含的实用性即其技术功能因素与功能性特征，在外观设计产生的过程中是不可剥离的。其在上述文献中所提出的下述假设，对于探讨功能性特征的必然性具有启发和参考意义：以时光机为例的技术上难以实现的产品获得外观设计专利，以及以独轮汽车为例的无法实现其基本功能的产品获得外观设计专利，均能够从外观设计以及产品的本质来证明外观设计中不可或缺的实用性。❹ 杨凤云将产品的美区分为功能美与装饰美，并指出产品的美是其整体表现出的美感，离开产品的功能美而一味对于产品

---

❶ 关于分歧的具体内容，参见本文的三、第四章节。

❷ 参见《中华人民共和国专利法》第二条第四款。"外观设计，是指对产品的形状、图案或者其结合以及色彩与形状、图案的结合所作出的富有美感并适用于工业应用的新设计。"

❸ 谢冠斌.浅析外观设计专利中的功能性特征［C］.出版不详，2010.

❹ 崔峥，路传亮.试论工业品外观设计专利的实用性——兼谈对外观设计定义中"适于工业设计"的理解与思考［J］.中国发明与专利，2012(2)：94-98.

进行装饰、以期提升其装饰美的产品外观设计是不完整的。❶

以上3篇文献均基于产品的本质出发，考虑外观设计过程中功能存在的必然性，通过点明产品实用性的本质来论述功能性特征在外观设计中的不可或缺。笔者赞同上述学者的观点，认为外观设计中存在功能性特征是不可避免的。外观设计中的功能性特征是由于外观设计依托于产品为载体而决定的，是产品的根本属性。由于产品的基本要素将其实用性功能包含在内，而外观设计本身又将最终服务于产品，其外观设计的功能性特征亦然。正是因为功能性特征特殊的不可剥离性，其在外观设计侵权纠纷中所产生的问题更加需要关注。

三、外观设计侵权认定中是否应当排除功能性特征的问题

基于上述得出的功能性特征的存在具有必然性、其与外观设计间具有不可剥离关系的结论，在外观设计侵权认定中是否应当排除功能性特征的问题十分值得探讨。倘若外观设计侵权认定中应当排除功能性特征问题，则该排除是否具有正当性；如若功能性特征被排除于侵权认定之外，其是否会影响创作者的积极性，打击专利保护的热情；在这些问题上，相关学者意见不一，针对功能性特征的排除与否看法迥异：其一认为功能性特征的排除具有正当性，这些文献中的论述角度，或从外观设计的实质与客体出发，或从外观设计专利制度设立的目的出发；其二认为功能性特征不应当被排除（或被完全排除）在外观设计与保护之外。

（一）功能性特征排除具有正当性

功能性特征排除具有正当性，是学界乃至国内现存立法都占据一定地位的主流观点，甚至国际社会在认定外观设计侵权以及外观设计专利保护范围内，也多排除功能性特征的意见。

北京市高级人民法院2017年公布的《专利侵权判定指南》中，在外观设计部分，将由产品功能决定的设计特征排除在判断外观设计相同

---

❶ 杨凤云.谈外观设计中功能与装饰的关系［J］.知识产权，2012（12）：81-85.

或近似的过程之外。❶ 判断外观设计相同或近似是判断被诉外观设计专利是否构成侵权的首要认定过程，将功能性特征排除在判断外观设计相同或近似的过程之外，无异于将功能性特征从整个外观设计侵权认定中排除。在我国现有的司法实务中，功能性特征也成为被诉侵权的外观设计的抗辩事由，在如吴某某与北京希隆家具有限公司、陕西中联新纪元家居有限公司侵害外观设计专利权纠纷案❷ 与高仪股份公司与浙江健龙卫浴有限公司侵害外观设计专利权纠纷案❸ 中，关于功能性抗辩可见一斑。针对功能性特征排除具有正当性的观点，在笔者梳理整理的文献中，有10位学者的文献具有一定参考价值。

1. 从外观设计的实质与客体出发

杜微科等7位学者从外观设计的实质与客体出发，阐明外观设计侵权认定不应包含功能性特征。上述4位学者对于外观设计的定义，均基于专利法上对于外观设计的定义而展开，强调外观设计所具备的美学性。杨勇胜指出，产品的外观设计主要针对的是富有美感的装饰性内容，而功能性特征意在实现产品的功能，外观设计保护的客体是该外观设计的美学意义而并非其由技术功能决定的产品外观特征，因此在认定是否侵犯外观设计专利时，应当首先在外观设计中剔除功能性部分。❹ 王鹏等❺ 从外观设计的实质出发，将外观设计区分为功能性外观与装饰性外观，并说明外观设计专利的保护客体仅限于装饰性外观，认为外观设计所保护的客体是一种单纯地追求产品外表美感的装饰性美术设计。孟维晓与何晓炜❻ 通过分析外观设计专利的保护范围来确定外观设计侵权认定对于功能性的排除，认为外观设计保护的是对于产品美观性作出贡献

---

❶ 北京市高级人民法院公布的《专利侵权判定指南（2017）》第85条："在判断相同或相近似时，由产品功能决定的设计特征不予考虑。"

❷ （2016）最高法民申2401号。

❸ （2015）民提字第23号。

❹ 杨勇胜.工业品外观设计专利侵权认定［J］.太原理工大学学报（社会科学版），2004，22（1）：27-30.

❺ 王鹏，谢东慧，马越飞.功能性外观应排除在外观设计专利保护范围之外［J］.人民司法，2009（16）：98-100.

❻ 孟维晓，何晓炜.外观设计专利侵权判定标准评析［J］.法治与社会，2008（34）：102.

的外观，从而在外观设计专利所保护的客体上否定了外观设计侵权认定中的功能性特征。杜微科❶从外观设计定义中"富有美感"的四字要求出发，所关注的并非是产品的功能特性与可能带来的技术效果，而是美感，通过对"富有美感"的要求的分析来否定功能性特征在外观设计侵权认定中的适用。

2. 从外观设计专利制度设立的目的出发

杜微科等7位专家从外观设计专利制度设立的目的入手。杜微科在其文中❷表明，外观设计专利的根本目的在于保护产品的视觉效果的创新改进，是为了刺激产品外观的美感提升，而若在外观设计侵权认定时不排除功能性特征，易导致以外观专利保护为外衣的产品功能性垄断，与外观设计专利制度设立的目的相背。王鹏等人认为，外观设计与发明、实用新型分别属于艺术与技术两种领域，外观设计所保护的艺术领域的创新不应当与技术领域混淆，制度设立初衷即不包含技术范畴内的功能性特征，如若包含则易出现垄断与有损后继创新的后果。❸ 而周根才与高毅龙❹以及张廷栓❺也都同样持外观设计专利制度的目的在于保护工业产品的美观性的观点。

（二）功能性特征不应被排除或被完全排除

有少数学者认为，功能性特征不应当被排除，或者不应该被完全排除。在笔者收集整理的文献中，有5位学者主要持此类观点。

李秀娟❻通过探讨国内司法实践案例，表达了对排除功能性特征的担忧。其在文章中分析，依据专利法而得到的外观设计的保护范围基于图片为准的事实，可能与排除功能性特征产生冲突，在外观设计通常含

❶ 杜微科.对外观设计相近似判断的法律理解［J］.人民司法，2013（2）：4-9.

❷ 杜微科.对外观设计相近似判断的法律理解［J］.人民司法，2013（2）：4-9.

❸ 王鹏，谢东慧，马越飞.功能性外观应排除在外观设计专利保护范围之外［J］.人民司法，2009（16）：98-100.

❹ 周根才，高毅龙.外观设计专利侵权判定若干问题［J］.法律适用，2007（5）：56-59.

❺ 张廷栓.外观设计专利侵权判定中的若干问题探讨［J］.辽宁行政学院学报，2009，11（10）：21-23.

❻ 李秀娟.外观设计中的功能性特征分析——兼评最高人民法院"风轮"［J］.电子知识产权，2012（7）：57-63.

有功能性特征的前提下将设计中的功能性特征排除在外，可能导致公示的外观设计图片与其保护范围不符。当装饰性特征和功能不可分时，在确定外观设计侵权认定的过程中不应当将具有功能性的特征排除在外。赵鹏飞、肖霁轩、陈炜然❶ 则是关注到国防领域会为外观设计带来的特殊情况，即国防领域的外观设计不能公开、脱离功能性特征缺乏保护等情况，来阐明在特殊领域内外观设计专利的功能性特征不应被排除。

与此同时，尽管在上述文献中存在部分学者持功能性特征不应被排除的少数意见，但实际上不论是李秀娟还是赵鹏飞等，其本身并不否认外观设计所保护的客体是美感。易言之，其所认为的功能性特征不应被排除，实则意指功能性特征不应被完全排除。这与持功能性特征排除具有正当性观点的学者们所持的另一个观点有关，即同时具有功能性与装饰性的特征在外观设计侵权认定中不应被排除。李秀娟认为，具有局部功能特征的外观设计应当具有可专利性。❷ 这与张廷栓、周根才等学者所持的观点相似，即功能性特征的排除是仅由产品功能决定的特征的排除。❸ 申言之，关于功能性特征是否应当排除的问题之所以会出现观点异同，是由于功能性特征与产品的不可分性以及对于功能性特征的判定方法的多样性导致的。

综上所述，学者们对于外观设计专利的本质达成一定程度的共识，即认定外观设计专利的本质是美感，其所保护的客体也是外观设计的美学意义，故而功能性特征在外观设计侵权认定中的排除具有正当性。学者们也同时认为外观设计专利制度的初衷在于保护、刺激外观设计的美观创新，这也是将外观设计与发明、实用新型区分开的本质原因。笔者认为，在讨论功能性特征排除的正当性时，以外观设计专利权的客体、目的为立足点，将外观设计与发明和实用新型进行对比，能够更加清晰

---

❶ 赵鹏飞，肖霁轩，陈炜然.国防领域功能性外观设计专利保护必要性探索［J］.知识产权，2015（6）：68-72.

❷ 李秀娟.外观设计中的功能性特征分析——兼评最高人民法院"风轮"［J］.电子知识产权，2012（7）：57-63.

❸ 周根才，高毅龙.外观设计专利侵权判定若干问题［J］.法律适用，2007（5）：56-59. 张廷栓.外观设计专利侵权判定中的若干问题探讨［J］.辽宁行政学院学报，2009，11（10）：21-23.

明了地论证外观设计对于功能性特征的排除，这也是上述学者们运用最多的手法。

四、外观设计侵权认定的功能性特征判断方法

由于外观设计中的功能性特征与产品的不可分性，在外观设计侵权认定里的功能性特征判断也面临困难。然而，功能性特征的判断在外观设计侵权认定中是举足轻重的一环，事关相似或相同判定中对于功能性特征的排除。在笔者收集整理的文献中，关于功能性特征的判断方法主要分为三个标准：是否存在替代性外观设计，即唯一限定原则；从整体考量产品的目的；以及该特征是否具备效果客观性。在我国当下司法实务中，在我国当下司法实务中，这三个标准存在使用上的交叉。

（一）是否存在替代性外观设计（唯一限定原则）

所谓唯一限定原则，即指该特征所具备的外观是否为仅此一种才能实现该特征所具备的功能，若不存在替代性外观设计则该特征为功能性特征。周根才、高毅龙认为，功能性特征的判断即是指为了实现产品技术功能而采用的唯一外观设计。❶ 杜微科在探讨功能性特征的认定标准时提出外观的可选择性的概念，无疑是唯一限定原则的一种易言。❷ 王鹏、谢东慧、马越飞也提出了与杜微科相同的概念，认为产品的功能性设计不具有可选择性，对于功能性特征的改变无疑会导致其原本功能的缺失，使得外观设计丧失其本身有利作用。❸ 谢冠斌在其文中更直接点明唯一限定原则，从其鼓励创新、解决现存实际问题、原则适用性强、与判断客体的可专利性的方法保持一致等方面，说明该原则是当下解决外观设计侵权认定中功能性特征判定的最好方法。陈淑惠、吴大章❹ 从

---

❶ 周根才，高毅龙.外观设计专利侵权判定若干问题 [J].法律适用，2007（5）：56-59.张廷栓.外观设计专利侵权判定中的若干问题探讨 [J].辽宁行政学院学报，2009，11（10）：21-23.

❷ 杜微科.对外观设计相近似判断的法律理解 [J].人民司法，2013（2）：4-9.

❸ 王鹏，谢东慧，马越飞.功能性外观应排除在外观设计专利保护范围之外 [J].人民司法，2009（16）：98-100.

❹ 陈淑惠，吴大章.从侵权案例分析美国外观设计专利的功能性设计判断 [J].装饰，2016（2）：68-69.

美国案例入手，分析功能性特征对于实现产品特定功能的不可或缺性，借由他国司法实例证明唯一限定原则的正当性。

（二）从整体考量产品的目的（"有利作用"决定性）

从整体考量产品的目的，即指考量外观设计的初衷之下，该特征如此设计与创作是否本身就为达某种功能目的而存在。这是除唯一限定原则之外第二大主流观点。马维丽❶ 通过分析最高人民法院的判决与TRIPS协议有关规定的重合性，认定对于功能性特征的判断应当是出于技术或功能的考虑而做出的设计，强调了功能性特征设计的目的性。相比之下，陈淑惠、吴大章更强调考量产品目的的整体性。他们认为，在外观设计侵权认定的过程中不应当逐个分析某个部件，其某个功能性部件不代表其整体外观设计具有功能性特征，而应当从整体出发考量其美观程度与功能程度。❷ 王鹏等学者则通过引入"有利作用"的概念，强调功能性特征根本的设计目的，即功能性特征与产品的作用密不可分，对于产品的作用具有根本的"有利作用"决定性。

（三）是否具备效果客观性

王鹏等认为，功能性特征所导致的外观设计是为一定产品功能而服务的，该功能是一定技术因素才能达到的客观结果，而并非消费者或其他人用审美可以判断的主观因素。因而，功能性特征所能达到的效果，本身是不随人的意志而转移的，其所产生的技术效果是可以用具体指标与科学方法来衡量的。尽管在笔者收集到的文献里，王鹏等尽管是唯一提出该观点的学者，但实际上该观点的说服力不容置疑。笔者认为，该标准对于功能性特征的判断具备一定的参考价值。通过设计方案制定出来的、为达某功能的功能性特征所能带来的技术结果，完全是客观存在的。然而，笔者同时也认为，该观点尽管是在阐明功能性特征能达到的效果客观性，但由于效果本身是设计的目的，其所能达到的效果客观性本来也包含在其产品目的范围内，因此该观点的本质是对于从整体考量

---

❶ 马维丽.关于外观设计侵权案中"功能性特征"的判断［J］.中国知识产权报，2015，6（6）.
❷ 陈淑惠，吴大章.从侵权案例分析美国外观设计专利的功能性设计判断［J］.装饰，2016（2）：68-69.

产品目的观点的赞同与附议，只不过是基于该观点提出了一种新的判定办法。

综上所述，学界的三种关于功能性特征的判定方法均是基于功能性特征的性质而产生的。上述该三种方法都具有一定说服力，部分方法也存在一定问题，如唯一限定原则所保护的范围是否太过狭窄，忽略了存在其他可替代外观也能构成侵权的情况，又如效果客观性的判断和衡量是否在实践中会过于复杂等。对此笔者认为，关于判定功能性特征的最佳方法，即是将上诉三种方法进行结合，同时判断，才能最大程度减少外观设计侵权纠纷认定过程中的功能性特征判断错误的概率。

五、小　　结

综上，笔者认为在外观设计侵权认定的功能性特征排除问题方面，具有一定的研究价值。其所涉及的功能性特征排除与否的理由、功能性特征的判断方法，是目前国内司法实践所存在的难题。本文通过整理文献，对于上述问题得出初步结论。笔者相信在此综述的基础之上，能够以此为依托再观其他相关文献，以期真正能够化解功能性特征为外观设计侵权认定带来的难题。

外观设计侵权认定的功能性特征排除问题案例综述

■ 吴雨阳　舒馨悦

【摘要】针对外观设计侵权认定的功能性特征排除问题中的功能性特征认定问题，本文以法院判例为依据，结合各学者提出的观点与法院司法实务中的实践经验予以探讨。本文认为，司法实践主要运用的功能性特征认定方法为唯一限定原则与整体视觉效果判断原则。以替代性设计为判断依据的唯一限定原则是目前司法实践中运用的主流；而整体视觉效果判断原则是从司法实践中独立综合出的一种方法，依整体视觉效果而判断。

【关键词】外观设计；功能性特征；功能性抗辩；外观设计专利侵权

一、概　　况

结合关于外观设计侵权认定的功能性特征排除问题的文献综述中所提到的功能性特征的认定问题，笔者以中国裁判文书网与北大法宝数据库为信息依托，收集了10份相关的典型案例（见表1）。

表1　与外观设计侵权认定的功能性特征排除相关的典型判例

序号	当事人	审理法院	年份	功能性抗辩成立与否/判断方法
1	江苏正通保健品有限公司与丁某某	江苏省高级人民法院	2005	功能性抗辩不成立/唯一限定原则
2	浦某等与营口宝迪专用汽车制造有限公司	辽宁省高级人民法院	2007	功能性抗辩成立/唯一限定原则
3	深圳市联科通网络技术有限公司与深圳市普联技术有限公司	广东省高级人民法院	2009	功能性抗辩不成立/唯一限定原则
4	耀马车业（中国）有限公司与张胜某等	江苏省高级人民法院	2012	功能性抗辩不成立/唯一限定原则
5	温建某与温州市仁爱工艺礼品制造有限公司	浙江省温州市中级人民法院	2016	功能性抗辩不成立/唯一限定原则
6	浙江健龙卫浴有限公司与高仪股份公司	最高人民法院	2015	功能性抗辩不成立/唯一限定原则
7	严迪某与沈格某	浙江省宁波市中级人民法院	2015	功能性抗辩成立/整体视觉效果判断原则
8	卡布公司与安吉瑞丰海绵制品有限公司	浙江省高级人民法院	2016	功能性抗辩成立/整体视觉效果判断原则
9	徐善某与杭州佐唯家具有限公司	浙江省高级人民法院	2016	功能性抗辩不成立/整体视觉效果判断原则
10	深圳市亚冠电子有限公司与深圳市战音科技有限公司	最高人民法院	2014	功能性抗辩成立/整体视觉效果判断原则

　　由于在外观设计侵权认定中，功能性特征排除已得到诸多司法实践，故而不再赘述。而外观侵权认定中涉及功能性特征问题的案件，大多由被诉外观设计的持有者（即被告）基于原告诉请提出功能性抗辩。在司法实践中，功能性特征如何判断是涉及被诉侵权设计与专利设计是否相同或相似、被诉外观设计是否构成侵权这两个重大问题的关键所在，

同样也是判断被告功能性抗辩是否成立的根本因素。在笔者所收集到的案例中，关于外观设计中的功能性特征判断方法主要分为两类：一是文献综述中为诸多学者所支持的唯一限定原则判定方法，二是面向多种设计方案但不具备美学因素的判断方法。不论是第一种还是第二种方法，其所考察的重点内容都是基于外观设计的整体来进行考量其装饰性与功能性，这一点与文献综述中所提到的整体考量存在相似也存在部分相异。因此，下文将基于笔者所收集到的案例而展开，深刻探讨司法实践中所运用的功能性特征排除规则。

二、司法实践中的唯一限定原则

在笔者所收集到的司法案例中，有6个判例与唯一限定原则有关。唯一限定原则所关注的重点在于，本外观设计是否是为了实现某一功能而作出的唯一的、无可替代的、没有其他选择的外观设计，若是，则本设计特征可判定为功能性特征，若不是，则本设计特征由于存在其他为达功能目的的可替代性外观设计而并非功能性特征。唯一限定原则是司法实践中有确切运用的方法之一，在本文收集到的判例中有所体现。

(一)唯一限定原则的正向运用

在浦某等与营口宝迪专用汽车制造有限公司外观设计专利侵权纠纷上诉案❶中，被控侵权外观设计为神行牌粉粒物料运输车的外观设计，原告认定该运输车的外观设计侵犯了其专利号为ZL 200530014868.9的运输半挂车外观设计，而被告提出功能性抗辩，认为被控侵权产品的形状由其容器的承压特性而决定，是功能性特征，未侵犯原告的外观设计专利权。一审法院审理过程中，基于圆柱体物料箱设计原理、圆锥形圆柱体下部卸载物料的需要、竖直放置圆柱体达到最大容积需要、六圆柱体的最大容积需要、圆柱体加挂牵引车功能与荷载重量决定三组车轮这六点来进行分析，综合得出涉案设计是为了实现运输车的经济功能与技术功能而决定的，是为了实现运输车容积最大、卸料最净、抗压最强、

---

❶ (2007)沈民四知初字第75号；(2007)辽民四终字第161号。

成本最低的四个功能要求而设计的。在实现上述功能时，其产品本身的功用与产品具有的外观是不可分的，因而产品的外观是不可选择的，具有唯一性，不同于可与产品功能相脱离的产品装饰效果和美感要求。因此，一审法院认定，被控侵权产品所具备的外观设计是由功能性产生的，其所确定的形状与外观不在专利法保护范围之内，被告的功能性抗辩成立。原告不服上诉后，二审法院维持原判。在本案中，一审法院运用的规则即是唯一限定原则。在分析被诉侵权产品的功能性抗辩是否成立时，一审法院将该产品所欲实现的功能与外观设计之间是否存在替代相联系，在明确目的的情况下寻找其他可能实现该功能的替代性设计。一审法院经过比对与分析后发现，在达到同一目的的前提下，运输车没有替代性外观，从而得出被控侵权产品的外观是由其功能决定的。

（二）唯一限定原则的反向运用

在江苏正通保健品有限公司与丁某某等侵犯专利权纠纷上诉案❶中，一审判决的被告不服，于上诉中提出了被诉侵权产品的外观设计具有功能性特征的观点。法院对于其功能性抗辩的主张不予认定，认为该外观设计虽然具备一定的功能性，但同时也存在其他可替代的外观设计，并不具备唯一性。这是唯一限定原则的反向运用，即通过举出存在其他可替代性设计来否定该外观设计的功能性。在温建某诉温州市仁爱工艺礼品制造有限公司侵害外观设计专利权纠纷案❷中，也是运用了唯一限定原则的反向推导，举出被诉侵权产品牙刷杯吸盘存在可替代性设计的观点，推导出功能性特征认定不成立的结论。在高仪股份公司与浙江健龙卫浴有限公司侵害外观设计专利权纠纷再审案❸中，也通过推导其他可替代性设计的存在，来否定被诉侵权外观设计的功能性。

（三）唯一限定原则的举证责任

在深圳市联科通网络技术有限公司与深圳市普联技术有限公司侵犯

---

❶ （2005）苏民三终字第064号。

❷ （2016）浙03民初370号。

❸ （2015）民提字第23号。

外观设计专利权纠纷上诉案❶ 中，被告的功能性抗辩不成立。法院在对于功能性特征的判断的过程中同样适用了唯一限定原则，法院认为为了实现产品的功能所采用的唯一的外观设计不受外观设计保护。然而，在本案中，被告的功能性抗辩不成立，并非是法院在适用唯一限定原则的过程中发现了其他可替代性设计，而是被告所承担的功能性特征的举证责任未履行。在本案中，被告未能提交证据证明涉案外观设计所采用的设计是由功能"唯一"限定的，也未提交证据证明该外观设计完全是由功能来决定的，因此法院对其功能性抗辩不予认定。由此可见，功能性抗辩的举证责任与普遍的"谁主张、谁举证"原则相同，由于功能性抗辩一般为被告提出，则应当由被告承担证明该外观设计由功能唯一限定的举证责任。而在前述的运输车外观设计一案中，法院的分析也是就被告所提交的设计图证据而展开的，符合本案的举证责任规则。与本案情况类似，在耀马车业（中国）有限公司诉张胜祥等侵犯实用新型及外观设计专利权纠纷案❷ 中，被告也同样因为缺乏对于唯一限定原则的证据提交、未履行举证责任，而被法院不予认定功能性抗辩。

由此可见，所谓功能性特征的唯一限定原则的判断，无论正向或反向，都是司法实践中得到确切运用的一种判断方法，在具体的判例中也为各法院所认同。关于唯一限定原则的举证责任应当由被告承担，法院应当结合被告所提交的证据来对于被诉侵权外观设计是否由功能决定进行判断。在实践中，适用唯一限定原则的方法，主要是基于该产品可能所欲实现的功能而出发，寻找可能存在的可替代性外观设计。然而，笔者对于使用唯一限定原则时会否部分地受到主观影响存有疑问。在上述判例之中，法院对于外观设计的功能目的的判断大多基于被告的观点与证据出发，与被告的证据之间所产生的联系十分密切，因此，法院如果从外观设计的功能目的出发，是否会存在该外观设计本身就为实现功能而被设计的先入为主的观念？尽管文献综述中论述的外观设计中功能性特征存在的正当性可以多少为此做出解释，但其中如何保证法官不受该

---

❶ （2009）粤高法民三终字第116号。

❷ （2010）苏知民终字第0130号。

观念的先入为主的影响也是一个可能存在的问题。

三、司法实践中的整体视觉效果判断原则

在司法实践中，与唯一限定原则一同被适用的，还有另外一种方法。与唯一限定原则不同，这种方法所探寻的关键点，并非是是否存在能达到同一目的的可替代性外观，而是在就算存在能达到同一目的的其他多种外观设计的基础上，考量被诉侵权外观设计的某种特征是否存在美学因素，对整体视觉效果是否构成影响。如果对整体视觉效果产生影响，则该设计特征并非功能性特征；如果对整体视觉效果不产生影响，则该特征是功能性特征。这种判断原则在文献综述的各学者的观点中无迹可循。笔者暂且将该原则定名为"整体视觉效果判断原则"，以便下文论述的方便。

（一）与唯一限定原则的关系

实际上，整体视觉效果判断原则，与其称为功能性特征的判断方法，不如将之归结为对于功能性特征的妥协。唯一限定原则适用于有且仅有一种唯一外观设计方可实现特定功能的情况，而整体视觉效果判断原则针对的是有多种可替代性设计的情况。

在严迪某诉沈格某侵害外观设计专利权纠纷案❶中，法院就运用了整体视觉效果判断原则。该案原告与被告产生纠纷的外观设计为突跳式温控器的外观设计，原告认定被告侵权，而被告从现有设计与突跳式温控器接线端子系功能性特征两个方面进行抗辩。原告对于被告就突跳式温控器接线端子提出的功能性抗辩持异议，认为突跳式温控器接线端子具有设计美感。而审理法院认为，涉案突跳式温控器应用广泛，且就一般消费者，即采购突跳式温控器商家的角度而言，突跳式温控器接线端子会因与之配合的电热产品的需要而产生差异，易言之，其接线端子在外观上所产生的差异是为了满足与不同电热产品进行应用配合这一功能需要而产生的，对整体视觉效果不构成影响。纵然接线端子并非为实现

---

❶ （2014）浙甬知初字第109号。

该功能而作出的唯一设计，但其针对特定功能而作出设计的这一属性本身不受唯一性影响，因此，被诉突跳式温控器接线端子对应与电热产品配合的功能，对整体视觉效果不具显著影响，属功能性特征。

在卡布公司（CabeauInc）与安吉瑞丰海绵制品有限公司公司因侵害外观设计专利权纠纷上诉案❶ 中，原告主张涉案外观设计专利与被诉侵权产品为同类产品，两者之间的相同设计特征包括U形枕主体和中部凹陷的设计，以及枕头后侧底的平直拉链设计。被告对此提出功能性抗辩并提交证据。原审法院经过庭审对比发现，U形主体和中部凹陷的设计是为了贴合人体构造来满足在枕头的功能，即夹戴和倚靠；枕头后侧底的平直拉链主要是为了将枕芯塞入并封闭，且该拉链所处位置较为隐蔽，对于一般消费者而言所产生的视觉效果影响较小。因此，原审法院认定被告的功能性抗辩成立。原告对此不服提出上诉。而尽管原告提出相关证据，认为U形枕头存在极大设计空间，即原告从存在众多可替代性外观设计的角度出发来否定被诉侵权产品的外观设计功能性，但二审法院认为，被诉侵权产品的凹陷设计在整个产品外观设计中所占比例不大，其所具备的美学因素也并不强，因此被告的功能性抗辩依然成立。在上述两个判例中可以明显发现，整体视觉效果判断原则所针对的外观设计的对象，是存在一定可替代性外观设计的对象。这一点弥补了唯一限定原则在适用上要求"唯一限定"的过于严苛所带来的局面。

在杭州佐唯家具有限公司与徐善某、杭州绿邦家具有限公司侵害外观设计专利权纠纷案❷ 中，二审法院就推翻了原审关于被诉产品外观设计属于基于产品功能决定的外观设计这一判断。二审法院认为，外观设计的功能性特征设计是否存在，除了通过唯一限定原则加以认定之外，还可以看是否存在多种设计但该设计与美学因素无关。而本案中的外观设计专利的从整体考量，包含明显的设计要素，与美感和美学因素存在关联和诸多考量，对整体视觉效果存在一定影响，因此不属于功能性特征，不可被复制至被诉侵权产品上。在深圳市亚冠电子有限公司与深圳

---

❶ （2015）浙知终字第280号。

❷ （2016）浙民终77号。

市战音科技有限公司侵犯专利权纠纷审判监督案❶ 中，也采用了整体视觉效果判断原则，承认存在其他的可替代性设计，并对于其是否与美学因素有关进行考量，最终认定争议焦点的共鸣腔设计特征属于功能性特征，并驳回原判，认定不构成外观设计专利侵权。

从上述判例得知，整体视觉效果判断原则与唯一限定原则产生了冲突，但依然是对于功能性抗辩的一种补充。整体视觉效果判断原则妥协承认，一旦某特征是出于功能需求而设计的，即便存在多种可替代性设计，只要该特征不对整体视觉效果构成影响，亦可构成功能性抗辩。

值得注意的是，尽管上述判例均适用了整体视觉效果判断原则，但上述判例的审理法院的观点中均不排斥唯一限定原则。申言之，上述判例的审理法官大多认为，整体视觉效果判断原则与唯一限定原则共同组成外观设计侵权认定的功能性特征的判断方法。❷ 笔者认为这是由于整体视觉效果判断原则与唯一限定原则所针对的对象不同。唯一限定原则针对的对象，是某一功能唯一限定的外观设计，即除了这种外观设计以外没有任何外观设计可以达到相同目的。而整体视觉效果判断原则所针对的对象主要是本身就存在其他可替代性设计的外观设计。在所有外观设计中，这两个原则所关注的不同两点是互不冲突、且共同组成外观设计的大范畴的。整体视觉效果判断原则，是为了防止唯一限定原则的功能性特征范围的过分限制，也是对于外观设计申请人对有限替代设计分别申请外观专利来达到垄断的这一行为的预防。因此，上述判例的审理法院才会在适用整体视觉效果判断原则的同时，一并认可唯一限定原则的适用。

（二）整体视觉效果判断原则的举证责任

整体视觉效果判断原则的举证责任与唯一限定原则存在共同点，都适用"谁主张，谁举证"的传统原则。对于提出功能性抗辩的被告，负有举证义务。如在严迪某诉沈格挺侵害外观设计专利权纠纷案❸ 中，被

---

❶ （2014）民提字第34号。

❷ 参见（2016）浙民终77号，（2014）民提字第34号，（2014）浙甬知初字第109号。

❸ 参见北京市高级人民法院公布的《专利侵权判定指南（2017）》第85条："在判断相同或相近似时，由产品功能决定的设计特征不予考虑。"

告提供了经过公证的、载有被诉侵权产品中欲进行功能性抗辩的特征的图片信息，以及被控侵权产品及采用焊接方式连接电线的温控器产品的装配使用状态实物及照片，来进行与原告的比对；在杭州佐唯家具有限公司与徐善某、杭州绿邦家具有限公司侵害外观设计专利权纠纷案❶中，被告于二审中提交共三份外观设计专利文件与佛山市铭轩家具有限公司的产品样册，拟证明被诉侵权产品的"侧板高于副桌面"特征属于板式家具阻挡物品掉落的功能性。由此可见，整体视觉效果判断原则的功能性抗辩举证责任也由被告承担。

综上所述，整体视觉效果判断原则与唯一限定原则共同适用于功能性抗辩的司法实践，丰富了功能性抗辩的类型。然而笔者以为，这种判定方法实际上存在一些问题。由于该原则所判断的内容主要是存在可替代性外观的外观设计与美学因素之间的关系，而所谓的"存在美学因素"是否存在确切的衡量标准？所谓美感体验，很大程度上是个人对于外观的主观判断，在法院司法实践的过程中，以笔者收集到的上述判例为首，虽然的确运用了整体视觉效果判断原则，但其本身的判决书中也仅仅只是提到了具备美学因素，而对于何种外观设计才算是具备美学因素却缺乏一定统一的标准，增大了外观设计侵权认定的可能性，减少了侵权的可预见性，很难说明如此判断的客观程度。因此，基于视觉判断原则，如何寻找出一个统一的美学认定标准，诚然是一个难题。

四、总　　结

综上所述，笔者发现，实践中判断功能性特征的两个方法分别是唯一限定原则与整体视觉效果判断原则。唯一限定原则指，认定为实现某一特定功能而作出的唯一限定的设计特征属于功能性特征，不受保护。视觉判断效果原则指，在认定某种特征对应某种功能，但存在多种可替代设计时，从整体考量产品的视觉效果。唯一限定原则与整体视觉效果判断原则的针对范围形成很好的互补，增加了外观设计的可保护性，避

---

❶　（2015）民提字第23号。

免了以外观专利之名而行垄断之实。然而，唯一限定原则何以不受先入为主的功能观念的影响，整体视觉效果判断原则何以综合出一个明确的美学因素标准，依然是司法实践所面临的问题。

《商标法》第32条后半段"恶意抢注"认定案例综述

姚 艺 凌 茹 杨翼飞 庞雨晴

【摘要】本文以北大法宝和中国裁判文书网为数据库,通过检索与筛选获得相关样本案例,并进行初步数据统计及代表性案例汇总。在此基础上归纳总结出当前司法实践对"禁止抢注他人在先使用并有一定影响之未注册商标"条款的具体认定标准,以多个典型案例为前提、重点并以与同主题文献综述相对应的结构进行论述,提出与此相关的司法缺陷,以期获得后续研究所需的实践经验资料,并与文献资料相结合,对理论研究进行修正与补充。

【关键词】《商标法》第32条;恶意抢注;认定标准

一、样本来源及初步数据统计

笔者在文献综述的基础上,通过检索与筛选获得涉及《商标法》第32条后半段"恶意抢注"认定的案件作为样本来源,希望通过本文的实证研究,将其中的有效信息进行统计与归纳,对司法实践中各要素的认定标准及理由进行总结分析,从而得到后续研究所需的数据支撑。

（一）样本来源

笔者以北大法宝和中国裁判文书网为数据库，以相关法条（2001年《商标法》第31条及2013年《商标法》第32条）进行初步检索，得到219件；限定关键词"以不正当手段抢先注册"，限定裁判依据"《商标法》第31条"或"《商标法》第32条"后，得到125件，经过筛选剔除了涉及第32条前半段"申请商标注册不得损害他人现有的在先权利"的案件，最终获得50个案例样本。

（二）初步数据统计

在50个样本案例中，被认定为构成"恶意抢注"的有15个，占28%，不构成"恶意抢注"的有35个，占72%。

认定构成恶意抢注时需同时满足三要件：（1）未注册商标在先使用并有一定影响；（2）相同或近似商标使用在相同或类似商品上；（3）"恶意"要件，即采取了"不正当手段"。只要不能同时满足三要件就会被认定为不构成第32条后半段的恶意抢注。笔者又进一步统计了在认定不构成恶意抢注案件的判决理由中，各要件所占的比例，由此更为直观地了解司法审判实践中的通常认定标准。如图1所示。

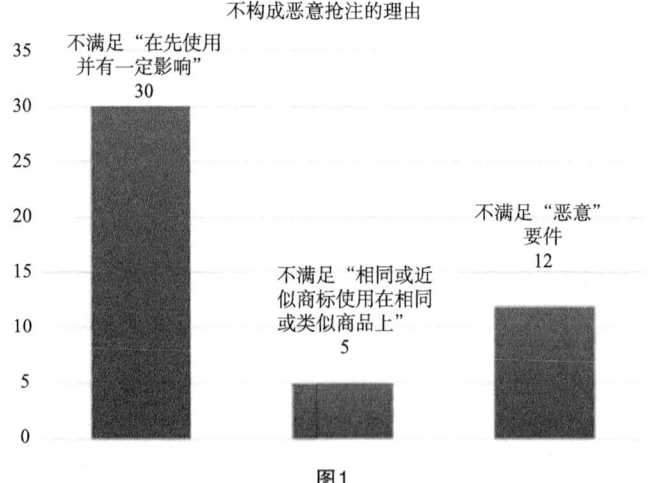

图1

二、代表性案例汇总

（一）认定构成"恶意抢注"的代表性案例

表1为法院认定构成第32条后半段"恶意抢注"的代表性案例及具体认定事实。

表1　构成第32条后半段"恶意抢注"的代表性案例及具体认证事实

序号	案号	"在先使用并有一定影响"的认定	商标是否相同或近似/商品或服务的类别是否相同或近似	"恶意"与否的判断
1."陆虎"案	（2011）高行终字第1151号	相关新闻报道或评论文章可以证明中文"陆虎"商标已与英文"LAND ROVER"指向同一产品，并进行商业化的使用。宝马公司明确以中文"陆虎"对其"LAND ROVER"越野车进行指代，属于对"陆虎"商标的主动使用行为	近似商标/同类商品	吉利公司作为专业的汽车生产企业，理应知晓中文"陆虎"与"LAND ROVER"的对应关系以及在行业内的知名度，仍然将中文"陆虎"申请注册在汽车等商品上的行为明显具有不正当性
2."devatec"案	高行（知）终字第362号	德瓦泰克有限公司的"devatec"产品在中国使用销售过；并在中国大陆地区具有一定知名度	商标基本相同/同类商品	仁杰公司的法定代表人薛某曾在德瓦泰克有限公司的关联公司并担任经理一职，有知悉涉案商标商标的可能性，仍将争议商标注册在同种商品上的行为不正当性是明显的

续表

序号	案号	"在先使用并有一定影响"的认定	商标是否相同或近似/商品或服务的类别是否相同或近似	"恶意"与否的判断
3. "GAP"案	（2012）行提字第10号	"GAP"系列商标虽不构成驰名商标，但具有一定的知名度	被异议商标与引证商标基本相同/被异议商标指定使用"太阳镜、眼镜框"等商品与引证商标主要指定使用的"服装"等商品构成类似商品	新恒利公司宣称自己来源于美国，并标榜自己与"GAP"服装相同的特点以及实际使用盖璞公司更有显著性的"GAP"商标等表明其应该是知晓引证商标的知名度，并具有攀附"GAP"品牌的主观意图
4. "19楼"案	高行终字第1165号	19floor.net通过在报纸及网络上的大量使用，在被异议商标申请日前已具备较高知名度，为相关公众所知晓	在部分服务的目的、内容、对象等方面构成相同或类似，两商标构成近似商标	19floor.net作为大型生活类网络论坛，在浙江地区具有较高的知名度，被异议商标申请人与十九楼公司同处一地，在申请被异议商标时理应知晓在先商标19floor.net已存在
5. "马哥孛罗"案	高行（知）终字第3244号	经过长期宣传和使用，马哥孛罗酒店公司的商号"马哥孛罗"在酒店服务上已具有一定知名度	相同商标/类似服务	双方当事人在中国大陆地区长期共存于市场，马哥孛罗面包公司理应知晓他人在酒店服务上已在先使用争议商标，仍在类似服务上申请注册
6. "QQ"案	（2013）一中知行初字第1518号；（2014）高行终字第1696号	"QQ"汽车销量和市场排名情况的证据结合奇瑞公司提交的宣传报道、销售票据等证据，能够证明在争议商标的申请日之前，奇瑞公司使用的"QQ"商标已经在汽车商品上具有一定的知名度，在相关公众中产生了一定影响	构成同一种或类似商品上的近似商标	汽车是常见商品，腾讯公司作为我国网络通信服务领域的著名企业，在汽车等商品上申请争议商标时，理应知晓奇瑞公司在此类商品上的"QQ"商标已经具有一定知名度的事实。因此，腾讯公司申请注册争议商标的行为具有不正当性

（二）认定不构成"恶意抢注"的代表性案例

表2为法院认定不构成第32条后半段"恶意抢注"的代表性案例及具体认定事实。

表2　不构成第32条后半段"恶意抢注"的代表性案例及具体认证事实

序号	案号	"在先使用并有一定影响"的认定	商标是否相同或近似/商品或服务的类别是否相同或近似	"恶意"与否的判断
1. "索爱"案	（2010）知行字第48号	索尼爱立信（中国）公司没有将"索爱"作为其商标使用的意图和行为	/	/
2. "伟哥"案	（2009）民申字第313号	相关媒体将"Viagra"称为"伟哥"不能反映辉瑞公司和辉瑞制药公司有将"伟哥"作为商标使用的真实意思	/	/
3."ChilliBeans"案	（2015）高行（知）终字第1683号	能够显示原告在先商标在中国大陆于被异议商标申请日之前的使用证据较少，不足以证明其商标于被异议商标申请日前在相关类别商品上具有一定影响	近似商标/非类似商品	/
4."环球雅思"案	（2016）京行终348号	诸多证据均未直接涉及环球天下公司实际使用"环球雅思"商标，虽有证据证明该商标的宣传使用，但时间早于被异议商标申请日的较少	不属于相同或类似商品或服务	/

续表

序号	案号	"在先使用并有一定影响"的认定	商标是否相同或近似/商品或服务的类别是否相同或近似	"恶意"与否的判断
5. "petmate"案	（2012）一中知行初字第1399号	原告提交的大部分证据材料不能证明其商标在中国大陆使用的情况；提交的相关宣传使用证据或未标注具体时间，或标注时间远远晚于被异议商标注册申请日，其他证据也不能证明原告的商标在被异议商标申请日前的使用情况	/	"petmate"含义为"宠物助手"等，显著性、独创性较弱，依据原告证据不能认定被告具有复制、摹仿之主观恶意
6. "佳禾定"案	（2012）高行终字第680号	上诉人（原审被告）对"佳禾定"的最早使用时间早于被上诉人（原审原告）；被上诉人不具有将"佳禾定"作为商标使用的主观意图和行为，客观上相关公众也不认为"佳禾定"是被上诉人的商标，因此"佳禾定"不是被上诉人的未注册商标	/	上诉人自2002年5月2日起至今一直将"佳禾定"作为商标使用，因此其注册争议商标目的正当
7. "仙宫养生泉"案	（2015）高行（知）终字第3465号	能够认定在先未注册商标在先使用并有一定影响，但在先未注册商标在本案判决之前连续十多年停止使用，而被异议商标经过十多年的使用已获得"湖南省著名商标"等荣誉，具有一定知名度，因此，应当按照作出判决时的现实商标使用情况和已经稳定的市场秩序，允许被异议商标的核准注册	相同商标/类似商品	同处于一县且为同业经营者，应当知晓在先未注册商标的事实。可认定其采用了不正当手段

序号	案号	"在先使用并有一定影响"的认定	商标是否相同或近似/商品或服务的类别是否相同或近似	"恶意"与否的判断
8. "无印良品"案	（2012）行提字第2号	证据只能证明"无印良品"商标在日本、中国香港地区的使用，良品计画所有的使用和宣传行为均发生在中国大陆之外，在我国法域内的行为只有定牌加工，不满足"已经使用并有一定影响"要件	/	/
9. "拉斐"案	（2015）一中行（知）初字第129号	原告主张其在先使用并有一定影响的商标为"拉斐"，但其提交的证据不足以证明在争议商标申请日前，其将"拉斐"作为商标使用并有一定影响	核定使用商品与争议商标核定使用商品构成相同或类似商品	被告注册争议商标的行为未损害公共秩序或公共利益，也未妨碍商标注册管理秩序。且原告未提交证据证明被告存在以欺骗或其他不正当手段注册争议商标的行为
10. "玛丽萨"案	（2012）一中知行初字第982号	原告在评审和诉讼阶段提交的其标志的使用证据均发生在我国境外，原告在庭审中对此亦承认，因此，现有证据不能证明上述标志已在我国进行了实际使用并在我国的相关公众中形成了一定认知	/	/

续表

序号	案号	"在先使用并有一定影响"的认定	商标是否相同或近似/商品或服务的类别是否相同或近似	"恶意"与否的判断
11. "鸭王"案	（2012）知行字第9号	在被异议商标申请日前，北京鸭王已使用5年，并进行过一些媒体宣传和报道，其在北京地区已经有了一定的知名度和一定影响	/	上海全聚德申请注册被异议商标并在上海开展相关经营活动，主观上并无借用北京鸭王商誉的意图，客观上也没有刻意与北京鸭王相联系、造成相关公众混淆的行为。因此不构成"不正当手段"

三、司法实践经验总结

从上述案例判决结果数据统计及代表性案例认定理由中，可以发现实践中认定构成第32条后半段"恶意抢注"的案例数量远少于认定不构成"恶意抢注"的案例，大部分法院在司法审判中对各要件均进行独立考察，权衡当事人双方提交证据的证明力来进行认定，总体上认定构成"恶意抢注"的标准较高。

在认定不构成恶意抢注的理由中，约有83%是在先使用人无法证明在申请日前已在中国境内在先进行使用并有一定影响，表明在司法审判实践中，较之于主观性强的"恶意"要件，法院更为广泛地展开对于此要件的认定。很多时候法院并不特别考察被异议商标与在先未注册商标之间是否符合"相同或近似商标使用在相同或类似商品或服务"，主要原因或许是在于法条字面表述中未明确提及这一要件。

在对各要件的认定中有以下值得关注的方面。

（一）对"在先使用并有一定影响"的认定

1. 对"在先使用"的认定

目前，司法审判中对此要件的一般认定要求如下：

（1）使用地域。

对未注册商标的保护坚持地域性原则，即在中国大陆地区使用是构成该条款的必备条件。仅在境外或港澳台地区内的使用仍无法获得《商标法》第32条后半段的保护。

例如在"无印良品"案❶中，最高人民法院认为：良品计画所有的使用和宣传行为均发生在中国大陆之外，不满足"已经使用并有一定影响"的要件。在"玛丽萨"案❷中，法院认定：在先使用人在评审和诉讼阶段提交的其标志的使用证据均发生在我国境外，其在庭审中对此亦承认，因此，现有证据不能证明上述标志已在我国进行了实际使用并在我国的相关公众中形成了一定认知。

（2）主动使用与被动使用。

在先使用是否包含被动使用的问题来源于"索爱"案❸、"伟哥"案❹及"陆虎"案，❺这三个俗称（或简称）均不是主张权益的主体主动创设和使用，而是媒体报道评论中对相关商品的指称，主张权益的主体均没有在实际的商品或广告宣传中进行主动的商业使用。"索爱"和"伟哥"案法院最终没有支持，而"陆虎"案法院予以支持，从文书看不同之处主要在于"伟哥"和"索爱"俗称对应的公司均不认可俗称成为自己的商标，而"陆虎"俗称对应的公司并非明确反对，相反还是认可的。或许我们可以得出结论——认定"在先使用"是否包含"被动使用"的关键在于主张在前权益主体对此类俗称的态度是承认还是否认。

除了上述一般认定标准，实践中也存在特殊情况。例如在"仙宫养

---

❶ （2012）行提字第2号。

❷ （2012）一中知行初字第982号。

❸ （2010）知行字第48号。

❹ （2009）民申字第313号。

❺ （2011）高行终字第1151号。

生泉"案❶ 中，法院虽已认定未注册商标在先使用并有一定影响，被异议商标与在先未注册商标为使用在类似商品上的相同商标且异议商标注册人采用了不正当手段。但由于在先未注册商标在本案判决前已连续十多年停止使用，而被异议商标经过十多年的使用已获得"湖南省著名商标"等荣誉，具有一定知名度，因此，应当按照作出判决时的现实商标使用情况和已经稳定的市场秩序，允许被异议商标的核准注册。

2. 对"有一定影响"的认定

（1）一般标准。

从实践看，对于"有一定影响"的认定标准总体上把握不高，在先商标权人举出证据证明在先商标有一定的持续使用时间、区域、销售量或者广告宣传等，人民法院通常就认定其有一定影响。例如"devatec"案❷ 中，法院通过德瓦泰克公司提交的其公司产品宣传册、其与台湾公司签订的经销协议、代理证明及其翻译就认定了德瓦泰克公司的"devatec"产品在中国使用销售过并已在相关类别商品上产生了一定影响。

（2）国外知名商标的保护问题。

实践中有一些在国外知名的商标未在我国注册亦未在我国境内使用并产生一定影响，对于这些商标，在以《商标法》第32条后半段进行保护时一般会在坚持商标法地域性原则的基础上考虑国际知名度因素，若有证据能够证明该商标域外使用的影响力可以及于中国相关公众，则也可以认可该证据的关联性。

（二）对"相同或近似商标使用在相同或类似商品或服务"的认定

对于因商标不构成相同或近似而被认定为不构成"恶意抢注"的案例数量较少，实践中，对于商标或服务类别相同或类似的判断较多，但标准不够清晰，存在较大自由裁量空间。在"ChilliBeans"案❸ 中，法院认定：虽然被异议商标与巴尔格罗公司主张的在先未注册商标已构成

---

❶　（2015）高行（知）终字第3465号。

❷　（2015）高行（知）终字第362号。

❸　（2015）高行（知）终字第1683号。

近似商标,但被异议商标指定使用的手套(服装)类商品与在先商标使用的眼镜、手表等商品尽管在消费群体方面存在交叉,但商品的功能、用途、生产部门、销售渠道等方面差别显著,不构成类似商品。但在"GAP"案❶中,法院认定:被异议商标指定使用"太阳镜、眼镜框"等商品与引证商标主要指定使用的"服装"等商品构成类似商品。

(三)对"恶意"的认定

(1)明知。

实践中,通常是通过明确告知、业务往来、接触等方面的证据认定明知。比如在"AURORA"商标争议案❷中,法院认为第三人在申请争议商标之前与原告商谈合作办学,按照常理,该公司必然在商谈之前或在商谈过程中知晓原告已在教育等服务上使用"AURORA"商标并具有一定影响。

(2)应知。

应知是指根据相关事实推定诉争商标注册人知道。实践中通常是通过同地域关系、同行业关系、知名度覆盖到诉争商标人、在先使用商标的独创性等事实推定应知。比如在"GAP"商标争议案❸中,新恒利公司宣称自己来源于美国,并标榜自己与"GAP"服装相同的特点以及实际使用盖璞公司更有显著性的"GAP"商标等表明其应该是知晓引证商标的知名度,并具有攀附"GAP"品牌的主观意图。

(3)与"显著性"的关系。

通常,在先使用商标的的显著性强弱也会影响异议商标申请人的"恶意"判断。例如在"petmate"案❹中,法院认为"petmate"含义为"宠物助手"等,显著性、独创性较弱,依据原告证据不能认定被告具有复制、摹仿之主观恶意。

(4)和"有一定影响"的关系。

对于"不正当手段"与"在先使用并有一定影响"的关系问题,目

---

❶ (2012)行提字第10号。
❷ (2010)一中知行初字第1135号。
❸ (2012)行提字第10号。
❹ (2015)高行(知)终字第362号。

前司法审判中两种观点：一种通常的观点认为这两个要件缺一不可；另一种观点则以知名度及于诉争商标申请人为标准，将"有一定影响"作为认定"不正当手段"的工具。比如有判决❶写明：《商标法》第31条后段设立的基本目的在于禁止他人基于不正当目的将他人在先使用的商标抢先注册为商标，因此，在该条款的适用中，虽通常要求在先商标具有一定知名度，但该知名度要求的重要作用在于通过知名度的认定而推定商标注册人的恶意，因此对知名度并不要求较高的标准。通常情况下，如果商标注册人在知晓该在先使用商标的情况下却仍在同一种或类似商品或服务上进行商标注册，则可以认定商标注册人主观有恶意。

（四）司法缺陷

通过对上述多个案例的实证研究可以发现，法院在认定是否构成《商标法》第32条后半段"恶意抢注"时仍然存在着以下问题。

（1）"不正当手段"与"在先使用并有一定影响"的关系。

如上文所述，实践中存在着混淆这两个要件的案例，以知名度及于诉争商标申请人为标准，将"有一定影响"作为认定"不正当手段"的工具，否定了"有一定影响"要件本身的价值。"恶意抢注"现象虽亟待遏制，但在适用《商标法》第32条后段保护在先使用的未注册商标时，对于三个要件的判断及认定仍需独立进行。当然，主观恶意明显的，在具体案件中可以适当降低一定影响的要求，但一点使用和知名度证据都没有的，则应当明确无法适用该条款予以保护。

（2）关于国外知名商标的保护问题。

最高人民法院《关于审理商标授权确权行政案件若干问题的意见》对于"使用"的概念作出了必须为"在中国境内实际使用"的限制性规定，但司法实践中仍会考虑到国际影响力的因素，对此，标准仍不是非常清晰，自由裁量空间较大，需要出台相关司法解释进行明确。

---

❶ （2012）一中行初字第2195号。

《商标法》第32条后半段"恶意抢注"认定文献综述

■ 姚　艺　凌　茹　杨翼飞　庞雨晴

【摘要】本文围绕"禁止抢注他人在先使用并有一定影响之未注册商标"条款的认定标准展开文献综述研究。对"已经使用"之认定、"有一定影响"之认定及"以不正当手段抢先注册"之认定分条进行论述。并论述学界尚存争议之焦点，例如：使用是否包括被动使用、有一定影响是否包括消极影响等。围绕争议点，还重点讨论"索爱"商标争议案、"伟哥"商标争议案及"捕鱼达人"商标案等司法实践中的典型案例。通过对该主题下所有文献资料进行梳理、分析及总结，以期为相关后续研究奠定良好理论基础。

【关键词】《商标法》第32条；恶意抢注；认定标准

一、前　　言

近年来，随着国内市场经济的日益成熟以及全球经济的快速融合，商标的价值及其识别、品质、宣传等功能日益为人们所重视，商标申请数量也在不断增加。但是目前，我国商标恶意注册现象泛滥，严重扭曲了商标制度的正常功能，扰乱了市场秩序，"恶意抢注"行为必须得到有效规制。2013年《商标法》第13条第2～3款❶、第15条❷和第32条（同2001年《商标法》第31条）❸等条文均对商标"恶意抢注"进行具体规定。本文重点讨论第32条后半段——"不得以不正当手段抢先注册他人在先使用并有一定影响的商标"的认定标准，此规定针对的被抢注对象为他人在先使用的未注册商标，驰名商标、他人现有的在先权利（如著作权、商号权）等被抢注对象不在本文讨论之列。就第32条后半段的字面规定而言，其适用条件有两个：（1）被抢注的商标已被在先使用并有一定影响；（2）抢注人使用了不正当手段申请注册。❹以下分别展开论述。

二、"已经使用"之认定

"已经使用"是对未注册商标提供保护的一个最基本前提。使用的时间范围原则上应以系争商标申请注册日前为准，使用的地域范围原则上应以中国为准。但是，若为证明商标知名度提供了域外使用的证据材料，但该证据能够证明该域外使用的影响力可以及于中国相关公众，则也可以认可该证据的关联性。❺

实践中存在此特殊情况❻：被抢注人的商业标识被相关公众或媒体

---

❶ 《商标法》第13第2款及第3款 就相同或者类似商品申请注册的商标是复制、摹仿或者翻译他人未在中国注册的驰名商标，容易导致混淆的，不予注册并禁止使用。就不相同或者不相类似商品申请注册的商标是复制、摹仿或者翻译他人已经在中国注册的驰名商标，误导公众，致使该驰名商标注册人的利益可能受到损害的，不予注册并禁止使用。

❷ 《商标法》第15条 未经授权，代理人或者代表人以自己的名义将被代理人或者被代表人的商标进行注册，被代理人或者被代表人提出异议的，不予注册并禁止使用。就同一种商品或者类似商品申请注册的商标与他人在先使用的未注册商标相同或者近似，申请人与该他人具有前款规定以外的合同、业务往来关系或者其他关系而明知该他人商标存在，该他人提出异议的，不予注册。

❸ 《商标法》第32条 申请商标注册不得损害他人现有的在先权利，也不得以不正当手段抢先注册他人已经使用并有一定影响的商标。

❹ 当然，根据《商标审查及审理标准》，系争商标还需与他人商标相同或者近似并且所指定的商品/服务与他人商标所使用的商品/服务原则上相同或者类似。

❺ 段晓梅.如何理解与适用恶意抢注条款（一）［N］.中国知识产权报，2015-04-10（007）.

❻ "索爱"商标争议案：（2008）高行终字第717号及（2010）知行字第48号；"伟哥"商标侵权案：（2009）民申字第313号。

俗称（或简称、别称）为另一名称，该俗称在相关公众中已具有一定影响，在被抢注人没有使用俗称的情况下，抢注人将该俗称在相同或类似商品上申请注册为商标的，能否认定构成第32条后半段所规制的"恶意抢注"行为？

（一）包括"被动使用"

对此，有部分学者主张引入"商标被动使用"概念，❶认为此处的"在先使用"应当包含"被动使用"。其中，王东勇、仪军认为，被动使用情形下，相关的标志起到了商标区分商品或服务来源的基本功能，符合保护未注册商标的立法本意，因此客观上可以被认定为在先商标的使用行为。邓宏光认为，以消费者为代表的社会公众不仅是商标制度预设的使用主体，也是商标价值的决定者、评判者和缔造者，因此商标被动使用行为是商标使用体系中的核心。

（二）不包括"被动使用"

大部分学者认为《商标法》第32条后半段中的"使用"不包括"被动使用"。

孔祥俊认为，权利人就未注册商标主张权利的，其自身必须将所主张权利的标识用作商标，也即具有当作商标使用的意思。所谓的"被动的使用"本质上是"被使用"，除非"被使用"转化为主动使用，否则"被使用"并不是被使用人的使用行为。❷黄汇、谢中文认为：（1）在先商标"被动使用保护论"有违商标权的财产权属性，其无法回答"何以他人使用建立起来的商标却由另外的主体享有权益"这一问题，也容易导致部分不知道俗称的消费者混淆俗称与正式注册商标的来源；（2）在先商标"被动使用保护论"亦有违商标权的私权属性，其错误在于，以"消费者是商标法中万能的尺度"为由来否认商标权的契约本质，并将消费者对商标的认知作为商标权成就的唯一评价条件。商标法

---

❶ 王东勇，仪军. 抢注未注册商标之"在先使用"的司法认定 评"索爱"商标案［J］. 电子知识产权，2011（7）:63-67；邓宏光. 为商标被动使用行为正名［J］. 知识产权，2011（7）:11-18；董慧娟. 澳大利亚Barefoot案对商标"使用"含义的突破及引发的思考［J］. 电子知识产权，2011（5）: 79-83.

❷ 孔祥俊. 商标法适用的基本问题（增订版）［M］. 北京：中国法制出版社，2014：136.

的根本宗旨是维护公平竞争的市场秩序，这固然需要保护消费者的利益，但同时也离不开对商标权人利益的关注；（3）第三人抢注俗称的行为之所以应当被禁止，并非公众或媒体的使用成就了这些俗称的商誉，而是注册人之前在商业活动中使用的"索尼爱立信""万艾可"等商标的商誉业已覆盖到这些俗称上，为了避免消费者的混淆误认而必须要求这些俗称不被注册和使用，因此通过2001年《商标法》第28条（同现行《商标法》第30条）❶、在先企业名称权保护模式、反不正当竞争法等进行保护即可。❷

何怀文虽未对该问题明确表态，但是他认为，为防止市场混淆，理论上应该有条件地承认商标"昵称"之上的权利。美国商标法中规定有"公众惯用法则"（public use doctrine）："这一法律原则承认，一般情况下，商标权益应当归于在先利用和实际使用人；但如果商标为公众惯用所改，商标权人仍应享受权益，以便防止市场混淆。但是，这一法律原则的适用条件苛刻：第一，为公众惯用而改变的商标必须是驰名商标；第二，公众惯用的昵称或简称增强了正式商标的显著性。"❸

（三）小　结

由此可见，对于承认和保护被动使用的商标"俗称"之上的权利学界并无争议。主要争议焦点为：（1）在第32条后半段保护未注册商标规定的立法本意下，"被动使用"行为可否因相关标识业已起到区分商品或服务来源的功能就能被认定为"在先使用"行为；（2）在商标法体系下，消费者和在先使用商标人之间的利益平衡；（3）对"被抢注俗称"的保护路径选择。

---

❶　2001年《商标法》第28条规定：申请注册的商标，凡不符合本法有关规定或者同他人在同一种商品或者类似商品上已经注册的或者初步审定的商标相同或者近似的，由商标局驳回申请，不予公告。

❷　黄汇，谢申文.驳商标被动使用保护论［J］.知识产权，2012（7）:85-94.

❸　何怀文.商标法：原理规则与案例讨论［M］.杭州：浙江大学出版社，2015：179.

三、"有一定影响"之认定

根据《最高人民法院关于审理商标授权确权行政案件若干问题的意见》第18条第2款的解释:"在中国境内实际使用并为一定范围的相关公众所知晓的商标,即应认定属于已经使用并有一定影响的商标。有证据证明在先商标有一定的持续使用时间、区域、销售量或者广告宣传等的,可以认定其有一定影响。"

学者王莲峰认为,具体案件中,"一定影响"不宜要求过高或绝对化,而应当根据案件的实际情况,采用相对化的认定标准,比如,在相关行业或一定地域范围,为该领域的相关公众知晓即可,而无需要求较大范围内相关公众普遍知晓。❶

法官周云川认为,从概念上看,"有一定影响"在范围上强调"一定",并未要求"广泛";在属性上要求的是"影响",而非"声誉"等,因此总体上,只需部分相关公众知晓即可,并不要求全国地域内的相关公众知悉,或者要求具有较高知名度或者美誉度。❷ 法官穆颖认为,不需要为"有一定影响"划定一个客观的标准,而应当根据个案情况具体把握,达到可以推定主观"明知或应知"的程度即可。❸

综上,对于"有一定影响"的认定,学界与实务界都认为标准不宜过高,且应当根据案件的实际情况进行认定。

四、是否包括消极影响

这是近期商标法领域最为理论界与实务界热议的话题,缘起于最高人民法院正在审理的"捕鱼达人"商标异议复议行政纠纷案。❹该案的

❶ 王莲峰. 商标法32条后半句的适用条件. 知产力微信公众号,2017-02-24. 来源:https://mp.weixin.qq.com/s/Om5nr8UhekCAgjkIl6W1BA.

❷ 周云川. 商标授权确权诉讼规则与判例 [M]. 北京:法律出版社,2014:402.

❸ 穆颖. 商标恶意抢注的判定规则——以"明知或应知"的主观状态为核心 [J]. 中华商标,2017(1):30-34.

❹ 案件具体情况及相关专家之见解参见:IvesDuran. 一波四折的"捕鱼达人"商标案最终会迎来什么结果. 知产力微信公众号,2017-02-14. 来源:http://chuansong.me/n/1568174851729.

核心问题是，当他人在赌博机等法律禁止进入流通环节的产品（违禁品）上所使用的商标实际产生了一定影响，该商标是否属于《商标法》第32条后半段规定中的"有一定影响的商标"？或者说，"有一定影响"是否包括"消极或负面的影响"？对此，学界存在争议。

（一）不包括消极影响

王莲峰认为："如果说，在先使用的未注册商标产生的是消极和负面的影响，则不符合本条法律所蕴含的法制理念和精神。"她认为，"有一定影响"应具有两方面的含义，其中之一便是："该商标实际使用后在一定范围内产生的知名度和美誉度，即指商标正面的影响力。"❶

董美根认为，《商标法》第32条规定的"一定影响"必须是积极的。《商标法》第32条禁止抢注，其目的有二：保护商誉与禁止一定范围内的不正当竞争。从商誉角度来看，其必然是指商标所具有的"一定影响"是积极的、正面的。❷

黄洎认为："仅凭非法商品或服务在其消费群体中所形成的影响，远不能阻却合法商品或服务经实际使用或依法注册而取得的商标专用权。"❸

（二）不必然排斥消极影响

李扬认为，只要在先使用的商标为相关公众所知悉，已经发挥了区别商品或者服务来源的功能，则不管该商标获得的是积极影响还是消极影响，该商标相同类似范围内的排他效力就有被维持的必要。他指出：

---

❶ 王莲峰. 商标法32条后半句的适用条件. "知产力"微信公众号，2017-02-24. 来源：https://mp.weixin.qq.com/s/Om5nr8UhekCAgjkIl6W1BA.

❷ 董美根. 《商标法》第32条之影响不包括消极影响. "知识产权那点事"微信公众号，2017-03-16. 来源：https://mp.weixin.qq.com/s/3JbJl9f-A9sXj1t96kmdGQ.

❸ 黄洎. 就"捕鱼达人案"看在先使用商标的保护. "中国知识产权杂志"微信公众号，2017-04-22. 来源：http://mp.weixin.qq.com/s/FdbUyKSAiVRWqvLFQT5Nxg.

（1）TRIPS协议第15条第4款❶和我国商标法的规定❷说明，商标法关注的只是某个符合商标法规定的要素是否能够发挥识别商品或服务来源的作用，而不是商品或服务是否属于法律禁止或者限制生产、销售或者提供的对象；（2）"负面影响"仅仅减损商标的市场价值，而不会改变相关公众基于商标对商品或者服务来源已经形成的稳定的市场认知，有时"负面影响"还会强化这种市场认知。假如不承认具有"负面影响"的商标在相同或类似范围内阻却竞争者不正当抢注和使用的排他效力，那么商标法就等于放任相关公众混淆结果的发生，与其立法目的相悖；（3）知识产权的取得本身不违法但其行使违法或者其滥用违法（比如注册了商标的自动麻将机被用于赌博），并不改变知识产权的排他性。在适用《商标法》第32条后半段时，法院关注的焦点不应当是在先使用商标可以利用会计方法测算的商誉的多少，而应当是该商标是否可以排除相同或类似范围商标的注册，以防止相关公众混淆。❸

刘友华认为：首先，法律不能代替市场机制对商誉的价值作出评估；其次，"一定影响"并不仅限于"商誉"。商标最本质的功能是识别商品或者服务的来源。所谓"影响"，是指商标的使用对他人产生影响，使他人可以知晓、识别其商标及其代表的商品或服务。因此，"一定影响"应该着重于对商标在识别和指引功能上的考量，而非在其他方面进行评价。❹

（三）小　结

综上，学者们产生观点分歧的根源在于对商标法立法宗旨、第32条禁止恶意抢注的立法目的及商标本质功能的不同理解。在我国商标注册

---

❶　TRIPS协议第15条第4款　商标拟使用商品或者服务的性质，在任何情况下都不应构成商标注册的障碍（the nature of the goods or services to which a trademark is to be applied shall in no case form an obstacle to registration of the trademark.）.

❷　我国商标法第10～13条、第15～16条、第30～32条、第50条虽然排除了某些要素获得商标注册的可能性，但并未将任何类别的商品或者服务排除在申请商标注册或者使用的范围之外。

❸　李扬.违法使用与商标法第三十二条后半句规定的"一定影响"的关系."中国知识产权杂志"微信公众号，2017-02-15.来源：https://mp.weixin.qq.com/s/CfvH68G6kQVzk_ceoekkbQ.

❹　刘友华.对未注册商标在先使用行为的认定标准及效力探讨."东方法眼"网站，2017-03-07.来源：http://www.dffyw.com/faxuejieti/ms/201703/42216.html.

制度体系下禁止恶意抢注在先未注册商标的立法目的，是更注重维护在先商标已建立的识别功能、防止相关公众产生混淆还是更倾向于遏止恶意攀附、侵占在先使用商标商誉的行为？这是一个价值判断问题，仁者见仁、智者见智。

在学者们论证过程中还出现了法律解释方面的争议，例如对李扬在上述论证中提到TRIPS协议第15条第4款，其他学者就有不同的解释。董美根认为，此款不能成为支持"一定影响"包括"消极影响"的理由。他指出：（1）国内一般的翻译会使人认为商品是否属于违禁品不为商标注册的障碍，但违禁品只能是产品而不能成为商品；（2）商品或服务的nature，应译为商品或服务自然属性或分类，并不考虑商品或服务的社会属性（社会属性是"商品"本身所体现的属性，并非商标法所考虑）。该款应被译为：商品或服务的自然属性（类型），在任何情形下不应成为商标注册的障碍。❶ 黄义彪提出：《巴黎公约》第7条❷与TRIPS协议第15条第4款含义相同。依据《巴黎公约指南》对第7条的权威解释❸及联合国贸易与发展会议、国际贸易和可持续发展中心编撰的《TRIPS协定与发展：资料读本》中对第15条第4款的解读，❹上述规则主要解决的是国际间不能因为商品和服务的市场准入问题而妨碍商标的注册。❺

综上所述，对于"一定影响"是否包含"消极影响"的判断应当是

---

❶ 董美根.《商标法》第32条之影响不包括消极影响."知识产权那点事"微信公众号，2017-03-16. 来源：https://mp.weixin.qq.com/s/3JbJl9f-A9sXj1t96kmdGQ.

❷ 《巴黎公约》第7条 使用商标的商品的性质不应成为该商标的注册障碍.（The nature of the goods to which a trademark is to be applied shall in no case form an obstacle to the registration of the mark.）.

❸ 《巴黎公约指南》中提到，第7条关于"不能因为商品的性质妨碍注册"的含义是："不能以商品在本国法律和政策的限制暂时不能销售为由而拒绝给予商标注册。例如在药品上的商标，该药品尚未得到本国主管机关批准不能进入市场，不能作为拒绝成员国企业在药品上注册商标的理由。"

❹ 《TRIPS协定与发展：资料读本》中提到，TRIPS协议第15条第4款重申了《巴黎公约》第7条，只是明确提到了服务商标。正如在本书另外部分所述，知识产权不是市场准入权，第15条第4款虽然规定必须针对所有类别的货物和服务而可给予商标注册，但这并非要求成员国允许销售这些货物和服务。

❺ 黄义彪.赌博机是否属于商标法意义上的商品——以"捕鱼达人"商标之争为视角."知产力"微信公众号，2017-04-05. 来源：http://chuansong.me/n/1743728251837.

全方位的综合认定，既应准确理解和把握商标法的立法目的，又要运用体系解释、立法者目的解释等法律解释方法对法律规定、公约和协定等进行深入分析与论证。

五、"以不正当手段抢先注册"之认定

（一）"不正当手段"的含义及认定

《最高人民法院关于审理商标授权确权行政案件若干问题的意见》（法发〔2010〕12号）指出："如果申请人明知或者应知他人已经使用并有一定影响的商标而予以抢注，即可认定其采用了不正当手段。但在具体个案中还要借助申请人的客观行为全面考虑申请人主观上是否具有恶意。"所谓"恶意"，主要指的就是明知或应知的心理状态，就是在明知或应知某一商标已为他人在先使用并已产生一定影响的情况下仍出于不正当竞争的目的进行注册。

（1）明知的认定。

实践中，通常是通过明确告知、业务往来、接触等方面的证据认定明知。❶ 比如在"AURORA"商标争议案中，法院认为第三人在申请争议商标之前与原告商谈合作办学，按照常理，该公司必然在商谈之前或在商谈过程中知晓原告已在教育等服务上使用"AURORA"商标并具有一定影响。❷

（2）应知的认定。

应知是指根据相关事实推定诉争商标注册人知道。实践中通常是通过同地域关系、同行业关系、知名度覆盖到诉争商标人、在先使用商标的独创性等事实推定应知。❸ 比如在"GAP"商标争议案中，新恒利公司宣称自己来源于美国，并标榜自己与"GAP"服装相同的特点以及实际使用盖璞公司更有显著性的"GAP"商标等表明其应该是知晓引证商

---

❶ 周云川.商标授权确权诉讼规则与判例〔M〕.北京：法律出版社，2014：407.

❷ （2010）一中知行初字第1135号。

❸ 周云川.商标授权确权诉讼规则与判例〔M〕.北京：法律出版社，2014：408.

标的知名度，并具有攀附"GAP"品牌的主观意图。❶

司法实践中，认定"恶意"的因素有：在先使用商标是否具有较高知名度；系争商标与具有独创性的在先商标是否高度近似而又无合理的解释；使用中是否存在对在先使用商标的刻意攀附摹仿；系争商标申请人与在先使用人所处地理位置、销售区域或广告宣传覆盖范围远近；双方有无经贸往来、人员内部往来或其他纠纷等。

六、"不正当手段"与"在先使用并有一定影响"的关系

对于"不正当手段"与"在先使用并有一定影响"的关系问题，目前理论界与司法实务界中存在两种观点：一种观点认为这两个要件缺一不可；另一种观点则以知名度及于诉争商标申请人为标准，将"有一定影响"作为认定"不正当手段"的工具。

（一）认为两个要件缺一不可

周云川指出：不正当手段和在先使用并有一定影响是适用2001年《商标法》第31条后段必须同时满足的两个要件，缺一不可。如果在先商标使用并有一定影响，知名度及于诉争商标申请人，可以证明申请人明知或应知在先商标使用的事实，即满足不正当手段的要件。但是反过来则不一定成立，即诉争商标申请人明知或应知并不能推定请求保护的商标在先使用并有一定影响。❷

（二）认为"一定影响"只是认定"不正当手段"的工具

蒋利玮对此提出反对意见，他从体系解释的角度将2013《商标法》第15条第2款❸与第32条相联系。他认为依据新法15条2款的规定，只要诉争商标申请人明知在先商标的，就不允许其申请同一种或类似商品上的相同或近似商标。那么32条后半段就应当解释为：基于在先商标的使

---

❶ （2012）行提字第10号。

❷ 周云川.商标授权确权诉讼规则与判例［M］.北京：法律出版社，2014：410-411.

❸ 2013年《商标法》第15条第2款　就同一种商品或者类似商品申请注册的商标与他人在先使用的未注册商标相同或者近似，申请人与该他人具有前款规定以外的合同、业务往来关系或者其他关系而明知该他人商标存在，该他人提出异议的，不予注册。

用,诉争商标申请人明知或应知在先商标的,就不允许其申请同一种或类似商品上的相同或近似商标。因此他认为,新法32条后半段中的"一定影响"只是认定"不正当手段"的工具,是指在先商标经过使用使得诉争商标申请人明知或者应知在先商标的存在。❶ 即只需证明知名度及于诉争商标申请人即可。

(三)司法解释及审判实践中的认定标准

《最高人民法院关于审理商标授权确权行政案件若干问题的规定》(法释〔2017〕2号)第23条规定:在先使用人主张商标申请人以不正当手段抢先注册其在先使用并有一定影响的商标的,如果在先使用商标已经有一定影响,而商标申请人明知或者应知该商标,即可推定其构成"以不正当手段抢先注册"。但商标申请人举证证明其没有利用在先使用商标商誉的恶意的除外。

在商标案件审理实践中,结合个案具体情况,考虑"恶意"与在先商标的知名度之间存在此消彼长的互补关系:如果恶意的证据比较间接,则要求在先商标知名度的证据就要充分,应当达到能从一定影响推定当事人应知的程度。而如果恶意的证据比较直接比较明显,则可以适当减轻关于知名度的举证责任。❷

(四)小 结

综上所述,对于是否采用了"不正当手段",需结合个案具体情况进行认定。在现行法律体系下,通过文义解释应当认为"一定影响"与"不正当手段"是相互独立的两个要件。但必须考虑由于《商标法》第15条第2款与第32条后半段存在竞合适用的情形,应当在一个体系内进行解释,应当明确这两款规定适用中的区别。

---

❶ 蒋利玮. 从体系解释的角度看商标法15条、32条. "知产力"微信公众号, 2015-04-29. 来源:https://mp.weixin.qq.com/s/jVH2hY_Zp8QZSBs4uNypjQ.

❷ 段晓梅. 如何理解与适用恶意抢注条款(二)〔N〕. 中国知识产权报, 2015-04-17(008).

电视节目名称侵权问题研究案例综述

■ 金 靓 陈文杰 姜明坤

【摘要】通过对与电视节目名称标识相关的知名案例基本案情、裁判要旨、法院考量因素、适用法条等的梳理，可以发现在司法实践中，无论是电视节目名称标识侵犯他人合法权益还是电视节目名称标识被侵权，法院多倾向于保护节目名称的利益，采用商标权侵权判断标准或者《反不正当竞争法》中的"诚实信用"条款和"知名商品"条款来认定，保护模式过于单一，无法为电视节目名称侵权现象提供全面的保护和规制。

【关键词】电视节目名称；侵犯注册商标权；反不正当竞争法

一、电视节目名称侵权相关案例概述

笔者通过"北大法宝"数据库以及各中文文献资料中的引用，剔除无关案例后，共得案例8篇，其中以反不正当竞争法为依托，诉请侵权的案件2个；以侵犯他人注册商标权为依托，被诉侵权的案件6个（见表1）。

表1　电视节目名称侵权相关案例

案名	当事人及案由
"超级女声"案❶	原告湖南卫视，被告广东美洁卫生用品有限公司。 被告以营利为目的，大量销售以"超级女声"作为商品标识的系列卫生巾等女性用品❷
"神探狄仁杰"案❸	原告东阳荣煊影视文化发展有限公司，被告是担任编剧和导演的钱某某、东阳青雨影视文化有限公司、北京爱克赛文影视制作有限公司。 被告发行了《神断狄仁杰》，使用了与原告的《神探狄仁杰》相近的片名、相同或相似的片名推出方式等❹
"非诚勿扰"案❺	原告金某某，被告江苏电视台、珍爱网。 金某某认为珍爱网与江苏省广播电视总台（以下简称江苏电视台）共同侵犯了其注册商标专用权，将其诉至法院❻
"非常了得"案❼	原告南京同舟知识产权事务所有限公司，被告长江龙公司与江苏电视台。 同舟公司认为长江龙公司与江苏电视台共同侵犯了其"非常了得"商标专用权，故诉至法院❽

---

❶　（2007）长中民三初字第0246号；（2008）湘高法民二终字第47号。

❷　被告利用原告大型娱乐节目"超级女声"于2003年以来取得的品牌优势，自2005年12月以来，采取模仿"超级女声"营销宣传方式等不正当竞争行为，大量生产、销售以"超级女声"作为商品标识的系列卫生巾。为规避中国内地法律，被告美洁公司董事长黎力冲与被告刘祥富在香港成立超级女声文化传播集团有限公司，再由该公司授权美洁公司使用"超级女声"名称和标识。

❸　（2011）二中民初字第17448号。

❹　原告认为自己是有着良好声誉的电视剧《神探狄仁杰》第一部至第三部的合法经营者，而被告共同制作、发行的电视剧《神断狄仁杰》，使用了与《神探狄仁杰》相近的片名、相同或相似的片名推出方式等，使观众误认为其是《神探狄仁杰》第四部，并在北京电视台播出该剧。三被告和北京电视台构成不正当竞争，起诉要求其停止发行《神断狄仁杰》。

❺　（2013）深南法（知）民初字第208号；（2015）深中法（知）民终字第927号；（2016）粤民再447号。

❻　原告是第7199523号"非诚勿扰"商标注册的所有人，该商标指定在第45类"交友服务、婚姻介绍所"等服务上。《非诚勿扰》是被告一江苏电视台的一档大型婚恋交友节目，江苏电视台在节目中对被告二的珍爱网品牌进行口播和标识露出，珍爱网从其会员中筛选并推荐给《非诚勿扰》栏目组。

❼　（2013）玄（知）民初字第86号；（2014）宁（知）民终字第2号；（2015）苏审三（知）民申字第00001号。

❽　原告于2012年7月21日核准注册"非常了得"四个汉字的商标图案，核定服务项目为第41类，包括组织教育或娱乐竞赛、无线电文娱节目、娱乐等。《非常了得》系由江苏卫视播出、长江龙新媒体有限公司制作并出品的一档热播电视节目。2013年2月14日，长江龙公司申请注册的"非常了得"图文商标被核准，核定服务项目为第38类，包括电视播放、电视广播、有线电视播放等。

续表

案名	当事人及案由
"如果爱"案❶	原告赵某某，被告湖北电视台。 涉案商标由原告核准注册使用在第41类服务上。赵某某以湖北电视台对于"如果爱"标识的使用侵犯了其所享有的注册商标专用权为由，诉至法院❷
"星光大道"案❸	原告星光大道影视公司，被告中央电视台。 原告认为被告对"星光大道"的商标性使用，加上核定使用的服务项目类别相同，构成了商标侵权❹
"功夫熊猫"案❺	原告陕西茂志娱乐有限公司，被告梦工厂公司。 原告认为被告未经其许可将"功夫熊猫"作为电影名称使用构成商标性使用，构成反向混淆，相关电影拍摄行为构成侵权❻

---

❶ （2015）鄂武汉中（知）初字第00254号；（2016）鄂民终109号。

❷ 《如果爱》为湖北广播电视台制作的大型明星恋爱真人秀节目，于2014年5月在湖北网络广播电视台湖北卫视频道开播。涉案商标由原告赵某某于2009年5月核准注册使用在第41类服务上。赵某某以湖北广播电视台对于"如果爱"标识的使用侵犯了其所享有的注册商标专用权为由，诉至法院，要求确认侵权并进行损害赔偿。

❸ （2013）一中民初字第11888号。

❹ 原告系第362419号"星光大道"商标权利人。该商标核定使用在第41类服务上。2012年6月13日，涉案商标从原告转让至案外人星光大道传媒公司名下。被告中央电视台系第4966182号"星光大道"商标的权利人，商标核定使用在第38类服务上，专用权期限为2009年6月7日至2019年6月6日。原告认为在其作为涉案商标的权利人期间，被告的《星光大道》栏目对"星光大道"文字进行了多处的商标性使用，且《星光大道》栏目在服务对象、目的及方式等方面都与涉案商标核定使用的"组织竞赛（教育及娱乐）"服务项目相同，客观上足以引起观众混淆，将被告诉至法院。

❺ （2013）高民终字第3027号；（2014）民申字第1033号。

❻ 原告诉称，其拥有在第41类电影制作服务上的"功夫熊猫"注册商标专用权，一直从事电影制作工作并打算拍摄名为《功夫熊猫》的动画片，其为"功夫熊猫"商标权利人并享有在先权利。案中各被告未经其许可将"功夫熊猫"作为电影名称使用构成商标性使用，构成反向混淆，相关电影拍摄行为构成侵权。被告梦工场公司答辩称，公司在电影《功夫熊猫2》中用于表现其电影制作服务来源的是"dreamworks"商标，使用"功夫熊猫"系以说明其制作的电影的内容和特点，属于描述性使用，无法表明服务来源。因此，对相关字样的使用不属于商标性使用。

案名	当事人及案由
"泰囧"案❶	原告华旗公司，被告光线传媒公司。 华旗公司认为，"人在囧途"为知名商品的特有名称，被告将其电影名称从"泰囧""人再囧途"变更为"人再囧途之泰囧"，属于使用与"人在囧途"特有名称相同或相近似名称的行为，容易导致相关公众混淆、误认，构成不正当竞争❷

二、法院认定与案例评析

（一）"超级女声"案

法院认为，电视产品的特殊性在于它能引起高度注意，触及面广，社会影响力大。如果将这种影响力用于商业活动，作为产品名称或服务标识，可能使商品更加引人注目，使人感到其质量可信，从而起到促销商品的作用。因此，原告为保护自己的权利所注册的商标专用权和著作权不能囊括原告基于"超级女声"电视节目所产生的所有权利，特别是基于该节目的巨大影响力而带来的非同行业商业利益这种已现实存在的客观利益。

【意义与评价】法院在判决中所主要援引的法条是《反不正当竞争法》第2条，通过该条，认定被告的行为属于不正当的侵害了其他经营者的合法权益。法院特别指出：鉴于确实有许多与"超级女声"品牌相关联的产品在市场上流通，所以被告的行为完全会产生在消费者中造成混淆、搭便车的效果；此外，原告对基于"超级女声"品牌所产生的利益，享有排他的权利，有权禁止他人的商业性使用。

---

❶ （2013）高民初字第1236号。

❷ 原告是《人在囧途》电影、剧本和音乐的著作权人。2010年8月3日，华旗公司与田某某签订剧本委托创作合同。合同约定，华旗公司委托田某某创作电影《人在囧途2》剧本，华旗公司享有除编剧署名权外的其他著作权。2011年5月，华旗公司申报的《人在囧途2》电影经审核通过，获得了摄制电影许可证，但未实际拍摄。光线影业公司电影《泰囧》片名变更为《人再囧途之泰囧》。2012年12月，在华旗公司不知情的情况下，光线传媒公司投资的《人再囧途之泰囧》公映，该片由光线影业公司、影艺通公司、真乐道公司、黄渤工作室出品，徐峥任导演和编剧。

（二）"神探狄仁杰"案

法院认为，《神探狄仁杰》系列电视剧从其第一部于2004年制作发行以来，已经拍摄三部并全部播放，因其品质精良广受观众欢迎，收视率较高。应属于我国反不正当竞争法规定的知名商品。四被告关于《神探狄仁杰》系列电视剧不是知名商品的抗辩主张，本院不予采纳。

被告东阳青雨公司和爱克赛文公司作为与原告东阳荣煊公司在相同经营领域的竞争者，理应知晓在行业内具有较高知名度的《神探狄仁杰》系列电视剧的存在，作为《神探狄仁杰》系列电视剧编剧和导演的钱某某，对上述事实更属明知。但上述三被告仍以与知名商品特有名称"神探狄仁杰"仅一字之差的"神断狄仁杰"作为其制作发行的电视剧剧名，同时在剧中使用了类似的片头推出方式、服装服饰风格、演员造型及整体画面风格等元素，足以使相关公众误认为二者之间存在特定的承继关系，从而使相关公众对两部涉案电视剧产生混淆。被告钱某某、东阳青雨公司和爱克赛文公司的上述行为具有故意，已构成不正当竞争。

【意义与评价】本案判决的逻辑与下文《人在囧途》一案类似，均首先将涉案影视作品认定为知名商品，再援用《反不正当竞争法》第5条的相关规定，通过对知名商品的特有名称进行保护，保护了相关影视作品基于其特有名称所享有的合法权益。

（三）"非诚勿扰"案

法院认为，首先，江苏电视台对被诉"非诚勿扰"标识的使用是反复多次地在其电视、官网、招商广告、现场宣传等商业活动中单独使用或突出使用，使用方式上具有持续性与连贯性，在整体呈现方式上具有一定独特性，已具备了区分商品或服务的功能。

其次，被诉"非诚勿扰"文字标识及图文标识与金某某涉案注册商标相比对，文字形态、文字排列、颜色图案均有差异。故该两被诉标识与金某某涉案注册商标相比，不属于相同标识。

再次，江苏电视台经过长期对《非诚勿扰》节目及标识的宣传和使用，已使社会公众将该标识与被诉节目、江苏电视台下属频道江苏卫视相联系。这种使用，从相关服务的目的、内容、方式、对象等方面情况来看，是典型的使用在电视文娱节目上。而第45类中的"交友服务、婚姻介绍"系为满足特定个人的婚配需求而提供的中介服务，两者无论是在服务目的、内容、方式和对象上均区别明显。以相关公众的一般认知，能够清晰区分电视文娱节目的内容与现实中的婚介服务活动，不会误以为两者具有某种特定联系，两者不构成相同服务或类似服务。

最后，金某某涉案注册商标中的"非诚勿扰"文字本系商贸活动中的常见词汇，用于婚姻介绍服务领域显著性较低，亦未经过金某某长期、大量的使用而获得后天的显著性。而被诉《非诚勿扰》节目经过长期热播，作为娱乐、消遣的综艺性文娱电视节目为公众所熟知。即使被诉节目涉及交友方面的内容，相关公众也能够对该服务来源作出清晰区分，不会产生两者误认和混淆，不构成商标侵权。

【意义与评价】本案中，法院可借鉴的裁判思路如下。

第一，相关标识具有节目名称的属性并不能当然排斥该标识作为商标的可能性，而被诉标识在电视节目上的显示位置及样式是否固定、使用的同时是否还使用了其他标识，亦非否定被诉标识作为商标性使用的充分理据，关键还是在于相关标识的使用是否为了指示相关商品/服务的来源，起到使相关公众区分不同商品/服务的提供者的作用。

第二，被诉标识与涉案注册商标客观要素的相近似并不等同于商标法意义上的近似。商标法所要保护的是商标所具有的识别和区分商品/服务来源的功能。如果被诉行为并非使用在相同或类似商品/服务上，或者并未损害涉案注册商标的识别和区分功能，亦未因此导致市场混淆后果的，不应认定构成商标侵权。

第三，服务类别是否相同或类似，不能仅看其题材或表现形式来简单判定，应当根据商标在商业流通中发挥识别作用的本质，结合相关服务的目的、内容、方式、对象等方面情况并综合相关公众的一般认识，进行综合考量。

(四)"非常了得"案

法院认为，首先，长江龙公司、江苏电视台对"非常了得"文字及图形组合作品享有在先权利(著作权)。其创作完成早于同舟公司"非常了得"普通文字商标的申请注册时间以及核准时间。因此，长江龙公司对其"非常了得"文字及图形组合的LOGO享有在先著作权。

其次，长江龙公司、江苏电视台不存在侵犯同舟公司商标专用权的主观过错。长江龙公司提供的证据显示，长江龙公司无论是对节目名称的提出，还是对节目LOGO的设计完成，均早于同舟公司"非常了得"文字商标的提出及申请注册时间。

再次，长江龙公司、江苏电视台使用"非常了得"节目LOGO不会造成相关公众的混淆与误认。由于同舟公司注册"非常了得"商标后，使用不多，并未通过使用或宣传使该商标产生较强的显著性、影响力和识别力。相反，江苏电视台"非常了得"电视节目的播出当天，在国内获得极高的电视收视率，产生强烈的轰动效果和广泛的社会影响力。于此情形，公众并不会将"非常了得"电视节目与同舟公司的商标进行关联，从而对二者的服务产生误认或混淆。

【意义与评价】本案的裁判综合考量了多种因素，为类似案件的审理提供了有益的裁判思路。

一是节目播出机构对节目名称、图标、LOGO等享有在先权利或者属于正当使用的，不应当被认定侵权；二是不能简单、机械地对比商标申请时间与节目开播时间的先后。电视节目制作从提出节目名称和LOGO设想，到开播要经过较长的一段时间，因此不能简单以商标申请或注册核准时间与节目首播时间孰前孰后来认定谁攀附谁以及有关当事人主观上是否有过错；三是如果商标权人注册商标之后未使用，商标只具有商标注册以及时间在先的外壳，不具有需要通过法律予以保护的实质正义；四是节目的播出是否会造成公众的混淆或误认是认定侵权与否的一个重要因素。如果节目的播出未造成公众的混淆与误认，不会割裂注册商标与其服务或商品之间的联系，则无保护的必要。

（五）"如果爱"案

法院认为，综合湖北广播电视台（以下简称湖北广电）对"如果爱"文字的使用意图、使用方式和使用效果的分析，湖北广电将"如果爱"文字作为电视节目名称，仅是使用文字本身固有含义，其目的是为更好地体现节目内容及风格特点，主观上并无攀附涉案商标商誉的故意；客观上，湖北广电的使用行为符合电视行业的商业惯例及语言表达习惯，

"如果爱"文字未发挥标识涉案电视节目来源或出处的功能,亦不会导致相关公众的混淆,不构成侵害赵某某的商标专用权。

【意义与评价】本案判决中,法院主要考察的因素为被告对于涉案商标的使用意图、使用方式和使用效果。

首先,关于使用意图的考察,针对此类节目名称侵权案件,尤需考察相关节目名称的设计及投入使用是否存在有一个在先的攀附商标商誉的主观故意。要着重验明涉案商标的注册范围,实际使用情况,再判定商标权人是否通过商标使用累积了足够的商誉;其次,关于使用方式的考察。需着重注意的是对于涉诉节目名称的使用是否符合行业惯例,是否属于电视台播放相关节目的一贯做法;最后,关于使用效果。所谓的商标使用,在于体现出商标用于区别商品或服务的来源的功能。类似案件中,对于相关电视节目的来源,相关电视台的台标可能更具有指向功能。因此,在无法确认相关节目名称具有商标的指向功能时,可以进而论证没有造成相关公众混淆的可能性。当然,混淆可能性的判断,要结合相应节目名称与涉案商标的实际受众,作具体辨析。

(六)"星光大道"案

法院认为,首先,关于被告在电视栏目的播放过程中使用"星光大道"字样,此为被告已在第38类电视播放等服务上获准注册商标所涵盖的权利内容,不构成对原告的商标侵权;其次,被告在其具有竞赛性质的《星光大道》栏目的制作过程中使用了"星光大道"文字,但有两点值得注意。

第一,被告制作《星光大道》栏目是用于随后的自身播出,被告并未对外向相关公众提供除《星光大道》外的其他电视节目制作或组织竞赛服务,即被告对"星光大道"文字的使用并未进入上述服务的商业流通领域。

第二,被告制作《星光大道》栏目是为了进行后续的电视播放,制作时使用"星光大道"文字是为了使电视观众能够更加清楚地知悉被告所播放的电视节目名称,故被告并无搭涉案商标便车、刻意造成相关公众混淆误认的故意。

【意义与评价】本案判决中,法院明确了如下观点:商标法之所以保护商标而不保护商标符号，是因为商标符号在进入商品或服务流通领域之前，其仅具有符号学意义，此时即便有他人对商标符号的使用，该使用也仅能被视为对商标符号的使用，并不为市场中的相关公众所知悉，更不可能在市场中发挥商标区分不同商品或服务提供者的产源识别功能，自然亦不存在造成相关公众混淆误认的可能。在此情况下，注册商标专用权人的合法利益并未受有损害，亦无必要对其予以救济。

（七）"功夫熊猫"案

法院认为，本案中，根据一审、二审法院查明的事实，梦工场公司制作的《功夫熊猫》电影在茂志公司注册商标获准注册前的2008年就已经在中华人民共和国地区公映，并自2005年起就在新闻报道、海报等宣传材料中以"功夫熊猫"作为电影名称对上述电影进行持续宣传。被申请人梦工厂公司制作完成相关电影后，将其"dreamworks"标识显著地使用于其电影、电影海报及其他宣传材料中，用以表明其电影制作服务来源是"dreamworks"。且该"功夫熊猫"表示的是该电影的名称，用以概括说明电影内容的表达主题，属于描述性使用，而并非用以区分电影的来源，因此一审、二审法院认定被申请人涉案行为并非商标意义上的使用并无不当，茂志公司再审申请理由不能成立，本院不予支持。

【意义与评价】本案判决中，法院明确了如下观点：不具有区分商品或服务来源作用的描述性使用，不构成对商标权的侵害。这一原则可以广泛地被应用于各类节目名称侵权案件中，尤其在针对一些恶意抢注的商标权利人的侵权主张时，尤为有效。

（八）"泰囧"案

法院认为，根据已经查明的事实，可以认定原告电影《人在囧途》在先具有一定的知名度。被告选取基本相同的演员拍摄相同类型的电影本无可厚非。但是在被告知晓原告筹拍电影《人在囧途2》的情况下，仍将其电影名称由《泰囧》变更为《人再囧途之泰囧》，主观攀附原告电影《人在囧途》已有商誉的意图十分明显，同时还多次公开表达《人再囧途之泰囧》是《人在囧途》的"升级版"等观点，造成相关公众对两部电影产生混淆误认。综上，被告构成不正当竞争。

意义与评价：

本案判决中，法院明确了如下观点：可以将影视作品的名称认定为《反不正当竞争法》下的知名商品的特有名称，并予以保护。而该种名称的特有性，应当体现在名称对于商品的区分作用是否显著。而在考察影视作品是否属于知名商品的环节上，可以通过投入市场前后的宣传情况，票房成绩以及对相关公众的影响力的持续性等因素进行判断。

三、法院认定侵权的考量因素对比

在以反不正当竞争法或商标法为依托的案例中，不同案件法院认定侵权的考量因素不尽相同。通过对相关案例的考量因素情况进行统计，在节目名称诉请侵权相关案例中，考量"原告是否享有合法权益"的有2例，"被告主观上是否有过错"的有1例。而在节目名称被诉侵权相关案例中，有4例考虑到"当事人主观上是否有过错"，5例涉及判断"相关公众的混淆或误认"，4例包含"涉诉节目名称的使用方式"，"节目名称知名度"和"商标权人注册商标之后的使用情况"分别有2例，"节目播出机构是否享有在先权利"的仅有1例。

四、总　　结

我国近几年才涌现出一些节目名称侵权的案例，冲突主要集中在节目名称和在先商标权之间。总结来看，法院倾向于保护节目名称的利益。在节目名称被诉侵权案例中，法院通常比照商标权侵权判断要素或者《反不正当竞争法》中的"诚实信用"条款和"知名商品"条款来认定节目名称是否侵权，而在节目名称诉请侵权的现有案例中，法院仅通过《反不正当竞争法》来认定节目名称侵权与否。保护模式过于单一、力度不足是目前司法实践中节目名称侵权案件的现状。

电视节目名称侵权问题研究文献综述

■ 金　靓　陈文杰　姜明坤

【摘要】电视节目名称相关法律纠纷近年来逐渐引起人们关注。本文从电视节目名称相关概念及其性质认定开篇，根据所收集到的资料显示，多数文献集中于讨论电视节目名称与商标侵权之间的关联，一部分讨论的是著作权与电视节目名称之间的关系，以及如何适当运用商品化权来保护电视节目名称。在电视节目名称与著作权的纠纷中，电视节目名称因篇幅较小及保护有限表达的原因，很难侵犯他人享有著作权的作品，而在作品中使用的电视节目标识则可能会因为作品所使用的节目名称标识与他人商标相同或近似造成消费者混淆。在电视节目名称标识与商标权的纠纷中，电视节目名称是否侵害商标权的判定因素主要在于节目名称的使用是否是商标性使用，节目名称与他人注册商标是否相同或近似，节目名称属于何种服务类别等。理论界与实践中，对于电视节目名称侵权问题的讨论多集中于节目名称与商标权之间的纠纷，仍不够全面和完善。

【关键词】电视节目名称；商标权侵权；著作权；商品化权

一、电视节目名称的侵权问题概述

(一)引　言

当今媒体日益多元化，电视作为传统媒体受到诸多挑战。如何以富有特色的栏目吸引受众，从而保证自身在竞争中的优势地位，日益引起各电视台的关注。电视节目制作有其特殊性和复杂性，更蕴含着大量人力物力的投资，这种背后投资累积起了相关节目的声誉和知名度，使得一些知名节目名称被作为其他商品的商标被抢注，对电视媒体和节目的声誉以及广电媒体开发衍生产品，带来严重的不良影响，并引发了一些纠纷和诉讼。其中，尤以2016年的"非诚勿扰"案最为轰动。本文从电视节目名称的界定出发，着重梳理现状下的电视节目名称法律状态，与相关权利之间的纠纷。

（二）电视节目名称相关概念及其性质认定

电视节目是指电视台通过载有声音、图像的信号传播作品的节目，是广播电台、电视台定期、定时编辑播出的有固定名称、特定内容的节目播出单元。电视节目根据内容和形式的不同分为"电视新闻资讯节目"电视谈话节目""电视文艺节目""电视娱乐节目""电视纪录片""电视剧""电视电影"和"电视特别节目"八个大类。随着电视节目的发展，许多节目的类型复杂多样，包含了多种类型。❶

无论是哪种类型的电视节目，为了便于传播和识别，每种电视节目都会冠以体现节目特点的节目名称。电视节目的名称，是一档节目的受众对象与内容定位乃至节目形态的高度概括，也是受众选择节目的一个标识。电视节目一旦固定，对人们的注意力能够起到很好的吸引作用，能稳定地形成收视人群，提升节目的收听率和收视率。❷

电视节目名称的性质，相关文献里的论述较少，并没有将其名称归类到某一具体的权益范围内（比如是商标权还是其他的权利），李琛教授认为，电视节目名称并不必然是商标，节目名称的初始意义是产品名称。而指示该产品来源的符号，则是电视台的名称。实践中，许多节目名称被注册为商标，只是表明节目名称可以作为商标使用，并不能推出节目名称一定是商标，也不能推出对节目的使用一定构成商标使用。节

---

❶ 张季.论电视节目名称商品化权的法律保护［D］.长沙：湖南师范大学，2012:3.

❷ 王辉.广播电视栏目名称的版权保护探析［J］.中国广播电视学刊，2012（10）:28.

目名称的可注册性推不出节目名称的商标属性。❶另有观点认为，现有的知识产权法律对电视节目名称的保护都有缺陷，因此将其划归到了另起灶炉的"商品化权"范围内，其传播速度快、受众覆盖率广、强化受众被动记忆等特点，使得电视节目名称被商品化成为可能。❷

（三）样本来源

笔者以中国知网为数据库，利用主题含"节目名称"的词频进行检索，剔除掉无关文献；利用主题含"节目名称"并含"侵权"的词频进行精确检索，剔除掉无关文献；利用主题含"节目名称"并含"保护"的词频进行精确检索，剔除掉无关文献。三次结果相互结合，共得文献22篇。以下是对文献进行综合梳理后得出的结论。

二、电视节目的侵权问题研究论述

（一）论述思路

按照电视节目名称作为侵犯对象和被侵犯对象，主要分为两类，其中电视节目名称之间的纠纷不做另外分述，具体如下：

一类是电视节目名称侵犯了著作权、专利权、商标权及反不正当竞争、其他权益；另一类是著作权、专利权、商标权及反不正当竞争、其他权益侵犯了电视节目名称。

（二）现有文献内容概述

在这其中，涉及专利权的分析首先被排除。因为电视节目名称不涉及任何发明创造的技术方案或外观设计。

对于其他几项权利与电视节目名称之间的侵权关系，现有文献中并未一一讨论。近90%的文献，探究的是电视节目名称与商标侵权之间的关联；其余文献讨论的是著作权与电视节目名称之间的关系，以及适当运用商品化权来保护电视节目名称。

---

❶ 李琛.对"非诚勿扰"商标案的几点思考［J］.知识产权，2016（1）:4.

❷ 张季.论电视节目名称商品化权的法律保护［D］.长沙：湖南师范大学，2012:4.

(三)电视节目名称与著作权之间的纠纷

1. 电视节目名称侵犯著作权

电视节目名称不太可能侵犯著作权,因为在著作权法中,短标题等因字数较少,长度较短,很难体现独创性以及与之相匹配的智力创造程度,因此不受著作权法保护。即便个别标题能够通过独创性检验,受制于民主社会所崇尚的言论、表达自由,版权法保护也特别受限。各国对标题的可版权性均持保留态度。但如果通过分析节目标识的构图,发现该标识既有独创的设计,稍加解读又别具深意,构成思想表达的有机结合,这一标识构成作品亦无障碍。❶

2. 有著作权的作品侵犯电视节目名称

著作权侵犯电视节目名称是有极大可能的,主要体现在作品中使用电视节目名称的标识,也就是说,如小说、期刊、电影、电视节目或电子游戏等表达性作品中使用的标识与他人商标相同或近似是否构成商标侵权,这一类问题随着文化产业的发展日益突出。

(1)适用混淆可能性及其限制。

有观点认为,作品中的使用不是商标性使用,不构成商标侵权;阮开欣认为,随着商品经济的不断发展,作品本身实际上就是一种无形的商品,商品或服务类别也并不一定严格要以其存在于成文的分类表中为前提,作品中的标识(尤其是作品的名称)仍然可能起到指示或区分作品来源的功能,不能因为其属于作品的一部分或者其与作品内容相关,根据非商标性使用或商标的合理使用而错误地排除于商标侵权。作品中使用商业标识的行为的确可能导致公众的混淆,使消费者错误地认为其作品是由商标权人制作或与该商业标识存在关联关系,从而不正当地利用商标权人的商誉。❷

考虑到言论表达的自由,在适用标准上应有一定的特殊性。比如对作品中使用商业标识适用混淆可能性标准时应采取较高的门槛,因为作

---

❶ 彭学龙,郭威.论节目名称的标题性与商标性使用——评"非诚勿扰"案 [J].知识产权,2016(1):7-21.

❷ 阮开欣.作品中使用商业标识的商标侵权问题——从近期电视节目名称纠纷案谈起 [J].电子知识产权,2016(3):23.

品中使用的标识作为作品中的一部分或与作品内容相关，具有一定的描述性。而描述性使用作为一种商标的合理使用允许一定程度的混淆。

（2）作品中使用商业标识难以构成商标淡化。

除了混淆可能性理论外，作品中使用商业标识还存在商标淡化的适用可能性，但同样基于言论表达的自由，淡化的适用空间极小；作品中使用商业标识的行为很多情况下属于滑稽模仿（parody），此时更加不会认定商标侵权。

（3）作品内容中使用与作品名称中使用不尽相同。

作品内容部分中使用商业标识相比于作品名称中使用更加难以构成商标侵权。有学者指出，不像作品的题目会有明确可分离的宣传和指明来源的市场价值，作品的内容部分基本是在语境中展示都会带有解释。因此，这就更加难以存在抗衡的私人因素来克服表达自由的利益。❶

（四）电视节目名称与商标权之间的纠纷

1. 节目名称与商标权产生冲突的原因

一来根源于文字的公有性与私权的排他性，二来节目名称实质上也是产品的名称，与商标一样均具有识别的作用。❷

从电视台角度分析，一是广电人缺乏第一时间将节目名称注册为商标的意识；二是在确定节目名称时未注意查询是否侵犯他人在先商标权；三是广电人未考虑到在节目开发时商品或服务类别会拓展至更多的门类中，侵权风险大增。❸

2. 节目名称与商标权冲突的表现

一是由于文字商标易认易记、识别度高，大多数经营者都会首选其作为商标注册和使用。同时，我国商标法采用注册取得与申请在先原则，并不要求申请人是否已经使用或意图使用商标，只要其先通过注册

---

❶ P.Gulasekaram. Policing the Border between Trademarks and Free Speech: ProtectingUnauthorized Trademark Use in Expressive Works［J］. 80 Washington L. Rev., 2005:887, 921.

❷ 张惠彬.电视节目名称与商标权:冲突与契合之反思——以"非诚勿扰"案为考察中心［J］. 新闻界，2016（24）:27.

❸ 李登清，李佺，孙浩凯.论广播电视节目名称的商标权危机与应对［J］.新闻前哨，2016（11）:30.

即可取得商标专用权。因此，节目名称被恶意抢注为文字商标的情况时有发生；二是节目名称与已注册商标相同或近似。❶

3. 节目名称是否侵害商标权的判定

（1）节目名称的使用是否属于商标性使用。

针对这一问题，国内文献中学者们分持不同的观点，有赞成有反对，也有保留态度的。

赞成方有2个。参考"周末喜相逢"一案法院的论述，❷张惠彬在"非诚勿扰"案中指出，使用"非诚勿扰"作为栏目的名称，实质是为了让人们能够知道这个节目的提供者是江苏卫视，是为了让观众认知到这个节目与江苏卫视的联系。因此，属于商标性使用。❸

阮开欣认为，随着商品经济的不断发展，作品本身实际上就是一种无形的商品，商品或服务类别也并不一定严格要以其存在于成文的分类表中为前提，作品中的标识（尤其是作品的名称）仍然可能起到指示或区分作品来源的功能，不能因为其属于作品的一部分或者其与作品内容相关，根据非商标性使用或商标的合理使用而错误地排除于商标侵权。❹

反对方有3个。黄武双认为小说、电影、电视节目、电子游戏等表达型媒体的表述是否侵犯他人商标权，其核心问题就是要判断这些媒体节目的观众是否会错误认为其介入或描述了一个已被类似商标标明来源的商业产品或服务。

经验告诉我们，读者在选择图书以及观众在选择电视节目时，书名和节目名称并未被视为"产品"来源的标识，而仅仅作为判断图书或电视节目内容是否为适合自己需求的一个重要线索，因为在人们观念中，

❶ 张惠彬.电视节目名称与商标权:冲突与契合之反思——以"非诚勿扰"案为考察中心［J］.新闻界，2016(24):28-29.

❷ 被告中央电视台将"周末喜相逢"作为其电视节目的栏目名称进行突出性使用，在客观上足以使相关公众即收看电视的观众"周末喜相逢"商标误以为是被告的商标，从而造成相关公众对服务来源者的混淆与误认。因此，被告的行为已构成与原告"周末喜相逢"相同商标在相同或近似的服务产品类别即"电视节目制作"的商标性使用行为.

❸ 张惠彬.电视节目名称与商标权:冲突与契合之反思——以"非诚勿扰"案为考察中心［J］.新闻界，2016(24):27.

❹ 阮开欣.作品中使用商业标识的商标侵权问题——从近期电视节目名称纠纷案谈起［J］.电子知识产权，2016(3):23.

书名和电视节目名称已经成为其内容的画龙点睛之笔。由于"非诚勿扰"文义可以适用的情形较为广泛，电视台将其用作"交友类"电视娱乐节目名称与节目所传播的内容之间具有艺术相关性；以"非诚勿扰"表述电视节目内容的一个核心特点，具有正当性与合理性，不属于商标使用，更难谓侵犯商标权。❶

李琛指出，节目名称的初始意义是产品名称。而指示该产品来源的符号，则是电视台的名称。对节目名称本身的使用，并不一定构成商标意义的使用。把节目名称注册为商标，只是表明节目名称可以作为商标使用，并不能推出节目名称一定是商标，也不能推出对节目的使用一定构成商标使用。

节目名称的可注册性推不出节目名称的商标属性。并且，由于节目名称必须在一定程度上描述节目内容，对这些名称的使用首先是用其本意，即"第一含义"，经过长期使用后，可能具备商标的功能。但是，节目名称可能具有商标属性，不等于电视台的使用必然是商标使用，因为电视台的使用依然可能是第一含义的使用（即仅仅是区分同一电视台的不同栏目并说明节目内容）。❷

彭学龙从分析作品标题的功能性和使用方式出发。指出并非所有作品标题都能发挥商标意义上的标示功能。标题从标示特定作品到标示特定出处，有一个或急或缓的过程。

在实践中，人们常常将报纸、期刊名称或丛书名、节目或者栏目名称注册为商标。在这种情况下，作品标题自然可以作为注册或未注册商标受到法律保护。但作品标题可以发挥商标的功能并不意味着所有标题都是商标，部分作品标题被注册为商标的事实也不足以证明对其他作品标题的使用就是商标性使用。❸

持保留态度有2个。

张立新认为，判断节目名称是否是商标性使用，一要看节目名称

❶ 黄武双.反向混淆理论与规则视角下的"非诚勿扰"案［J］.知识产权，2016（1）：34.
❷ 李琛.对"非诚勿扰"商标案的几点思考［J］.知识产权，2016（1）:4.
❸ 彭学龙 郭威.论节目名称的标题性与商标性使用——评"非诚勿扰"案［J］.知识产权，2016（1）:7-21.

是否具有"区别"功能；二要看节目名称是否具有"商业"功能。电视节目取名就是为了和其他节目相区别，"区别"功能毋庸置疑。而判断"商业"功能，关键是看该名称是否进入商业流通领域。即使电视节目名称进入了流通领域，满足了"商业"的功能，仍然需要进一步看其"区别"的功能是否足以充分发挥，能否避免相关公众产生混淆。❶

蒋利玮指出，商标使用的判断考量因素有三：一是否与相关消费者接触；二是被控侵权标志指向的对象；三是被控侵权标志是在何种商品或服务的使用。❷

（2）电视节目名称与注册商标是否相同或近似。

王迁认为，认定"相同商品（服务）"采用的都是客观标准，即以分类表作为认定依据。同时对"相同商品（服务）"还应作严格解释，这意味着在比较注册商标核定使用的服务与被控侵权人实际提供的服务时，应当注重后者的整体性，不能将整体服务中的有机构成部分单独与注册商标核定使用的服务进行比对。《非诚勿扰》节目的制作与播出是一个整体，与作为节目内容的现场活动不可分割。"非诚勿扰"是节目的名称，起到的是识别节目来源的功能。因此，在判断江苏电视台对节目的制作和播出属于分类表中哪一类服务时，必须以节目本身为依据，而不是节目中涉及的某一项活动。❸

（3）节目名称服务类别的判定问题。

黄武双认为，冠以《非诚勿扰》名称的电视娱乐节目与婚姻介绍机构提供的婚姻介绍服务存在以下两个重要差异：第一是参与主体不同；第二是收入来源不同。因此被告《非诚勿扰》电视节目内容与原告注册的"交友服务""婚姻介绍服务"性质迥异，二者并不在同一个市场内，它们之间并无市场竞争关系，更没有直接竞争关系。而反向混淆规则的重点在于，保护在先使用者正在或即将延伸产品或服务类别及其地域范

---

❶ 张立新.非诚何以"勿扰"——电视节目名称与商标权冲突再探讨 [J].中华商标，2016 (12):18-19.

❷ 蒋利玮.论商标使用的判断:以"非诚勿扰"案为视角 [J].法治社会，2016(3):39-41.

❸ 王迁.论"相同或类似商品（服务）"的认定——兼评"非诚勿扰"案 [J].知识产权，2016 (1):22-25.

围，从而保护其扩张市场的机会。显然，"非诚勿扰"案中电视台的设置和电视节目的播出是原告所无法延伸到的领域，这就决定了二者之间不仅没有竞争关系，而且原告不具备跨越进入电视娱乐类节目的可能性。❶ 王迁也认为，很难说二者具有竞争或互补的关系。❷

其他部分学者，对于如何判定节目名称服务类别，提出了不同的考量因素。李琛认为，需要考量市场的现实划分与消费者的现实感受，而不能仅从字面上判断节目名称所指向的服务类别。❸ 蒋利玮指出，第一，商品或服务的提供必须是商业活动；第二，特定的商品或服务的定义必须以《类似商品或服务区分表》作为依据进行判断，而不能仅将其作为参考。❹ 张惠彬指出，对电视节目的服务目的、内容、方式、对象等因素的考量，与商标注册证上核定使用的服务项目作比对来判断。❺ 刘文杰认为，现场活动和节目影像是各自独立的两件事物，对其属性应当根据其各自的内容与功能加以判断。服务类别之间是否类似，要个案判断电视节目的性质，如果构成服务类似，要看是否容易导致混淆。判断是否构成混淆的考虑要素有三项：标识的显著性或者说识别力、公众在购买服务时会运用的注意力 以及原告产品线延伸的可能性，以确定混淆可能性的高低。❻

（4）"反向混淆"原则是否应作为电视节目名称侵权的依据。

李琛认为，在缺乏法律依据、充分研究和法学界共识的前提下，就将此概念写入判决书并作为认定侵权的依据，是极其不妥当的。❼

黄武双持肯定态度，反向混淆判断标准是：源于传统混淆但考虑特殊因素。反向混淆标准源于传统（正向）混淆，反向混淆侵权分析应当沿

❶ 黄武双.反向混淆理论与规则视角下的"非诚勿扰"案 [J].知识产权，2016（1）：35.

❷ 王迁.论"相同或类似商品（服务）"的认定——兼评"非诚勿扰"案 [J].知识产权，2016（1）:28.

❸ 李琛.对"非诚勿扰"商标案的几点思考 [J].知识产权，2016（1）:4.

❹ 蒋利玮.论商标使用的判断:以"非诚勿扰"案为视角 [J].法治社会，2016（3）:39-41.

❺ 张惠彬.电视节目名称与商标权:冲突与契合之反思——以"非诚勿扰"案为考察中心 [J].新闻界，2016（24）:28.

❻ 刘文杰.《非诚勿扰》节目名称侵权案探析 [J].现代传播（中国传媒大学学报），2016（7）:136-141

❼ 李琛.对"非诚勿扰"商标案的几点思考 [J].知识产权，2016（1）:5.

用与正向混淆相同的思路，即原告必须证明存在受保护的商标，并证明存在消费者混淆两种商品来源的可能性。在以正向混淆审查思路来判断是否构成反向混淆的共识达成后，关注焦点自然就落在是否构成来源混淆的判断上。

特殊因素是竞争市场与主观意图：一是双方之间是否存在竞争关系；二是在先使用者是否有意弥补差距；三是在后使用者是否存在疏忽。已达成共识的是，反向混淆成立与否，与在后使用者是否具有免费搭乘在先使用商标声誉便车的主观意图没有关联。如果客户的唯一误解是在先使用者拷贝了在后使用者的标识，这并不足以认定反向混淆。概言之，"误解"不等于"混淆"。

判断反向混淆类型侵权行为成立与否，与判断传统的正向混淆侵权行为一样，在我国仍应当以原告拥有商标权为前提，并在考虑反向混淆特殊要素的基础上，逐个分析侵权构成的四个要件，即损害后果、因果关系、行为违法、主观过错，只不过需要将反向混淆的特殊因素融入侵权构成的四要件进行分析。❶

三、总　　结

对于电视节目名称的侵权问题研究，是下一步电视节目保护问题的前提和基础。根据目前已有资料总结，国内对于电视节目的侵权问题研究，仍然不够完整和全面，无论学理界还是司法实务界额，更多的目光都是投向电视节目名称与商标权之间的纠纷，而这实际上又是会牵涉商标法内部争议许久的有关使用、反向混淆、商品服务类别的问题认定。因此，如果在已有理论基础上，跳出单一商标法的桎梏，以更开阔的眼光看待这一问题，需要更多的思考与回应。

---

❶ 黄武双.反向混淆理论与规则视角下的"非诚勿扰"案 [J].知识产权, 2016(1)：33.

商标侵权中的商标性使用认定

■ 王丹妮　赵丹妮　罗子爱　张斯玮

【摘要】商标性使用作为商标侵权判定的重要组成部分，受到我国商标法的规制，但目前我国学术界与司法实践中对商标性使用与商标侵权的关系以及商标性使用与混淆可能性间的关系还存在诸多不同的观点。本文通过对627份裁判文书、91份文献的实证分析，发现在司法实践中关于侵权中商标性使用构成要件的论证缺乏明确统一的认定标准和详细论述，对于正当使用的认定也存在是否以"客观上混淆误认的不可能性"等分歧。

【关键词】商标性使用；识别功能；商标侵权；正当使用

学界和实务界对商标侵权中的商标性使用的研究，首先多从商标性使用的内涵出发，探讨商标性使用是否应为商标侵权认定中的构成要件，主要的观点分歧也以此为基础展开。其次，在商标性使用应为商标侵权认定要件这一论证前提下，学者和实务人员对商标性使用内在的构成要件，以及与商标侵权认定中的其他要件的关系也争议颇多。最后，在商标侵权纠纷中，正当使用常作为被控侵权人援引的抗辩事由，与"商标性使用"存在直接的关联性。进一步比较各界对正当使用的内涵及其构成要件的研究，以期更加完整、准确地把握对"商标侵权中商标性使用认定"这一主题的认识。

一、 商标性使用的内涵界定

（一）法律规定

2002年的《商标法实施条例》第3条❶对商标的使用进行了界定，认为只要把他人商标用于商业活动中，就是商标的使用，未明确指出是否需要发挥商标的识别功能。但在司法实务工作中，对识别功能在商标性使用界定中地位的认识要领先于立法工作。

2013年修订的《中华人民共和国商标法》（以下简称《商标法》）新增了"商标的使用"这一条款，❷在《实施条例》第3条基本内容的基础上，增加了"用于识别商品来源"的目的效果要件。这一实质性界定要求的增加，进一步深化对"商标的使用"的认识，对在实践中判定商标性使用提供了明确的依据。

目前，关于商标的使用，司法实践中有许多不同习惯称呼的混用，如商标性使用、商标法意义上的使用，还有商业标识意义上的使用，这导致有些学者形成了概念指向上的混淆。❸实际上，这些称呼指向一致，都是以商标标识性为根据。"商标的使用""商标性使用"都是指在商业活动中使用他人商标，用以发挥商标识别功能的行为。

（二）文献综述

通过具体使用形式的列举和实质性概括相结合，商标法明确了"商标的使用"的内涵。而学者们对"商标的使用"内涵的梳理解读，也多是以使用方式和效果要件相结合，但所强调的内容各有侧重。如王莲峰认为"商标使用是商标使用者在商业活动中连续和真实使用，以该商标

---

❶　中华人民共和国国务院.中华人民共和国商标法实施条例［Z］.2002-08-03.第3条：商标法和本条例所称商标的使用，包括将商标用于商品、商品包装或者容器以及商品交易文书上，或者将商标用于广告宣传、展览以及其他商业活动中。

❷　全国人民代表大会常务委员会.中华人民共和国商标法［Z］.2013-08-30.第48条：本法所称商标的使用，是指将商标用于商品、商品包装或者容器以及商品交易文书上，或者将商标用于广告宣传、展览以及其他商业活动中，用于识别商品来源的行为。

❸　如有学者就比较了商标使用和商标性使用的区别，认为"商标性使用就是在自己产品、包装、广告宣传中使用他人商标，但是使用者使用他人商标并不是想以该商标来标明自己产品或服务的来源，相反，使用者会在自己产品上标明自己注册的商标"。

得以区分商品或服务来源为目的的使用"。❶ 特别指出要连续和真实的使用以发挥其商标识别作用。而张德芬对商标使用的界定，还强调了要能产生商业影响。认为"商标使用是指将商标使用于商品、服务或与之有关的对象上，或者利用图像、影音、电子媒体或其他媒介物，以表明该商品或服务的来源，并足以在相关公众中产生商业影响的行为"。❷

二、商标性使用是否为商标侵权的构成要件

（一）案例综述

《商标法》第57条❸规定了商标侵权情形。其中前两款属于直接侵权情形，后五款则是处于权利外围的间接侵权。条文的字面表述并没有直接明确地说明商标性使用与商标侵权认定的关系。

司法实践依据法律规定，基于不同的案件实际，对商标性使用与商标侵权的关系的认识有一个逐步深化的过程。综观，将商标性使用作为商标侵权认定的前提条件，是司法审判实务中的主流观点。

2001年的雅马哈商标侵权纠纷案中，❹ 判决❺ 提到"暗示自己的产品与'Yamaha'有某种联系"，即暗指被告的使用行为发挥了涉案商业

---

❶　王莲峰.论商标的使用及其认定——基于《商标法》第三次修改［J］.公民与法（法学），2011（3）:2-5.

❷　张德芬.商标使用界定标准的重构［J］.知识产权，2012（3）:11-20.

❸　全国人民代表大会常务委员会.中华人民共和国商标法［Z］.2013-08-30.第57条：有下列行为之一的，均属侵犯注册商标专用权：（一）未经商标注册人的许可，在同一种商品上使用与其注册商标相同的商标的；（二）未经商标注册人的许可，在同一种商品上使用与其注册商标近似的商标，或者在类似商品上使用与其注册商标相同或者近似的商标，容易导致混淆的；（三）销售侵犯注册商标专用权的商品的；（四）伪造、擅自制造他人注册商标标识或者销售伪造、擅自制造的注册商标标识的；（五）未经商标注册人同意，更换其注册商标并将该更换商标的商品又投入市场的；（六）故意为侵犯他人商标专用权行为提供便利条件，帮助他人实施侵犯商标专用权行为的；（七）给他人的注册商标专用权造成其他损害的。

❹　（2001）津高（知）初字第3号。

❺　雅马哈发动机株式会社诉天津港田集团公司等侵犯商标专用权纠纷案中，天津市高级人民法院认为被告未经许可，在其生产的摩托车的前身和后身部位上粘贴"engine licensed by Yamaha"字样，其中特别用意放大显示"Yamaha"字样，是暗示自己的产品与"Yamaha"有某种联系。

标识的识别功能。2007年的蓝色风暴商标侵权纠纷案中❶，关于"蓝色风暴"标识是否侵权，一审、二审认定结果完全不同，❷但其判断依据都是围绕商标使用行为是否区别商品或服务来源展开。

明确把"商标性使用"作为商标侵权的前置性构成要件首见于"辉瑞案"。❸有些判决中还指出了商标性使用与混淆认定的联系和区别。董某诉北京市北海公园管理处侵害商标权案中❹载明"商标意义上的使用是指将商标作为标示商品以及服务来源的依据的使用，因该标识的使用使得消费者能够满足对相同或类似商品或服务的不同来源的识别作用，在此不论识别本身混淆与否，使用人须是将其作为标识来使用。如果构成商标意义上的使用，再论是否构成混淆，混淆则是不正当的使用，为商标法所禁止"。

此外，实践中也有法院跳过商标性使用，直接判断混淆，从而认定商标侵权的案件，这在一定程度上增添了审判的工作难度。如环球公司与际通文具、际通铅笔、永旺东泰侵犯商标专用权纠纷案中，❺终审法院认为"际通文具、际通铅笔在环球公司产品的包装物上添加自己企业字号和商标的行为、将自己标注为产品经销商和生产商的行为，

---

❶ （2003）苏民三（知）终字第025号。

❷ 浙江蓝野酒业有限公司与杭州联华华商集团有限公司等商标侵权纠纷案中，原审法院认为，"蓝色风暴"在百事可乐商品上的使用不能起到区分商品来源的作用，并不属于商品商标使用；二审法院则认为蓝色风暴的相应使用行为使其区别商品来源的功能已经得到充分的彰显。

❸ （2009）最高法民申字第268号。辉瑞产品有限公司等诉江苏联环药业股份有限公司侵犯商标权纠纷再审案，一审与二审形成不同的判决，关键就在于对商标性使用内涵和地位的认定不同。一审法院并没有对被控侵权产品否为商标性使用进行认定，二审则指出"包装于不透明材料内的药片并不能起到表明其来源和生产者的作用，即便该药片的外部形态与辉瑞产品公司的涉案立体商标相同或相近丝，但消费者在购买该药品时不会与辉瑞产品公司的涉案立体商标相混淆，亦不会认为该药品与辉瑞产品公司、辉瑞制药公司存在某种联系进而产生误认。最高人民法院在再审裁定中直接提出了商标意义上的使用的认定，认为联环公司生产药片的包装与药片形状相应的菱形突起、包装盒上"伟哥"两字有土黄色的菱形图案作为衬底，但消费者在购买该药品时并不能据此识别该药片的外部形态。由于该药片包装于不透明材料内，其颜色及形状并不能起到标识其来源和生产者的作用，不能认定为商标意义上的使用。因此，不属于使用相同或者近似商标的行为。也是点明了商标性使用与商标侵权认定的之间的关系——明确商标性使用为商标侵权认定中的前置性构成要件。

❹ （2012）京民一（知）终字第8879号。

❺ （2013）鲁民三（知）终字第32号。

破坏了环球公司'CARIOCA'注册商标的识别功能，割裂了环球公司'CARIOCA'注册商标所对应的市场主体，容易使相关消费者误认为被控水彩笔系来源于际通文具、际通铅笔，或者认为际通文具、际通铅笔与环球公司存在关联关系，侵犯了环球公司的注册商标专用权"。不难看出，司法实践对商标性使用与混淆认定的关系也还存在一定的误区。

（二）文献综述

虽然司法实践对这一问题已形成基本一致的意见，但理论界对此还争论不止，有学者指出限定商标性使用为商标侵权认定的构成要件，缩小了注册商标专用权的保护范围，不利于保护商标权人的利益，应将商标侵权中的使用理解为商业性使用。对比总结可知，争议主要围绕商标性使用与商业性使用，以及商标性使用与混淆可能性的关系这两方面展开。

1. 商标性使用不应成为商标侵权的前置要件

首先，部分国内外学者认为把商标侵权中的使用限定在商标性使用中，会缩小商标权的保护范围。何怀文[1]认为"商标性使用"的法律概念片面地关注"被诉标志"是否侵犯"注册商标"，而忽视真正的法律问题应是"被诉标识行为"是否侵犯"注册商标权"，会不适当的限制注册商标权。还有观点通过阐明商标功能与商标侵权的关系，指出商标侵权，是对商标所有功能的减损和破坏行为。除了商标性使用中指向的识别功能之外，对品质保障、广告宣传等其他功能的破坏，也会减损商标的价值，对商标权人造成损失。苏平、胡海容、李庆则从商标权的客体——商誉出发，认为"商标权人使用商标的过程也是商誉积累的过程，而凡是可能造成商标权人商誉受损的商标使用行为同时也可能损害商标权人商标权"。[2] 国外学者则以丁伍迪（Dinwoodie）和詹尼斯

[1] 何怀文. "商标性使用"的法律效力［J］.浙江大学学报（人文社会科学版），2014（2）：165-176.
[2] 苏平，胡海容，李庆.论商标侵权中"商标使用"的判断标准［J］.法律适用，2013（1）：93-97.

（Janis）为代表。[1]他们指出商标使用理论的形式化，指出非商标性使用也可能导致消费者混淆，损害商标权人利益。并认为过度强调商标的资讯功能，忽略其他商标价值，有违商标立法保护宗旨。

其次，也有学者认为商标性使用是混淆认定的内在组成部分，强调商标性使用作为前置要件，存在重复认定的问题。如何怀文也指出：对于商标性使用的认定，如果从被告的主观状态着手，不能不顾相关公众的实际认知；[2]如果按照相关公众的客观认知，面对被告同时使用涉案标识和自己商标情况，法院就难以论证相关公众对涉案标识的实际认知，需要原告证明自己注册商标的显著性和知名度。对以上两种情况，其实质都是在考察相关公众混淆之虞本身——注册商标侵权行为的决定性条件。美国商标法专家麦卡锡也指出"商标使用"实际间接存在于商标侵权的混淆可能性认定中。因为非商标意义上的使用几乎不可能导致可诉的混淆。[3]

2. 商标性使用应成为商标侵权的前置要件

关于商标性使用与商业性使用的争论，不少学者认为，商标侵权中的使用行为从应然和实然的角度分析，都应为商标性使用。如学者孔祥俊强调是否在商业标识意义上使用，是商标及商标权本质的重要体现。商标的直接侵权行为应当限定于标识作为来源识别使用的情形。[4]王迁也指出商标法的立法目的，重点在于确保消费者能正确联系注册商标与其商品或服务来源。商标使用作为先决条件恰恰就是此目的的具体体现，也是实现商标法目的的最佳路径。[5]美国学者斯泰西多安（Stacey Dogan）和马克·莱姆利（Mark Lemely）则从法律经济视角分析，指出商标法保护的利益是商标的资讯功能。从消费者搜寻成本理论出发，论

---

[1] Graeme B. Dinwoodie & Mark D. Janis. Confusion Over Use: Contextualism in Trademark Law [J]. Iowa Law Review, 2007, 92（5）:1597-1667.

[2] 何怀文."商标性使用"的法律效力［J］.浙江大学学报（人文社会科学版），2014（2）: 165-176.

[3] J. Thomas McCarthy. McCarthy on Trademark sand: Unfair Competition ［M］. New York: Thomson/West, 2006:11-50.

[4] 孔祥俊.商标法适用的基本问题［M］.北京：中国法制出版社，2014:133-141.

[5] 王迁.知识产权法教程［M］.北京：中国人民大学出版社，2015:498.

证了商标使用认定的重要地位。❶

对于有些学者提出的商标性使用与混淆可能性重复认定的问题，也有不少学者肯定了商标性使用在商标侵权认定中的重要独立地位。他们认为商标性使用独立于混淆可能性，并且商标性使用的单独认定有其自身重要的价值。

首先，商标性使用与混淆认定虽有联系，但其考察的方式和侧重点有所不同，是相互独立的。商标性使用不能简单被混淆认定所吸收。学者李士林强调是否构成商标使用，是判断涉案标识是否起到指示来源的作用，而不是看该使用行为是否引起混淆。❷刘维也界定区别了商标性使用的"经济关联"与混淆可能性判定中的"关联关系"，指出"前者的目的在于分析被告是否利用商标获取经济优势。而混淆可能性判定中的"关联混淆"是指"关联、赞助、许可等关系"，是通过综合考察案件所有因素（如显著性、知名度等）之后得出的结论。❸

其次，依次认定，还能更好地适用后置条件——混淆认定。李士林也指出混淆可能性作为商标侵权界定的决定性条件，其认定易于延伸扩张到所有的使用行为。"如果没有商标使用的预先筛选，也许很多并不侵犯商标权的情形 会被商标权人纳入自己的权利范围内"。❹商标侵权认定"两步走"的情况下，商标性使用能有效避免混淆标准的不当使用和滥用，正如美国学者德梅尔（Widmaier）所言，商标性使用在混淆可能性标准的适用中充当着"安全阀"的角色。❺

笔者认为，首先，识别商品或服务来源的功能是商标最基本的功能，商标侵权的实质损害效果就是相关公众对商品或服务来源的混淆，

---

❶ Stacey L. Dogan, Mark A. Lemley. Grounding Trademark Law through Trademark Use [J]. Iowa Law Review, 2007(92): 1669-1701.

❷ 李士林. 商标使用:商标侵权先决条件的检视与设定 [J]. 法律科学（西北政法大学学报），2016(5):145-155.

❸ 刘维. 论界定商标侵权使用行为的两步审查法 [J]. 北方法学，2015(2):28-35.

❹ 李士林. 商标使用:商标侵权先决条件的检视与设定 [J]. 法律科学（西北政法大学学报），2016(5):145-155.

❺ Uli Widmaier. Use, Liability and the Structure of Trademark Law [J]. Hofstra Law Review, 2004 (33):603-607.

商标侵权应以发挥识别功能的商标性使用为认定前提。这与商标法中保护商标权人的核心利益具有一致性。商标的识别功能是其他功能的基础，其他功能是由识别功能延伸而来，并且在使用过程中又反过来强化识别功能。因此，没有发挥识别功能的商标使用行为就丧失了对其进行商标保护的核心基础和逻辑起点。其次，商标侵权认定的核心为混淆理论，而混淆可能性是建立在商标的识别功能基础之上。因此，要有发挥识别功能的商标性使用行为，才可能导致相关公众对商品或服务来源的混淆。并且，商标性使用有独立于混淆标准的重要价值。能充当其"安全阀"，过滤掉不涉及混淆可能性标准适用的案件，从而有效提高诉讼效率，节约司法成本。

此外，商标性使用的认定也是商标法利益平衡的体现。回归到传统商标法视角的商标性使用认定，能限制商标权的扩张。

三、商标侵权中商标性使用的构成要件

（一）案例综述

1. 案件概览

在聚法案例网上，以"商标性使用"为关键词，"商标权权属、侵权纠纷"为案由进行检索，检索到794篇案例，排除重复和不相关案例，共收集到627个案例。其中，与"商标性使用"相关的侵害商标权纠纷案例时间多集中于2013～2017年。

从审理程序及审理法院可知，此627个案例主要分布在基层法院及中级法院，囊括最高人民法院7个案件，包括："星河湾案""庆丰包子铺"及"功夫熊猫案"等经典案例。❶ 在这627个案例中，法院认定构成商标性使用的案例一共是174个，其中，明确将是否构成商标性使用作为案件争议焦点的共计17个，包括"功夫熊猫案""新百伦案"❷、董某诉北京

---

❶ （2013）最高法民提字第3号、（2016）最高法民再字第238号、（2014）最高法民申字第1033号。

❷ （2015）粤高法民三（知）终字第444号。

市北海公园管理处侵害商标权案❶、北京禧天龙塑料制品有限公司与大连爱丽思欧雅玛发展有限公司等侵害商标权案❷、"非诚勿扰案"❸等。认定不构成商标性使用的共有22个，未直接详细论述是否构成商标性使用的共598个。

进一步分析构成商标性使用和不构成商标性使用的196个案例，大量案例直接在引用《商标法》第48条的基础上，判定是否构成商标性使用，缺乏明确具体的判断标准。值得欣慰的是，部分法院在判决中列明了对商标性使用应具备的条件以及考虑因素。❹亦有部分法院在判决中指出："商标法意义上的使用应当符合上述要件，即从使用的方式和载体来看，其应属于上述法定的表现形式；从标识作用而言，该标识系用于识别商品来源。"❺此外，郑某某与佛山市南海区桂城景兴商务拓展有限公司侵害商标权纠纷案判决❻中，法院通过对被诉侵权产品包装上使用标识的状况，分别从客观上是否起到指明商品来源的作用、主观意图是否是用来标识产品来源、使用效果是否足以对注册商标的功能产生实际性影响三方面，综合考虑是否构成商标性使用，进行认定被告是否侵犯商标专用权。

不可否认，尽管许多判决并未直接指明商标性使用的构成要件，但通过具体分析选取的案例，依据《商标法》第48条的规定，可以发现法院在论述是否构成商标性使用时，主要考量以下三个构成要件：其一，使用方式，即是否使用于商业活动；其二，使用意图，即是否意在标明商品来源；其三，使用效果，即是否能够达到识别商品来源之效果。

---

❶ （2012）京民一（知）终字第8879号。

❷ （2014）京民三（知）终字第03490号。

❸ （2016）粤民（知）再第447号。

❹ （2013）西民四（知）初字第00247号、（2016）陕民（知）终字第129号、（2016）陕民一（知）初字第930号、（2010）京民二（知）终字第15175号。例如，陕西盛唐在线网络信息有限公司与深圳市腾讯计算机系统有限公司、深圳市腾讯计算机系统有限公司西安分公司侵害商标权纠纷案、香港上海汇丰银行有限公司等与汇丰银行(中国)有限公司侵害商标权及不正当竞争纠纷上诉案等判决明确指出："商标性使用应具备的条件包括三项：商标必须在商业活动中使用；使用商标是为了标示商品或服务的来源；通过使用商标能够使相关公众识别商品或服务来源。"

❺ （2016）浙民一（知）初字第441号。

❻ （2014）深中法（知）初字第940号。

2. 使用方式：使用于商业活动

因《商标法》第48条直接规定了商标的使用形式，因此判断在商业活动中的使用方式是较为容易的。通过综合分析案例，在商标侵权案件中，几乎所有的被诉侵权行为均发生在《商标法》第48条列举的商业活动中。在这196个案例中，只有极少数案件不符合此构成要件：其一，重庆金夫人实业有限公司与北京百度网讯科技有限公司、南京米兰尊荣婚纱摄影有限公司侵害商标权纠纷二审民事判决书❶载明："上诉人和米兰公司均不存在'商标性'使用的行为。'关键词'仅是用于搜索引擎后台触发搜索，其本身不具有任何法律或商业属性，也不具有公开性，'关键词'本身及其使用不是商标性使用。"❷

3. 使用意图：标识产品来源

或许是由于使用意图难以界定，在大量判决中，法院并没有直接点明这一构成要件，而是通过客观的使用行为反推侵权人具有标识产品来源的使用意图。李敏法官在评析案例时认为应坚持客观性判断标准，即不是从标识使用者的主观意图，而是从商品上标识的客观表现形式，判断是否是商标性使用。即使使用者无意攀附他人注册商标的商誉，但客观上其使用某一标识的呈现方式，对相关公众而言，容易造成商品或服务来源的混淆，就属于商标性使用。

（1）具体使用行为：突出使用。

通过分析论述了使用意图的案例，绝大多数被诉侵权行为均为对标识进行突出使用，例如在显著位置标注标识、将标识字体放大或加粗等方式，因而许多判决便以此认定认定构成商标性使用。但是，突出使用的界定在不同法院也有不同的判定结果，同时突出使用并不必然说明被诉侵权人具有标识产品来源的使用意图，也不必然具有识别商品来源的效果。

首先，在同一案中对于是否是突出使用，不同法院有不同观点。"庆

---

❶ (2016)苏民（知）终字第8584号。

❷ (2013)成民（知）初字第1516号。北京土人景观与建筑规划设计研究与成都市土人景观设计有限公司侵害商标权纠纷案。本案中，方认为尽管在第48条规定的活动中使用了标识，但若被诉侵权人未实际开展经营活动，即不认为是商业活动。

丰包子铺"中一审、二审认为未突出使用，再审法院认为构成突出使用；杨某某等诉恒大足球学校等侵犯商标专用权和不正当竞争纠纷上诉案❶ 中，一审法院认为，恒大足球学校对外使用的名称为"恒大皇马足球学校"，除了突出使用"皇马"二字，也突出使用了"恒大"二字，属于商标性使用；二审法院认为，恒大足球学校对"恒大皇马足球学校"的使用，不属于突出使用，不是商标意义上的使用。

其次，突出使用是否足以证明标识产品来源的意图。纳爱斯男士牙刷案❷ 一审法院认为：在整个标识中，"男士"明显突出使用，处于显著位置，会吸引普通消费者的注意力，客观上产生识别商品来源的作用，已经具有商标的功能，属于商标性使用。但在二审判决中，法院认定：判断是否属于商标性使用，除了看使用形式，还要看使用目的。字体大小以及是否吸引相关公众的注意力，不是作为判断是否属于商标性使用的标准。❸ "松露巧克力案"❹ 判决中指出：是否构成商标性使用，关键在于是否实际发挥识别商品来源的作用。❺

从上述案例可知，字体大小以及是否吸引相关公众的注意力，是否突出使用不是判断商标性使用的唯一标准，即使未突出使用，但被诉侵权人不能举证证明或说明该标识只具有指示或描述作用的，也构成商标性使用。关键还在于是否发挥了识别商品来源的客观效果。

（2）其他认定具有识别商品来源意图的方式。

在"讯销羽绒服案"❻ 中，被告迅销公司的母公司日本株式会社迅

---

❶ （2013）粤高法民三（知）终字第630号。

❷ （2015）粤民（知）终字第249号。

❸ 原审认为在涉案商品整个标识中"男士"明显突出使用，会吸引普通消费者的注意力，客观上产生识别商品来源的作用，属于商标性使用，是错误的。纳爱斯公司在其牙刷产品上使用"男士"一词并不是为了让相关公众识别其来源，被控侵权商品上标有纳爱斯公司的注册商标、厂名、厂址、联系电话、邮政编码、网址等信息，相关公众通过这些信息足以识别商品的来源。

❹ （2016）苏民五（知）终字第3491号。

❺ "松露巧克力"系为了标明该产品的品名，并非作为识别商品来源的标识。此外，巧诺梵公司、顶莱公司生产、销售的另外两款产品"精品巧克力"和"快乐巧克力"，其外包装中的"精品""快乐"字样同样大于"巧克力"三字，故不能仅凭"松露巧克力"中的"松露"大于"巧克力"字样即认定被控侵权产品将"松露"作为商标突出使用。

❻ （2015）深中法（知）民终字第1562号、（2015）粤法（知）民终字第221号。

销曾于2012年11月3日向国家工商行政总局商标局申请在第25类商品上注册"UL"商标，从侧面反映出两被告使用标识的意图为商标性使用。此外，在所用标识上添加"™"或"®"标志，❶也能表明使用人具有标识产品来源的意图。

从以上论述可知，法院判决中仅以极小篇幅论述侵权人是否具有标识商品或服务来源的主观意图，最典型的理由即构成突出使用。然而对于突出使用的判断标准却未加以论述，并且即使构成突出使用，也并不必然说明具有识别商品来源的意图。

4. 使用效果：识别商品来源

（1）作为名称的商品标识。

在商标侵权案件中，尤其是在被诉标识使用在企业名称、节目名称、图书名称等案件中，被告通常主张在先字号权、描述性使用等正当使用事由以抗辩被诉标识发挥了识别商品来源的作用，法院根据客观上使用某一标识的呈现方式进行个案判断。

如"庆丰包子铺案"❷中，一审、二审法院均认为庆丰餐饮公司使用"庆丰"二字时与其使用环境一致，并未从字体、大小和颜色等方面突出使用，是对企业名称简称或字号的合理使用。而再审法院作出了不同的判决，认为庆丰餐饮公司在其公司网站上开设"走进庆丰""庆丰文化""庆丰精彩""庆丰新闻"等栏目，在经营场所挂出"庆丰餐饮全体员工欢迎您"的横幅，相关公众会将"庆丰"文字作为区别商品或者服务来源的标识，庆丰餐饮公司的使用行为属于对"庆丰"商标标识的突出使用，其行为构成商标性使用。

又如"非诚勿扰案"❸中，江苏电视台主张被诉"非诚勿扰"标识属于对节目名称的使用，相关公众通过江苏电视的台标来识别来源，被诉标识未起到识别来源的作用。法院认为江苏电视台对被诉"非诚勿扰"标识的使用，并非仅仅为概括具体电视节目内容而进行的描述性使

---

❶ （2014）穗中法（知）民终字第740号、（2015）镇民（知）初字第26号。

❷ （2013）最高法民提字第3号、（2016）最高法民再字第238号、（2014）最高法民申字第1033号。

❸ （2016）粤民（知）再字第447号。

用，而是反复多次、大量地在其电视、官网、招商广告、现场宣传等商业活动中单独使用或突出使用，使用方式上具有持续性与连贯性，其中标识更在整体呈现方式上具有一定独特性，这显然超出对节目或者作品内容进行描述性使用所必需的范围和通常认知，具备了区分商品/服务的功能。

再如"智慧背囊案"❶中，青岛出版社主张"智慧背囊"是作为图书名称使用，是基于对书籍内容进行定位、总结和体现而进行使用，是对该词汇的正常意义上的使用，这种使用并不具有区分商品来源的功能。法院认为青岛出版社在使用该书名时，将"智慧背囊"四个字在被控侵权图书的封面等位置上进行了突出使用，尤其在封面独自成行，可以认定"智慧背囊"起到了标示商品来源的作用。虽然不排除相关公众在选择图书商品时，会根据出版单位名称、图书封面设计等因素判断图书的来源，但是它不能否定在书籍类商品上注册商标起到的区分商品来源的作用。

在此类案件中，尽管被告可能会有正当使用事由，但若其使用方式超出了原有权利范围或描述范围，则仍然具有识别商品来源的作用，构成商标性使用。正如"好又多案"❷中法官所明确的：字号在先权利人及其被许可人应当遵循诚实信用原则，且仅仅在企业名称的范围内以整体的方式使用；如果其将已被他人注册为商标的"字号"突出使用，擅自僭越权利边界，那么其行为将构成商标侵权。

（2）涉外定牌加工案件使用效果的认定。

一般而言，突出使用等情况能够认定标识具有识别商品来源的客观效果，但是在定牌加工案件，如上海柴油机股份有限公司诉江苏洋马发动机有限公司侵害商标权纠纷一案❸等，目前法院的主流观点认为：对"使用商标"行为的判定应以能否起到识别功能为依据，即如果能够起到指示来源的作用，则构成商标性使用；反之则不属于商标性使用。由于实质上商标真正的使用者为境外委托方，侵权产品并未真正进入流通

---

❶ （2014）京二中民（知）终字第10356号。

❷ （2012）最高法民提字第38号。

❸ （2013）粤高法民三（知）终字第148号、（2011）沪一中民五（知）终字第138号。

领域，被诉侵权商标只在我国境外发挥商品来源的识别功能，并不在国内市场发挥识别功能，因此不能发挥识别商品来源的效果。

目前，对于定牌加工行为的定性和处理尚未有定论，但认为定牌加工行为不具有发挥识别商品来源作用的判决越来越多。

（3）其他特定情形下使用效果的认定。

目前司法实践中，绝大多数案件认定具有识别商品来源的作用，除了定牌加工外，还存在少量特定情形认定无法发挥商品识别来源功能的案例，例如，金易久大商标权侵权纠纷案，❶ 法院认为尽管在被诉侵权葡萄酒瓶体背面标签上印有"金易久大"标识，但该标识是作为被诉侵权商品的总经销商被标注，不具有识别商品来源的功能和作用。又如，原告烟台张裕葡萄酿酒股份有限公司与被告严某某侵害商标权纠纷案❷中，涉案商品对于"张裕"文字商标的使用系在生产厂家的名称中使用了"张裕"，法院认为不属于商标性使用，但未详细论述理由。

（二）文献综述

我国学术界对于商标侵权相关问题的研究多集中在商标的混淆可能性判断、商标正当使用等方面，单独针对商标侵权中的商标性使用判断标准的文献较少。

总体而言，现有文献中对于商标性使用判断标准的认定主要均集中于使用目的要件（及使用行为目的是说明商品或服务的来源）、使用效果要件（即使用行为能达到区分识别商品或服务来源之效果）、使用场所要件（即应当在商业活动中使用）这三个方面进行探讨；同时，被使用商标的独创程度和知名度、被诉侵权人使用商标的方法亦是判断商标性使用的两个重要要件。

首先，由于商标是商品经济的产物，其最基本的功能是区分商品或

---

❶ （2015）津民三（知）初字第115号、（2016）津民（知）终字第248号。

❷ （2014）宁铁（知）初字第478号。

服务的来源。❶ 正因其具备区分识别功能，❷ 消费者才得以依据商标选购商品或接受服务。鉴于此，我国商标法学者多首先从商标的该功能之视角理解商标性使用的内涵，从商标使用目的和使用效果两个方面进行论述。但同时，这一要件与"在商业活动中使用"关系是密不可分的，若要能够达到使得消费者区分商品服务来源之效果和目的，就必须要求使用行为是在商业活动之中，否则消费者将无从知晓该商标的相关信息。例如，学者王莲峰认为，以该商标得以区分商品或服务来源为目的的使用、在商业活动中公开使用、连续使用、真实善意使用是商标使用的要件；❸ 祝建军也将必须将商业标识适用于商业活动中、使用的目的是为了说明商品或服务的来源、通过使用能够使相关公众区分商品或服务的来源作为构成商标性使用的三个必须要件。❹

其次，被诉侵权人使用商标的方式、被诉侵权人的主观意图是判断被诉侵权人是否构成商标性使用时应当着重分析的两方面。李春芳在其著述中提出，其一，判断一行为是否构成商标性使用行为的关键是看这一行为是否发挥了商标的基本功能——识别商品或服务的来源，在判断过程中，应该着重分析被诉侵权人使用商标标识的方式；其二，制止商标性使用行为的目的之一是防止他人"傍名牌"，损害权利人的权益，因此在判断一行为是否构成商标性使用行为时，应考虑使用者的主观意图，即其是否具有"搭便车""傍名牌"的故意。❺

除上述因素外，被使用商标的独创程度和知名度也是部分学者主张非常重要的判断方面。对于被使用商标的独创性程度，有学者主张，被告对一个标记的使用是否有正当理由在很大程度上取决于原告商标的

---

❶ 例如，学者曾陈明汝认为，"商标之使用乃在于表彰商品之来源与出处，并向消费者保证商品品质具有满意之水准，使其认明标志，即可安心采购其所趁心满意之物品，诚为表征厂商信誉及消费者信赖关系之媒介"。参见曾陈明汝.商标法原理［M］.北京：中国人民大学出版社，2003：136.

❷ 王迁.知识产权法教程［M］.北京：中国人民大学出版社，2011:347-349.

❸ 王莲峰.论商标的使用及其认定——基于《商标法》第三次修改［J］.公民与法（法学），2011（3）:2-5.

❹ 祝建军.判定商标侵权应以成立"商标性使用"为前提——苹果公司商标案引发的思考［J］.知识产权，2014（1）:22-28.

❺ 李春芳，李淇.商标性使用的判定［J］.知识产权，2014（8）:32-36.

独创程度，原告商标独创性越强，被告使用的理由就不成立。其理由在于，若原告商标的独创程度越高，被告构成商标性使用的可能性越大；而若独创程度越低则被告不构成商标性使用的可能性越大。❶ 对于被使用商标的知名度的问题，李春芳认为，被使用商标的知名度可以间接判断被诉侵权人使用他人商标是否具有"傍名牌"意图，即若被使用商标的知名度很高，被诉侵权人构成商标性使用的可能性越大。❷

同时，学术界在对商标性使用的判定标准进行分析时，有学者强调，对于判断的各项因素应当综合考虑，而不能孤立地仅依照某一个或某几点因素就得出判断结果。李春芳对此进行了举例并详细论述，其认为：对于判断商标性使用的各项因素，应该综合全面地考虑❸：若一个商标独创性高、知名度高、被告重点突出地使用了该商标且具有"傍名牌"的主观故意，那么其使用行为肯定构成商标性使用；若一个商标属于描述性商标，被告对其使用只是为了描述自己产品，使消费者获取更多的信息，并没有突出显著地使用该商标，那么这种使用行为属于合理使用。通常情况下，被告的使用行为可能介于这两种使用行为之间，这时就需要法官根据案件的具体情况，综合分析上述因素，判断其使用行为是否构成商标性使用。

另外，网络的出现和飞速发展扩大了商标的使用范围、同时也增加了商标使用的新形式，基于网络环境的特殊性，对网络环境这一较为特殊的领域，国内也有部分学者对此进行探讨和分析。世界知识产权组织成员国大会第三十六届系列会议通过的《关于在因特上保护商标权以及各种标志的其他工业产权的规定的联合建议》（下文简称《建议》）第2条和第3条

---

❶❷❸ 李春芳，李淇. 商标性使用的判定 [J]. 知识产权，2014（8）:32-36.

对互联网上的商标使用进行规定。❶ 对此，王莲峰认为，该《建议》中列举的因素是用来帮助主管机关确定标志的使用是否在某成员国中产生商业影响的指导方针，而非作出这一确定的前提条件；针对个案而言，将取决于该个案的具体情况。其核心观点在于，虽网络环境有特殊性，但网络环境下商标的使用与实体环境下商标使用相同，二者最终还是都必须通过商标的使用来实现商标的区分功能和产生商业性影响。❷

以上皆从正面论述侵权中商标性使用的构成要件，而正当使用是商标性使用的抗辩事由，即一标识的使用构成正当使用就不构成商标性使用。因此，接下来采取反向论证的思路，试从反面论述商标性使用的构成要件。

四、正当使用的构成要件

（一）案例综述

1. 正当使用在商标性使用判定中的概况

以正当性使用为商标侵权的抗辩理由，是我国司法实践的通例。在我国的司法实践中，对正当使用关键分歧点在于是否将"客观上混淆误认的不可能性"作为商标正当使用的必要构成要件。

如前文所提及，在本文收集到的案例样本中，法院认定被告的使用为"正当使用"的案件为79篇。以正当使用为理由进行上诉的案件，只有31件获得胜诉。

---

❶ 世界知识产权组织大会.关于在因特网上保护商标权以及各种标志的其他工业产权的规定的联合建议. 2001-10-03. 第2条规定：只有某一成员国中产生商业影响的情况下，标志在互联网上的使用方构成在该成员国中的使用。第3条规定，在确定某一标志在互联网上的使用是否在某一成员国中产生商业影响时，主管机关应考虑所有相关情况，这些情况包括：(a)该标志的使用者正在该成员国中经营，或已制订重大计划在该成员国中经营，与互联网上使用该标志的商品或服务相同或类似的商品或服务；(b)该使用者从事的商业活动的程度和性质如何；(c)在因特网上提供商品或服务与该成员国的关系；(d)该标志在互联网上的使用方式与该成员国的关系；(e)该标志在互联网上的使用与该成员国中该标志的权利的关系。

❷ 王莲峰. 论商标的使用及其认定——基于《商标法》第三次修改［J］. 公民与法(法学)，2011(3):2-5.

2. 以"客观上混淆误认的不可能性"为构成要件的典型案例

在漳州片仔癀商标侵权再审案❶、湖北电视台如果爱商标侵权纠纷❷等案件中，❸ 法院在认定正当使用行为时，都明确将相关公众不会造成混淆作为一个重要的构成要件。正当使用作为商标性使用的抗辩在于排除此种使用是商标法意义上的使用。商标性使用的判断与是否造成混淆的判断应是不同路径，构成前者不必然造成商标侵权，只有当使用构成识别商品来源的功能，又足以造成相关公众的混淆才构成商标侵权。

---

❶ （2009）最高法民申字第1310号。漳州市宏宁家化有限公司诉漳州市仔癀药业有限公司侵犯商标专权再审案，最高人民法院指出："对于描述性注册商标，"生产者出于说明或客观描述商品特点的目的，以善意方式在必要范围内予以标注，不会导致相关公众将其视为商标导致来源混淆的，可认定为正当使用。"

❷ （2016）鄂民（知）终字第109号。赵某某、湖北广播电视台侵害商标权纠纷案，湖北省高级人民法院指出："对于文字注册商标而言，商标权人并不能绝对限制他人使用与其注册商标相同或近似的文字。如果行为人使用的系文字本身固有的含义，亦未发挥区分商品或服务来源的作用，则行为人的使用属正当使用，此种行为被法律所允许，商标权人无权禁止。本案中，湖北广电的涉案行为是否构成正当使用，需从行为人的使用意图、使用方式、使用效果等三个因素进行考量。其中的使用效果，主要包括，湖北广电在本案中使用涉案文字的行为并未影响涉案注册商标功能的实现与相关公众不会造成混淆两方面。"

❸ （2015）陕民三（知）终字第00031号。北京北部体育文化有限公司与西安沣东城建开发有限公司、西安沣东沣河景区管理有限公司、陕西省足球协会、西安华商网络传媒有限公司、《华商报》社侵害商标权纠纷案。陕西高级人民法院认为："当注册商标具有描述性时，他人出于说明或客观描述商品特点的目的，以善意且必要方式使用该标识，不会导致相关公众将其视为商标而发生来源混淆的，构成正当使用。"董某某与陈某某侵害商标权纠纷案。（2015）苏知民终字第00005号。江苏省高级人民法院指出："'三把刀'文字作为商标以及识别商品和服务来源的显著性和识别功能已经淡化。陈某某在刀具上使用'扬州三把刀'也非商标性使用，消费者不会将该使用行为与董福林注册商标联系起来。该使用不会造成相关公众对商品来源的混淆与误认，属于正当使用。"咸宁镇常恭风湿病专科门诊因与咸宁麻塘风湿病医院侵害商标权及不正当竞争纠纷案。（2013）鄂咸宁中民初字第18号。湖北省咸宁市中级人民法院认为："镇常恭风湿病门诊在宣传牌、门诊病历、医生名片、接送患者提示牌等宣传资料上突出使用'麻塘名医''麻塘风湿病名医'文字，是将麻塘风湿病医院注册商标'麻塘'作为其自己医疗机构服务标志进行使用，足以产生误导相关公众，混淆服务来源，淡化商标与商标权人联系的后果，属于不正当使用，侵害了麻塘风湿病医院注册商标专用权。"

3. 不以"客观上混淆误认的不可能性"为构成要件的典型案例

在浙江许愿灯商标侵权纠纷❶、联合利华"无懈可击"商标权纠纷上诉案❷等案件中，法院的判决符合《商标法实施条例》第49条❸、《北京市高级人民法院关于审理商标民事纠纷案件若干问题的解答》第26条❹的规定，"相关公众不会造成混淆"不作为正当使用构成要件，厘清了商标性使用与造成混淆之间的关系，不将造成混淆作为商标性使用的构成要件。

（二）文献综述

1. 正当使用构成要件的概况

关于商标合理使用的构成要件，理论上主要存在两要件和三要件之争。前者认为商标合理使用的构成要件应包括主观上的善意和客观上使用方式的合理。后者则认为应包括主观目的的合理性、使用方式的合理性与客观上混淆误认的不可能性。因此，争议的焦点在于，"客观上混淆误认的不可能性"是否应当作为商标合理使用的必要条件。

2. 以"客观上混淆误认的不可能性"为构成要件的典型文献

何怀文认为："只有在侵权成立的条件下，即存在相关公众混淆之

---

❶ （2014）浙（知）终字第34号。俞某某与黄某某侵犯商标专用权纠纷案，浙江省高级人民法院认为："被诉侵权产品上的'许愿灯'，其只是作为商品的名称正当使用，不是作为区别不同生产者、经营者的商品或者服务项目的标志，不属于法律意义上的商标使用，故被诉侵权产品上的'许愿灯'，并没有侵犯涉案商标专用权。"

❷ （2014）京民三（知）终字第06503号。中科联社与北京家乐福商业有限公司望京店、联合利华（中国）有限公司侵害商标权纠纷上诉案，北京市第三中级人民法院认为："联合利华公司在使用'无懈可击'时，多数是与其他词汇相结合使用，只是向相关公众传递产品的质量、品质等方面的信息，并不会使上述词汇起到指示商品来源的作用。联合利华公司在其生产、销售的清扬牌洗发液商品外包装以及相应的推广宣传中使用'无懈可击'字样，目的也是在于说明其生产的清扬牌洗发液产品的质量，其对"无懈可击"字样的使用属于正当使用，而并非指示商品来源的商标性使用，不构成对中科联社研究院涉案商标专用权的侵害。"

❸ 中华人民共和国国务院.中华人民共和国商标法实施条例［Z］.2002-08-03.第49条：注册商标中含有本商品的通用名称、图形、型号，或者直接表示商品的质量、主要原料、功能、用途、重量、数量及其他特点，或者含有地名，注册商标专用权人无权禁止他人正当使用。

❹ 北京市高级人民法院.北京市高级人民法院关于审理商标民事纠纷案件若干问题的解答［Z］.2006-03-07.第26条：构成正当使用商标标识的行为应当具备以下要件：（1）使用出于善意；（2）不是作为自己商品的商标使用；（3）使用只是为了说明或者描述自己的商品。

虞，被告才需要主张并举证证明成立'正当使用'。故正当使用本身意味着有相关公众混淆之虞，但基于正当理由，注册商标人无权禁止。"❶

刘铁光和吴玉宝同样认为，"客观上混淆误认的不可能性"是正当使用的必要构成要件。在文章中他们提到："不但侵权人该种使用的主观意图难以证明，而且可能确实存在侵权人并不具有将商标用于识别来源的主观意图，但客观上却产生来源混淆的商标侵权。"❷

上述观点存在一定局限性，商标正当使用规则不应该关注是否可能发生公众混淆，而应该关注行为是否具有正当性，毕竟商标制度的目的不是要杜绝市场上所有可能的相关公众混淆。商标使用和混淆可能性是完全不同的两个问题，商标使用是事实问题，并不依赖于个案的消费者感知。而混淆可能性和合理使用要求分析商标所联系的商品来源。

3. 不以"客观上混淆误认的不可能性"为构成要件的典型文献

有学者认为，混淆可能性与商标性使用是同一意义不同表达，因此不应在认定商标性使用的过程中，再考虑混淆可能性。李士林认为："断定被告的使用是否构成商标使用，依赖于消费者是否对被告的使用产生商品来源的联系，而不应当着眼于被告的使用是否引起混淆。否则，商标使用就是混淆可能性的另外一种表达，是混淆的代名词。商标侵权界定的基准是混淆可能性，但是它不断扩张，已经延伸到任何形式的联系原告商标的使用，或联系被告商品的使用。如果没有商标使用的预先筛选，也许很多并不侵犯商标权的情形会被商标权人纳入自己的权利范围内。"❸

张伟君、魏立舟、赵勇等认为，商标侵权判定中，此规定可能引发的问题是：如果有人在相同的产品上使用与注册商标相同的标识，而这

---

❶ 何怀文. "商标性使用"的法律效力 [J]. 浙江大学学报（人文社会科学版），2014（2）: 165-176.

❷ 刘铁光，吴玉宝. "商标使用"的类型化及其构成标准的多元化 [J]. 知识产权，2015 （11）:45-52.

❸ 李士林. 商标使用:商标侵权先决条件的检视与设定 [J]. 法律科学（西北政法大学学报），2016（5）:145-155.

种使用并没有导致相关公众对商品来源的任何误认和混淆。❶

部分学者认为，要求正当使用以不会造成混淆、误认为条件，既存在不可克服的逻辑矛盾，也不符合正当使用制度所追求的公平价值，不会造成混淆和误认也不应当成为正当使的构成要件。王莲峰指出："存在混淆可能性不应纳入正当使用的构成要件。有些公有领域的词汇，即使事实上造成混淆，也应当允许存在，因为这些词语显著性较弱，相应的排他性也会较弱。只要他人不是在商标意义上使用，没有起到识别商品来源的作用，即使造成了一定的混淆，这也是商标权人申请注册这些文字时的代价。"❷

上述观点厘清了正当使用与造成混淆之间的关系，认清了商标使用和混淆可能性是完全不同的两个问题，商标使用是事实问题，并不依赖于个案的消费者感知。而混淆可能性和合理使用要求分析商标所联系的商品来源。这样的认定模式有利于指导司法审判。

五、总结与建议

在商标侵权判定中，商标性使用是商标法中一个很重要的概念。

其一，2013年《商标法》修改虽然规定了商标使用行为，但是并没有进一步规定商标性使用行为。从本文的案例分析和文献分析可以看出，我国对商标使用的定义非常广泛，现有条文并未出现对使用目的限制。此外，我国缺乏对服务商标使用的规定。服务具有无形性特点，故服务商标难以如同商品商标一样直观体现，有必要对其特殊加以规定。对于何者属于服务商标的商标性使用，司法实践中虽不多见但在我国现有制度中仍存有空白，一旦出现司法案例则可能出现无据可依的情形，不利于商标权人权利的保护。

其二，司法实践中商标性使用判断缺乏统一标准。在本文所进行的

---

❶ 张伟君，魏立舟，赵勇. 涉外定牌加工在商标法中的法律性质——兼论商标侵权构成的判定 [J]. 知识产权，2014（2）：33-39.

❷ 王莲峰. 商标合理使用规则的确立和完善——兼评《商标法（修改稿）》第六十四条 [J]. 政治与法律，2011（7）：73-80.

案例分析中，将近75%的案例未进行商标性使用的论述，在涉及商标性使用判定的判决书中，缺乏明确统一的认定标准和详细论述。在三个构成要件中，使用效果是本质要件，因此许多判决对于使用方式、使用意图只进行了简要的阐述，并且理由基本都是突出使用。但是突出使用不应当成为唯一的标准，应结合涉案商品或服务的具体内容，从标识在商品上或服务场所中的使用位置、语言表达方式，以及该标识与商品或服务场所的其他文字、图形或色彩等信息符号的排列方式、大小比例和意义关系等方面进行综合审查。

其三，在我国大量司法实践中，法院认定正当使用行为时，将相关公众不会造成混淆作为一个重要的构成要件。正当使用作为商标性使用的抗辩在于排除此种使用是商标法意义上的使用。商标性使用的判断与是否造成混淆的判断应是不同路径，构成前者不必然造成商标侵权，只有当使用构成识别商品来源的功能，又足以造成相关公众的混淆才构成商标侵权。认清了商标使用和混淆可能性是完全不同的两个问题，商标使用是事实问题，并不依赖于个案的消费者感知。而混淆可能性和合理使用要求分析商标所联系的商品来源，因此法院在认定正当使用的过程中，不应以"客观上混淆误认的不可能性"为构成要件。

非法商品与商标权益的关系之案例综述

■ 李淑惠　阮琛莹

【摘要】由于我国相关法律条文对于非法商品与商标权益的关系未予明确规定，因此，在"捕鱼达人"商标案发生后，该问题成为司法界及实务界的争议焦点。但截至目前，在各大案例数据库中采用"非法商品""违法商品"分别与"未注册商标""商标法第31条""商标权""合法使用"等一系列关键词组合搜寻，均无法找到类似的司法案例。因此，为了更好地探究非法商品与商标权益之间的关系，将搜索的案例范围外延。通过研究违法行为与商标权益之关系的相关案例并加以类比，以期对在非法商品上使用商标是否可以获得法律保护提供一些参考和借鉴。

【关键词】非法商品；商标权益；违法行为；合法使用

一、问题的引出——"捕鱼达人"案

（一）案情简介

2011年3月29日，波克公司向国家工商行政管理总局商标局（简称商标局）提出第9274903号"捕鱼达人"商标的注册申请，指定使用在第42类"计算机软件设计、计算机软件更新、技术研究、包装设计、室内装饰设计、服装设计、书画刻印艺术设计、无形资产评估、气象信息、质量体系认证"等服务上。2012年1月6日商标局初步审定公告后，第三人希力公司和千贝公司以在先使用"捕鱼达人"商标并已经具有一定影响力为由提出异议。

随后，上述三公司围绕"捕鱼达人"商标开展了长达5年的商标争夺战，❶ 直至向最高人民法院申请再审。2016年11月25日，最高人民法院开庭审理了该案。在案件审理过程中，双方提交很多证据，其中之一便是证明第三人希力公司早在2009年推出的《捕鱼达人》游戏街机具有退币、退彩票等功能，属于国家禁止销售的赌博机的证据。在波克公司搜集的判决书中，自2011年以来，浙江、湖南、福建等多地法院的139 份判决中均认定街机《捕鱼达人》为赌博机。据此，波克公司主张："在赌博机等非法商品上的使用行为不能产生在先商标权益。"

（二）争议焦点与影响

由此，便引发了本案的争议焦点问题，即在违法商品上在先使用商标能否产生原《商标法》第31条第2款❷ 规定的对未注册商标予以保护的权益，对该问题予以明确成为了本案之关键。

但截至目前，在各大案例数据库中采用"非法商品""违法商品"分别与"未注册商标""商标法第31条"❸"商标权""合法使用"等一系列关键词组合搜寻，均无法找到类似的案例。本案在该领域史无前例，也因此，给学术界及实务界带来巨大的争议和影响。

---

❶ 2013年，商标局作出（2013）商标异字第17885号《"捕鱼达人"商标异议裁定书》；2014年，商标评审委员会作出商评字（2014）第058754号《关于第9274903号"捕鱼达人"商标异议复审裁定书》；2014年，北京市第一中级人民法院作出（2014）一中行（知）初字第9066号行政判决；2015年，北京市高级人民法院作出（2015）高行（知）终字第2074号行政判决；2016年，最高人民法院再审。

❷ 2013年修订的《新商标法》的第32条第2款，由于该案被诉的第58754号裁定系由商标评审委员会于2014年5月1日前作出，因此，本案适用的是2001年10月27日修改的原《商标法》。

❸ 2013年修订的《新商标法》的第32条。

二、国内司法实践

为了更好地探究非法商品与商标权益之间的关系，笔者将拓宽搜索的案例范围，将"非法商品"外延至"违法行为"。通过研究分析违法行为与商标权益关系的相关案例，为"在非法商品上使用商标是否可以获得法律保护"的问题提供参考和借鉴。

（一）违法行为可产生商标权

1. "卡斯特"案❶

法国卡斯特兄弟股份有限公司（简称卡斯特公司）与中华人民共和国国家工商行政管理总局商标评审委员会（简称商标评审委员会）、李道之商标撤销复审行政纠纷一案原本是关于连续3年停止使用是否应撤销商标的问题，但是其中的法理则是被引伸适用到"非法使用"的情形。本案中，卡斯特主张"3年不使用"中的商标使用仅指"合法使用"，而不包括"违法使用"。根据《中华人民共和国进出口商品检验法》等对进口、销售葡萄酒产品所作的强制性、禁止性规定，李某某的销售对象班提公司如果要在国内进口并销售葡萄酒，必须经过必要的检验和审核程序，并取得相关证书。而李某某并未提供任何证据证明班提公司具有合法进口及销售的资格，并且未提供任何证据证明其进口的葡萄酒取得了上海市相关行政部门出具的批发和零售许可证，也未提供任何证据证明其销售的葡萄酒的质量合格。

最高人民法院在《法国卡斯特兄弟股份有限公司商标撤销复审行政纠纷申请再审》认为，第44条第（4）项所要解决的根本问题是商标"是否在使用"，而不是"如何使用"。李某某在评审程序中提交销售卡斯特干红葡萄酒的增值税发票和相关材料后，可以证明班提公司在商业活动中对争议商标进行公开、真实的使用，争议商标不属于《商标法》第44条第（4）项规定连续3年停止使用、应由商标局责令限期改正或者撤销的情形。至于班提公司使用争议商标有关的其他经营活动中是否违反进口、销售等方面的法律规定，并非《商标法》第44条第（4）项所要规范和调整的问题。

---

❶ （2010）知行字第55号行政裁定书。

该裁定认为负面的"商誉"不对商标和商标专用权的存在产生影响，而只对商标价值产生影响，从中可以看出，法院是支持违法行为可产生商标权的。

2."小拇指"案❶

在2014年最高人民法院发布的第30号指导案例之"小拇指"商标侵权与不正当竞争纠纷案中，杭州小拇指公司许可他人在车辆清洁、车辆保养和维修等服务领域使用其商标，或者其从事商业特许经营活动，许可其直营店、加盟商在经营活动中使用其"小拇指"品牌、专利技术等经营资源。天津小拇指公司对此主张杭州小拇指公司从事特许经营不符合法定条件或有非法经营行为，故其权利不应受法律保护的主张。

法院经审查认为，杭州小拇指公司在前述许可行为中并不以其自身取得经营机动车维修业务的行政许可为前提条件，这与实际经营机动车维修业务的被许可人应依法取得相应的行政许可，并无矛盾之处。无论杭州小拇指公司是否获得了经营机动车维修业务的行政许可，均不影响该公司依法制止侵犯其商标权和不正当竞争行为的民事权利，也不影响人民法院依法保护其民事权益。

由此可见，法院认为即使注册商标被企业超经营范围使用也可在核定的服务范围内禁止他人仿冒。该判决亦支持违法行为不影响商标权益的行使。

（二）违法行为不能产生商标权

1."康王"案❷

在云南滇虹药业集团股份有限公司与汕头市康王精细化工实业有限公司、国家工商行政管理总局商标评审委员会商标行政纠纷申请再审案中，云南滇虹药业集团股份有限公司未按照国家规定标注化妆品生产许可证和卫生许可证，商标评审委员会据此于2008年6月6日作出的商评字〔2006〕第2432号重审第106号《关于第738354号"康王"商标撤销复审决定书》，该决定认定：根据法院认定的"现有证据均不足以证明昆

---

❶ （2013）民申字第723号民事裁定书。
❷ （2007）行监字第184-1号驳回再审申请通知书。

明滇虹公司在1999年10月18日至2002年10月17日之间实际使用了复审商标，因此也就无法证明云南滇虹公司有使用复审商标（即'康王'商标）的行为"的事实和责令重新作出撤销复审决定的判决，依据《商标法》第49条的规定，决定云南滇虹公司在第3类化妆品商品上注册的第738354号"康王"商标予以撤销。

最高人民法院（2007）行监字第184-1号驳回再审申请通知明确了《商标法》第44条第（4）项规定的"使用"，应该是在商业活动中对商标进行公开、真实、合法的使用，并指出判断商标使用行为合法与否的法律依据，不限于商标法及其配套法规。经营者在违反法律法规强制性、禁止性规定的经营活动中使用商标的行为，不能认定为商标法规定的使用行为。对于违反法律法规强制性、禁止性规定的生产经营活动中的商标使用行为，如果认定其法律效力，则可能鼓励、纵容违法行为，与商标法有关商标使用行为规定的本意不符。

综上，法院认为未按照国家规定标注化妆品生产许可证和卫生许可证，不构成合法的商标使用行为。本案例支持违法行为不能产生商标权。

2. "赖茅"案❶

在贵州赖世家酒业有限责任公司与国家工商行政管理总局商标评审委员商标行政纠纷申请再审案中，贵州赖世家酒业有限责任公司主张贵州茅台酒厂自1988年12月始，即在酒商品上申请注册第627426号"赖茅"商标。虽其间经过续展，但在2005年3月第627426号"赖茅"商标被撤销。而"赖茅"商标由赖氏家族创立，与其有着天然的联系，尽管20世纪50年代赖氏家族经营的恒兴酒厂被收归国有，但赖氏家族从未在任何文件中声明放弃使用"赖茅"商标或转让该权利。贵州茅台酒厂于80年代抢注了第627426号"赖茅"商标，但其一直使用在先，即使贵州茅台酒厂在一定时期内拥有"赖茅"商标的专用权，但其在原有范围内继续使用"赖茅"商标是完全合法的。

商评委认为近20年时间贵州茅台酒厂一直被作为"赖茅"商标申请

---

❶ （2015）知行字第115号裁定书。

人及注册人为公众所认知。即使贵州茅台酒厂在申请注册第627426号"赖茅"商标后并未使用该商标,但是其作为商标权人有权禁止他人使用"赖茅"商标,故赖世家酒业公司在此期间使用"赖茅"商标的行为实为侵犯注册商标专用权的违法行为,由此不能产生合法的商标权利。最高院支持了商评委的观点。

从中可得出,在赖茅商标异议复审行政纠纷案中,最高人民法院认定赖世家酒业公司的使用行为实为侵犯"赖茅"商标专用权的行为,其主张不能因违法行为而产生商标权益。

(三)小 结

通过上述最高人民法院颁布的指导性案例和行政裁定书,将所有案例按照判决年份整理可知(见表1),当违法行为不属于《商标法》所规制时,如"康王"案中未标化妆品生产许可证和卫生许可证的行为和"卡斯特"案中未办理进口手续的行为,最高人民法院对违法行为可否产生商标权益的判定是不同的。而当违法行为受到《商标法》规制的时候,如"小拇指"案中超出经营范围行为和"赖茅"案中的侵犯他人注册商标专用权行为,最高人民法院对此的判定亦是截然相反的。由此可见,最高人民法院对于违法行为是否可以产生商标权益的认定是依据个案具体情况具体分析的,至今没有统一的定论。

同时,上述案例与"捕鱼达人"案有一个最本质的不同,即它们都没有证据证明涉及的商品有违法可能性,而"捕鱼达人"案中商品为带有赌博功能的游戏机,同时仅"赖茅"案中是属于未注册商标的情形,因此对于将商标用在非法商品上的情形是否可以借鉴上述案例中的判决依据值得进一步的探究和思考。

表1 违法行为可否产生商标权益

涉案商标名称	具体违法行为	可否产生商标权益	可否合法化补正	非法性在该案中的地位
康王 (2007)	未标许可证	否(驳回再审申请通知书)	可在办理相关手续后满足	注册商标是否因产品未获得行政审批而要被撤三
卡斯特 (2010)	未办理进口手续	可(行政裁定书)	可在办理相关手续后满足	注册商标是否因产品未获得行政审批而要被撤三

续表

涉案商标名称	具体违法行为	可否产生商标权益	可否合法化补正	非法性在该案中的地位
小拇指（2013）	超出经营范围	可（民事裁定书）	可随行为人意志备案变更而满足	注册商标是否因企业存在超经营范围使用行为而不能在核定的服务范围内禁止他人仿冒
赖茅（2015）	侵犯注册商标专用权	否（行政裁定书）	无合法化可能	侵犯注册商标专用权的违法行为不能产生合法的商标权利
捕鱼达人（2017）	商品为带有赌博功能的游戏机，即赌博机	未知（再审中）	中华人民共和国成立以来严禁，且在可预见的相当长时期内亦无合法化的可能	专门使用于带有赌博功能的游戏机上的商标能否构成"在先使用并有一定影响的商标"，阻碍他人在计算机软件开发服务上注册商标

三、美国司法实践

目前我国对于在违禁物品或服务上使用商标或标志的案例寥寥无几，可参考的素材不多，但美国在早些年就已经开始对这个问题进行研究和探讨。

（一）违法行为不产生商标权益

在Re Agri, Inc. v. USANA Health Sciences, Inc案❶ 中，CreAgri 公司在2001年开始销售 "Oliveno"，这种商品是一种含有橄榄油的营养食品。2002年9月，"Olivenol"获准注册在辅助商标登记簿上。依据美国法律销售商品的品质要符合《联邦食品、医药品及化妆品法》的规定，营养品销售要依据该法进行标示销售，如果无法正确标示则可以申请标示免除。由于技术原因，CreAgri公司在当时无法准确的测量其商品的含量参数，但该公司在没有申请商标免除的情形下，在标签上先后标示了25mg和5mg这两个不同的结果。在经过调查后表明CreAgri公司片剂中

---

❶　Re Agri, Inc. v. USANA Health Sciences, Inc, 474 F.3d 626（2007）.

该种抗氧化物含量不超3mg，因此CreAgri公司的上述标示行为就违反了《联邦食品、医药品及化妆品法》的规定。2002年8月USANA公司也开始销售名为"Olivenol"的商品，CreAgr公司以商标侵权、不正当竞争为理由将USANA公司起诉到联邦法院。USANA公司则反诉，要求撤销CreAgri公司的商标。

联邦法院判决CreAgri公司败诉，CreAgri公司又上诉到联邦第九巡回法院，仍然未得到支持。法院的判决显然认可将商标使用适法作为取得商标权的必要条件。

（二）非法商品上的未注册商标不允许注册且不享有优先权

在Morgan Brown案❶ 中，美国商标审判和上诉委员会（TTAB）明确表示他们始终坚持，要想获得联邦商标的注册必须满足在商业活动中合法使用这一要件。鉴于此，在联邦法的约束下，使用商标的商品也必须是合法的。因此美国不予注册在大麻等毒品上申请的商标，对于在违禁物品或服务上使用商标的行为也不予保护。

同理，美国法院还提出只有在商业活动中合法使用的商标才享有优先权。这在United Phosphorus, Ltd. v. Midland Fumigant, Inc案❷ 和California Darts Ass'n v. Zaffina案❸ 中都有涉及。

（三）严惩或注销在非法商品上使用的注册商标

以大麻、可卡因等毒品为例，在"Mongols"案❹ 中，贩毒团伙在2003年7月28日以"Mongols"这个标识申请了类别为"促进对骑马摩托车娱乐有兴趣的人的利益"的服务商标，并获得第2916965号商标注册。随后将其商标分别使用在别的合法商品上以及其贩卖的大麻等毒品上，企图掩人耳目，但最终因事情败露被逮捕，因贩毒罪受到刑事处罚，同时控方律师还提出注销该使用在毒品上的商标并获得支持。

❶ In Re Morgan Brown, 119 U.S.P.Q.2d 1350（T.T.A.B. July 14, 2016）.
❷ United Phosphorus, Ltd. v. Midland Fumigant, Inc., 205 F.3d 1219, 1225（10th Cir. 2000）.
❸ California Darts Ass'n v. Zaffina, 762 F.3d 921, 931（9th Cir. 2014）.
❹ United States v. Cavazos, No. 08-CR-1201, at 2-3（C.D. Cal. Oct. 22, 2008）.

这一点在"JuJu Joints"案❶中再次被重申，即TTAB不仅明确拒绝出售标有"JuJu Joints"标志的预装一次性大麻油蒸发器所需的注册人的商标申请，同时还主张若商标在商业使用中违法，则该商标可被注销。

（四）小　结

综上，美国专利商标局与法院在司法实践中仅允许在商业活动中合法使用的商标得以注册。❷ 因此，美国迄今所有相关政策仍然是对于直接涉及违禁物品或服务的标识拒绝给予授权注册，很多类似案例中对此均有涉及。既然美国都不允许在违禁物品或服务上使用的标志获得商标注册，那么也就更不会对未注册商标提供商标法的保护。另外，美国对注册商标使用在违禁物品或服务上采取严厉的刑事处罚，同时支持注销该种商标。

四、结　　语

在移动通信发展的时代，特别是互联网销售和在线移动应用的创新为制造商和商人们提供了使用商标的新领域，这也导致了一些不法分子钻法律的漏洞，如引发争议的"捕鱼达人"案中将商标用在赌博机上的行为。本文通过研究我国违法行为与商标权益关系的案例以及美国对在违禁物品或服务上使用商标或标志的案例，发现我国对在非法商品上使用商标还没有相关的法律规制，也没有相关的参考案例，且对违法使用商标行为是否会产生商品权益也尚未达成统一定论。因此，目前我国亟须出台相关的法规政策来规制类似于"捕鱼达人"案中在赌博机等非法商品上使用商标的行为，本文中美国针对商标在毒品上使用的判例和相关政策可供参考和借鉴。

---

❶ In Re Jj206, LLC, DBA Juju Joints, 2016 TTAB LEXIS 518, 120 U.S.P.Q.2d 1568（T.T.A.B. Oct. 27, 2016）（quotation marks and ellipsis omitted）. Where a trademark's use in commerce is not lawful, the mark may be canceled.

❷ 美国专商局商标审查程序手册（TMEP）第907条指出："根据商标规则2.69的规定，在商业活动中合法使用商标是申请联邦注册的基础。"

非法商品与商标权益的关系之文献综述

■ 李淑惠　阮琛莹

【摘要】最高人民法院再审的"捕鱼达人"商标案，使学术界对"在非法商品上在先使用商标能否产生原《商标法》第31条第2款所规定的对未注册商标予以保护的权益"的问题展开讨论。首先，对于"非法商品"的认定，有学者主张，"商品被用作非法用途"不等于该商品是"非法商品"，并且，当商品所具有的功能既可用于非法目的也可用于合法目的时，并不能仅因为该商品具有此功能，而直接判定其为非法商品。其次，对于"非法商品与商标权益的关系"，美国以及国内目前主要有两种观点：一种认为非法商品上可以产生商标权益；另一种观点认为非法商品上不可以产生商标权益。并对现有研究的不足以及发展趋势进行总结。

【关键词】非法商品；商标权益；商品性质；一定影响

一、研究意义

我国现行《商标法》第32条后半句规定，"不得以不正当手段抢先注册他人已经使用并有一定影响的商标"，即通过规制抢注行为对已经使用并有一定影响的未注册商标给予有条件的保护。但我国立法对于如何认定"在先使用"与"一定影响""当在先使用行为违反相关法律规定时，未注册商标能否获得法律保护"等问题，未作明确规定，给司法实践预留了空间。从而导致近期由最高人民法院裁定提审的"捕鱼达人"商标案，❶ 引起业界的广泛争论。围绕该案，有学者认为，具有退分退币功能的游戏机是赌博工具，属于非法商品，根据"任何人不能因自己的过错而获利"这一世界立法通行的原则，在该游戏机上使用的"捕鱼达人"商标不能作为"已经使用并有一定影响的商标"予以保护，即在非法商品上不能产生商标权益；还有学者则认为，根据知识产权法自身的权利产生规则，只要商标本身没有违法，符合商标法的相关规定，就应产生商标专用权，即在非法商品上可以产生商标权益。因此，对非法商品与商标权益的关系问题予以澄清，对今后的司法实践具有重要意义。

二、非法商品的认定

在讨论非法商品与商标权益的关系之前，首先需要对"非法商品"的概念予以界定。在"捕鱼达人"案中，"所售的游戏软件或游戏设备具有退币等功能，是否是'非法商品'"便是争议焦点之一。由于我国商标法及其他法律法规并未对"非法商品"予以明确的定义，因此，对非法商品的认定成为了一大难题。

（一）现有的观点

对于如何认定非法商品，学术界及实务界人士认为应首先将非法商品与相关概念予以区分。

1. 非法商品与商品使用行为的关系

应注意商品性质与商品使用行为并不是等同关系，"商品被用作非法用途"不等于该商品是"非法商品"。例如菜刀可能被用于谋杀等犯罪行为，但并不能因此认定菜刀为非法商品。因此，黄义彪主张，❷ 非法

---

❶ 2014年，北京市第一中级人民法院作出（2014）一中行（知）初字第9066号行政判决；2015年北京市高级人民法院作出（2015）高行（知）终字第2074号行政判决；2016年，最高人民法院再审。

❷ 黄义彪.赌博机是否属于商标法意义上的商品——以"捕鱼达人"商标之争为视角，载 http://chuansong.me/n/1743728251837. 2017年4月5日最后访问。

商品的界定与后续的他人使用商品的行为无关。非法商品本身就是违禁品，在被人为利用之前其非法性质已经存在。根据我国法律规定，生产此种产品本身就是违法犯罪行为，如同海洛因等毒品一样，在被利用之前就是非法违禁品。也因此，商品自身如果具有非法性质则可直接认定该商品为非法商品，而无须考虑他人的使用行为。该观点得到了多数学者的认可。

2. 非法商品与商品功能的关系

应厘清商品性质与商品功能的关系。李顺德主张，[1]当商品所具有的功能既可用于非法目的也可用于合法目的时，并不能仅因为该商品具有此功能，而直接判定其为非法商品。冯晓青[2]进一步澄清与其类似的观点，他认为，在非法商品的认定中，应注意区分商品功能与商品应用结果的界限。他指出，功能本身没有善恶、合法与非法之分，只有当商品应用于具体活动或者事项上并产生相应的结果后，人们才可以对结果作出善恶、合法与非法之分。如果商品的某些功能隐藏较大的利益或者较大的风险，一旦允许商品流通，该功能就会在很大程度上被利用，法律就有必要对其进行规制，但这种规制不应被解释为商品的功能存在非法性，只是由于该功能可能会被用于非法用途，应予以规范管理而已。由此可见，李顺德与冯晓青均将商品功能与商品应用结果剥离开来，认为商品及其功能是中立的，不能以他人非法利用商品的结果来倒推商品是非法的。

但黄泂对"非法商品的认定"持有不同的逻辑与意见，他表示，希力公司在销售、宣传所涉游戏机时，是明确其"以小博大""可退币退彩票"等功能作为卖点进行营销的。换言之，希力公司对于游戏机购买者将利用"退币退彩票"等为我国法律明令禁止的赌博功能进行经营，不

---

[1] 李顺德.判定"商标使用"的合法性应将"非法商品"与"商品被用作非法用途"严格区分，载http://www.xn--fiq8k55ad6inseq1wsth8rle6yb5qck6a.com/index.php?id=4664. 2017年3月6日最后访问。

[2] 冯晓青."由'捕鱼达人'案看商品功能与商标权益的保护"，载https://mp.weixin.qq.com/s?__biz=MzA3OTcxOTcyMg%3D%3D&idx=1&mid=2648651800&sn=4555c6131e518b5970dfcad14d93cb2c. 2017年5月16日最后访问。

仅是可预见的，而且是放任甚至鼓动的。这就好比一把以"我是杀人分尸利器"为卖点的菜刀，是没有资格以"我只是一把菜刀"为理由"扮无辜"的。即当商品的主要功能为非法功能并以该非法功能作为营销卖点时，即可认定该商品为非法商品。❶

（二）存在的缺陷

虽然现有观点对非法商品的认定进行一定的探讨，但仍然存在不足。首先，现有理论尚未对"非法商品"进行明确的定义，其内涵与外延均不明确。根据现有理论，我们无法判定非法商品究竟是我国法律所明确禁止流通的商品、违反社会公共利益的商品、不合格产品还是未经行政审批即流入市场的限制流通商品？其次，非法商品的认定要素也未明确。虽然现有观点分析了商品性质与商品使用行为、商品功能的关系，但仍有理论认为，在商品具有中立性的情况下，基本没有任何商品可以被界定为"非法商品"。那么，在认定非法商品时，是直接根据有限的法条明文规定予以判定还是需要结合商品功能、商品受到的限制等因素进行综合考察呢？这些问题也都处于模糊地带。因此，有必要对"非法商品的认定"问题继续进行研究与探讨。

三、非法商品与商标权益的关系

由于我国相关法律条文对于非法商品与商标权益的关系未予明确规定，因此，在"捕鱼达人"案发生后，实务界与学术界人士纷纷就"非法商品上能否产生商标权益"的问题发表了观点。

（一）国内观点

对于非法商品上能否产生商标权益的问题，国内目前主要有两种观点：一种观点认为，非法商品上可以产生商标权益；而另一种观点则截然对立，认为非法商品上不可以产生商标权益。双方各执己见，并从多方面论证了己方观点。

---

❶ 黄泡.就"捕鱼达人案"看在先使用商标的保护，载http://www.suilengea.com/show/fjxaegge. html. 2017年4月22日最后访问。

1. 非法商品上可以产生商标权益

目前，持肯定说的学者主要从以下三个方面论证自己的观点。

（1）在先商标权益的产生与商品性质无关。

持此观点的学者主张，知识产权的客体与载体相区分是知识产权法的基本立足点，不能混淆二者的界限。具体到商标法而言，即应将商标法的调整对象"商标"与其载体"商品"进行分离。商标权益的产生与否，应根据商标法的规定进行判定，而无须考虑其载体的合法性。比如，李顺德主张❶："判定付诸商业使用的商标是否符合现行《商标法》第32条规定的'有一定影响'，应该从在先商标的使用持续时间、使用区域、销售量或者广告宣传等多种因素进行综合分析、判断，与该商品可能'被用作非法用途'并无直接关联。"刘友华基本也持这个观点❷，他认为，商标在先使用的合法性与商品使用过程中的合法性是两个不同的概念。商标在先使用的合法性是指商标作为区分商品或服务来源的标识，其应该符合法律规定，即不得使用法律禁止的标志、不得与他人合法权利相冲突等；而商品使用的合法性是指在对标有某商标的商品进行使用的行为不得违反法律法规。上述两者是不同的概念，不能用商品使用中的违法行为去否定商标在先使用的合法性。即只要商标本身没有违法，符合商标法的相关规定，就应产生商标权益。

（2）权利存在与权利行使应予以区分。

丛立先利用权利存在与权利行使二分法理论对该问题进行阐述。他认为❸：知识产权是法定之权，它的产生和存在由自身的知识产权法律所决定。但当知识产权私权与公权力管制的法律法规相冲突时，该知识

---

❶ 李顺德.判定"商标使用"的合法性应将"非法商品"与"商品被用作非法用途"严格区分，载http://www.xn--fiq8k55ad6inseq1wsth8rle6yb5qck6a.com/index.php?id=4664. 2017年3月6日最后访问。

❷ 刘友华.对未注册商标在先使用行为的认定标准及效力探讨，载http://xn--fiq8k55ad6inseq1wsth8rle6yb5qck6a.cn/index.php?id=4667. 2017年3月7日最后访问。

❸ 丛立先.非法商品或服务的在先使用标识可以产生商标专用权，载https://mp.weixin.qq.com/s?src=3&timestamp=1495290395&ver=1&signature=HhONnh8joJ9WXx2pnJI7-2lK38IGDgLxax9lAv07sexf1800X7otRFgra93EVxP91CMwuvI39e5sWlSwN*p6ZlhAZ5W3dbVgFeyZ4SuSgGW80ojazMeuAP2EeDZC4MRbEkGOCfwAI9NsUu6n7XCcXNy17V*WeqYveRt5qWwFNxA=. 2017年2月13日最后访问。

产权私权则受到一定的行使限制。但无论如何，这种公权力只能基于公共利益依法对于知识产权私权的行使进行限制，而不能剥夺知识产权私权的产生和存在。因此，权利存在与权利行使是二分的，如果商标指向的商品和服务提供行为违反国家强制性规定，则应该由其他的行政机关基于另外的法律关系进行管制或处罚，但该商标上所产生的商标权益仍然存在，不受影响。

（3）商标拟使用商品的性质不应构成商标注册的障碍。

该论证观点主要援引的是TRIPS协议第15条第4款的规定：即"商标拟使用商品或者服务的性质，在任何情况下都不应构成商标注册的障碍"。李扬对此认为，❶ 按照该条款的规定，商标是否可以注册与其使用的商品或者服务本身的性质没有任何关系。我国《商标法》第10～13条、第15～16条、第30～32条、第50条虽然排除了某些要素获得商标注册的可能性，但并未将任何类别的商品或者服务排除在申请商标注册或者使用的范围之外。由此可见，商标法关注的只是某个符合商标法规定的要素使用在相关商品或者服务上，是否能够发挥识别该商品或者服务来源的作用，而不是该商品或者服务是否属于法律禁止或者限制生产、销售或者提供的对象。

2. 非法商品上不能产生商标权益

持否定说的学者也从多个方面论证自己的观点，甚至有些论证角度与持肯定说的学者完全相同，但理解逻辑上却大相径庭。学者观点主要体现为以下三个方面。

（1）非法商品不是商标法意义上的商品。

黄义彪主张，❷ 商标是区别商品和服务来源的标记，因此，是否具有商业上合法经营的可能性是认定商标法意义上商品和服务的尺度。能够作为注册商标指定使用的商品和服务无论是否需要经营许可，都无一

---

❶ 李扬.违法使用与商标法第三十二条后半句规定的"一定影响"的关系，载https://mp.weixin.qq.com/s?__biz=MjM5NTUxNjk2MA%3D%3D&idx=1&mid=2650664575&sn=14fe83b75d80081ac736827d2a243c5a. 2017年2月15日最后访问。

❷ 黄义彪.赌博机是否属于商标法意义上的商品——以"捕鱼达人"商标之争为视角，载http://chuansong.me/n/1743728251837. 2017年4月5日最后访问。

例外地存在合法经营的可能性。而作为"黄赌毒"的"服务"和产品，其本身就是违法犯罪行为和违禁品，任何企业和个人都不可能通过某种资质和许可合法的进行色情服务、赌博活动和毒品销售。因此，法律绝对禁止流通和经营的非法违禁品不是商标法意义上的商品。在非法商品上所使用的标志和服务即不是商标，不应产生商标意义上的法律效果。黄淘对此观点予以赞成，●他也认为，如果未注册商标被用于为效力性强制性规定所禁止的产品上，该产品并不构成商标法意义上的"商品"。综上，我国《商标法》第32条所要求的"已经使用"应是在法律允许流通的合法商品上的使用，如果所涉商品是我国法律所禁止流通的产品，则附着在该商品上的标志所产生的利益不是商标权益，也不可能产生商标权益。

（2）权利应产生于合法行为。

张伟君回归知识产权法本身，从知识产权权利产生规则的角度论证其观点。他认为，●在知识产权法中，一个知识产权的产生或存在应该受公序良俗以及公共利益的限制和约束。为了维护公共利益和公序良俗，对于一个未注册的商标，如果标识使用人仅仅在法律禁止流通的商品上使用该商品，即使该商品在市场上具有影响力，无论是《商标法》还是《反不正当竞争法》都不应该保护因这样的非法行为而产生的市场声誉。黄武双也指出：允许在赌博机上使用标识所获取负面评价来对抗他人的商标注册，违法了"任何人不能因为自己的过错而获得利益"这一世界立法通行的重要原则。该法谚语背后的逻辑为，允许从自己错误行为中获取利益，将会使维持社会的秩序荡然无存，法律也将失去其他赖以生存的基础。●

● 黄淘.就"捕鱼达人案"看在先使用商标的保护，载http://www.suilengea.com/show/fjxaegge. html. 2017年4月22日最后访问。

❷ 张伟君.在法律禁止流通的商品上使用的商业标识是否产生在先的商标权益？载http://www. irunhuayou.com/shehui/1337646.html.. 2017年3月26日最后访问。

❸ 黄武双.在先使用于具有赌博功能游戏机的标识能否对抗他人的商标注册？载http://www. ciplawyer.cn/articleview/article_view_21124.htm. 2017年2月15日最后访问。

（3）"一定影响"必须是积极、正面的影响。

杜颖认为，在我国法律明令禁止生产、销售的相关商品或服务上，使用商标并因此产生的商标权益不应受到法律的认可和保护，因为这与2001年《商标法》第31条规定的"一定影响"中所应当包含的良好声誉是对立的。陈建民认为，"具有一定影响"是指商标使用产生的积极影响而不是消极影响。因为"一定的影响"实际对应的是以"商誉"为代表的品牌利益。王莲峰对此予以肯定，她主张："具有一定影响"应具有两方面的含义，一是该商标通过实际使用和其所指代的商品或服务产生了唯一对应性和识别性；二是该商标实际使用后在一定范围内产生的知名度和美誉度，即指商标正面的影响力。❶ 因此，在法律明令禁止生产、销售或者提供的商品或者服务上使用商标产生的影响，不应受到商标法的认可。

（二）国外观点

美国相关立法与司法判例表明，只有在商业活动中合法使用的商标才能获得注册，❷《兰哈姆法》则将"商业活动"进一步明确定义为"美国宪法所规定的合法的商业交易"，❸ 意即在非法商业活动中使用的商标不能获得注册。但其对非法商品与商标权益的关系也没有明确的规定，也存在不同的观点。

1. 非法商品上可以产生商标权益

伊莱恩巴克洛（Elaine E. Bucklo）法官表示，❹ "非法商品"上是否能产生商标权益取决于该商品是否处于"非法经营"的行为之中。根

---

❶ IvesDuran.一波四折的"捕鱼达人"商标案最终会迎来什么结果？载http://www.ciipr.com/ huicui_detail/newsId=3478.html. 2017年2月18日最后访问。

❷ Gray v. Daffy Dan's Bargaintown, 823 F.2d522, 526, 3 USPQ2d 1306, 1308（Fed. Cir. 1987）（stating that "［a］valid application cannot be filed at all for registration of a mark without 'lawful use in commerce'"）；TMEP § 907；see In re Stellar Int'l, 159 USPQ 48, 50-51（T.T.A.B. 1968）；CreAgri Inc. v. USANA Health Sc. Inc., 474 F.3d 626, 630, 81USPQ2d 1592, 1595（9th Cir. 2007）.

❸ 15 U.S.C. § 1127.

❹ Republic Techs.（NA），LLC v. BBK Tobacco & Foods, LLC, 2016 U.S. Dist. LEXIS 88467（N.D. Ill., July 7, 2016）.

据《美国兰哈姆法》的规定,如果商标被用于"非法商业活动"(used in unlawful commerce)之中,则应当被撤销。但此处需要注意的是,该撤销理由强调的是整个商业行为的性质是否合法,而不是强调商业活动中的商品是否合法。虽然,商业活动的性质(是否合法)和该商业活动中商品的性质(是否合法)通常互为表里,但是将该商品剥离上述商业活动后,则可能在新的商业活动中体现新的性质。比如,罂粟作为毒品的一种原材料,具有非法性。若一家公司为了供货给药品研发机构制造镇静剂而专门从事野生罂粟浓度提炼的生产工作并申请了全类商标,则此时能否因为产品可能存在的"非法商品性"就直接撤销其商标?显然是不能的。因此,《美国兰哈姆法》在商标撤销理由中规定的是"非法商业活动"而非"非法商品"。

2. 非法商品上不能产生商标权益

美国专商局商标审查程序手册(TMEP)第907条指出:"根据商标规则2.69的规定,在商业活动中合法使用商标是申请联邦注册的基础。"因此,美国专利商标局与法院在司法实践中仅允许在商业活动中合法使用的商标得以注册。如果商标被用于联邦法律所规定的非法产品或服务,则商标局将拒绝商标注册,因为该行为不属于商业活动中的合法使用。由此,苏珊·克里(Susan J. Keri)和梅根兰利·格兰杰(Megan Langley Grainger)在《棘手的商标使用问题:美国和加拿大》❶ 一文中表示:商标申请人应轻视在法律所限制的产品和服务中使用商标所产生的商标权。因为,根据一般规则,只有合法地使用商标才能建立商标权。如果在本身非法的商品或服务上申请商标注册,那么,美国法院将会适用"非法使用"规则阻止商标所有人从销售非法商品或服务的行为中获得商标权益。

---

❶ Susan J. Keri & Megan Langley Grainger, Rachel B. Rudensky, LeAnn Stanick.Tricky Trademark Use Issues: United States and Canada〔J〕. INTA Bulletin, 2013(4).

四、非法商品与商标权益的关系认定中存在的争议焦点

（一）商标拟使用商品的性质能否构成商标注册的障碍

在争议双方的论战中，对TRIPS协议第15条第4款❶及《巴黎公约》第7条❷的理解与适用成为一大主战场。持肯定说的学者认为，既然TRIPS协议以及《巴黎公约》已经明确规定"商标拟使用商品或者服务的性质，在任何情况下都不应构成商标注册的障碍"，那么，商品是否属于违禁品与商标权益的获得与否毫无关系，不应成为商标权益获得的障碍。

而持否定说的学者则利用目的解释的方法对该规定进行分析，他们认为，上述规则制定的目的是保障商标申请人的期待利益，主要解决的是国际间不能因为商品和服务的市场准入问题而妨碍商标的注册。依据《巴黎公约指南》权威解释，其第7条关于"不能因为商品的性质妨碍注册"的含义是："不能以商品在本国法律和政策的限制暂时不能销售为由而拒绝给予商标注册。例如在药品上的商标，该药品尚未得到本国主管机关批准不能进入市场，不能作为拒绝成员国企业在药品上注册商标的理由。"因此，该条款只是属于各国内部对于商标审批所自订的抗辩程序，而并非国际公约所要明文保护的权益。❸

（二）"一定影响"是否包含消极、负面影响

由于在非法商品上使用商标所产生的影响往往为负面、消极影响，因此，争议双方就《商标法》第32条所规定的"一定影响"是否包含负面、消极影响产生争议。根据上文所述，持否定说的学者认为"一定影响"必须为积极的、正面的影响，不包含消极、负面影响，因为《商标法》第32条所保护的是商誉和法益。从商誉角度来看，负面的消极的社会评价不构成商誉；从法益角度来说，如果利益是通过违反公序良俗所

---

❶　TRIPs协议第15条第4款规定："The nature of the goods or services to which a trademark is to be applied shall in no case form an obstacle to registration of the trademark"．

❷　《巴黎公约》第7条规定："The nature of the goods to which a trademark is to be applied shall in no case form an obstacle to the registration of the mark."

❸　孙远钊.在先使用如果违法是否可以阻却商标注册？载http://chuansong.me/n/1620260551128. 2017年3月1日最后访问。

获得的，其本身即存在着"不洁之手"，本身不能获得保护，当然也就难以成为受保护的法益。❶

　　而持肯定说的学者则主张，商标法所保护的"有一定影响的商标"的"影响"并不要求是"正面的、积极的商誉"。"一定影响"是指该商标与其商品或服务来源的联系已在一定范围内的消费者中建立，美誉度并不是"一定影响"的构成要件。❷"恶名"等"负面影响"仅仅减损商标的市场价值，而不会改变相关公众基于商标对商品或者服务来源已经形成的稳定的市场认知。因此，只要在先使用的商标为相关公众所知悉，已经发挥了区别商品或者服务来源的功能，则不管该商标获得的是积极影响还是消极影响，该商标相同类似范围内的排他效力就有被维持的必要，❸在所使用的商品上就应产生商标权益。

（三）公法与私法的关系

　　由于商标权益为私法所调整的法律关系，而非法商品为公法所管制的对象，因此，双方就公法与私法的关系问题产生争执。持肯定说的学者认为，商标权益的产生属于私法调整的范畴，当该商标用于某种商品或服务从而与公权力相冲突时，将会产生另外一种公法上的法律关系，对权利的行使予以限制。但这种公法上的限制不能超越其本身的管辖范围，剥夺私法上商标权益的产生和存在。即公法与私法应各自分工，上帝的归上帝，凯撒的归凯撒。

　　而持否定说的学者认为，❹公法和私法要区分，这是基本的法哲学。但当私法调整的行为违反效力性禁止性规范时，公权力就有权予以干预。比如，民法中的无效合同制度、商标法上的不良影响条款。因

---

❶　董美根.《商标法》第32条之影响不包括消极影响，载http://www.cipedu.com/News/Detail/281.html. 2017年3月19日最后访问。

❷　郑胜利.论现行《商标法》第三十二条后半句的适用［EB/OL］. 载http://www.chinaiprlaw.cn/index.php?id=4666. 2017年3月7日最后访问。

❸　李扬.违法使用与商标法第三十二条后半句规定的"一定影响"的关系，载https://mp.weixin.qq.com/s?__biz=MjM5NTUxNjk2MA%3D%3D&idx=1&mid=2650664575&sn=14fe83b75d80081ac736827d2a243c5a. 2017年2月15日最后访问。

❹　Isabella.飞吧，私法的子弹，只是莫以私权的名义穿破公共道德的底线！载http://www.v4.cc/News-3638849.html. 2017年2月18日最后访问。

此，私法从未超脱于公共利益之外，其不能以私权的名义穿破公共道德的底线。

五、结　　语

从这些研究成果中可以看到，在"捕鱼达人案"发生后，围绕商品性质与商标权益关系的问题，学者进行了有益的探讨，特别是其中对于"商标拟使用商品的性质能否构成商标注册的障碍""一定影响的界定"等焦点问题的讨论，具有较大的启发意义。但是，现有研究对如何界定非法商品仍未明晰。究竟是为法律所规制的商品可直接被认定为非法商品，还是需要在个案中根据商品的具体功能予以界定？另外，在确定"非法商品"的内涵及外延之后，是否有必要对非法商品进行类型划分，从而分情况讨论其与商标权益的关系？如果不对"非法商品"进行明确及统一的定义，则该问题就会更为复杂，难以达成定论，从而导致司法实践中产生诸多问题和争议。因此，有必要对这些问题进行进一步的研究与探讨。

鉴于学术界与实务界对《商标法》第32条所规定的"一定影响"是否必须为正面、积极影响的问题争议较大，我国立法应对此问题予以明晰。并且，由于非法商品在地下市场中对"地下市场的相关公众"来说，可能具有一定的"美誉度"。因此，对于商标法中的"消极影响"与其他法中的"消极影响"是否一致的问题也有必要进一步探究，确定商标法中的"消极影响"是局限于"相关公众"还是针对"社会大众"。对这些相关问题的明确，将有利于解决争议焦点问题，统一司法实践。

对于非法商品与商标权益关系的探讨，应进行类型化分析与本质性探究。最终回归于商标法的保护目的、保护对象、商标权益的产生规则、未注册商标的保护依据等本质问题，从商标法的根源寻找答案。

APP名称的商标侵权问题之案例综述

■ 李玉珍

【摘要】近年来，智能手机的发展带动聚合多种功能的手机APP的迅速兴起，这些手机APP在给人们生活带来便利的同时，也引发一些APP名称侵害注册商标专用权的案件。笔者拟通过采用案例实证研究的方式收集相关案件，并对之进行分析和研究，以期探究APP名称的商标侵权认定过程中应考虑的因素，并指出APP应用商店管理者的责任认定原则具体适用的要求。

【关键词】APP名称；商标侵权认定；APP应用商店管理者；责任认定；案例实证研究

一、概　况

（一）样本案例的来源

本综述的样本案例来源主要为中国裁判文书网、北大法宝司法案例数据库、无讼案例数据库、"知产宝"知识产权裁判文书数据库，由于研究主题为"APP名称的商标侵权问题"，故将案由设置为"四级案由：商标权权属、侵权纠纷"，文书类型设置为判决书，然后分别以"APP""app""手机应用""手机软件"为关键词进行全文搜索，初步检索获得的案件为75件，通过排除重复的案例、将同一纠纷的一审、二审案件合并，并通过研读判决书以筛选符合研究主题的案件，最终获得样

本案例20件。❶

（二）样本案例基本情况

鉴于部分案件为一审审结，部分案件为二审审结，笔者拟据此分类讨论样本案例的基本情况。

1. 一审审结案件基本情况

根据笔者掌握的现有资料，在20件样本案例的判决书中，有7件案件为一审审结，没有查到相关的二审判决书。如表1所示，这7件案件大部分发生在2014～2016年，1件案件未能查到准确裁判时间，主要分布在北京、上海、广东、福建等。

7件案件中，有5件案件❷只涉及1个商标，其余2件案件❸均有2个商标。涉及1个商标的5件案件又可分为两类，一类是APP名称和注册商标完全相同，如"找钢网"案和"闪银"案；另一类则是APP名称涵盖了注册商标的所有元素，构成近似标识，如APP名称"VV秒赚"和商标"秒赚"。涉及2个商标的2件案件中，APP名称和注册商标也有较大的联系，如APP名称"全民突袭"和商标"全民突袭"完全相同、并和另一商标"全民突击"构成近似标识。

表1　一审审结案件基本情况

序号	APP名称	注册商标	原告	被告	法院	裁判时间	裁判文书
1	找钢网	找钢网	上海钢富电子商务有限公司	上海网驿商务服务有限公司	上海市杨浦区人民法院	2014/12/24	（2014）杨民三（知）初字第83号
2	VV秒赚	秒赚	重庆先迈通信技术有限公司	福建暴风蝴蝶网络科技有限公司	福建省福州市中级人民法院	2015/11/26	（2015）榕民初字第1866号

---

❶　以下根据涉案APP名称指代该案，对应的裁判文书号详见表1和表2。

❷　这5件案件的APP名称分别为"找钢网""VV秒赚""闪银""天天斗三国"及"天天斗三国2"。

❸　这2件案件的APP名称分别为"全民突袭""滴滴（嘀嘀）打车"。

序号	APP名称	注册商标	原告	被告	法院	裁判时间	裁判文书
3	VV秒赚	秒赚	重庆先迈通信技术有限公司	福建暴风蝴蝶网络科技有限公司	福建省福州市中级人民法院	2015/11/26	(2015)榕民初字第1867号
4	闪银	闪银	武汉中郡校园服务有限公司	北京闪银奇异科技有限公司	北京市朝阳区人民法院	2016/3/18	(2015)朝民(知)初字第46280号
5	天天斗三国、天天斗三国2	斗三国	腾讯科技(深圳)有限公司等	深圳悦游网络科技有限公司等	广东省深圳市福田区人民法院	2016/8/10	(2015)深福法知民初字第171号
6	全民突袭	全民突袭、全民突击	腾讯科技(深圳)有限公司等	北京浩歌通途信息技术有限公司等	北京市海淀区人民法院	2016/6/13	(2015)海民(知)初字第27551号
7	滴滴(嘀嘀)打车	嘀嘀、滴滴	广州市睿驰计算机科技有限公司	北京小桔科技有限公司	北京市海淀区人民法院	未查到	(2014)海民初字第21033号

2. 二审审结案件基本情况

20件样本案例中，有13件案件为二审审结的案件。如表2所示，这些案件主要发生在2013~2016年，主要分布在北京、广东、湖南等。

13件案件中，涉及1个注册商标的有8件，❶ 其余5件❷ 含有2个注册商标。涉及1个商标的8件案件也可分为两类，一类是APP名称和注册商标完全相同，如"楚楚街"案；另一类则是APP名称涵盖了注册商标的所有元素，构成近似标识，如APP名称"WIFI百宝箱"和商标"百宝箱"。涉及2个商标的5件案件中，APP名称和注册商标也有较大的联系，如APP名称"穿越火线之CS反恐精英"的显著部分文字"穿越火线"

---

❶ 这8件案件的APP名称分别为"WIFI百宝箱""友阿微购"及"玩购友阿""新浪拍客""楚楚街""一剑灭天(剑の灵)""天天斗战神""穿越火线2(反恐精英版)""西柚-月经助手"。

❷ 这5件案件的APP名称分别为"穿越火线之CS反恐精英""CF穿越火线：反恐精英""京东金融""英熊联盟""逆战三国志"。

和商标"穿越火线"相同、并和另一商标"穿越火線"仅有一字之差。其中，案件11比较特殊，APP名称为"京东金融"，而商标为"小金库xiaojinku""小金库""积金汇小金库"，但由于该APP的首页显示有"小金库"等栏目，下方有"京东小金库周年庆"的广告，原告因此主张被告侵害了其对前述商标享有的专用权。

表2　二审审结案件基本情况

序号	APP名称	注册商标	原告	被告	一审法院	一审裁判文书	二审法院	二审裁判文书
1	WIFI百宝箱	百宝箱	北京老派农计算机技术有限公司	北京搜狗信息服务有限公司	北京市海淀区人民法院	（2013）海民初字第17348号	北京市第一中级人民法院	(2014)一中民终字第4223号
2	友阿微购、玩购友阿	友阿	索俪榕	湖南友谊阿波罗商业股份有限公司	湖南省长沙市中级人民法院	（2014）长中民五初字第203号	湖南省高级人民法院	(2014)湘高法民三终字第146号
3	新浪拍客	拍客	李叶飞、韩燕明	北京新浪互联信息服务有限公司	北京市海淀区人民法院	（2014）海民初字第14715号	北京知识产权法院	(2015)京知民终字第114号
4	楚楚街	闪银	曹善英	北京醋溜网络科技有限公司	北京市海淀区人民法院	（2015）海民（知）初字第22895号	北京知识产权法院	(2016)京73民终908号
5	一剑灭天（剑の灵）	剑灵	腾讯科技（深圳）有限公司等	有米科技股份有限公司等	广东省广州市南沙区人民法院	（2015）穗南法知民初字第190号	广州知识产权法院	(2016)粤73民终468号
6	天天斗战神	斗战神	腾讯科技（深圳）有限公司等	广州四九游网络科技有限公司	广东省广州市天河区人民法院	（2015）穗天法知民初字第142号	广州知识产权法院	(2016)粤73民终371号
7	穿越火线2（反恐精英版）	穿越火线	腾讯科技（深圳）有限公司等	北京中科奥科技有限公司	北京市海淀区人民法院	（2015）海民（知）初字第15256号	北京知识产权法院	(2016)京73民终87号

序号	APP名称	注册商标	原告	被告	一审法院	一审裁判文书	二审法院	二审裁判文书
8	西柚-月经期助手	西柚	北京康讯睿思信息咨询服务有限公司	厦门灵感方舟信息科技有限公司	北京市朝阳区人民法院	（2014）朝民（知）初字第40618号	北京知识产权法院	（2015）京知民终字第995号
9	穿越火线之CS反恐精英	穿越火线、穿越火线	腾讯科技（深圳）有限公司等	北京盛天游网络科技有限公司等	北京市朝阳区人民法院	（2015）朝民（知）初字第27168号	北京知识产权法院	（2016）京73民终307号
10	CF穿越火线：反恐精英	穿越火线、穿越火线	腾讯科技（深圳）有限公司等	北京指尖旋律科技有限公司	北京市朝阳区人民法院	（2015）朝民（知）初字第27167号	北京知识产权法院	（2016）京73民终306号
11	京东金融	小金库xiaojinku、小金库、积金汇小金库	中科联社（北京）网络技术研究院	北京京东世纪贸易有限公司等	北京市朝阳区人民法院	（2015）朝民（知）初字第31737号	北京知识产权法院	（2016）京73民终394号
12	英熊联盟	英雄联盟文字加图片组合商标	腾讯科技（深圳）有限公司等	广州萌游网络科技有限公司	广东省深圳市南山区人民法院	（2016）粤0305民初3648号	广州知识产权法院	（2016）粤03民终13497号
13	逆战三国志	逆战、逆战NZQQCOM	腾讯科技（深圳）有限公司等	广州君海网络科技有限公司等	广东省广州市天河区人民法院	（2015）穗天法知民初字第241号	广州知识产权法院	（2016）粤73民终584号

二、APP名称的商标侵权认定

商标侵权案件中，对于是否构成侵权，一般需要从以下几个角度考虑：（1）是否构成商标法意义上的使用，以下简称"商标性使用"；（2）商品或服务的种类是否相同或类似；（3）标识是否相同或近似；（4）是否导致相关公众发生混淆及其可能性，以下简称"混淆"；（5）法院还会考虑被诉侵权者的主观侵权意图，即商标权人的注册商标在相关领域产生一定知名度后，被诉侵权者是否为了攀附其知名度而使用与注册商标相同或近似的APP名称，笔者将其概括为"主观"，纳入下文的统计要素。

在20个样本案例中，有8件案件，法院最终认定涉案APP的名称未侵犯注册商标专用权，其余12件案件则被法院认定构成侵权。以下，笔者将对这两类案件的侵权认定情况进行介绍，分析法院在认定侵权与否过程中考虑的因素，并总结出其中的规律。

（一）侵权案件的认定情况

笔者根据上述商标侵权认定需要考虑的5个因素，对12件被认定为侵权的样本案例进行简单统计，并统计法院在认定侵权时考虑的其他因素，得出表3。

表3　侵权案件的认定情况❶

序号	APP名称	注册商标	商标性使用	商品/服务相同或类似	标识相同或近似	混淆	主观	其他考虑因素	判决结果
1	VV秒赚	秒赚	YES	YES	YES	YES			侵权
2	闪银	闪银	YES	YES	YES	YES			侵权
3	穿越火线之CS反恐精英	穿越火线、穿越火线	YES	YES	YES	YES	YES	商标知名度	侵权
4	西柚-月经期助手	西柚	YES	YES	YES	YES			侵权
5	一剑灭天（剑の灵）	剑灵	YES	YES	YES				侵权
6	穿越火线2（反恐精英版）	穿越火线	YES	YES	YES		YES	商标知名度	侵权
7	CF穿越火线：反恐精英	穿越火线、穿越火线	YES	YES	YES		YES	商标知名度	侵权
8	全民突袭	全民突击、全民击突袭		YES	YES	YES			侵权
9	WIFI百宝箱	百宝箱		YES	YES	YES			侵权

---

❶　表格中的"YES"表示法院肯定该案中存在这一因素，"NO"表示法院认为该案中不存在这一因素，表4同理。

序号	APP名称	注册商标	商标性使用	商品/服务相同或类似	标识相同或近似	混淆	主观	其他考虑因素	判决结果
10	逆战三国志	逆战、逆战NZQQCOM		YES	YES	YES			侵权
11	天天斗三国、天天斗三国2	斗三国		YES	YES	YES		商标知名度	侵权
12	英熊联盟	英雄联盟及文字图形组合商标		YES	YES			商标知名度	侵权

无一例外的是，在这12件案件中，法院均认定涉案APP与涉案注册商标的商品或服务种类相同或类似、标识使用相同或近似。由此可见，这两个因素是法院认定商标侵权案件的重要考量因素。

而对于"商标性使用"，12件案件中，只有7件[1] 法院考虑了这一因素，并均认定被告对于APP名称的使用构成"商标性使用"。其余案件的判决书并未提及该因素。

对于"混淆"的认定，在8件案件[2] 中考虑了这一因素的案件中，法院一般直接从APP名称与商标的商品或服务种类相同或类似，或者从APP名称与商标相同或近似，直接得出结论，认为会导致相关公众产生混淆或误认，或者容易使相关公众误认为该APP来自商标权人或认为与商标权人存在特定联系，如"VV秒赚"案、"闪银"案等。笔者认为，这种认定混淆的方式过于简单、粗糙。在混淆的认定中，商标及商品或服务虽然具有举足轻重的地位，但被诉标识的使用情况、被告的主观意图等也是需要考虑的因素。

---

[1] 这7件案件分别是"VV秒赚"案、"闪银"案、"穿越火线之CS反恐精英"案、"西柚-月经期助手"案、"一剑灭天（剑の灵）"案、"穿越火线2（反恐精英版）"案、"CF穿越火线：反恐精英"案。

[2] 这8件案件分别是"VV秒赚"案、"闪银"案、"穿越火线之CS反恐精英"案、"西柚-月经期助手"案、"全民突袭"案、"WIFI百宝箱"案、"逆战三国志"案、"天天斗三国、天天斗三国2"案。

12件案件中有3件案件的判决书提到"主观"这一因素，主要是"穿越火线"系列APP游戏的案件。商标权人在运营《穿越火线》游戏的过程中使用涉案商标，并在游戏领域产生一定知名度，侵权人仍采用与涉案注册商标相近似的涉案被诉侵权网络游戏名称及所用标识，容易使相关公众对来源产生混淆，误认为涉案被诉侵权网络游戏为商标权人提供，法院由此认定侵权人具有明显的攀附商标权人涉案商标、《穿越火线》游戏知名度的主观意图，过错明显。

除此之外，有5件案件还考虑了涉案注册商标的知名度问题，即"穿越火线"系列案件、"英熊联盟"案和"天天斗三国、天天斗三国2"案，法院在这几个案子中均对注册商标的知名度进行认定，即认为商标权人通过使用注册商标，已使该商标具有一定的市场知名度，具有市场声誉。结合"主观"这一因素看，商标知名度的认定可以为侵权人的主观过错认定提供一定支持。

（二）未侵权案件的认定情况

对于法院最终认定涉案APP名称未侵犯注册商标专用权的8件案件，大致可以分为两类：第一类是主要根据上文提到的5个因素进行认定，包括"滴滴（嘀嘀）打车"案、"楚楚街"案、"京东金融"案、"天天斗战神"案和"VV秒赚"案；第二类则主要是从其他因素进行认定的，包括"新浪拍客"案、"找钢网"案和"友阿微购及玩购友阿"案。具体情况如表4所示。

表4　未侵权案件认定情况

序号	APP名称	注册商标	商标性使用	商品/服务相同或类似	标识相同或近似	混淆	主观	其他考虑因素	判决结果
1	滴滴（嘀嘀）打车	嘀嘀、滴滴	NO	NO	NO	NO		商标未实际使用、APP知名度	未侵权
2	楚楚街	楚楚街	YES	NO	YES			商标未实际使用	未侵权

序号	APP名称	注册商标	商标性使用	商品/服务相同或类似	标识相同或近似	混淆	主观	其他考虑因素	判决结果
3	京东金融	小金库 xiaojinku、小金库、积金汇小金库		NO	NO	NO		商标显著性较弱	未侵权
4	天天斗战神	斗战神		YES	NO				未侵权
5	VV秒赚	秒赚		NO					未侵权
6	新浪拍客	拍客	NO			NO		描述性使用	未侵权
7	找钢网	找钢网						主体不适格	未侵权
8	友阿微购、玩购友阿	友阿					NO	形成未注册商标	未侵权

对于第一类的5件案件，法院除了从APP名称是否构成商标性使用、APP与商标的商品或服务种类是否相同或类似、APP名称与商标是否相同或近似、是否会导致相关公众发生混淆的角度来认定之外，还考虑了一些其他的因素。如"滴滴（嘀嘀）打车"案还考虑了涉案注册商标的使用情况以及涉案APP的知名度问题，原告对其商标的实际使用涉及的领域主要是教育类、汽车行业新闻及销售推广，其提供的车主通项目与"滴滴（嘀嘀）打车"的服务并不类似，且尚未实施；并且被告的图文标识则在短期内显著使用获得了较高知名度和影响力，市场占有率高，拥有大量用户。故法院最终认定被告的APP名称"滴滴（嘀嘀）打车"未侵犯原告的注册商标权。"楚楚街"案中，由于原告并未提交证据证明其实际使用其注册商标，且被告实际上并未销售标有与"楚楚街"商标相同或近似标识的服装，法院据此认定被告的使用行为不会造成相关公众对商品或服务来源的混淆和误认。"京东金融"案中，法院还考虑了"小金

库"系列商标的主要识别部分"小金库"一词并非由原告臆造或独创，其本身具有固定含义，该词汇在作为商标使用时，尤其是在与资金、资产相关的服务中，显著性较弱，故认为被告使用"京东小金库"不会构成与原告涉案商标的混淆，因此二者之间不构成近似。

对于第二类的3件案件，法院的侵权认定主要考虑的是除上文5个因素之外的其他因素，具有一定的特殊性。如"新浪拍客"案中，法院认为"拍客"一词在该软件上起到的作用是表明该款软件的用途，其目的是直接告知消费者该款APP软件的用途及适用人群，该种使用方式属于对"拍客"一词第一含义的使用，而并非发挥表彰和区分其服务来源作用的商标性使用，故法院最终认定被告并未侵权，笔者将其归纳为"描述性使用"。在"找钢网"案中，由于现有证据不能将涉案4家网站上"找钢网"APP的发布者与被告建立直接、唯一的对应关系，原告提供的证据不足以证明涉案网站上被控侵权的手机应用"找钢网"系由被告发布，故法院认定被告并未侵权，笔者将这一思路归纳为"主体不适格"。而在"友阿微购、玩购友阿"案中，法院综合考察被上诉人之被诉标识的形成和发展过程及主观意图，因其在先、诚信使用商业标识所形成的稳定的市场格局，以及诉请保护商标本身知名度所决定的保护范围等情况，被上诉人使用被诉标识的行为不会造成市场混淆，不构成对上诉人"友阿"注册商标专用权的侵害。同时，法院指出，"友阿"作为被上诉人的控股公司的简称，被广大消费者和媒体认可并使用，具有了区分不同商品来源、标示产品质量的作用，友阿文字已成为区别服务来源、承载服务商誉的信息载体，具备了商业标识的基本功能，构成被上诉人的未注册商标。

（三）小 结

从上述对两类案件的侵权认定情况的介绍可以看出，法院在认定APP名称是否侵犯注册商标专用权的过程中，一般都会从涉案APP与注册商标的商品或服务种类、标识相同或近似的情况这两个基本角度入手进行分析，同时，是否构成商标法意义上的使用，即"商标性使用"也是法院考虑的重要因素。而在笔者所研究的20件样本中，法院对于APP名称是否会导致相关公众发生混淆及其可能性的分析则较为简单、粗糟，直接从商品或服务种类、标识相同或近似的情况得出混淆的结论。

在最终被认定为侵权的12件案件中，法院除了上述因素外，还会考虑涉案商标的知名度问题以及侵权人的主观过错问题，并且，涉案商标知名度的认定可以为侵权人的主观过错认定提供一定支持。

而在最终被认定未侵权的8件案件中，法院还会考虑被诉侵权主体适格与否、注册商标的显著性及实际使用情况、APP名称的知名度问题，甚至在"友阿微购、玩购友阿"案中，法院进一步认定友阿文字已成为区别服务来源、承载服务商誉的信息载体，具备了商业标识的基本功能，构成被上诉人的未注册商标。

三、APP应用商店管理者的责任认定

在本综述的20个样本案例中，有1例案件涉及APP应用商店管理者的侵权责任认定的问题，即"西柚－月经期助手"案。在此，笔者试图通过此案简要谈谈APP应用商店管理者的责任认定问题。

在该案中，北京掌汇天下科技有限公司（以下简称掌汇公司）运营的应用汇等网络平台提供了由厦门灵感方舟信息科技有限公司（以下简称灵感公司）开发的APP"西柚－月经期助手"，而北京康讯睿思信息咨询服务有限公司（以下简称康讯公司）对"西柚"商标具有排他性使用权。法院对掌汇公司的侵权责任认定采用的是"避风港"原则，即掌汇公司未接到康讯公司通知前，对于其网络平台传播的APP是否侵害他人商标权，不负有事先审查义务，不知道也没有合理理由知道该软件侵害了涉案注册商标专用权。但在康讯公司向其发出通知后，掌汇公司即应采取必要的措施，未采取必要措施的，则应对损害的扩大部分与灵感公司承担连带责任。而根据查明的事实，掌汇公司在接到康讯公司的通知后，将灵感公司的涉案"西柚－月经期助手"软件进行删除、下架处理，并通知灵感公司重新上传修改后的版本。此后，灵感公司将上述软件名称更改为"美柚－大姨妈神器"（西柚，月经，经期，备孕，孕期助手）"并向掌汇公司提交反通知函，掌汇公司允许灵感公司重新上传了涉案软件。此时，掌汇公司已经知晓康讯公司与灵感公司因"西柚"二字的

使用存在争议，对于重新上传的软件名称中仍然包括"西柚"二字的情况，其应当尽到更为审慎的注意义务，基于诚信善良管理人之注意程度，掌汇公司至少应要求灵感公司说明继续使用"西柚"二字的依据并提供初步证明材料，或者将该情况告知康讯公司、进一步听取其意见，但掌汇公司并未履行上述之必要措施，而是仅凭灵感公司单方出具的反通知函，径行允许该软件继续在其网络平台上传播。因此，掌汇公司对因此所产生的损害扩大部分具有过错，其应该就扩大的损害部分与灵感公司承担连带责任。

对于法院上述对APP应用商店管理的责任认定思路，笔者持肯定态度。在"避风港"原则的适用过程中，不仅要考虑APP应用商店管理者主观上是否明知网络用户的行为侵权，客观上也要看其是否采取了对应的必要措施，并且对于之后的重新上传行为，应赋予APP应用商店管理者更为审慎的注意义务，要求侵权者说明继续使用该APP名称的依据并提交进一步的证明材料，或将该情况告知商标权人、听取其意见。

四、结　　论

综上，笔者从收集到的20个样本案例出发，对APP名称的商标侵权认定、APP应用商店管理者的责任认定问题分别进行研究分析，得出如下结论。

在APP名称的商标侵权认定过程中，法院一般会从涉案APP与注册商标的商品或服务种类、标识相同或近似的情况入手进行分析，同时考虑是否构成"商标性使用"、是否会导致相关公众发生混淆、涉案商标的知名度及实际使用情况、侵权人的主观过错问题、APP名称的知名度等因素，综合判定是否构成商标侵权。

在APP应用商店管理者的责任认定过程中，法院一般采用"避风港"原则，同时考虑该管理者的主观认识和客观措施，并对于之后的重新上传行为，应赋予管理者更为审慎的注意义务。

APP名称的商标侵权问题之文献综述

■ 赵 丰

【摘要】商标性使用的判定上，只要该名称在商业活动（如APP Store、下载链接网站）中使用以服务于识别商品来源的功能实现便符合商标性使用的判定条件。关于判断APP名称所指代的APP服务与商品类别时，虽然某款APP可能聚合了诸多服务与商品，但还是应当以其主要提供的商品、服务类别为判断基准，即最密切联系原则。商标侵权的主观认定上，无过错责任原则更加契合我国当前强化注册商标保护和鼓励、引导商标注册的立法精神。关于APP应用商店管理者的侵权责任，在现阶段来看，营利否定标准可能仍占据主流，但随着APP产业链分工的日益细化及利益分成竞争的日趋激烈，比例标准的适用空间依然存在。

【关键词】APP名称；商标侵权；文献综述

随着智能手机的广泛普及，APP市场亦空前繁荣，而有关APP名称的商标侵权问题也见诸多案。虽然学界对此也有相关探讨，但直接就APP名称进行探讨的文献综述材料并不丰富。如笔者以中国知网为数据库，搜索主题含"APP名称"词频并含"商标"词频进行精确检索，检索结果仅为4篇文献；❶ 搜索主题含"APP名称"词频进行普通检索，有

---

❶ 4篇文献包括：2篇报纸文章、1篇期刊文章、1篇会议文章（后两篇类型文章为同一作者所写）。

8篇主题关联文献；搜索主题含"手机应用"词频进行普通检索，并无主题关联文献。因此，本文将结合其他商标法论文、博客、微信公众号、网站专栏等相关文章进行观点对比。

从现有上述相关文献来看，现有研究的学术贡献主要集中于APP名称的性质、商标侵权要件及APP应用商店管理者的责任及其免责问题的探讨，在一定程度上使得APP名称的商标侵权问题占据了一定学术理论空间。但值得注意的是，现有文献研究仍存在以下不足：一是总体上此主题的学术性文章体量仍较为贫乏；二是从个案角度延伸的微观探讨模式较为常见，而从宏观角度的论述较为不足；三是核心问题的探讨缺乏统一的学理标准，致使文章之间出现因具体概念、规则的理解差异而衍生迥异的判断思路和标准。笔者亦结合上述分析撰写此文。

一、APP名称的性质及其权利属性*

观点一认为，APP标识是一种新型商业标识，其标识可表现为商标或名称。王莲峰❶认为移动互联网中的APP应用程序应属于软件类的商品，同其他商品一样，APP应用程序也应该有自己的商标或名称，以区别同类应用程序APP的标识。其并以移动社交类APP应用软件为例，如微信、QQ、微博、陌陌等有不同的名称和图标，以论证这些移动互联网中的APP标识可称为一种新的商业标识。

观点二认为，APP标识是一种商业标识，但APP标识不是商标（可推理得APP名称不是商标）。李旭颖❷认为APP标识在现实交易中具有与

---

* 虽然本主题探讨的是APP名称的商标侵权问题，即强调商标侵权的要件，而并不强调侵权APP名称的性质，但明晰此问题主要基于以下两点考量：一是有助于解决APP名称（广义上）之间可能涉及的商标侵权问题，如被侵权对象的APP名称可能被认定为未注册（驰名）商标等（有学者持此类观点）；二是藉此视角APP名称的商标侵权问题可能购成商标使用，而非商标性使用。

❶ 王莲峰. 论移动互联网App标识的属性及商标侵权［J］.上海财经大学学报, 2016, 18 (1):110-111；王莲峰. 移动互联网App标识商标侵权若干问题探析［C］.广州：中国知识产权法学研究会, 2015：590.

❷ 李旭颖. 移动互联网环境下App标识的商标侵权问题——兼评"为为网"诉苹果侵犯商标权案［J］.天津法学, 2017(1):46-47；李旭颖. 如何判定APP名称是否构成商标侵权——评析"大导演"商标侵权纠纷案［N］.中国知识产权报, 2016-10-21(7).

商标(结合《商标法》)相似的功能,如识别商品或服务来源、品质保证等,因此其应视为商业标识的一种。其还进一步指出,囿于商标注册原则及APP标识多不进行注册的现状,所以其并非商标,同时结合《反不正当竞争法(修订草案送审稿)》有关商业标识❶的内容予以佐证。

观点三认为,除功能描述型名称外,其他几种类型的名称均可以认定为商标性的标志(对于其他几种类型的名称,作者在文中明确指出该类APP名称是商标)。刘佳欣❷认为,根据我国商标法传统理论,可以将商标区分为注册商标和未注册商标。某个词汇或者几个文字在作为APP名称时起到了商标的指示来源的作用,无疑可以认为该名称是商标。而对于商标来说,即使没有进行相应的注册,仍然使得相应的权利人享有商标权。商标权的产生以商标性的使用为基石,而不应区分是否注册。即不论是否事先注册,只要APP名称能够认定为商标,相关APP名称所有人即享有商标权。

观点四认为,APP名称享有名称权,具体分为APP名称若注册则取得商标权以进行保护,未注册则可根据诚实信用原则进行保护,而无论是否注册也均可根据在先权利进行保护。商标代理人陈晓月❸认为APP的名称具备商标的基本功能,应将其注册为商标。如若未注册,可依据商标法中诚实信用原则等条款对APP名称权进行保护。

综上观点可见,如上理论与实务界的学者将"名称、标识、商标和商标权"的概念界分不甚明显,这是基于大家对"名称"的理解有狭义和广义之别。持前两种观点的学者将APP标识定性为一种商业标识,其是对名称的狭义上的理解,即不包含名称作为文字的内容注册成为文字商标的情形,仅作为未注册情况下(可能构成知名商品的特有名称)与注册及未注册商标相对应的概念。而广义上,持后两种观点及某判决❹认

---

❶ 需要说明的是,由于商业标识的概念过于宽泛,商标这一典型商业标识的存在使送审稿规定的市场混淆行为仍可能与商标法中的商标侵权行为重合,所以《反不正当竞争法(修订草案)》中放弃了使用送审稿引入的"商业标识"概念。

❷ 刘佳欣.开发App应谨防名称侵权[N].中国知识产权报,2015-06-03(11).

❸ 陈晓月.如何运用《商标法》保护手机App的名称权[N].中国贸易报,2016-01-19(6).

❹ (2014)湘高法民三终字第146号.

为未注册名称也有可能构成未注册商标。另外，值得注意的是，从《反不正当竞争法（修订草案）》的修改来看，商业标识被认为是一个较为宽泛的概念，其正如观点一的学者所指出的那样，其应作为名称、商标等的上位概念。基于商标侵权的主题考量，后面的论述均从狭义的角度去分析。

二、APP名称的商标侵权要件

从文献分析来看，有关APP名称的商标侵权要件的问题较多，本文主要就以下三个部分进行综述。

（一）商标性使用判定❶

第一种观点认为，强调在侵权语境中对商标性使用的认定的核心应当是识别来源功能的真正实现。孔祥俊❷站在侵权认定角度上提出，所谓的作为商标使用，乃是指所使用的与他人注册商标相同或者近似的标识，具有指示其商品或服务来自注册商标所有人或者有其关联的作用。王莲峰❸则直接指明，将应用程序上传应该是移动互联网环境中一种新的商标使用形式。因上传下载行为，使得APP名称起到区别同类服务来源的功能，如此在商业活动中的行为，构成商标意义上的使用。李旭颖❹也认为在商业营利性行为中，只要能够在厂商和消费者之间传递商品或服务信息，并为消费者区别厂商提供识别作用的，则这种对商标的使用就属于商标性使用。刘佳欣❺通过对APP名称的分类来判断其是否为商标性使用，APP名称大致可分为功能描述型、表征品牌型、创意型和混

---

❶ 因是从"名称"的狭义角度出发，所以此处省略有关商标使用的情形。

❷ 孔祥俊.商标与反不正当竞争法原理与判例［M］.北京：法律出版社，2009：179.

❸ 王莲峰.论移动互联网App标识的属性及商标侵权［J］.上海财经大学学报，2016，18（1）:110-111；王莲峰.移动互联网App标识商标侵权若干问题探析［C］.广州：中国知识产权法学研究会，2015：590.

❹ 李旭颖.移动互联网环境下App标识的商标侵权问题——兼评"为为网"诉苹果侵犯商标权案［J］.天津法学，2017（1）:46-47；李旭颖.如何判定APP名称是否构成商标侵权——评析"大导演"商标侵权纠纷案［N］.中国知识产权报，2016-10-21（7）.

❺ 刘佳欣.开发App应谨防名称侵权［N］.中国知识产权报，2015-06-03（11）.

合型四种，除第一种为非商标性使用外，其他均为商标性使用，其本质上也是从识别来源功能的要义出发。

第二种观点认为，商标性使用的判定要综合考量，包括被使用商标、使用方式及主观问题等。李春芳、李淇❶认为商标性使用的构成要素应综合考虑被使用商标的独创性程度、被使用商标的知名度、被诉侵权人使用商标标识的方式和其主观意图。夏君丽❷则在其判决中表明如果被侵权商标不具有显著性，该商标依法本不应获准注册，即使其获准注册，保护范围也有别于一般的商标，即商标权人不能禁止他人的正当使用行为，强调被使用商标的独创性程度是判断商标性使用的因素之一。李扬❸认为在商标侵权的判断中，被侵害的商标往往是已经使用并积累了商标权人市场信用的商标，为切实保护商标权人已经积聚的市场信用，此时对使用应进行扩大解释，即其使用不限于发挥识别功能的使用。

综上，两观点的差异主要在于商业性的来源功能区分是否为商标性使用的唯一判定要件，即是否要考量被使用商标的问题等。其分歧在于双方对于"商标"理解的差异，第一种观点是以商标功能来理解，而第二种观点则是从商标权来解读。本文认为第一种观点的内容更符合商标性使用的含义，即只要该名称在商业活动（如APP Store、下载链接网站）中使用以服务于识别商品来源的功能实现便符合商标性使用的判定条件。❹至于第二种观点的综合考量内容应是判定商标性使用行为是否构成对被侵权商标的侵权及其侵权程度的问题。

---

❶ 李春芳，李淇.商标性使用的判定［J］.知识产权，2014（8）:34-35.

❷ （2014）民申字第49号。

❸ 李扬.注册商标不使用撤销制度中的"商标使用"界定［J］.法学，2009（10）:98-99.

❹ 这里也有学术分歧，即如何判断被告将注册为商标的标志"当作识别商品来源的标志使用"？是依据被告的主观状态，还是相关公众的客观认知呢？这一问题的分歧也导致了美国放弃了商标性使用为商标侵权的先决条件，但我国依然强调此先决条件。而事实上，我国不少判例已经从商标基本功能的角度推理论证商标侵权，强调被诉行为是否损害商标的基本功能，从而反向论证被诉侵权者是否为商标性使用。因此，即使理论上统一认为商业性的来源功能区分是商标性使用的唯一判定要件，但实务中操作仍应从被诉行为是否损害商标的基本功能角度出发。

（二）商品、服务类别的相同或类似

观点一：陶钧❶认为虽然特定标识是使用在应用软件上的，但是显然其并非提供软件产品或软件服务，而是通过用户的安装、使用，提供其特定诸如阅读、音乐、旅游等服务项目，故在判断APP名称是否构成侵犯商标专用权时，应当从APP应用软件提供者所提供的服务内容，即实际获得经济利益的商品或服务来源入手，确定其所属商品或服务的类别，避免陷入多重商品或服务关联性的"陷阱"。

观点二：王莲峰❷认为商标专有权的范围是有限制的，权利的行使仅以其核准注册的商标和核定使用的范围为限，若商标并未将软件产品或软件服务作为其注册类别予以申请，那么除法律有特别规定外，就要回归到商标注册本身的范畴予以考量，如果他人未在注册商标权利人核准的商品或者服务类别上使用相同或近似商标，不会发生侵权行为。

观点三：吴学安❸认为APP网络环境下的应用程序不应简单地视为一款商品或者一种服务，而应是商品和服务的综合体。考虑到移动互联网更新速度快，许多APP生命周期相应较短，而商标的注册周期相对较长，因此，能够起到商标标识作用的APP名称，即使未申请商标注册，也应受到商标法的保护。

综上观点其实既有交集又有差异。观点一、观点二虽然一个解决的是侵权APP的商品、服务类型的认定，一个解决的是被侵权对象商标权的商品、服务类型的界限，但二者的交集就在于对于被侵权对象为名称已注册商标的APP时，且在实际使用项目与核定注册项目有差别时，是按照实际使用还是核准注册来确定其商品、服务的类型？本文认为关于判断APP名称所指代的APP服务与商品类别时，虽然某款APP可能聚

---

❶ 陶钧.厘清APP"特定显著识别巧识"的具体属性可有效防范他人傍名牌.载"知产力微信公众号".

❷ 王莲峰.论移动互联网App标识的属性及商标侵权［J］.上海财经大学学报，2016，18（1）:110-111；王莲峰.移动互联网App标识商标侵权若干问题探析［C］.广州：中国知识产权法学研究会，2015：590.

❸ 吴学安.遏制APP侵权还有很多功课要做［N］.中国知识产权报，2015-09-02（8）.

合了诸多服务与商品，但是还是应当以其主要提供的商品、服务类别为判断基准，即最密切联系原则。❶ 尤其是在观点三与观点一、观点二所呈现的对于名称未注册商标的APP之间是否给予商标法的保护差异时，更应以上述原则来判断，这也符合实务中依据是否损害商标基本功能的立场。❷

（三）混淆可能性的判断

新修改的《商标法》，将"混淆可能性"要件明确纳入商标侵权构成的要件之中，进一步理顺了对商标侵权构成的判断方法。因此，有的学者认为"混淆可能性"既是侵权认定的主要依据，又是商标审查的重要尺度。❸ 也有的学者建议构建以混淆认定为核心的侵权认定标准，即从各个方面考查是否有混淆的存在，如果存在就应该对相关行为加以规制。❹ 混淆可能性应为一种明显的真实可能性，而不是一种抽象的可能性。❺ 但事实上《商标法》第57条第（1）项未明确注明"造成公众混淆"这一要件，因此，孔祥俊❻ 曾指出该款之规定无须以造成消费者混淆为其构成要件，否则对于其核心价值理念的追求和商标法功能的实现

---

❶ 姜琨琨也指出随着计算机网络、移动互联、物联网等现有技术及未知技术的发展，传统的线下服务逐渐会被层出不穷的线上形式取代或整合，面对同一项服务内容，"用户体验"显然已经成为竞争的主要手段，如果允许某一经营者，一揽子将一个商标在类似第9类计算机软件等包含技术服务的类别核准注册后，对所有依托该技术服务使用该商标的经营者主张商标专用权，将会严重破坏其他经营者在使用过程中基于该商标的使用所积累的商誉，进而严重破坏正常的市场竞争秩序。而这显然与商标法保护商誉、维护正常市场秩序的本质相违背。

❷ 在判断商品、服务是否类似时，要将《类似商品和服务区分表》与具体案件的实际因素综合考虑，而不能机械、简单地理解《区分表》中的字面条文，必须结合服务功能、用途、生产部门、销售渠道、消费对象等方面综合进行分析。在新兴的互联网经济下，许多传统行业都开始借助互联网移动平台即APP软件对传统行业进行整合，发展新型产业模式，"滴滴打车"就属于这种项目，这种项目都或多或少带有第35类和第38类的"商业性"和"管理性"。可以预知，如果这些服务都注册在第35类和第38类，商品和服务的分类就失去了意义，在实务上不能也不可能如此去做。"滴滴打车"案中的法院的判决一定程度上就跳出了传统的分类标准，也具有一定里程碑意义。

❸ 彭学龙. 论"混淆可能性"——兼评《中华人民共和国商标法修改草稿》（征求意见稿）[J].法律科学，2008(1):130.

❹ 沈禹钧，葛璐萍. 论商标"反向混淆"侵权的构成要件 [J]. 海大法律评论，2008，(11):585-589.

❺ 邓宏光. 商标法的理论基础——以商标显著性为中心 [M].北京：法律出版社，2008：219.

❻ 孔祥俊. 商标与反不正当竞争法：原理与判例 [M].北京：法律出版社，2009：327.

都可能具有负面影响，是一种免除混淆要件的主张。也有学者❶借以域外案例指出，在某些特殊情况下该条款情形并不会误导相关公众对商品出处的判断主张此条款应直接推定其构成混淆。而此款情形描述的应当是APP名称与商标权人的文字商标相同，且其主要商品或服务项目相同的情况。当然不可否认的是上述情形的可能混淆性相当高，但相应的其也并非绝对。尤其是APP这一手机软件名称与线下实体行业的商品或服务文字商标的这种特殊情况，囿于APP名称的稀缺性、商标地域因素关系等的影响，本文认为推定混淆并赋予被诉侵权人抗辩可能更为合理。

同时，学界关于APP名称中混淆可能性的认定考量的具体内容，其意见也并非一致，但在以下两个考量层面形成一定共识：第一，侵权者使用的商标和他人已注册商标相同或者近似性及APP使用的类别和已注册商标核定使用的商品或者服务类别相同或者类似性；第二，还需要考虑注册商标的显著性和知名程度——显然，注册商标的显著性越高，造成混淆的可能性就越大，反之亦然。但此外，王莲峰❷提出商标使用是否起到了识别商品或者服务来源的作用（商标性使用）也是混淆可能性的一个重要判断标准。姜琨琨❸则认为被诉侵权人对应用名称的使用意图及使用情况，也是需要着重考虑的因素之一。如果被诉侵权人在他人注册商标之后即抢先将商标作为应用名称进行使用，或者明知他人已经注册了商标而执意使用，则不难推断被诉侵权人存有混淆的主观故意，而这种混淆不仅应当包括小企业意图傍大企业的名牌，还应当包括大企业蓄意的反向混淆。从本文的案例综述部分也可以看出法院一般直接从涉案应用名称与注册商标的商品或服务种类相同或类似或者从应用名称与注册商标相同或近似直接得出结论，认为会导致相关公众产生混淆或误认，或者容易使相关公众误认为该应用来自商标权人或者认为与商标权

---

❶ 王迁.知识产权法教程［M］.北京：中国人民大学出版社，2016：500.

❷ 王莲峰.论移动互联网App标识的属性及商标侵权［J］.上海财经大学学报，2016，18（1）:110-111；王莲峰.移动互联网App标识商标侵权若干问题探析［C］.广州：中国知识产权法学研究会，2015：590.

❸ 姜琨琨.浅析APP应用名称的商标侵权问题，载http://tech.hexun.com/2015-11-18/180633291.html.2017年3月5日最后访问。

人存在特定联系。足见理论与实务界在此问题上并无共识。不过这也反映出大家所面临的理论困境，即商标侵权要件与混淆可能性之间到底是什么关系？商标性使用、被诉侵权人主观意图等到底归属于哪一内容？虽然暂时对此无明确答案，但是需要注意的一点是APP名称商标的侵权问题确实有其特殊的网络环境因素的干扰，在此情形下来判断是否造成混淆，可能单纯的两要件并不足以应对，因此，现实案例在判决中即使没有在混淆认定中对该特殊问题予以论证说明，但也作为认定的案件事实或其他侵权要件因素进行了相关阐释。

（四）主观过错的问题

在商标法实践中一般采取的标准是：认定直接侵权不需要主观故意，即无过错责任原则（不过其也举例某些商标侵权问题不考虑主观过错似乎有违公平正义的原则），而认定侵权赔偿数额往往考量当事人的主观过错，同时间接侵权的认定也需要考察第三人的主观过错。[1] 这在我国商标法中也可找到相关依据[2]。从本文案例综述有关侵权认定的内容中，绝大多数法院没有将主观过错问题放入其考量也可见一斑。但也有学者[3] 指出，商标侵权中的无过错责任忽视主观状态，扩大了商标权利人的权利范围，不利于均衡商标权人利益和社会公共利益。商标（直接）侵权应适用过错推定责任，即在商标侵权行为中，单从侵权事实本身就可以认为加害人有过错，并追究他的责任。法律规定并不能因加害人证明自己没有过错而推翻，法律对过错的推定是直接发生法律效力的，即使被告提出充分的证据证明这种认定与其实际的主观态度不符，也不

---

[1] 徐磊. 商标侵权认定中的主观因素. 载http://www.marketbook.cn/sbbh/135298933228652.html. 2017年2月16日最后访问。

[2] 《商标法》第52条第1款规定："未经商标注册人的许可，在同一种商品或者类似商品上使用与其注册商标相同或者近似的商标的"，可以看出，对于侵犯商标专用权的行为，只要客观上实施了该等行为，则被推定为主观上有恶意；而《商标法》第56条第3款规定："销售不知道是侵犯注册商标专用权的商品，能证明该商品是自己合法取得的并说明提供者的，不承担赔偿责任。"这说明，在侵权赔偿的问题上，商标法采取了"过错原则"。这一原则也有例外，对于商标侵权的帮助行为，法律采取的却是"过错原则"。《商标法实施条例》第50第2款："故意为侵犯他人注册商标专用权行为提供仓储、运输、邮寄、隐匿等便利条件的"。

[3] 胡梦云. 论商标侵权的归责原则——从"耐克滑雪夹克商标侵权案"谈起 [J]. 河北法学，2008(11):142-143.

能改变这种推定。

对比以上两种归责原则，似乎无过错责任更加契合我国当前强化注册商标保护和鼓励、引导商标注册的立法精神。在认定商标侵权行为时，只要存在根据法律规定可以被认定为侵犯注册商标专用权行为的情形，就可以认定侵权事实存在，而不必考虑其主观状态。❶ 但同时，在商标侵权认定中也存在推定责任的影子。即注册商标均经过公告程序，可以推定他人知悉其存在，未经许可的使用行为可以推定行为人主观上有过错，且对于没有侵权故意的销售侵犯注册商标专用权商品的行为，法律规定免除其赔偿责任。另外，对于善意在先使用与注册商标之间的冲突，实践中的处理方式虽并不一致，但免除其赔偿责任已成为多数人的观点。

三、APP应用商店管理者的责任及其免责

王莲峰认为认定APP应用商店管理者的侵权责任，不仅要考虑其主观上是否明知网络用户的行为侵权，客观上也要看其是否采取对应的必要措施。❷ 只有同时具备上述两个条件，手机应用商店的管理者才构成帮助侵权，承担相应的连带责任。而对于APP应用商店管理者的免责问题，则可以根据《信息网络传播权保护条例》规定❸ 来判断是否要对应用商店运营和管理者责任予以免除。同时其指出由于苹果IOS系统能够进行审查且操作系统的封闭性（如防止病毒的传播等）STORE的营利性（如APP软件在APP STORE的每次下载与上传人之间的分成问题，其是

---

❶ 王华栋. 浅析商标侵权的归责原则. 载http://www.chinacourt.org/article/detail/2013/06/id/1016689.shtml. 2017年2月17日最后访问。

❷ 必要措施是指在收到被侵权人的通知后是否及时采取删除、屏蔽和断开链接等措施，是否履行了"通知+删除"的义务，否则就要承担损害扩大部分的连带责任。

❸ 根据《信息网络传播权保护条例》规定，应用商店运营商和管理者提供的是信息存储空间，若要免责，需要同时具备以下几个条件：第一，明确标示该信息存储空间是为开发者所提供；第二，未改变开发者所提供的作品；第三，不知道也没有合理的理由应当知道开发者提供的作品侵权；第四，未从开发者提供的作品中直接获得经济利益；第五，在接到权利人的通知书后，删除权利人认为侵权的作品。

参与到软件的上传及传播过程中的），苹果公司不是单纯的服务提供商的地位，不能适用"避风港"原则。李旭颖、荣盼盼也持以上观点，即"避风港"规则应适用于判断APP商店管理者商标侵权责任的认定，且由于APP商店管理者负有较高的注意义务，其在避风港规则的适用上应具有特殊性。

不过袁秀挺表示，"避风港"原则有关的立法目前还不是非常完善。在司法实践中，虽然中国和美国均有案例（判例）确认网络服务提供商可以使用"避风港"原则，有的也参照在信息网络传播权中所建立的"避风港"原则的一些制度的延伸，但是毕竟商标权与著作权有所区别，目前更多的还是依赖于司法实践中的不断累积，不能当然持肯定或否定态度。但对于苹果案，其也不支持该案适用"避风港"规则，理由同前述学者观点。

刘贵增❶则认为，界定网络应用平台的侵权责任，应该结合具体侵权APP的内容、APP的性质而定。同时"认为网络应用平台具有审查APP的义务，认定所有平台提供的侵权APP应用平台都要承担连带侵权责任"与"认为网络应用平台仅具有形式审查APP应用的义务，一旦被告知平台内存在侵权APP将其下架就可以免除义务"都是武断的。也就是说仅就苹果公司的APP STORE模式而言，不能因为其独特的封闭管理性和盈利性就否定其"避风港"原则的适用，对于网络平台商标侵权责任的认定还是不应该一棍子打死。虽然APP STORE模式的特殊性与"避风港"原则的上述两个不知情和无直接利益关系条件有一定的矛盾之处，在判定网络应用平台商标侵权时，应先行考虑红旗原则，如果侵权行为明显到如同鲜艳的红旗一样，连普通人也一眼能够看出来时，网络应用平台自然不能适用"避风港"原则免除责任；之后结合"避风港"原则的条件判断，应遵循责任义务与收益成正比的原则，而非完全排除适用。其也承认目前此类问题更多的还是依赖于司法实践中的不断累积。

综上可见，即使对于具体案件中APP应用商店管理者的侵权责任的学理探讨仍呈现出理念、逻辑上的差异，但这种差异未来仍有待于司法

---

❶ 刘贵增.APP图标的商标侵权问题研究.［D］. 北京: 北京外国语大学. 2016.

实践的积累，尤其是可寄希望于未来出台相关司法解释来处理此问题。在现有研究中，笔者认同观点二、观点三关于"避风港"规则适用于商标领域仍需进一步挖掘的观点，对其适用的态度也不能过于武断。同时，对于其适用条件中到底是采取"营利否定标准"还是"责任义务与收益的比例标准"，其内涵中都体现了对营利因素的否定的内容，而区别在于程度的不同，前者"营利则不能适用"是一种完全否定，后者则是"营利对价的部分不得适用"的部分否定。在现阶段来看，营利否定标准可能仍占据主流，但随着APP产业链分工的日益细化及利益分成竞争的日趋激烈，比例标准的适用空间依然存在。

商标法中"其他不良影响"条款的适用案例综述[*]

许　静　胡天雪　张守菊　李欢欢

【摘要】由于"其他不良影响"条款的内涵外延不明确，司法实践中对其理解莫衷一是，在具体适用时存在一定程度的混乱。具体表现在：抢注商标行为与导致误认、混淆的注册行为是否适用该条款进行规制，司法实践中存在较大分歧；"其他不良影响"条款的调整对象为商标本身、使用行为还是两者均可仍没有定论；损害特定利益同时损害公共利益的案件应当适用哪一条款认定其性质仍待解决。对我国司法实践中"其他不良影响"条款的适用进行梳理、整合、分析，有利于明确以上问题，从而找到解决的出路，以期统一司法实践中适用问题。

【关键词】其他不良影响；误认混淆；公共利益；使用行为

1982年《商标法》中，"有害于社会主义道德风尚或者有其他不良影响的标志"就作为"不得用作商标的情形之一"加以明确规定，此后《商标法》历经三次修改仍一直沿用，未作任何文字修改，足见该条款在商标法体系中的重要性。但由于"其他不良影响"的内涵外延不明确，司法实践中对于"其他不良影响"条款的理解并非完全一致，具体

---

[*] 此处的"其他不良影响"条款仅指《商标法》第10条第1款第（8）项，而非2013年《商标法》新增的第42条第3款。

适用时存在一定程度的混乱。因此，笔者认为有必要对我国司法实践中"其他不良影响"条款的适用情况进行梳理、整合、分析。

一、案件概述

本文通过聚法案例检索平台，共检索到涉及"其他不良影响"条款的案例1 386份，❶ 统计年份从2005～2016年。除去串案，共得到有效案例856份，其中法院认定构成"其他不良影响"的案件为235份。

从2010年开始案件数量迅速增长，2011年有所下降，2012年又开始呈增长趋势并达到最高值，随后2013年又开始下降，2014～2015年，案件数量又开始不断增加；2016年，案件数量又有所下降。从这些不断变动的数据中，可以发现此类案件的数量并不稳定，具有波动性。

其中，法院认定构成"其他不良影响"的案件数量占有效案件总量的27.5%；不构成"其他不良影响"的占有效案件总量的72.5%。由此可见，法院认定不构成"其他不良影响"的案件数量远远大于构成的数量。

根据图1的数据可知，法院认定构成"其他不良影响"条款的案件在

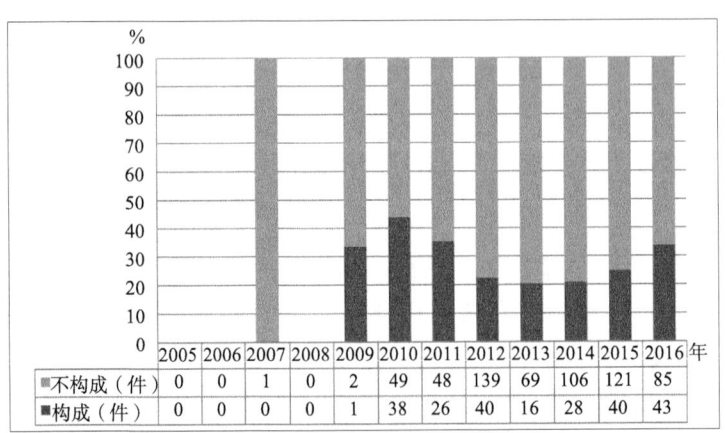

图1 构成"其他不良影响"与否的比例及数量

---

❶ 案例最后检索时间：2017年4月29日。

每年涉及的有关"其他不良影响"条款的案件总量中所占的比例,从2009年开始增加,2010年达到最大值,但2011年开始持续下降,到2013年达到最小值;2014~2016年,又持续上升。总之,"其他不良影响"条款的适用经历了一个由滥用到收紧再到适度扩张的过程。

二、构成"其他不良影响"的类型

在笔者检索到的有效案例中,法院统一认定构成"其他不良影响"的类型主要有:(1)具有政治上不良影响的,占26%;(2)有害于宗教信仰、宗教感情的,占27%;(3)具有文化方面不良影响的,占7%;(4)可能造成军事上不良影响的,占6%;(5)含有"中国"字样,有损国家尊严的,占3%;(6)标志本身含有贬义或者负面含义的,占18%;(7)与各国法定货币的图案、名称或者标记相同或者相近的,占3%;(8)涉及民族、历史、医药、教育或者公共资源等其他因素的,占10%。对于这些类型的标志,数量最多的是对政治或者宗教产生不良影响的情形。

除了这些常见的适用类型外,实践中大量抢注商标的行为和导致误认、混淆的注册行为,法院有时也会以"其他不良影响"条款进行规制。对于大量抢注商标的行为,法院往往以扰乱商标注册秩序和市场经济秩序为由来认定构成"其他不良影响"。对于误认、混淆行为,主要有来源误认、质量误认、功能误认、与驰名商标或者具有一定影响的未注册商标混淆等多种情形,其中,与驰名商标或者具有一定影响的未注册商标混淆,导致公众误认的,法院基本上都是认为损害特定民事主体权益,适用商标法中的其他条款进行规制,但是对于其他误认情形,法院在认定和说理上存在一定差异。"误认""混淆"与"误导",分别在《商标法》不同之处予以提到,而司法实践中并未严格进行区分,所以统一进行分析,具体如表1所示。

表1 "误认""混淆"案例

	理由	案例简称	法院论述	备注
认定构成"其他不良影响"的理由	损害消费者利益	"稀世锌泉及图"案❶	申请商标使用的可乐等商品如不含锌元素，则申请商标易使相关公众对商品的原料、成分等特点产生误认，从而损害消费者的利益，产生不良影响，构成第10条第1款第（8）项情形	通过论述误认、混淆会损害社会公共利益来说明构成"其他不良影响"
	扰乱社会市场经济秩序	"德國寶"案❷	容易使公众对商品或者服务来源产生误认的，因其会对社会经济秩序产生消极、负面影响，通常应被认定为具有不良影响	
	损害消费者利益，扰乱社会经济秩序	"HUDSON"商标——"HUDSONGROUP及图"案❸	导致相关公众无法区分服务的真正来源，产生误认，申请商标的申请注册可能损害消费者的利益，扰乱社会经济秩序，造成消极、负面的影响	
	扰乱社会公共利益和公共秩序	"亚平YAPING及图"案❹	争议商标以"亚平"两字为商标的主要识别部分，注册并使用在乒乓球拍商品上，极易误导社会公众和相关消费者，使其将该商品与邓亚萍女士建立联系……消费者易将商品的来源指向邓亚萍女士，从而对社会公共秩序产生一定的消极的、负面的影响	
	不予论述	"莲鹤方壶"案❺	若允许原告将其名称注册为商标，并独占使用，会使相关公众将其与特定历史事件相联系，极易产生误认，从而产生不良影响	直接认为产生误认即具有不良影响

---

❶ （2012）一中知行初字第438号。

❷ （2012）高行终字第1479号。

❸ （2014）高行（知）终字第630号。

❹ （2010）一中知行初字第3083号。

❺ （2015）京知行初字第11号。

	理由	案例简称	法院论述	备注
认定不构成"其他不良影响"的理由	对特定民事权益造成损害	"ALTECO"案❶	误导公众、制造市场混淆的不良影响属于损害特定民事权益的情形,不属于该项法律规定调整的范围	以否定或排除适用的形式论述构成误认的商标不具有"其他不良影响"
	不属于"对我国政治、经济、文化、宗教、民族等社会公共利益和公共秩序产生消极的、负面的影响"的情形	"英特尔斯"案❷	《商标法》第10条第1款第(8)项所指的其他不良影响一般是指商标的文字、图形或者其他要素对我国政治、经济……负面影响。本案中,英特尔公司认为被异议商标的注册易使相关公众对被异议商标与引证商标产生混淆误认,进而产生不良影响的诉讼主张,不属于上述情形	
	不予论述	"百年荣和酒及图"案❸	原告关于诉争商标的使用容易导致公众对商品品质的误认等主张不属于《商标法》第10条第1款第(8)项规定所规制的范畴	

  表1中对于产生混淆或者误认的商标争议案件,法官主要是通过区分误认、混淆损害的是特定民事权益还是社会公共利益,以及是否由《商标法》第10条第1款第(8)项来调整进行认定的。在认定构成误认、混淆的148件案例中,有69件认定构成"其他不良影响",可见所占的比例相当大。其中法官通常认为误认、混淆会扰乱社会公共秩序,因而会造成"其他不良影响",除了直接认定误认、混淆扰乱社会公共秩序的以外,还从损害消费者利益、扰乱社会市场经济秩序、损害消费者利益且扰乱社会经济秩序这三个方面来认定扰乱社会公共利益和公共秩序。另外79件被认定不构成"其他不良影响",个别案件法官认为误认、混淆损害的是特定民事主体的利益,因而不具有"其他不良影响",多数案件因不

---

❶ (2016)京行终3817号。
❷ (2011)一中知行初字第3056号。
❸ (2015)京知行初字第3228号。

属于《商标法》第10条第1款第（8）项调整而不具有"其他不良影响"。

我国2013年《商标法》对第10条第1款第（7）项作了修改，将"夸大宣传并带有欺骗性的"改为"带有欺骗性，容易使公众对商品的质量等特点或者产地误认的"，明确将"品质等特点"以及"产地"误认划分到第（7）项的范围。同时，2016年12月出台的《商标审查及审理标准》针对《商标法》第10条的部分修改对审查标准也进行相应修订，几乎将所有涉及"容易误导公众"❶ 的情形纳入《商标法》第10条第1款第（7）项的调整范围，基本上将其他不良影响限缩为上述几种常见类型，虽然该标准对于法院不太有约束作用，但对于商标局和商评委具有指导意义，而这是否意味着这些都应该划分到第（7）项，目前还不能确定。目前司法实践中，对于"误导公众"的案例基本上都是适用2001年《商标法》进行审理，为此对除第（7）项列明的"质量"外的其他特点的界定、"产地"误认与"来源"误认的内涵是否一致以及若不一致应如何区分等问题，还需要进一步总结和标准上的统一，以有效厘清第10条第1款第（7）项和第（8）项各自的适用范围。

三、调整对象：商标本身/使用行为

根据最高人民法院发布的《关于审理商标授权确权行政案件若干问题的意见》对于"其他不良影响"的定义，❷ 可以看出，"其他不良影响"的调整对象仅包括商标本身，但是司法实践中存在对此标准进行扩大适用的趋势。多数案件中，法院只对商标本身是否具有其他不良影响进行判断，但也存在部分案件法院是通过商标的使用行为来认定是否构成其他不良影响的，主要包括两种情形：一是大量抢注行为，二是使用商标会导致误认混淆的情形。原因可能在于法院认为误导消费者属于损

---

❶　此处的"容易误导公众"不包括与驰名商标或者具有一定影响的未注册商标混淆，而导致公众误认的情形。

❷　"人民法院在审查判断有关标志是否构成具有其他不良影响的情形时，应当考虑该标志或者其构成要素是否可能对我国政治、经济、文化、宗教、民族等社会公共利益和公共秩序产生消极、负面影响。"

害公共利益，以及商标的大量抢注会扰乱商标注册秩序，也会损害公共
利益。同时，在所检索到的案件中，仅有6例法院明确表示，是否构成不
良影响，既可以包括商标本身，又可以包括使用行为。表2为代表各种观
点的典型案例。

表2 "标志本身""使用行为"案例

调整 对象	案件 简称	构成/不 构成	法院论证	备注
标志 本身	"排球国际歌"案❶	构成	诉争商标中存在"国际歌"这一构成要素，而该构成要素属于共产主义运动标志性歌曲的名称，该歌曲属于政治性歌曲的范畴，因此，将"国际歌"作为商标这种商业标志的组成部分，可能对我国政治等方面的社会公共利益和公共秩序产生消极、负面的影响	本案中，法院从构成要素本身进行分析，认定该商标可能构成其他不良影响
	"维肤膏"案❷	不构成	适用"其他不良影响"条款的关键在于判断争议商标的标识本身是否对我国社会公共利益和公共秩序产生消极、负面影响，该判断过程与被异议商标指定使用的商品无关	法院明确将其他不良影响理解为标志本身的含义
商标本身、使用行为均可	"李疯子"案❸	构成	该种"不良影响"可能表现为商标标志本身有损国家主权、有害于种族尊严或者宗教信仰、公序良俗等；同时亦可表现为将该特定商标投入实际使用后对我国政治、经济、文化、宗教、民族等社会公共利益和公共秩序产生的消极、负面影响	此案中，法院认为商标本身会存在其他不良影响，同时也分析了商标使用行为可能造成其他不良影响

❶ （2016）京行终4150号。
❷ （2014）高行终字第388号。
❸ （2012）一中知行初字第1855号。

续表

调整对象	案件简称	构成/不构成	法院论证	备注
使用行为	"DOOSAN"案❶	构成	申请注册了多个知名汽车品牌及旗下各种品牌的商标，上述行为可以认定嘉禾兴产公司明显具有复制、抄袭及模仿他人知名商标的故意。因此，被异议商标的申请注册违反诚实信用原则，严重扰乱了商标注册秩序，易造成不良社会影响	本案中，商标本身并不构成不良影响，原告的申请注册的行为扰乱了商标注册秩序，从而造成不良影响
	"盖璞孕妇装"案❷	构成	申请商标包含有"孕妇装"字样，易使消费者在接触到申请商标后，误认为该商标所标识的商品为孕妇类服装或误认为其商品的消费群体为孕妇等人群，从而误导消费，造成不良影响	本案中，法院明确将商标的使用行为会误导消费者情形认定为具有其他不良影响

四、保护范围：特定利益/公共利益

"其他不良影响"条款属于商标标志"禁止使用"的情形之一，所保护的法益应该是公共利益。因此，对特定民事主体权益的损害，不应由"其他不良影响"条款来调整。司法实践中，法院统一认为"其他不良影响"条款适用于损害社会公共利益和公共秩序的情形；在公共利益和特定利益同时受到侵害的情形下，法院认定构成"其他不良影响"的案件数量较少，仅为3件；凡是法院提到特定利益的情况下，均明确表示不构成第（8）项的其他不良影响，此类案件的数量为107件，所占比重较大。表3为司法实践中法院部分观点的举例。

---

❶ （2015）高行（知）终字第917号。

❷ （2013）高行终字第642号。

表3 "公共利益""特定利益"案例

保护范围	案例简称	法院论证	备注
公共利益（明确）	"International song of ping-pong"案❶	将"International song"（国际歌）这一共产主义运动标志性歌曲的名称作为商标标志的组成部分，可能对我国政治等方面的社会公共利益和公共秩序产生消极、负面的影响，诉争商标构成《商标法》第10条第1款第（8）项所规定的不得作为商标使用的标志的情形	此类案件或者明确说明损害社会公共利益的具有其他不良影响，或者将损害特定利益或者私权的排除适用第（8）项，都表明《商标法》第10条第1款第（8）项保护的是公共利益
公共利益（排除特定利益）	"樊记"案❷	审查判断有关标志是否构成具有其他不良影响的情形时……如果有关标志的注册仅损害特定民事权益，由于商标法已经另行规定救济方式和相应程序，因此不宜认定其属于具有其他不良影响的情形	
	"清华"案❸	清华大学认为争议商标的注册和使用易使消费者混淆，误以为争议商标与其商标具有某种联系，从而损害清华大学合法利益，产生其他不良影响的撤销理由实质上仍属于维护清华大学在先注册商标权、在先名称权等私权的范畴，不属于《商标法》第10条第1款第（8）项规定的内涵范畴	

---

❶ （2016）京行终4379号。
❷ （2010）一中知行初字第1650号。
❸ （2010）一中知行初字第2111号。

续表

保护范围	案例简称	法院论证	备注
损害特定利益同时损害公共利益	"刘德华"案❶	如果有关标志的注册既损害特定民事权益，又可能对代表社会公共利益的广大消费者的合法权益产生消极、负面影响，则可以认定属于有其他不良影响的情形	"刘德华"案指出，既损害特定利益又损害公共利益的可以认定具有其他不良影响，"芝华仕CHIVAS"案进一步指出，只有在无其他条款予以规制时，才将其纳入"其他不良影响"条款调整范围
	"芝华仕CHIVAS"案❷	如果该标志既损害了特定民事主体的民事权益，又可能对我国政治、经济、文化、宗教、民族等社会公共利益和公共秩序产生消极、负面影响时，若无其他法律条款予以规制，仍可认定其属于具有其他不良影响的情形；若可以适用其他具体的法律条款予以规制，应优先适用其他条款，而不宜认定具有其他不良影响	

五、"其他不良影响"条款的性质

"其他不良影响"条款作为一项兜底条款，法院在适用时对其兜底范围基本不会提及，但也有例外情况，例如北京市高级人民法院在"HD及图"案❸中提到"该规定的其他不良影响，仅指与有害于社会主义道德风尚相类似的，可能对国家政治、经济、文化、宗教、民族等社会公共利益和公共秩序产生消极、负面影响的情形"。这种观点认为"其他不良影响"条款是《商标法》第10条第1款第（8）项的兜底条款。而从司法实践来看，法院几乎是将"其他不良影响"条款看作《商标法》第10条第1款的兜底条款，对第10条第1款第（1）项至第（7）项无法解决的，可适用该条款禁止注册和使用。但既然《商标法》将第10条第1款第（8）项规定为"有害于社会主义道德风尚或者有其他不良影响的标志"不得

---

❶ （2011）一中知行初字第2272号。

❷ （2015）高行（知）终字第2537号。

❸ （2016）京行终2430号。

用作商标,并将该项与前七项并列,就说明"其他不良影响"是与社会主义道德风尚类似的情形,是第10条第1款第(8)项的兜底条款。否则立法者会直接将"有其他不良影响的标志不得作为商标使用"作为最后一项,而无须与"有害于社会主义道德风尚"并列。

六、总　　结

通过对案例的整理与分析,可以发现司法实践中对于该条款的理解与适用并非完全一致,不仅不同的法院之间针对类似的案例有不同的认定,即使是同一法院也存在不一致情况。

首先,关于构成"其他不良影响"的类型,对政治、宗教、文化、国家尊严等具有消极影响的,法院都认为具有"其他不良影响";而对于大量存在的混淆行为,法院因认定损害的是特定利益还是公共利益的不同而存在分歧,主要体现为对既损害特定利益又损害公共利益的行为是否构成"其他不良影响"的认定上。其次,对于使用行为是否也受"其他不良影响"条款规制,司法实践中也未形成统一意见,部分法院明确指出商标本身和使用都不得具有"其他不良影响",更多的法院没有论述,但并不代表它们否认使用行为不受此条款的约束。综上,建议对该条款进行严格解释,进一步明确商标混淆、使用行为,特定利益和公共利益同时受损能否受该条款规制,以规范司法实践中对该条款滥用的现象。

商标法中"其他不良影响"条款的适用文献综述

■ 许　静　胡天雪　张守菊　李欢欢

【摘要】从文献来看，学者对"其他不良影响"条款的讨论主要有以下几个方面：条款的性质与定位，条款的调整对象和保护范围，构成"其他不良影响"需要考量与不需要考量的因素、该项条款与其他法条的界限以及对于"其他不良影响"条款的适用态度。理论的研究，应当紧跟实践的步伐并最终回归于实践，引导司法实践走向统一。"其他不良影响"条款的适用应具灵活性但又不失原则性，防止利益保护的偏颇。

【关键词】其他不良影响；调整对象；考量因素；法条界限

笔者以"不良影响"为关键词，并结合就该款争议较大的案件——"微信"案，共检索到相关文献33篇，此外，参考的专著类图书5种。本文将不同学者针对"其他不良影响"条款的观点进行简要罗列与归纳，以期展示我国学术领域对此问题的研究现状与成果，并将理论与实践进行对比分析。从文献来看，学者对"其他不良影响"条款的讨论主要针对以下问题：条款的性质与定位，条款的调整对象和保护范围，构成"其他不良影响"需要考量的因素以及该项与其他法条的关系。

一、"其他不良影响"条款的性质

《商标法》第10条第1款第（8）项中规定"有害于社会主义道德风尚

或者有其他不良影响的"标志不得作为商标注册使用，从文义上看，该项属于兜底条款，但是随着法院适用该条款的不断增多，适用的情形不一致的出现，使得学者对"其他不良影响"的性质解读也出现差异，主要有以下几种：

（1）是第10条第1款第（8）项的兜底。

孔祥俊认为：关于"不良影响条款"不应当作扩大解释，而应将其适用范围限制在第10条第1款第（8）项之内。❶

（2）是《商标法》第10条第1款的兜底。

马一德认为"不良影响"条款的适用范围和其保护的法益都应当符合第10条第1款的规定。《商标法》第10条第1款所列举的内容是商标注册消极条件中禁止使用的绝对事由，因而，"不良影响"条款调整的是商标消极绝对事由中禁止使用的情形，此类商标造成社会公共利益和公共秩序的破坏，不能注册且不能使用。❷

汪泽认为，从立法结构上看，"其他不良影响"条款放在最后一项中，一般被认为是兜底性条款，用以规制前七项以及"有害于社会主义道德风尚"所指情形以外的不得作为商标使用的情形。❸

（3）并非兜底条款，与第1款的其他项并列。

冯晓青、蒋燕认为第10条应当理解为商标的绝对禁止性规定，所以第10条第1款第（8）项规定的"其他不良影响的"情况也应当为和第1款其他项规定的情形类似的，因待注册商标标志的内容有违道德风尚、对社会公共利益产生负面、消极的影响的情况，而非一个兜底性条款。❹

---

❶　孔祥俊.论商标法的体系性适用——在《商标法》第 8 条的基础上展开［J］.知识产权，2015（6）:3-17.

❷　马一德.商标注册"不良影响"条款的适用［J］.中国法学，2016（2）: 232-234.

❸　汪泽.中国商标案例精选［M］.北京:商务印书馆，2015:54-55.

❹　从"乔丹"商标案看"不良影响"条款的理解与适用［N］.中国知识产权报，2015-06-26.

二、其他不良影响条款的保护范围与调整对象

"其他不良影响"条款的性质决定了该条款的保护范围与调整对象，从该条款的设置来看，其目的是保护"社会公共利益与公共秩序"。从表1中可知，学者都认为，该条的保护范围是社会公共利益。在调整对象上，与《商标审查及审理标准》一致，都认为商标构成本身是"其他不良影响"的调整对象。但是部分学者认为，商标的使用行为有时也能成为该项的调整对象，赞同此种观点的学者，一般同时认为，因商标使用造成误认混淆是对公共利益产生不良影响，适用该条款。

表1　保护范围与调整对象观点归纳

学者	学者观点	观点归纳		
		保护范围	调整对象	误认混淆
逯遥	从法律角度而言，把握尺度在于商标的注册使用应考虑社会公序良俗和相关公众的实际感受。如果商标有悖于社会公序良俗，或者可能导致消费群体产生反感、抵触等负面情绪就应视为该商标具有不良影响❶	仅适用于社会公共利益	商标本身	/
袁博	"不良影响"条款适用的前提是该商业标志的使用损害了公共利益，对特定民事主体权益造成的损害无关公益，应由《商标法》中的相对禁用条款予以调整（如侵害在先权利）❷	社会公共利益	商标本身和商业标志的使用	导致误认混淆属于对公共利益的损害，从而具有"不良影响"

❶　逯遥."其他不良影响"条款的尺度把握［N］.中国知识产权报，2014-03-06.
❷　袁博.论商标法中"不良影响"条款的适用规则［J］.中国工商报，2015-07-01.

学者	学者观点	观点归纳		
		保护范围	调整对象	误认混淆
钟鸣	不能因为侵害商标权的行为同时可能损害消费者的利益就认为所有足以构成混淆误认的商标申请或使用行为都侵害了公共利益,从而具有不良影响。《商标法》已经区分了足以导致混淆误认的商标申请行为与违反公共秩序和善良风俗的商标申请行为,并将它们分别归为拒绝商标注册的相对理由和绝对理由,在此情况下就不能再通过消费者利益的引入把这两者统一到不良影响条款中❶	社会公共利益	/	仅造成误认混淆不具有"不良影响"
马一德	注册商标消极条件的绝对事由包括禁止注册和禁止使用。应将不同类型的商标区分为以下两种情况:(1)针对本身符号构成具有不良影响的商品标志,该标志当然不能作为商标申请注册;(2)针对标志本身无任何不良因素,但如其使用将产生不良影响,该标志也不能作为商标申请注册❷	公共利益	商标本身和使用行为	误导导致公共利益受损时具有"不良影响"
汪正	各国、各地区的商标法明确规定商标禁用条款,都是出于三个目的:一是维护国家尊严;二是维护国际组织声誉和利益;三是维护公共秩序及善良风俗。"其他不良影响"应当是对社会公共秩序而非具有单个性质的法律主体产生的"不良影响"❸	公共利益	商标本身	/
冯晓青、蒋燕	争议商标可能导致消费者的混淆误认,不属于可能对我国政治、经济、文化、宗教、民族等社会公共利益和公共秩序产生消极、负面影响的情况,不属于我国商标法"不良影响"条款调整的范围❹	公共利益	商标本身	导致误认混淆不具有"不良影响"

❶ 钟鸣.商标法不良影响条款扩大适用的争议及其解决[C].中国知识产权法学研究会年论文集,2015:646-648.

❷ 马一德.商标注册"不良影响"条款的适用[J].中国法学,2016(2):233-235.

❸ 汪正.此"不良影响"非彼"不良影响"——关于"其他不良影响"禁用条款及诚实信用原则[J].中华商标,2007(3):47.

❹ 章凯业.商标法中的"不良影响条款"研究[J].法学论坛,2016(5):117-119.

续表

学者	学者观点	观点归纳		
		保护范围	调整对象	误认混淆
陈锦川	从体系化角度分析，"其他不良影响"所设定的价值应从保护公共秩序和善良风俗的视角出发，不应将特定主体的合法权益的保护纳入此列❶	公共利益	商标整体构成要素	造成混淆不具有"不良影响"

三、需要考虑的因素/不需要考虑的因素

（一）需要考虑的因素

马一德认为，不良影响的判断应考虑的因素如下，（1）应从商标标识本身出发，考虑商标的一般含义来判断是否可能带给相关公众消极的、负面的感受。（2）应以我国经济社会文化背景为判断的基础，从我国国情、历史、社会观念、市场效果等方面出发进行综合判断。（3）判断商标标识是否有"不良影响"，应当以一般消费者对该商标的认知为主要因素。部分公众的认同并不能消除有些本身有违公序良俗的词汇所带来的"不良影响"。❷

田明珠认为，判定商标是否易在社会上产生不良影响，除法律明确禁用的范围外，是否违背广大人民群众的利益、是否违背社会道德规范、是否与社会主义主流文化相悖，是首先需要考虑的因素。❸

袁博认为，第一，"不良影响"的判断与商品使用类别有关，对一些商标而言，是否产生"不良影响"要结合具体语境（商标所使用的商品类别）判断。第二，"不良影响"的判断与使用主体有关。类似"少林

---

❶ 陈锦川.商标授权确权的司法审查［M］.北京：中国法制出版社，2014:42.

❷ 马一德.商标注册"不良影响"条款的适用［J］.中国法学，2016（2）:234-237.

❸ 田明珠.谈对《商标法》中"有其他不良影响"条款的理解［J］.交流借鉴，2002（10）: 25-26.

寺""白云观"这样的词语，普通人注册商标必然有"不良影响"，但少林寺、白云观自己申请则不会产生不良影响。❶

综合以上观点，对于是否构成《商标法》第10条第1款第（8）项"其他不良影响"条款需要考虑社会主流观念认知、使用主体和使用商品类别等。

（二）不需要考虑的因素

汪泽认为，"其他不良影响"的判定无须考虑申请人主观状态和商标使用情况。申请人申请注册该标志并无主观恶意，或者该标志经申请人长期使用在"相关公众"中已经具有较高的知名度，均不能成为其可以获准注册的合理理由。❷

陈锦川认为，在判断相关标志是否构成"有其他不良影响"的情形时，并不以"实然"为其考量的因素，只要基于法律上拟制的理性人的视角，基于在案证据认定发生社会危害具有高度盖然性时，就应当认定足以构成具有"其他不良影响"。❸

郭伟认为，第一，无须考虑涉案标志在其他国家注册的情况。鉴于商标法具有地域性，申请商标在其他国家注册的事实不会影响到依据我国商标法对申请商标是否具有可注册性的判断。第二，无须考虑涉案标志权利人放弃涉案标志文字专用权的事实。从商标法的角度来讲，放弃文字专用权对于涉案商标的显著性评价没有任何意义，仍需从整体上对涉案商标是否具有显著性进行评价。❹

综合以上观点，理论上认为判定"其他不良影响"时，不需要考虑的因素大致可以概括为：商标申请人的主观状态、被申请商标的知名度、所造成的实际损失、涉案标志在其他国家注册的情况以及涉案标志权利人放弃涉案标志文字专用权的事实等。

---

❶ 袁博.论商标法中"不良影响"条款的适用规则［N］.中国工商报，2015-07-41.
❷ 汪泽.中国商标案例精选［M］.北京:商务印书馆，2015:60.
❸ 陈锦川.商标授权确权的司法审查［M］.北京：中国法制出版社，2014:42.
❹ 郭伟.在商标授权确权行政案件中如何适用不良影响条款［J］.中华商标，2012(9):41-43.

四、与其他法条的界限

李琛认为，鉴于2013年《商标法》已在第7条第1款中规定了"诚实信用原则"条款，可以在实践中多加运用，根据具体情况区别适用"不良影响"和"诚实信用"条款。❶

马一德认为，"不良影响"条款、"诚实信用"条款的适用范围和保护法益不尽相同，互为补充，一同构成商标注册条件的补充和兜底。在商标注册消极事由中，"不良影响"条款是对驳回商标注册和使用绝对理由的兜底，旨在保护公众利益；而诚实信用原则一般属于驳回商标注册申请的相对理由，旨在保护他人在先的合法权益，两者保护的法益和调整的范围恰好相反。❷

汪泽认为，第一，关于"可能导致消费者误认"问题，在《商标法》第三次修改中明确划入第10条第1款第（7）项的规定。除第7项列明的"质量"外的其他特点的界定、对"产地"产生误认与对"来源"产生误认内涵是否一致以及不一致应如何区分的问题，还需要新法实施后实践的总结和标准上的统一，以有效厘清第10条第1款第（7）项和"其他不良影响"条款的适用范围。❸ 第二，保护在先姓名权适用2013年《商标法》第32条"申请商标注册不得损害他人现有的在先权利"的规定，主张姓名权的主体需为在世的自然人；对于未经许可，将已过世的他人姓名申请注册商标，可能误导公众的，一般会适用"其他不良影响"条款予以规制。❹

钟鸣认为，对于无使用意图的大规模恶意抢注行为，可以从违反商标注册秩序的角度适用2013年《商标法》第44条第1款的规定予以制止。❺

侯玉静认为，带有欺骗性容易使公众对"具有其他商品的质量等特

---

❶ 李琛.论商标禁止注册事由概括性条款的解释冲突［J］.知识产权, 2015（8）:6.

❷ 马一德.商标注册"不良影响"条款的适用［J］.中国法学, 2016（2）:234-237.

❸ 汪泽.中国商标案例精选［M］.北京:商务印书馆, 2015:63.

❹ 汪泽.中国商标案例精选［M］.北京:商务印书馆, 2015:282.

❺ 钟鸣.商标法不良影响条款扩大适用的争议及其解决［C］.中国知识产权法学研究会年论文集, 2015:650.

点或者产地产生误认的"应纳入第10条第1款第(7)项调整,但其他情况,比如公众熟知的书籍名称、游戏名称、影视名称使用在相关商品或服务上,仍然应该适用《商标法》第10条第1款第(8)项来调整。❶

综合以上学者专家的观点,与"其他不良影响"相关的法条主要涉及第7条第1款、第10条第1款第(7)项、第32条、第44条第1款等,在司法实践适用中,应进一步厘清各条款之间的界限。

五、对"其他不良影响"条款的适用态度

王太平认为,商标主管机关和法院不能逾越法律的规定而过分宽泛地解释该条款,甚至以公共利益之名行不公平保护之实。"微信"商标纠纷案错误地扩大对《商标法》第10条第1款第(8)项的"其他不良影响"的解释,错误地拒绝了原告的注册商标申请,其后果必然是将我国商标实践变成一个弱肉强食的世界。❷

马一德认为,知识产权法保护的是私权,在私权救济能覆盖的范围内,公权力应保持谦抑,我国司法实践也应当践行这一准则,法院在适用"其他不良影响"条款时应当明确"不良影响"条款的适用范围与适用对象,不可随意扩大。❸

钟鸣认为,"不良影响"条款的扩大适用遏制了大量的恶意抢注行为,如果从一开始就将该款限制适用于标志本身,相信外界对中国商标注册审查的评价比目前要低。因此,在目前不良影响条款无法适用于恶意抢注行为的情况下,应当注意避免法律适用的僵化,不能因为裁判机关在法律适用政策上的改变而让当事人为此"埋单",而是应当在此过渡阶段维持甚至提高对有正当权利当事人的保护水平。❹

侯玉静认为涉及"其他不良影响"条款的法律适用时,应当从严把

---

❶ 侯玉静.关于"其他不良影响"条款的法律适用 [J].中华商标, 2015(12):45.

❷ 王太平.论商标注册申请及其拒绝——兼评"微信"商标纠纷案 [J].知识产权, 2015
(4):28.

❸ 马一德.商标注册"不良影响"条款的适用 [J].中国法学, 2016(2):237.

❹ 钟鸣.商标法不良影响条款扩大适用的争议及其解决 [C].中国知识产权法学研究会年论文集, 2015:651.

握；但是当缺乏其他救济途径时，需改变常规性审判思路，更加弹性、灵活地掌握《商标法》第10条第1款第（8）项的法律适用问题。❶

分析以上专家学者的观点，可以看出对于"其他不良影响"条款的适用主要存在三种不同的态度。（1）支持该条款的扩大适用；（2）反对该条款的随意扩大适用；（3）认为应当依据具体案件，灵活把握该条款的适用。

六、总　　结

立法和司法实践的进步与学术界思想的碰撞激荡是分不开的。首先，通过对案例综述与文献综述对比分析发现，对于"其他不良影响"条款的性质定位存在一定差异，理论上主要存在三种代表性观点，且一般都局限于第10条第1款的绝对禁止情形；实践中，法院几乎是将该条款看作第10条第1款的兜底条款，对第1款（1）~（7）项无法解决的，可适用该条款禁止注册和使用。其次，对该条款性质的解读决定其保护范围与调整对象。实践中，对调整对象的认定存在一定扩大适用趋势；理论上也有少数学者认为其既调整商标本身，也调整商标使用行为造成的不良影响。同时，对于其保护范围，学术界统一认为应限于社会公共利益。导致误认混淆的情形在理论和实践中最具争议，误认混淆的因素不同，其损害公共利益还是特定利益的认定也不尽相同。最后，有关该条款的扩大适用，学术界存在支持与反对的不同声音；对于实践中一定时期内出现的扩大适用趋势，2013年《商标法》与2016年《商标审查及审理标准》对该条款的进一步界定在一定程度上做出回应。理论研究应当紧跟实践的步伐并最终回归实践，对上述的不一致情形应当进行深入探讨，尤其是对公共利益的界定，更应当审时度势，引导司法实践走向统一。"其他不良影响"条款的适用应具灵活性但又不失原则性，防止利益保护的偏颇。

---

❶ 侯玉静.关于"其他不良影响"条款的法律适用［J］.中华商标，2015（12）:47.

关于商标先用权构成要件的文献综述

■ 汪 苑 吴正花 杜晨博

【摘要】商标先用权是指在他人商标注册申请日前已经使用该商标标识的所有人，享有在原有范围内继续使用该商标标识的权利。现行《商标法》第59条第3款是我国商标先用权抗辩条款。该条款的设立弥补了我国商标法基于商标注册主义下对商标在先使用人保护的缺失，加强了对在先使用的未注册商标的保护力度。但由于该条款的规定比较抽象，如何理解和适用《商标法》第59条第3款极具现实意义。"在先使用的认定""有一定影响的认定"及"是否善意"是当前商标先用权的构成要件的主要争议点，通过对当前的学界观点和司法判例的研究，可以发现，这些问题仍未得出具有普适性的讨论结果。

【关键词】商标先用权；在先使用；一定影响；善意

一、引 言

2013年《商标法》规定了商标先用权，被认为是修法的一个亮点。商标先用权的设立是对商标注册主义制度下由于信息不对称而产生的注册商标权人和商标先用权人的利益不平衡的调整，是对我国商标注册制度的一种补正。❶ 关于商标先用权的学术研究主要包括商标先用权的权

---

❶ 李扬.商标在先使用抗辩研究 ［J］.知识产权，2016(10):3-16.

利性质及其正当性、商标先用权的构成要件以及商标先用权的效力。关于商标先用权的性质，早期学界关于其应为抗辩权还是请求权存在一定争议，然而从新商标法的行文语境来看应为抗辩权。❶ 关于商标先用权的效力主要与其权利性质有关，既然其为抗辩权，就不具有像请求权那样积极的权能，只是一个保护先用权人不承担侵权赔偿以及停止使用责任的避风港。本文研究重点在于商标先用权的构成要件，原因有二：第一，2013年《商标法》关于先用权的规定过于简单，商标先用权的构成要件不够清晰，又没有相应法律法规或者司法解释作为补充，实践中容易产生争议；第二，关于商标先用权构成要件学界尚未达成共识，具有较高的理论意义与研究价值。

笔者从中国知网限定"主题"，输入"商标先用权""商标先用抗辩""商标在先使用""商标法第五十九条第三款"等关键词，经过筛选，并通过对文献的整理阅读，可知2013年修法之前与修法之后关于商标先用权研究内容的差异较大，修法前对于商标先用权的构成要件研究比较表面，之后更为成熟和细化，原因在于关于商标先用权有了法条的明确规定。

从现行《商标法》第59条第3款❷ 字面含义可知商标先用权构成要件包括"同种或类似商品上在先使用与他人注册商标相同或者近似的商标"以及"有一定影响"。有学者如王莲峰、❸ 曹新明❹ 等将该法条拆分为三要件："在先使用""在同种或类似商品上使用相同或近似的商

---

❶ 关于商标先用权的规定在《商标法》第七章——注册商标先用权的保护，在第57条关于商标侵权行为类型分析之后，第59条第1款为商标合理使用规定，因而按照逻辑解释，第3款的在先使用应为不侵权抗辩。

❷ 商标注册人申请商标注册前，他人已经在同一种商品或者类似商品上先于商标注册人使用与注册商标相同或者近似并有一定影响的商标的，注册商标专用权人无权禁止该使用人在原使用范围内继续使用该商标，但可以要求其附加适当区别标识。

❸ 王莲峰.商标先用权规则的法律适用——兼评新《商标法》第五十九条第三款［J］.法治研究，2014（3）:12-16.

❹ 曹新明.商标先用权研究——兼论我国《商标法》第三修正案［J］.法治研究，2014（9）:16-24.

标""有一定影响"，也有学者如李扬、❶杜颖❷等在法条基础上增加了"善意"要件，认为虽然法律上没有规定，但学理上应当附加善意的要件。

关于"在同种或类似商品上使用相同或近似的商标"的要件具体适用学界基本没有争议，❸商标先用权是先用权人存在符合商标侵权外观行为的一种豁免，如果不满足"同种或类似商品上使用与他人注册商标相同或者近似的商标"根本没有商标侵权外观，就无所谓商标先用权的存在，因而关于商标先用权构成要件的主要争议集中于"在先使用"以及"一定影响"的认定，善意要件是否应当明确归入先用权构成要件在理论上尚未明确。

二、在先使用要件认定

未注册商标先于注册商标使用是先用权存在的前提，正是因为注册商标使用人先于商标注册权利人使用商标，在先使用的过程中会使消费者将其与特定商品或服务联系起来，形成商誉。因而，能否认定"在先使用"是相关使用人能否依据《商标法》第59条第3款获得保护的关键考虑因素。目前学界关于这一点主要是围绕"在先"和"使用"两个角度进行讨论。

（一）"在先使用"认定的时间标准

"在先使用"认定的时间标准，即对"在先"要件进行认定。"在先"是对商标先使用人时间的要求，存在"在先使用"的事实是构成商标先使用权的前提条件，如果不具备该条件，就无法产生商标先使用权。❹目前理论界多数学者关于这一问题的分歧在于应该采用"注册商

---

❶ 李扬.商标在先使用抗辩研究 [J].知识产权，2016（10）：3-16.

❷ 杜颖. 在先使用的未注册商标保护论纲——兼评商标法第三次修订 [J].法学家，2009（3）：123-134，159.

❸ 李扬认为这一点不应列为构成要件，因为若不符合这一点不构成侵权，"也无需在先引用抗辩"。

❹ 汪泽.论商标在先使用权 [J].中华商标，2003（3）：38.

标申请日"还是"核准注册商标日"作为认定"在先"要件成立的起算时间。

笔者统计发现，与我国法条规定"商标注册人申请注册商标前"一致，目前理论界绝大多数学者主张采用"注册商标申请日"作为计算"在先"的时间标准，主要理由如下：

其一，我国采用商标注册主义，因而申请日具有重要意义，这也体现在《商标法》其他法条中，如《商标法》第29条❶ 的规定。此外，我国《专利法》的先用权制度❷ 也同样以申请日为标准。❸

其二，在商标未注册公布之前，他人极有可能在不知情的情况下使用同一商标，如果禁止其继续使用，会抹杀他人为使用该商标所付出的所有成本及努力，一个善意的使用者不能在没有过错的情形下遭受这种不利。而商标的申请及公布，具有覆盖全国的公示作用，之后再有人使用该商标，至少说明其主观上就存在过错，不对其进行保护也有了法理依据。❹

此外，为了更好地维护商标先用者的合法利益以防止商标被恶意抢注，将在先使用的时间点界定为注册商标申请日之前，一方面避免在商标核准注册过程中商标先用者的权利处于悬空状态，无法保护；另一方面提醒商标申请人需要改变观念，在创业之初就树立品牌意识，开始使用商标的同时就要提出商标注册申请，以获得更早的申请日，防止商标被抢注并有利于日后自身的维权。❺

另外，我国理论界也有学者认为应该采用"核准注册商标日"作为判断标准。其中，李扬早期撰文提出"在先"判断的时点应为"核准注册之日"。他认为：其一，商标先用权是比照商标专用权产生的概念，而

---

❶ 　两个或者两个以上的商标注册申请人，在同一种商品或者类似商品上，以相同或者近似的商标申请注册的，初步审定并公告申请在先的商标。

❷ 　《专利法》第69条第1款第（2）项规定："在专利申请日前已经制造相同产品、使用相同方法或者已经作好制造、使用的必要准备，并且仅在原有范围内继续制造、使用的。"

❸ 　王萌.商标使用共存规制研究——兼评新《商标法》第59条第3款［D］.上海：华东政法大学，2013:16.

❹ 　赵荣停.商标先用权研究［D］.重庆：西南政法大学，2011:10-11.

❺ 　王欣.商标先用权抗辩成立的时间条件［J］.人民司法，2016(35)：84.

注册商标自获准注册之日起拥有专用权；其二，这将有利于保护在商标申请注册之后获得核准注册之前使用，并且通过广告等手段迅速达到知名状态的未注册商标的权益。❶

（二）"使用"要件的认定

商标的商誉价值来源于商标的使用，此次新《商标法》就多次在条文中体现出商标使用的重要性。在使用取得商标权的国家，商标使用是商标取得商标权的前提，而在注册取得商标权的国家，商标的使用则是维持商标权有效的前提条件。❷ 至此，在讨论商标先用权人"在先使用"的"使用"要件时，也显得格外重要。目前理论界对"使用"要件的讨论结果较为统一，分歧不大，认为在先"使用"应同时满足以下两个要求。

第一，商标"使用"要求必须是实际使用，是指商标的使用应指商标法意义上的使用，即只有将商标与具体商品或服务结合联系起来，进入流通领域，使消费者能够凭借商标标识区别同类商品或服务的不同生产者或提供者，使商标发挥区分商品或服务来源的基本功能。❸

第二，在先使用人对该商标的使用应是连续性的，如果无正当理由而中断使用的，在他人注册后不得继续使用，否则会破坏商标的注册原则，不利于对注册商标权人的保护。当然，这里的在先使用的"使用"是强调商标在商品或服务上的实际使用和投放市场，是连续一定时期的使用并产生商标的识别功能，而不是象征性的使用。❹

---

❶ 李扬.商标法中在先权利的知识产权法解释［J］.西北政法学院学报，2006（5）：48-49.

❷ 杜颖.社会进步与商标观念［M］.北京：北京大学出版社，2012:169.

❸ 王继连.商标法第二十一条的理解与适用——相关商标案件审理的启示［J］.中华商标，2012（9）：50.

❹ 王莲峰.商标法（第二版）［M］.北京：北京大学出版社，2014：186.

三、对商标先用权中"一定影响"要件的界定

新《商标法》规定的商标先用权引入"有一定影响"作为构成要件。但相关法律法规和司法解释均未对何为"有一定影响"作出明确规定，导致司法实践中法院对此的适用态度不一。学界对"一定影响"要件的研究重点在于"一定影响"是否应纳入商标先用权制度中以及对"一定影响"深度标准的界定上。主要研究的学者有吴汉东、王莲峰、曹远鹏、王振华、李雨峰、倪朱亮、胡开忠等。笔者也试从这两方面对学界观点予以概述和评析。

（一）"一定影响"在《商标法》第59条和第32条中的关系

正确理解《商标法》第59条第3款中的"一定影响"与第32条❶后半段"一定影响"的关系，对于正确适用有关法条具有重要意义。

第32条后半段对禁止抢注规定中"有一定影响的商标"可以与《反不正当竞争法》中知名商标的标识做同样的理解和掌握，达到这种知名程度的未注册商标，即构成具有法律保护意义的未注册商标，而不要求太高的知名度。❷ 在2017年发布的《关于审理商标授权确权行政案件若干问题的规定》中，最高人民法院提出确切的考虑因素，认为有一定的持续使用时间、区域、销售量或者广告宣传的在先商标具有"一定影响"。而第59条中在先使用的商标也要求具有一定的市场知名度和美誉，只对具有一定知名度的未注册商标才给予保护。❸ 但是，从体系解释的角度出发，第59条中先使用商标的"一定影响"应小于第32条中的规定，理由如下。

第一，从二者的本质来看，第32条是为了防止恶意抢注，第59条第3款赋予商标先用权人抗辩权，一个是"攻击性"条款，另一个是"防御性"条款，它们对未注册商标知名度的要求应当是有差别的，❹ 即"攻

---

❶ 申请商标注册不得损害他人现有的在先权利，也不得以不正当手段抢先注册他人已经使用并有一定影响的商标。

❷ 孔祥俊.商标与反不正当竞争法［M］.北京：法律出版社，2009：109.

❸ 王莲峰.商标法学［M］.北京：北京大学出版社，2014：186.

❹ 吴斌."有一定影响"的未注册商标的认定与保护［D］.上海：华东政法大学，2016：15.

击性"商标的影响力应高于"防御性"在先使用的商标。

第二，从二者实现的效果来看，继续使用的地域范围规定了原使用范围的限制，而注册是在全国范围内生效，阻却注册后影响的范围本身就要大于继续使用的范围，因此阻却注册"一定影响"的程度应当高于继续使用。❶

第三，从比较法的视野来看，无论是实行注册制的日本、混合制的德国，还是使用制的英国，❷ 均认为在先使用抗辩中的在先商标的影响程度有别于并低于阻却注册使用中的商标影响范围。❸

（二）"一定影响"是否是商标先用权的构成要件

学界对"一定影响"是否应作为商标先用权的构成要件也有较多的探讨和研究，且形成两类不同的观点和意见。

1．"一定影响"属于商标先用权的构成要件

我国学界曹远鹏最早提出此观点，他从应然的角度出发，认为注册商标通过行政程序获得一定意义上的公示效力，而未注册商标想要获得限制已有法定权利的效果，应付出更大的劳动，即需具备一定的知名度。❹ 虽然知名度无法与"有一定影响"相等同，但商标的知名度在一定程度上体现了商标的影响力。

之后吴汉东强调"享有商标专用权的商标应该不是一般的未注册商标，而是已经有一定影响或者为驰名的未注册商标" 成为学界的主流观点。❺

---

❶ 刑凌波.对受保护的未注册商标"有一定影响"的思考［J］.法制与经济，2016（11）：99.

❷ 日本对"一定影响"的要求程度即被需要者广为认识，但第32条先使用权中的被广为认识的程度和第4条拒绝商标注册使用的被广为认识程度相比，可以在更狭小的地域范围以及更低的渗透度上成立。采用"注册+使用"混合制模式的德国，通过流通效果所及区域大小来确定在先使用的未注册商标是阻却注册还是可以继续使用，根据未注册商标的影响程度不同从而赋予其保护范围内的不同的权能。英国商标法规定，在先使用商标如果要达到阻却注册的目的必须在大的区域范围内建立商业信誉，在先使用商标继续使用则要求特定地域建立商誉即可。

❸ 张银丽.商标先用权适用条件——以《商标法》第59条第3款为视角［D］.上海：华东政法大学，2015：42.

❹ 曹远鹏.商标先用权的司法实践及其内在机理——基于我国司法案例群的研究［J］.中山大学研究生学刊(社会科学版)，2009，30（3）：87.

❺ 吴汉东.知识产权法［M］.北京：北京大学出版社，2007：304.

叶赟葆还从"反推规则"出发，❶ 将反推规则的原理借用到对普通未注册商标保护中来，未注册商标被他人恶意注册的这一事实本身就说明该商标所凝结的商誉和本身的价值值得保护，因而"一定影响"应作为商标先用权的要件。❷

2．"一定影响"不应纳入商标先用权制度当中

以王莲峰为代表的部分学者不赞同将"一定影响"要件归入商标先用权中，原因有以下几方面：其一，从域外的法律规定来看，绝大多数的国家没有要求先使用的商标必须具有"一定影响"才能进行商标先用权抗辩，只有日本、德国等国家对先使用的商标有知名度的要求；其二，从《商标法》的法律体系来看，"有一定影响"要件的添加会使相关条文的使用处于混乱状态；其三，从司法实践的角度来看，"一定影响"的要件会使当事人面临举证不明、举证难度大的困境；❸ 其四，从法律规定的连续性和对先使用商标人的利益考虑，"一定影响"的规定挤压了未注册商标行使和保护的空间，过度保护注册商标，与立法设立商标先用权的本意背道而驰。❹

（三）"一定影响"的具体判断标准

"一定影响"代表着该商标本身产生的实际和潜在影响，在学理探讨和司法实践中，往往从商标的知名度和相关公众的知晓程度对商标是否具有"一定影响"进行判断。而学界对达到何种程度的商标才具有"一定影响"也是见仁见智。主要存在以下两种观点。

---

❶　国家工商行政管理局1995年7月16日发布的《关于禁止仿冒知名商品特有的名称、包装、装潢的不正当竞争行为的若干规定》（已废止）提供了另一认定知名商品的方法，即商品的名称、包装、装潢被他人擅自作相同或者近似使用，足以造成购买者误认的，该商品即可认定为知名商品。这一规定通常被学者称为"反推规则"。

❷　叶赟葆.商标先用权研究——以商标在先使用侵权抗辩为视角［D］.上海：华东政法大学，2011：30.

❸　黄朝玮：商标先用权制度应删去"有一定影响"要件——评《商标法》第59条第3款［J］.中华商标，2015，216（8）：84.

❹　王莲峰.商标先用权规则的法律适用——兼评新《商标法》第59条第3款［J］.法治研究，2014，87（3）：14.

1. 在先使用商标需要具有达到"驰名"的程度

张耕认为在先使用的商标必须在商标权人使用前已经具有相当的地方知名度，❶ 胡开忠认为享有商标先用权的商标应达到"驰名"的程度，❷将商标先用权的适用范围缩小至一部分具有相当知名度的商标上。

2. 在先使用商标只需要一定知名度

王莲峰认为对在先使用商标附加"一定影响"的要求，即具有一定的市场知名度和美誉，但并不要求达到驰名的程度。❸ 该观点得到学界大部分学者的支持和认同。如刘晓媛认为，在先使用商标的一定知名度和影响力的认定可参考适用《商标法》关于驰名商标的认定，在知名的程度上可低于驰名商标的要求。❹ 再如黄朝玮从法条解读的角度出发，认为"有一定影响"应低于"为相关公众所熟知"，商标法对驰名商标的保护是适用先用权制度的影响力"上限"，如果在先使用的商标达到驰名商标的"为相关公众所熟知"的程度，在先使用人往往不愿意选择"共存"的先用权。❺ 该分析从体系解释出发，较为合理地确定了"一定影响"的地域范围。

在此基础上，持有此观点的学者普遍支持先使用商标影响力仅需在一定区域内而非全国。杜颖提出参考《商标审理标准》对《商标法》第32条的解释，❻ 由于先使用的商标往往不具备驰名商标"为相关公众广为知晓"的条件，因此，将先使用商标的影响力限定在一定的地域范围内具有一定的合理性。

3. 利用"三要素"判断相关商标影响力

国外学者威廉姆·杰·格罗斯（William Jay Gross）提出市场渗

---

❶ 张耕.商业标志法 [M].厦门：厦门大学出版社，2006：154.

❷ 胡开忠.商标法学教程 [M].北京：中国人民大学出版社，2008：144.

❸ 王莲峰.商标法学 [M].北京：北京大学出版社，2014：186.

❹ 刘晓媛.商标共存法律问题研究 [D].北京：中国政法大学，2012：30.

❺ 黄朝玮.商标先用权制度应删去"有一定影响"要件——评《商标法》第59条第3款 [J].中华商标，2015，216(8)：84.

❻ 杜颖.商标先使用权解读——《商标法》第59条第3款的理解与适用 [J].中外法学，2014，26(5)：162.

透程度、市场声誉范围和自然扩张区域三种因素来判断相关商标影响力。❶ 市场渗透程度所要验证的是特定区域范围内商标使用的程度，即商誉的程度。声誉范围标准是市场渗透标准的一个分支，是判断单一商标产品销售的常用手段，❷ 其目的是检验消费者将商标与相关的商品或服务联系起来的程度。而自然扩张范围是商标使用人根据产品的实际销售量确定潜在市场的容量。❸ "三要素"判断标准从商誉、商品的销售市场以及公众对商标的知晓程度来判断先使用商标的影响力，能准确反映市场对该先使用商标的容纳情况和吸收能力，具有一定的合理性。

四、关于是否应该包括善意要件

单从第59条第3款字面来看，未直接规定主观上"善意"为商标先用权构成要件，但很多教科书已经把这一条作为商标先用权的构成要件之一，❹ 不少学者在其文献中也是直接列为构成要件，❺ 认为法律虽未规定，但学理上应当包含。

《商标法》修改前，很多学者在对先用权的构想中就提到了善意要件。王莲峰❻ 曾通过对《日本商标法》"非以不正当竞争为目的"和我国台湾地区"商标法""善意"要件的分析认为我国构建商标先用权制度应加入善意要件，曹远鹏则通过分析健特公司与脑金公司的案例❼ 中强

---

❶ William Jay Gross. The Territorial Scope of Trademark Right，44U. MiamiL. Rev.1075（1990）.

❷ Lucenter Info. Mgnt V. Lucent Techonogies，186 F.3d 311，325（3d Cir，1999）.

❸ J.Thomas Mocarthy.Mocarthy on Trademarks and Unfair competition［M］. New York:Thamson，2008：23.

❹ 曾陈明汝，蔡明诚著. 商标法原理. 北京:中国人民大学出版社，2003:78，"如有恶意影射他人注册商标之信誉，则无阻却违法性"。

❺ 黄璞琳.商标侵权案件中在先使用抗辩的构成要件［J］.中华商标，2014(11):54-58；李扬.商标在先使用抗辩研究［J］.知识产权，2016(10):2，3-16；杜颖. 在先使用的未注册商标保护论纲——兼评商标法第三次修订［J］.法学家，2009（3）:123-134，159.

❻ 王莲峰. 我国商标权限制制度的构建——兼谈《商标法》的第三次修订［J］. 法学，2006（5）:126-134.

❼ 曹远鹏. 商标先用权的司法实践及其内在机理——基于我国司法案例群的研究［J］. 中山大学研究生学刊(社会科学版)，2009，30（3）:84-94. 参见云南省高级人民法院(2005)云高民三终字第三十二号民事判决书。

调在先使用的正当性和合道德性才能产生权利，符合商标法诚实信用的原则。而陈化琴和黄欢❶则认为"只要商标在先使用，就可以证明其正当性"，因而并不需要"善意"这一要件。

修法后，一些学者对于商标先用权构成要件的论述中并未提到"善意"。王莲峰❷在其文章相关部分仅仅提到"具有在先使用的客观事实""在先使用的商标相同或近似且商品相同或相似""在先使用的商标具有一定影响"这三个要件；曹新明❸也仅从法条字面分析，并未在其文章中提到"善意"要件。但这些学者的论述中虽未直接包括善意要件，也未明确将其排除。学者如李扬、❹杜颖❺却认为学理上应当包括"善意"要件，认为商标先用权作为利益平衡之法应当具有善意的主观要件，不然就违背了商标先用权的设立初衷，同时对一些不能被第59条第3款涵盖的情况也可以作为兜底，如商标先用权人使用了他人的姓名权、著作权等在先权利这种情况如何规制。

在一些司法实践中，"善意"也被用来作为判断在先使用的构成要件，如烟台张裕卡斯特酒庄有限公司与上海卡斯特酒业有限公司、李某某确认不侵犯商标权纠纷上诉案❻中，法院认为"知识产权权利冲突中，当事人的主观状态是善意或恶意是考量违法性的重要因素"；同样在"新百伦"案一审❼中，法院认为新百伦公司提出异议时已经得知原告周某某的注册商标的存在，之后仍然扩大使用"不具有善意"。

笔者经过梳理发现，很多情况下"善意"与否可以在"在先使用"这一要件中得以体现，"在先使用"的时间确定对于"善意"的确定有很大影响，有时法院也结合没有"一定影响"判定来判定善意。

❶ 陈化琴，黄欢.再论商标先用权 [J].法制与经济（上旬刊），2011（6）：70-71.

❷ 王莲峰.商标先用权规则的法律适用——兼评新《商标法》第五十九条第三款 [J].法治研究，2014（3）：12-16.

❸ 曹新明.商标先用权研究——兼论我国《商标法》第三修正案 [J].法治研究，2014（9）：16-24.

❹ 李扬.商标在先使用抗辩研究 [J].知识产权，2016（10）：2，3-16.

❺ 杜颖.在先使用的未注册商标保护论纲——兼评商标法第三次修订 [J].法学家，2009（3）：123-134，159.

❻ 山东省高级人民法院（2013）鲁民三终字第155号判决书。

❼ 广州市中级人民法院（2013）穗中法知民初字第547号民事判决书。

五、结　　论

综上所述，笔者认为商标先用权构成要件的探讨目前来看颇有研究价值，商标先用权中"在先使用""一定影响"及"是否善意"是涉及商标先用权纠纷中难以回避的内容，学者们虽然对这些问题做了一定讨论，但很多关键问题上并未得出明确的普适性的讨论结果。笔者希望以此综述为基础，在此通过阅读中外文献，对这些问题加以更深入的研究和理解，为商标先用权的适用提供较为科学和相对完整的文献参考。

商标品质保障功能案例综述

■ 吕红岑　沈一萍

【摘要】近年来，关于商标品质保障功能是否具有独立性，仅侵犯商标品质保障功能的情形能否构成商标侵权的问题，引发理论界和实务界的热议，但并未形成定论。在国内司法实践中，存在数例涉及该问题的案件，不同法院对此难以达成共识，甚至观点相左。在国外司法实践中，亦有相关案件，但不同国家因立法差异，对于商标品质保障功能的认识也存在显著差异。笔者对国内外典型案例进行梳理和总结，着重对法院的判断标准和法律适用进行解读，分析探讨品质保障功能在商标侵权判定中的地位。

【关键词】商标品质保证功能；独立性；商标侵权；侵权判定标准

导　言

理论界一直存有商标品质保障功能制度不适用于司法实践应予废除的观点。在司法实践中，关于商标品质保障功能是否具有独立性，仅侵犯商标品质保障功能的情形能否构成商标侵权的问题也一直存在较大争议，没有形成定论。2015年"不二家"商标侵权案❶的审判结果一度引发热议，支持与批判的声音四起。然而该案并不是首例关于商标品质保

障功能的案例，在国内司法实践中，存在数例涉及该问题的案件，不同法院对于商标品质保障功能的认识也存在显著差异，乃至截然对立的观点。笔者从典型案例分析入手，着重对法院的判断标准和法律适用进行解读，分析探讨品质保障功能在商标侵权判定中的地位。

笔者在威科先行法律信息库中，以"商标"与"品质""质量"与"保证""保障"排列组合的结果作为关键字进行检索，共检索出28起相关案例。商标品质保障功能案件数量不多，主要在近5年不断涌现，总体呈增长趋势，因此引起了学界关注。

笔者对28起案例进行分析可知，有将近1/5的法院依据商标品质保障功能受损而判定侵权，有1/4的案件认为商标品质保障功能不具有独立性，另有部分案件承认商标品质保障功能具有独立性，但未据此判案。笔者在这里选出具有代表性或者是对商标品质保障功能有较多阐述的案件进行分析。

在国外司法实践中，也存在数例涉及商标品质保障功能的案件，但不同国家因立法差异，对于商标品质保障功能的认识也存在显著差异。

一、商标品质保障功能独立说之案例及观点

持商标品质保障功能独立说之观点的法院认为，品质保障功能在商标保护制度中具有独立价值，他人未经商标权人授权的行为即使未损害商标的区分来源功能，但如果损害了商标的品质保障功能，也应承担商标侵权责任。❶

---

❶ 文学.商标使用与商标保护研究［M］.北京：法律出版社，2008：33.

(一)域外商标品质保障功能独立说之案例及观点

1.日本

表1　日本商标保障功能独立说案例

名称	原告	被告	案情简介	是否侵权
"FREDPERRY"案	X	Y	原告X是在日本的商标"FREDPERRY"的商标权人。X的全资子公司一英国法人FREDPERRY控股有限公司(案外人)是包括新加坡和中国在内的110个国家或地区的商标权人。Y通过新加坡V公司(未参加诉讼)购买新加坡法人O公司(非当事人),得到英国法人FREDPERRY控股有限公司〔案外人〕的许可,有权使用"FREDPERRY"商标)生产的附有"FREDPERRY"商标的短衫,进口到日本市场进行销售。涉案的短衫是O公司违反商标使用许可协议中的原产地和转包限制条款,委托其他企业在中国制造的商品。因此,X以Y的短衫进口行为侵犯其在日本的"FREDPERRY"商标权为由,请求法院判令被告停止侵权,以及主张损害赔偿	侵权

（1）日本"FREDPERRY"案。日本最高裁判所判决的"FREDPERRY"案件认为,如果某一行为未造成对商标所具有的来源（生产商）识别功能和品质保障功能的侵害的,可以认定商标权侵害的违法行为被克服,即不构成商标侵权。因此,"违反许可协议中的原产地和转包限制条款生产、制造商品的行为,未能消除平行进口的违法性,商标侵权成立"。此案表明,商标具有担保商品或服务品质以及表明商品生产者或者服务者良好声誉的功能。损害上述功能则引发商标侵权成立。❶

---

❶　田村善之.日本现代知识产权法〔M〕.李扬,译.北京:法律出版社,2010:179-187.

2.美国

表2　美国商标品质保障功能独立说之案例

案例名称	时间	原告	被告	案情简介	是否侵权
Polymer Technology CorP .v. Mimran案	1992	Polymer Technology CorP.	Mimran	原告生产带有联邦注册商标"Boston"的隐形眼镜护理液，护理液分为镜片清洗剂、调节液、再调节剂3种。原告Poymer公司通过两种渠道销售公司的产品，第一种通过经销商销售给验光师、眼科医师和其他从事眼部护理工作的专业人员，产品的销售不以营利为目的(以下简称专业渠道)；另一种通过在零售市场销售，以营利为目的(以下简称普通渠道)。两种渠道销售的产品在包装上存在差异，通过普通渠道销售的商品外包装上含有污染性、禁忌症、保质期、产品主要成分、防腐剂等信息，并且包装的上部和底部有密封条，普通渠道的商品还应当获得食品药品监督管理部门的许可；反之，通过专业渠道销售的产品外包装上并不含以上信息，不需要经过食品药品监督管理部门的许可。被告Mimran公司将通过专业渠道获得的眼部护理液重新包装并通过普通渠道进行销售。被告承认以上事实，原告起诉到法院	不侵权
Warner-Lambert Co.v. North side Development Corp.案	1996	Warner-Lambert Co.	North side Development Corp.	原告Warner-Lambert公司生产附有"HALLS"商标的止咳药，"HALLS"品牌的止咳药自生产之日起30个月就会变质，考虑到消费者通常会在购买药品之日起6个月内使用完毕，原告要求"HALLS"品牌的止咳药必须在生产之日起24个月售出，为了达到质量控制的目标，原告采取多项措施，包括告知承运人／经销商商品的保质期、派驻销售代表前往销售"HALLS"品牌止咳药的商店监督商品的质量、监督过期商品的销毁。本案中，被告销售的"HALLS"牌止咳药距离生产之日超过24个月	侵权

续表

案例名称	时间	原告	被告	案情简介	是否侵权
Monsanto Company and The Nutra sweet Company v. Haskel Trading, INC., etal.	1998	Mons anto Company and The Nutra sweet Company	Haskel Trading, INC., etal.	原告在甜味剂上注册了"Nutra Sweet"和"Equal"商标，通过零售和批发两种渠道进行销售，以批发渠道销售的每箱商品包含2000包(袋)甜味剂，以零售渠道销售的每箱商品包含50～100包(袋)甜味剂。与此相对应的是，通过批发渠道销售的甜味剂价格比通过零售渠道销售的便宜。被告将从批发渠道购得的甜味剂分散装入由自己制造的包装箱中，通过零售渠道再次出售。同时，被告将每包甜味剂的包装袋替换为透明包装袋，并在其中塞入载明"商品已由被告重新包装"字样的字条。原告提起诉讼，主张被告的行为构成商标侵权	侵权
Zino Daviddoff SA v. CVS Corp. 案	2009	Zino Daviddoff SA	CVS Corp	原告生产和销售的"COOL WATER"牌香水底部都标注了唯一的商品编码(UPS)，通过此编码原告和消费者可以知道本香水的编号、生产日期、生产地点以及成分等信息，以帮助原告和消费者辨识、区别假冒原告品牌的商品。为了维护品牌的声誉，原告仅将"COOL WATER"牌香水售卖给奢侈品零售商，拒绝将香水卖给被告。但被告通过非原告的正规销售渠道获得"COOL WATER"牌香水，并通过一系列技术手段(包括用化学试剂擦除或者磨掉瓶子底部)去除商品编码后再次向消费者销售	侵权

（1）Polymer Technology Corp.v.Mimran案。❶

在该案中，法院认为对商品的重新包装如果不会损害商标权人的商誉，则不构成商标侵权，《兰哈姆法》赋予商标权人最重要的权利之一就是控制商品质量的权利，如果商标权人的品质控制权受损则构成商标侵权。但本案中原告未能举证证明被告的行为改变了商品质量，因此法

---

❶ Polymer Technology Corp.v.Mimran，975F.2d58，24U.S.P.Q.2d1189（2dCir.1992）.

院判决被告并不构成侵权。

（2）Warner–Lambert Co.v.Northside Development Corp.案。❶

此案审理法院表达了与上述案例❷相同的观点，"如果附带有商标权人商标的商品的销售不符合商标权人的品质控制措施，则构成商标侵权"。本案原告实施了实质性的质量控制措施，被告销售的商品不符合商标权人的品质控制措施，会导致消费者认为源于商品权人的商品的质量是低劣的，从而贬损商标的商誉。

（3）Monsanto Company and The Nutra sweet Company v.Haskel Trading，INC.，etal.案。❸

本案判决从质量混淆与来源混淆两方面分析被告是否构成商标侵权，法院认为商品的销售如果不符合商标权人的品质控制措施会导致质量混淆从而构成商标侵权。将质量混淆与来源混淆作为判断商标侵权的两个平行标准，实质上承认了如果一种行为没有导致来源混淆，但导致质量混淆也同样构成商标侵权，体现了商标的品质保障功能独立于来源识别功能。

（4）Zino Daviddoff SA v. CVS Corp.案。❹

对于真品转售的问题，美国第二巡回法院认为，如果商品的生产和销售不符合商标权人的品质控制措施，或者这些商品与商标权人许可销售的商品存在实质性差异，则认为这些商品不是真品，可能使得商标权人商标的声誉受损而被认定为侵权，且原告无须证明被告销售的产品的质量低于商标权人许可销售的商品。原告主张其商品编码（UPS）用于识别假冒商品，并且有助于原告识别缺陷产品、实行有针对性的产品召回、对缺陷产品进行补救，法院认可了上述两个功能，并认为商标权人

---

❶ Warner–Lambert Co.v. Northside Development Corp.，86F.3d3，6（2dCir.1996）.

❷ 上述案例为：Polymer Technology Corp.v.Mimran案。

❸ Monsanto Company and The Nutrasweet Company v. Haskel Trading，INC.，et al.，13 F.Supp.2d 349（E.D.N.Y1998）.

❹ Zino Daviddoff SA v. CVS Corp.，571F.3d238，246（2d.Cir.2009）.

的该项品质控制措施符合标准，❶ 被告除去商品编码的行为将会导致商标权人商标的声誉受损，遂支持了原告侵权救济的诉求。

法院认为，"商标权人通过品质措施控制商品的质量，并通过商标与商品的长时间联系，在消费者心中树立了商誉，消费者在下次消费时宁愿花更多的钱购买代表更高品质保障商标的商品，如果商品的生产和销售不符合商标权人的品质控制措施，或者这些商品与商标权人许可销售的商品存在实质性差异，则有可能损害商标权人的商誉"。

3.欧盟

表3　欧盟商标品质保障功能独立说之案例

案例名称	原告	被告	案情简介	是否侵权
Bristol-Myers Squibb and Others v. Paranova A/S	Bristol-Myers Squibb and Others	Paranova A/S	Bristol-Myers Squibb在共同体范围内销售自己或关联公司生产的药品，并在丹麦注册有"capoten""Mycostatin""vepesid""Vumon"和"Diclocil"等商标，每种商标分别用于不同的药品，每种药品的包装也不尽相同。Boehringer和Bayer与Bristol-Myers Squibb的情况类似。本案的被告Paranova公司是一家经销平行进口药品的公司，由于欧共体各成员国在药品价格管理体制上的差异，药品价格相差很大，因此被告Paranova公司从希腊、英国等药品价格相对较低的国家采购药然后在丹麦销售，为了在丹麦销售平行进口的药品，被告对药品进行了重新包装，外部包装用统一的白色背景加彩色条纹，彩色条纹的颜色与药品原来包装的颜色相同，包装袋上表明了生产商的商标，并且注明药品分别由Bristol-Myers Squibb、Bayer生产，由被告包装。原告在丹麦法院提起商标侵权诉讼，丹麦法院决定首先听取欧共体法院的意见	侵权

---

❶　法院判定品质控制措施是否合理的标准：（1）商标权人实施了品质控制措施，该措施是既定的、合法的、实质的、非形式主义的；（2）该品质控制措施得到遵守；（3）销售的商品不符合品质控制措施的要求，该商品的销售可能导致商标权人商标的声誉减损。

续表

案例名称	原告	被告	案情简介	是否侵权
Parfums Christian Dior SA and Another V. Evora BV	Parfums Christian Dior SA and Another	Evora BV	Christian Dior是世界著名的法国高档香水品牌，法国Christian Dior公司在全球通过自己的销售网络销售本公司品牌的香水，本案中，原告系法国Christian Dior公司在荷兰的子公司，在荷兰销售"Christian Dior"品牌的香水需要加入原告的销售网络，原告通过这种方式监督商品的质量，本案被告并未加入原告的销售网络却在购入合法的"Christian Dior"香水后加以销售。圣诞节期间，被告Evora公司在广告宣传册中推销"Christian Dior"香水。原告Christian Dior公司认为Evora公司未经许可在广告中使用其"Christian Dior"商标侵犯其商标权。此案经过审理，最终被提交至荷兰最高法院，最高法院则决定首先听取欧共体法院的意见	侵权

（1）Bristol-Myers Squibb and Others v.Paranova A/S案。❶

欧共体法院依据《欧共体商标一号指令》第7条第2款❷判决本案，其认为即使重新包装时在包装上指明包装人及商品来源，商标权人的商誉仍然会因为不恰当的包装方式受损，比如重新包装时采用劣质、不洁或有问题的包装。换言之，重新包装后，即使不会造成消费者混淆，但商标权的商誉仍然存在受损的可能性，商标权用尽原则不再适用。

商标权人通过提供商品和服务的质量吸引和维持客户，商品和服务的质量又通过商标来体现，为了实现商标的这一功能，必须保证同一商标的商品的质量受到商标权人的控制。因此，在未导致来源混淆的情形，如果商标的品质保障功能受到侵害也构成商标侵权。

（2）Parfums Christian Dior SA and Another v. Evora BV 案。❸

欧共体法院认为Bristol案的原理同样适用于有损商标权人声誉的广

---

❶ Bristol-Myers Squibb and Others v Paranova A/S, Court of Justice, Case-427、429、436/93.

❷ 《欧共体商标一号指令》第7条第2款中的"合法理由"：在重新包装后除非符合以下情形，否则商标权人不能阻止重新包装产品的流通：重新包装后会影响商品的原始状态；重新包装后遗失了重要信息或显示了错误信息；重新包装的时候没有声明产品的包装人以及原生产厂商的名称；重新包装前没有通知商标权人；重新包装的时候采用劣质、不洁、有瑕疵的包装，可能损害商标或商标权人的声誉。

❸ Parfums Christian Dior SA and Parfums Christian Dior BV v Evora BV, 1997 E.C.R. l-6013, l-6056（1997）.

告，本案认可"损害商誉"构成《欧共体商标一号指令》第7条第2款中规定的"合法理由"。至于实质可能性损害的判断，欧共体法院认为作为一般规则，商标权人不能反对"respectable advertising by respectable traders"，即使这种广告方式劣于授权经销商，不过如果将高档香水与低价厕所手纸和牙刷在一个广告中加以推销，则有损高档香水具有的奢侈品的高贵气质，构成对原告声誉的实质性损害。

（二）我国商标品质保障功能独立说之案例及观点

1.仅侵害商标品质保障功能构成侵权

在认同商标具有品质保障功能的案件中，部分法院认为被告的侵权行为即使未造成市场混淆，对品质保障功能的贬损仍直接构成商标侵权行为，见表4。

表4　我国商标品质保障功能构成侵权的案例

序号	涉案商标	案例名称	案号	审判日期	审判程序	是否侵权
1	轮胎人图形 米其林 MICHELIN	米其林集团总公司诉谈某某等侵犯商标专用权纠纷案	湖南省长沙市中级人民法院(2009)长中民三初字第0073号	2009.04.24	一审	侵权
2	地球牌	上海霍山汽车电器有限公司等诉北京凯顺京达科技有限公司等侵犯商标专用权纠纷案	上海市浦东新区人民法院(2009)浦民三(知)初字第41号	2009.12.16	一审	侵权
3	不二家 Peko Poko	不二家(杭州)食品有限公司与钱某某、浙江淘宝网络有限公司侵害商标权纠纷案	浙江省杭州市余杭区人民法院(2015)杭余知初字第416号	2015.11.10	一审	侵权

在"米其林"案中，法院认定，尽管被告销售的是真品，但该产品未经原告许可和质量认证即在中国境内销售，该销售行为已属违法，且可能存在性能和安全隐患，破坏了原告商标保证商品质量和商品提供者信誉的作用，对原告注册商标专用权已造成实际损害，属于侵犯原告注

册商标专用权的行为。❶

"地球牌"案中，法院认为，商标是商品的提供者为了将自己的商品与他人提供的同种类商品相区别而使用的标记，同时商品提供者保证使用相同商标的产品具有相同的质量，商标的识别功能和品质保障功能在消费者选择商品时起到关键作用。❷

在"不二家"案中，法院认为商标品质保障功能是商标所具有的衍生功能，其独立于商标的识别来源功能，指代的是商标背后的信誉，即使未造成市场混淆的后果，只要有损商标信誉，即损害了商标的品质保障功能，就可以直接认定为商标侵权行为，属于给他人的注册商标专用权造成其他损害的行为。商标是区分商品不同来源的标志，具有保证商品质量和表明商品提供者信誉的作用。对于上述功能和作用的损害，即构成商标侵权。❸

2.商标品质保障功能具有独立性（见表5）

表5　我国商标品质保障功能独立说之案例

序号	涉案商标	案例名称	案号	审判日期	审判程序	是否侵权
1	GOO.N	大王制纸株式会社等与杭州俊奥贸易有限公司侵害商标权纠纷上诉案	浙江省杭州市中级人民法院(2016)浙01民终2178号	2015.09.26	二审	不侵权
2	知音	河南故事家杂志社有限责任公司等诉湖北知音传媒股份有限公司等侵害商标权纠纷案	湖北省武汉市中级人民法院(2016)鄂01民终4143号	2016.08.31	二审	侵权
3	J.P. CHENET	法国大酒库股份公司诉慕醒国际贸易(天津)有限公司侵害商标权纠纷案	天津市高级人民法院(2013)津高民三终字第24号	2014.12.17	二审	不侵权

❶ （2009）长中民三初字第0073号。

❷ （2009）浦民三（知）初字第41号。

❸ （2015）杭余知初字第416号。

序号	涉案商标	案例名称	案号	审判日期	审判程序	是否侵权
4	苹果	杨某某等假冒注册商标、故意伤害、抢劫案	广东省深圳市罗湖区人民法院(2015)深罗法刑初字第16号	2015.07.22	一审	犯罪
5	五粮液	宜宾五粮液股份有限公司诉包涵侵害商标权纠纷案	南京市建邺区人民法院(2015)建知民初字第1号民事判决书	2015.06.15	一审	侵权

有的法院在认定被告商标使用行为侵害商标来源功能的同时，也肯定商标具有独立的品质保障功能。例如，"知音"案、❶ "五粮液"酒案❷ 中，法院都认为商标的重要功能在于识别功能、品质保障功能和广告宣传功能。

在假冒注册商标刑事案件中，也有商标品质保障功能具有独立性的论述：苹果为驰名商标，二手手机翻新后再予以销售会使其品质保障功能遭到破坏，因此，当行为产生的非法经营额达到情节严重的情形时即构成假冒注册商标罪。❸

在花王"GOO.N"案中，法院认为，对于经营者来说，为使公众对其提供的商品或服务始终维持良好的评价，会尽力保持商品或者服务的质量，由此实现商标的保证商品或服务品质的功能。虽然被告在所销售产品的中文标签中标识了原告在中国国内的进口商、总代理商（大王用品公司）的网址，而非大王制纸会社的网址，但这并非对商品、商标的改动，不损害涉案商标品质保障功能及商标所承载的信誉。在被告保证商品的原产性，并未对商品进行任何人为改动的情形下，商品的质量始终处于原告所设置的管控条件下，商标品质保障功能并未受到影响，商标

---

❶ （2016）鄂01民终4143号。

❷ （2015）建知民初字第1号。

❸ （2015）深罗法知刑初字第16号，（2015）深罗法知刑初字第30号。

所承载的信誉亦未受到损害，故被告的行为不构成商标侵权。❶

在"J.P.CHENET"酒案中，❷ 法院认为，商标最基本的功能就是区分商品或服务的来源。同时，商标也是商标权人创立、保持信誉的一种重要手段，商标中蕴含了商标权人辛勤积累的智力成果，是商标权人对其商品质量、品质的保证。被告的进口行为既不会造成大酒库公司商标在我国消费者心目中所承载信誉的降低，也没有破坏商标的识别性和显著性，不会对大酒库公司利益造成损害。

二、 商标品质保障功能非独立说之案例及观点

持商标品质保障功能非独立说之观点的法院认为商标品质保障功能是来源识别功能的衍生功能，当破坏商标品质保障功能导致消费者对商品来源产生混淆时，才构成侵权。

（一）域外商标品质保障功能非独立说之案例及观点

1.美国

表6　美国商标品质保障功能非独立说之案例

案例名称	时间	原告	被告	案情简介	是否侵权
Prestonettes, Inc. v. Coty案	1924	Coty	Presto-nettes	Prestonettes公司购买了Coty公司的正品厕所清香粉剂加入了黏合剂并将之压缩后，重新包装于附有Coty商标的小铁盒中再次销售。Prestonettes公司还购买了正品欧莱雅香水，并将其重新包装成更小的附有欧莱雅商标的瓶子中再次销售。由此引发纠纷	不侵权

---

❶　（2016）浙01民终2178号。
❷　（2013）津高民三终字第24号。

续表

案例名称	时间	原告	被告	案情简介	是否侵权
Hewlett-Packard Co. V. Repeat-O-TypeStencil Mfg. Corp案	1995	Hewlett-Packard Co.	Repeat-O-TypeStencil Mfg. Corp	被告在原告合法的分销商处购买了原告两种墨盒，并且将与原装墨水不一样的墨水装入前述墨盒，但是又将这些墨盒放进Hewlett-Packard原来的盒子里，此外，还加了一层透明的外包装，改包装的封口处附有被告的名字，原有原告的说明书被被告的说明书取代，原告起诉商标侵权	侵权
EL Greco Leather Products Co. V. Shoe World, Inc.案	1986	Leat her Products co.	Shoe World, Inc.	原告EIGreco公司与Solemio公司签订制造合同，由Solemio公司生产2.5万双附有"CANDLE'S"商标的鞋子，鞋子的生产应当符合原告的质量要求，由Sapatus公司作为原告的代理人对鞋子质量进行检查，若合格则签发质量合格证书并向原告支付相应货款，本案中，Solemio公司生产的最后两批鞋子未获得Sapatus公司的质量合格证书，但Solemio公司通过中介机构把最后两批附有"CANDIE'S"商标的鞋子以每双4美元或3.1美元的价格卖给了被告ShoeWorld，被告又以13.88美元的价格零售转卖。原告以被告违反《兰哈姆法》提起商标侵权诉讼	侵权
Shell Oil Co. V. Commercial Petroleum, Inc.案	1991	Shell Oil Co.	Commercial Petroleum, Inc.	原告在生产的供重型卡车使用的机油产品上注册有"Rotella"和"Shell Rotella T"商标，并通过大量授权分销商和个体户的方式以散装和包装的形式进行销售。原告对其商标许可使用了严格的质量控制标准，依据这些标准，原告要求分销商和个体户的仓储设施和运输程序符合要求，以保证机油的真实品质。被告从原告的授权分销商处购买散装的机油后向终端消费者销售，但在处理散装油的过程中，被告采取了自己的质量控制标准，由于这套标准比原告的宽松许多，并未得到原告的认可。原告起诉被告的行为构成不正当竞争并侵犯商标权，认为被告的行为让消费者产生错误的联系，即认为得到原告的许可，从而对潜在的购买者具有混淆可能性	侵权

续表

案例名称	时间	原告	被告	案情简介	是否侵权
Lever Brothers Company V. United Stastes of America 案	1993	Lever Brothers Company	United Stastes of America	原告及其英国子公司在美国和英国分别在香皂和洗手液上注册有"Shield"和"Sunlight"商标。但是为了适应当地消费者的不同需求以及市场环境等，原告及其子公司在美国和英国推出的上述同一品牌的商品在产品气味、配方、商标标注方式、商品包装等多个方面均存在差异。原告认为美国的进口将其在英国销售的产品进口到美国将导致消费者对商品来源产生混淆和误认，并表示其已经收到消费者的投诉。原告请求海关颁发禁令，海关认为进口商的行为可以得到允许而未颁发禁令。原告向法院提起诉讼	侵权

（1）Coty披露规则。

在美国判例中，关于分装、重新包装后转售的行为是否构成商标侵权的问题，形成一套以"1924Coty规则"为核心的判定规则。

在Prestonettes，Inc.v.Coty案❶中，地区法院允许Prestonettes公司在重新包装的商品上贴附一定的标签，该标签表明Prestonettes公司与Coty公司是相互独立的企业。联邦巡回上诉法院推翻了地方法院的判决，下令Prestonettes公司不得在重新包装的商品上使用Coty公司的商标，并禁止其他任何形式对Coty公司商标的使用。联邦最高法院认为该案判决不涉及任何有关Prestonettes公司出售商品掺假或恶化原告产品的指控，只要Prestonettes公司的措辞不太可能误导消费者，使用一个"附属"商标来如实告知公众贴附相关商标的产品是以一种新的方式存在于被告产品中，并不构成商标侵权。最终支持地方法院的判决，由此也得到Coty披露规则，并在Enesco Corp.v.Price/Costco Inc.案中得以明晰阐述，对于重新包装者或重新灌装者使用商标的情形，如果产品标牌上使用原厂家商标，就必须载明：①贴附了该商标的产品已被重新包装或创新罐装；

---

❶ Prestonettes，Inc.v. Coty，264 U.S.359，68L.Ed.731，44S.Ct.350（1924）；Coty，Inc.v. Prestonetts，Inc.，3F.2d984（2d Cir.1924）.

②重新包装者与原厂家是完全独立方，与原厂家无关；③重新包装或重新罐装者的名称；④没有以更大样式，使用不同颜色和尺寸的商标等方式来强调原厂的商标。❶

而重新包装给人留下该产品源自其初始的制造商的印象时，便难以适用Coty披露规则。❷ Hewlett-Packard Co. 案❸中，法院认为，如果重新包装者意图制造一个已改变或者修改的产品仍然为原厂家制造的原装产品的假象，则不满足Coty披露规则的适用条件。而被告的行为恰好如此，这很容易引起相关消费者的混淆。

（2）EL Greco Leather Products Co.V.Shoe World, Inc.案。❹

本案中，美国第二巡回法院认为，"真品"的销售不会导致消费者混淆，因此，如果是"真品"，被告的销售行为即使没有征得原告的同意也不构成商标侵权。被告既没有生产系争商品也没有在商品上贴附商标权人的商标，但未经商标权人同意在非"真品"上使用商标，违反了《兰哈姆法》第32条❺构成商标侵权，即他人销售的商品不符合商标权人的品质控制措施要求，会造成消费者混淆，构成商标侵权。

（3）Shell Oil Co. V. Commercial Petroleum, Inc.案。❻

该案判决认为，"使用原告的商标，意味着产品在运输过程中符合生产商制定、实施的所有质量控制程序。被告没有遵守原告的质量控制程序，导致消费者可能对散装油的来源产生混淆。……被告使用原告商标的行为具有欺骗性，可能误导因信赖原告商标蕴含的质量而购买该产品

---

❶ Enesco Corp.v. Price/Costco Inc., 146F.3d1083；1998 U.S.App. LEXIS13199.

❷ Farouk Systems Inc.v.Target Corp., Inc., 2008 U.S.App.LEXIS1225；86U.S.P.Q.2D（BNA）1221.

❸ Hewlett-Packard Co.v.Repeat-TypeStencilMfg.Corp., 1995U.S.Dist.LEXIS8280；34U.S.P.Q.2D（BNA）1450.

❹ EL Greco Leather Products Co.V.Shoe World, Inc., 806F.2d.392, 395（2d.Cir.1986）.

❺ 《兰哈姆法》第32条（1）（a）规定，未经商标注册人同意，任何人"在商业中将复制、伪造、模仿或欺骗性模仿注册商标的标志用于任何商品或服务的销售、许诺销售、分销或广告宣传，可能引起混淆、误认或欺骗"，都应当在商标注册人寻求下述救济的民事诉讼中担责任。该条（b）规定，侵权行为还包括"复制、伪造、仿冒或者欺骗性模仿册商标，并将其应用于企图在商业中与商品或服务的销售、许诺销售、分销或广告宣传等方面有关的标签、招牌、印刷品、容器或广告上，并可能引起混淆、误认或欺骗"的行为。

❻ Shell Oil Co. V. Commercial Petroleum, Inc, 928F.2d104, 108（4thCir.1991）.

的消费者"。因此，在商品的转售过程中，如果转售人未遵守商标权人的质量监控程序，通过重新包装等方式对商品品质进行改变，此时，由于被转售的商品的品质是由转售人控制，已非原商标权人的"真品"，而是一款不同于原商标权真品的"新品"，相应地，转售者可以被视为该新品的生产者。此时，除非转售者已经通过明示的方法向消费者表明自己对商品进行改变或加注自己的商标，否则，法院都会认为该行为将导致消费者对商品来源产生混淆，进而判定转售者构成商标侵权。

（4）Lever Brothers Company v.United Stastes of America 案。❶

关于真品平行进口的问题，华盛顿特区巡回法院认为，"如果进口商品和国内商品之间具有实质性差异，则美国商标所有人可以依据《兰哈姆法》规定的品质控制权向法院提起诉讼，禁止在该平行进口商品上贴附美国商标，此时不得适用例外原则，无论该平行进口商品上所贴附的商标是否真实，也不论美国商标所有人与进口商品的生产者之间是否存在关联关系。《兰哈姆法》的立法机理是防止消费者混淆，如果同一商标可能指示不同的商品或服务来源，那么，当进口商将国外生产、贴附相同商标的商品进口到美国时，在未标注区分标志或者做出相关声明或提示的情况下，美国国内的消费者将因此对商品来源产生混淆"。该案观点表明，品质保证功能在商标法中不具有独立性，商标法直接保护的是商标来源识别功能。是否存在实质性差异，即是否影响品质保证功能，只是判断是否导致来源识别功能受损的一个要件。

---

❶ Lever Brothers Co.v. United States of America, 981F.2d1330（Columbia Cir.1993）.

2.欧盟

表7　欧盟商标品质保障功能非独立说之案例

案例名称	时间	原告	被告	案情简介	是否侵权
Hoffman 案	1978	Roche-SAPAC crop.	荷兰药品生产商	原告Roche-SAPAC集团在药品上注册有"Valium"商标，原告的德国子公司Roche-Germany经授权生产带有前述商标的药品，并在德国境内销售：卖给个人消费者的则采取每包20片或50片的包装方式；而卖给医院的则是在前述包装的基础上采取每5包再深包装的形式。同时，Roche-SAPAC集团在英国的子公司采取每包100~500片的包装形式以低于德国市场的价格在英国境内销售。被告是荷兰药品生产商在德国设立的药品贸易子公司，被告购得原告英国子公司在英国销售的药品后，进行重新包装，改成每包1 000片，并贴上原告的商标在德国销售，但被告同时注明自己销售的身份。原告认为被告的行为构成商标侵权，对其提起商标诉讼，后诉讼提交至欧共体法院审理	不侵权

（1）Hoffman 案。❶

同样是平行进口并重新包装真品后转售的案例，该案审理法院在判决中表示，"商标的来源识别功能使得消费者或终端用户能够确定向其销售的加贴了商标权人商标的产品没有受到未经授权的第三方的影响或干涉，如改变了产品的原始状态。商标权人有权禁止可能损害来源识别功能的任何商标使用行为"。同时，法院指出："在某些情形下，例如商标权人对产品进行了双层包装，而重新包装行为只针对里层的包装；或者为了确保产品不受影响而由公众机构对重新包装进行监督，此时商标权人的来源识别功能便没有受到影响。"该案判断是否构成侵权的论证中并未涉及商标品质保障功能，而是依据来源识别功能是否受损进行判断。

---

❶　Case 102/77（1978.05.23）.

（二）我国商标品质保障功能非独立说之案例及观点

表8　我国商标品质保障功能非独立说之案例

序号	涉案商标	案例名称	案号	审判日期	审判程序	是否侵权
1	立邦	立邦涂料(中国)有限公司与上海展某贸易有限公司侵害商标权纠纷上诉案	上海市第一中级人民法院(2012)沪一中民五(知)终字第64号	2012.05.24	二审	不侵权
2	中华牌	老凤祥股份有限公司与苏果超市有限公司等侵害商标权纠纷上诉案	江苏省南市中级人民法院(2014)宁知民终字第19号	2014.08.13	二审	不侵权
3	绝对	绝对有限公司、保乐力加(中国)贸易有限公司与苏州隆鑫源酒业有限公司不正当竞争、垄断纠纷案	江苏省苏州市中级人民法院（2013）苏中知民初字第0175号	2013.05.08	一审	侵权

部分法院在审理中主张商标品质保障功能本质上是商标来源功能，从属于商标来源功能。例如，"立邦"案中，法院认为商标的品质保障功能实质上是商业来源意义上的保障功能，保证与特定商标关联的商品具有一定的质量水平。被上诉人销售的是原告的产品，不存在商品质量的降低，且在商标使用过程中，也不存在对商标的贬损，故不存在商标侵权行为。❶

法院在"绝对"案中论述道，当标有商标的商品投放市场后，产品本身与注册商标、包装装潢等多种要素发生紧密联系，并与商标权人的商誉形成专属的对应关系。改变商标或商品的某一要素都可能导致商品差异，并且当这种差异达到一定程度时，就可能造成消费者的混淆，并使商标所表彰的商标权人的主体身份和商品特征的功能受到损害。被告所销售的被控侵权商品上则擅自随意加贴了不透明的白色中文标签，其

---

❶ （2012）沪一中民五（知）终字第64号。

文字、颜色均与瓶体商标、装潢不相衬，破坏了原商品的完整性和美观感受，这些差异已足以导致消费者对商品的生产、销售来源产生合理怀疑，从而对商标权利人的认可度和信赖度降低，致使商标权人的利益遭受损害，依据2001年《商标法》第52条第(5)项的规定❶判定构成商标侵权。❷

在"中华牌"铅笔案中，法院认为商标的主要功能在于识别商品或服务的来源，防止消费者对商品或服务的来源产生混淆，以维护商标权人的合法权益。本案中，被控侵权铅笔本身为正品，且包装上使用了与涉案注册商标相同的标识，并明确标注了该商品的生产厂家，已足以说明商品的来源。虽然该包装上添加了文兴公司的信息，但也明确标注了其身份为"供应商"。因此，被告销售被控侵权商品不足以导致消费者对商品的来源产生混淆和误认。❸

三、总　结

从前述笔者对相关案例的梳理与总结来看，我国司法实践中，大部分案例承认商标品质保障功能具有独立性，但直接适用商标品质保障功能判定侵权的情形较少，更多法院是依据商标品质改变，进一步破坏了商标的来源识别功能，认定侵权成立。国外案例中也存有两种观点：一种认为商标权人的品质控制权受损则构成商标侵权；另一种根据行为具有欺骗性，可能误导消费者对商品来源产生混淆，认为成立商标侵权。但总体上，来源混淆标准在侵权判定中仍处于主导地位。这就需要对商标品质保障功能是否具有独立性，以及混淆标准与商标品质保障功能之间的关系予以深入研究。

---

❶　2001年《商标法》第52条第(5)项规定："对他人的注册商标专用权造成其他损害的"情形，构成商标侵权。因为2001年法中没有关于混淆原则的表述，因此造成消费者混淆的情形依据兜底条款予以规制。

❷　(2013)苏中知民初字第0175号。

❸　(2014)宁知民终字第19号；(2014)宁知民终字第16号。

商标品质保障功能文献综述

吕红岑　沈一萍

【摘要】商标品质保障功能作为商标三大功能之一，其在商标法制度和体系中是否具有独立性，是否能成为商标法独立保护的利益，仅侵犯商标品质保障功能的情形能否构成商标侵权的问题，始终存在争议。国内外学者均对商标品质保障功能进行讨论研究，然而在阐述自己的观点时均有所侧重，笔者在归纳总结学者观点的基础上，为商标品质保障功能研究讨论提供理论支持。

【关键词】商标品质保证功能；独立性；商标侵权；侵权判定标准

一、引　　言

作为事实上的功能，商标发挥着来源表示、品质保障以及广告宣传三大功能。对此，学界均无争议。通常理解，商标品质保障功能是指商标所有人具有控制商品或服务品质的权利，并保证贴附该商标的商品或服务始终具有同一品质，无论商品或服务是由商标所有人或被许可人提供，也不论商品或服务何时被提供。关于商标所具有的三大功能之间的联系，存在如下解释。由于实际上使用标识提供商品和服务，将由此产生来源表示功能，其结果，一般来讲，商标权人为积累商誉，将努力维持和提高自己商品和服务质量，因此产生品质保障功能。❶ 在此基础上进一步产生的是，商品本身使消费者产生联想该商品和营业的广告宣传功能。虽然事实上商标在发挥上述功能，但很难认为这些功能全部成为商标法所保护的对象。❷ 尤其是商标的品质保障功能，在商标法制度和体系中是否具有独立性，成为商标法独立保护的利益，仅侵犯商标品质保障功能的情形能否构成商标侵权的问题，始终存在争议。

二、商标品质保障功能的起源及发展

早期的英美商标法理论认为商标的功能是单一性的，即告知消费者贴附该商标的商品或服务的具体来源，麦肯锡教授也称其为"严格来源理论"。❸ 随着商业实践的发展，消费者对制造商的知晓渐渐变得不那么必要，他们只需要确信其所购买的、贴附某一商标的商品的来源相同，至于具体来源，无须对其进行考虑。而这便是商标品质保障功能的理论基础"匿名来源理论"。❹

（一）商标品质保障功能的确立和发展

20世纪30年代初，商标品质保障功能在美国商标法专家斯科特的一篇论文❺ 中得到确立。该文指出：商标不仅指示商品的来源，还表明贴附同一商标的商品具有恒定的品质。同时，对该功能的具体含义做了两方面的明晰：一是商标权人有权对商品或服务的品质的稳定进行控制，即品质控制权；二是商标权人应当对商品或服务品质的恒定进行保证，即品质保障义务。❻ 由此可知，商标的品质保障功能指的是品质的同一

---

❶ 在本文语境下，质量保证功能、品质保证功能、质量保障功能等具有同样的含义。

❷ 田村善之.日本现代知识产权法［M］.李扬，译.北京：法律出版社，2010:188.

❸ J.Thomas McCarthy. McCarthy on Trademarks and Unfair Competition（Fourth Edition）［M］. Clark Boardman Callaghan, 1996, Chapter3. § 3:8:Early view: trademarks only indicate a physical source of goods.

❹ Manhattan Shirt Co. V. Sarnoff-Irving Hat Stores，19Del.Ch.151（Del.Ch. 1933）.

❺ Frank I. Schechter. The Rational Basis of Trademark Protection［J］. Harvard Law Review, 1927，40（6）：813-833. http://www.doc88.com/p-38779110770.html, Accessed:MonMay8, 2017.

❻ 何鹏.商标品质保证功能研究［D］.上海：华东政法大学，2015：3-6.

性，即一定或一直的质量水平或质量标准，并非对商品质量的高低作出的保证。●

1946年，作为品质保障功能的商标许可人的品质控制义务在《兰哈姆法》中得到确定。● 由于《兰哈姆法》未明确定义"混淆、误认或被欺骗"的对象，导致法院对此的解释也莫衷一是。●

（二）我国商标法中的商标品质保障功能

1982年《商标法》制定之时，商品品质保障条款依旧被规定在其中，并且延续到现行有效的商标法。● 全国人大法工委就一部私法为何规定品质保障条款作出如下解释：保证品质是商标的重要功能之一，这种保证是与商标的特点结合在一起的，商标表示商品的一定品质，商品品质不佳，人们会循着商标追踪其来源。因此，在商标法中将促使商标发挥保证质量的功能作为一项指导原则。整体而言，现行《商标法》共有4条（款）涉及商标品质保障功能，分别为第1条、第7条、第42～43条。除第1条为概括性条款外，其余3条分别从商标使用人、商标受让人、商标被许可人的角度规定了他们各自在商标使用过程中对使用商标的商品的质量负有保证义务。●

三、商标品质保障功能的争议

即使商标品质保障功能最终得以在指示来源功能之外确立，并且其含义也得到明晰，但是质疑之声依旧存在。譬如，梁志文认为，"依据保证理论建立的品质控制义务已经不适用商标实践的发展，成为法律制度中的摆设"。作为商标品质保障功能得以建立的美国，其司法判例中

● 刘春田.知识产权法［M］.北京：中国人民大学出版社，2002:258.
● 美国判例法关于品质控制权解释的成文法来源是《兰哈姆法》第32条（1）款，其规定的部分如下："任何人……未经注册人同意……将一注册商标的复制品、伪造品、仿冒品或欺骗性的仿制品在商业中运用于商品或服务的销售、许诺销售、分销或推广中，可能引起混淆、误认或欺骗……需要在民事诉讼中承担责任。"
● 何鹏.商标品质保证功能研究［D］.上海：华东政法大学，2015：7-9.
● 黄晖.商标法［M］.北京：法律出版社，2004:10.
● 徐亮.论商标的品质保障功能［D］.上海:华东政法大学，2016：24-27.

也体现出对该功能的强调在逐渐减弱。对于商标的品质保障功能的争论普遍存在两种观点：第一种观点认为，"品质保障功能只是商标古老来源功能的一个方面，属于抽象来源功能的来源，并不具有独立的价值，从体系化的角度看，取消商标品质保障制度，消费者利益同样可以得到保护"；❶"只有商标的识别功能才是商标的独立功能"。❷第二种观点认为，"品质保障功能为商标法独立保护的利益（价值），未经授权使用商标的行为如果损害了品质保障功能，则即使未损害来源识别（区分）功能，商标侵权同样成立"，❸"我国商标法应当从消费者的角度考虑，坚守商标的品质保障功能"。❹

（一）商标品质保障功能的地位

1. 肯定说：商标品质保障功能具有独立性

肯定说认为商标具有品质保障功能。尽管商标的品质保障功能不是商标最原始的功能，却是对消费者而言最重要的功能，也是市场经济活动中的主要功能，商品的质量比商品来源还要重要，❺如果商标无法起到品质保障作用，就没有任何意义。经营者为了维护自己的商誉，就会防止附有同一商标的商品的质量下降，通过保证商品的品质为自己在市场上赢得消费者。❻

商标提供者目的是让消费者相信某商标代表了某品质水准，让品质信息浓缩在商标上，利用的是商标品质保障功能。具有相同商标的相同商品应当具有相同的品质水准。该功能的正常发挥依赖于商标权人对商品品质进行完全控制，从提供者到消费者链条上不会被其他主体改变商品品质。基于此，品质保障并不是孤立于区分商品及服务来源功能的，而是要与之并肩才能发挥作用。换言之，商标的品质保障功能是商标制

---

❶ 梁志文.商标品质保证功能质疑［J］.法治研究，2009（10）:3-8.

❷ 付继存.商标法的价值构造研究——以商标权的价值与形式为中心［M］.北京：中国政法大学出版社，2012：73.

❸ 文学.商标使用与商标保护的基本理论［M］.北京：法律出版社，2010:33.

❹ 李士林.商标质量功能论争与立法抉择［J］.法治研究，2013（2）:80-86.

❺ 吴汉东.知识产权法［M］.北京：北京大学出版社，2011:216-217.

❻ Henry G. Bisgair and Monroe E. Price, Quality Control and the Antitrust Laws in Trademark Licensing, 53 Trademark Rep. 11301963.

度正常运行的结果，其目的在于告诫企业使用同一商标的商品应当质量相同，否则该商标便无法起到区分商品或服务来源的作用；同时也告诫消费者，拥有相同质量的商品在使用同一商标时，商品来源是可靠的。可见，商品的品质保障功能不在于保证商品质量的高品质，而在于表明以同一商标所表明的商品或服务具有同样的品质，即具有品质的统一性。因此，企业为维护自身商标在消费者心目中的信誉，需要努力保证使用同一商标的商品质量相同。而消费者在具有竞争关系的产品、服务中进行选择时，就有了相应的依据。如此，商标也就在客观上起到防止商品或者服务质量下降，保证其品质的作用。❶

当商标所表征的商品品质符合消费者的品质需求时，商标在商品提供者和该消费者之间就建立起保证品质的联系。带有某商标的品质越受认可，商标的美誉度越高，商标权人的可期待收益越大。因此，商标品质保障功能不仅独立于来源功能，而且比来源功能更重要。❷

肯定商标具有品质保障功能的另一个理由是，商标权人具有控制商品品质的权利，他人销售的产品如果不符合商标权人品质控制措施，将会导致该商标价值的降低，消费者会认为来源于商标权人的商品或服务质量本身是低劣的，构成对商标权人形象的玷污。❸

另外，李士林认为，仅仅停留在商标本质和商标功能的形而上，无助于在商标品质保障功能是否具有独立性两种观点中取舍，必须从商标立法的理论层面上检视品质保障功能的有与无。经过论证认为，就我国的商标法来看，不宜简单地移植功利主义的模式，应当采用社会规划论为立法基础，基于保护消费者利益的考虑，坚守商标的品质保障功能。商标的品质保障功能为消费者利益留出了空间，应当予以坚持。❹

2. 否定说：商标品质保障功能不具有独立性

否定商标具有品质保障功能的学者以梁志文为代表。他认为，商标的

---

❶ 邓卓.如何理解商标的品质保证功能［N］.中国知识产权报，2015-01-06（005）.

❷ 王莲峰.商标法学［M］.北京：北京大学出版社，2007：18.

❸ J.Thomas McCarthy，McCarthy. on Trademarks and Unfair Competition（Fourth Edition）［M］. Clark Boardman Callaghan，1996，§3:10.

❹ 李士林.商标质量功能论争与立法抉择［J］.法治研究，2013（2）:80-86.

品质保障功能理论建立在消费者保护的基础上，却不能从字面意义去理解商标的品质保障功能，消费者并不能因为商标的品质保障功能获得救济，即消费者不能因为贴附商标的商品与其先前购买的同一商标的产品在质量上不同或低劣而起诉商标权人。❶ 美国著名商标法学者麦卡锡也指出，使用"guarantee"这样的词语具有一定的误导性，商标的品质保障并不能构成法律意义上的保单，消费者不能因为商品质量的不同而获得救济。❷

魏森也认为，尽管商标同产品质量有联系，但是商标的功能仅是来源识别功能，商标同质量的联系体现在商标向消费者指示特定的商品质量，可能是优质的也可能是劣质的，但是商标不能保证产品的质量，更没有特别鼓励提高商品质量的功能。生产者提高产品质量的动力来自市场的竞争，而不是来自法律对于商标的保护。我国商标法虽然规定了保证商品和服务质量，在商标法诸多条款中也都提到保证商品质量，但并没有规定消费者救济的实质性措施，因此，将商品质量与商标相挂钩，无论是理论还是实践上都是没有依据的，商标的品质保障问题应当由《民法通则》《产品质量法》和《消费者权益保护法》完成。❸

否认商标品质保障功能的另一个理由是，品质保障功能不能直接保护消费者利益，商标品质保障的理论建立在沙石之上，其功能只是来源识别功能的延伸，或者只是对来源识别功能一种扩张式的重述，商标除了表示商品的来源或者附属关系，并不作担保。❹ 麦卡锡这样描述商标的品质保障功能，商标的品质保障功能实际上并没有取代来源识别功能，品质保障功能与来源识别功能共同发挥作用，严格意义上，商标的品质保障功能只是来源识别功能的一个方面，来源识别理论既包括商品或服务的来源，也涵盖附有相同商标的产品质量来源，从麦卡锡教授的叙述中可见商标的品质保障功能只是来源识别功能的延伸，商标的品

---

❶ 梁志文.商标品质保证功能质疑 [J].法治研究，2009（10）:3-8.

❷ J.Thomas McCarthy. McCarthy on Trademarks and Unfair Competition（Fourth Edition）[M].Clark Boardman Callaghan, 1996, §3:10.

❸ 魏森.商标侵权认定标准研究 [M].北京：中国社会科学出版社，2008：15-20.

❹ 梁志文.商标品质保证功能质疑 [J].法治研究，2009（10）:3-8.

质保障功能本身不具有独立性。❶ 美国另一位著名的商标法专家斯蒂芬·拉达（Stephen Ladas）表达了相似观点。❷

日本的田村善之教授认为"品质保障功能是可以被出所识别功能所吸收的，退一步说，即便把品质保障机能理解为商标法独立保护的法益，也不过是附加在出所识别机能之上不太大的一部分"。❸

（二）商标品质保障功能可否作为侵权判定的直接依据

1. 肯定说：商标品质保障功能可以作为侵权判定的直接依据

成文娟认为，破坏商标品质保障功能的行为应被认定为侵权行为。首先，该行为侵入了商标权人控制领域。保证同标商品具有相同品质的前提是商标具有绝对控制权，不使不符合质量标准的商品上出现其商标。其次，该行为损害了商标权人受法律保护的利益，包括销售利益、商誉利益；行为具有不正当性；行为有损公益，应由权利人控制（使得消费者无法区分分装者和商标权人，增加识别商品的成本，无法迅速追溯到分装者进行问责）；认定为商标侵权行为符合商标法逻辑，只要损害其功能，无论是否具有市场混淆后果，都可以直接认定商标侵权行为，例如淡化侵权。即使是传统的混淆侵权，也同时损害了商标的识别功能和品质保障功能。商标权利用尽规则的前提：在后销售不能附加其他侵权行为，不能破坏商标的功能，其多数情况下只限于单纯的物权处分行为。❹ 徐俊也认为："淡化侵权就是以破坏商标的表彰功能为由认定侵权。"❺

有部分美国学者认为，品质保障功能在商标保护制度中具有独立的价值，他人未经商标权人授权的行为即使未损害商标的区分来源功能，

---

❶　J.Thomas McCarthy. McCarthy on Trademarks and Unfair Competition（Fourth Edition）［M］. Clark Boardman Callaghan, 1996, §3:10.

❷　Stephen P. Ladas. Patents, Trademarks and Related Rights［M］. National and International Protection, 1975:617, at1119.

❸　田村善之.《日本现代知识产权法》［M］.李扬，译.北京：法律出版社，2010：168.

❹　成文娟.破坏商标品质保证功能构成商标侵权——"不二家案"判前判后的思考［J］.电子知识产权，2016(6):98-104.

❺　徐俊.知名商标的功能不仅在于识别而且在于表彰［J］.人民司法，2008(12):74-78.

但如果损害了商标的品质保障功能，也可能承担商标侵权责任。❶

2.否定说：商标品质保障功能不能作为侵权判定的直接依据

祝建军在分析旧手机翻新销售案件❷时提出，旧手机翻新使注册商标的品质保障功能遭到破坏，极有可能导致消费者将翻新手机与新手机之来源产生混淆，该行为能够被商标直接混淆侵权所涵盖，侵权人无权援引商标权用尽原则来抗辩其不侵权。商标具有品质保障功能，商标权用尽原则适用的前提条件之一是，进一步销售的商品之质量没有发生变化或损害，否则，将不具有适用商标权用尽原则的基本条件。保护商标的识别区分功能是商标法的核心任务，商标法的各项制度都是围绕确保商标识别功能的正常发挥而设计的。商标的品质保障功能和广告宣传功能作为从商标识别区分功能中派生出来的功能，仍依附于商标的识别区分功能。换句话说，商标的最基本功能是识别区分，商标广告宣传功能、品质保障功能只有在商标的识别区分功能能够正常发挥的条件下，才能发挥作用。❸

黄晖曾将商标的显著性比喻成商标保护的灵魂，❹ 张玉敏也曾言及商标法保护注册商标的目的在于保护商标的识别功能即商标的显著性不被侵害。❺ 在侵权判定的过程中，适用的标准包括传统上的"来源混淆"标准，还包括"商标淡化"的标准。

简言之，来源混淆会使得相关消费者难以区分先后两个商标标识的出处；而商标淡化，即使不存在消费者的混淆，但对驰名商标标示和区分商品的能力亦即其显著性会造成一定的冲击。❻ 那么，无论是来源混淆，还是商标淡化，都是建立在商标识别功能的损害，即商标显著性减

---

❶ 文学.商标使用与商标保护研究［M］.北京：法律出版社，2008:33.

❷ 具体案情详见广东省深圳市福田区人民法院(2010)深福法知刑初字第3号刑事判决书，以及广东省深圳市中级人民法院(2011)深中法知刑终字第207号刑事裁定书。

❸ 祝建军.旧手机翻新行为的商标法定性［J］.知识产权，2012(7):66-68.

❹ 黄晖.驰名商标和著名商标的法律保护［M］.北京：法律出版社，2001:11.

❺ 张玉敏.论使用在商标制度构建中的作用——写在商标法第三次修改之际［J］.知识产权，2011(9):31-35.

❻ 彭学龙.信息经济视角下的商标制度［J］.知识产权，2012(8):17-21.

弱的基础上。❶ 因此，即使暂且承认商标的品质保障功能，在判定侵害该功能会否成立商标侵权，也应当以商标的识别功能即商标的显著性是否受到影响作为最终的评判标准。

四、结　　语

从前述笔者对相关文献的梳理与总结来看，对于商标品质保障功能是否具有独立性，以及在具体的侵权判定中商标品质保障功能是否能作为直接依据的有关问题，学界尚未形成统一意见。由于混淆标准在侵权判定中一直处于主导地位，这就需要对混淆标准以及商标品质保障功能之间的关系予以深入研究。同时，针对商标品质保障功能受到损害的认定标准，目前也没有深入研究。

---

❶ 彭学龙.信息经济视角下的商标制度［J］.知识产权，2012（8）:23-29.

商标侵权案件中商标性使用认定之文献综述

■ 黄宗琪　吴丽雯

【摘要】商标性使用认定是商标侵权案件中无法回避的重要问题，也是学术界关注的热点问题。由于商标性使用涉及的内容贯穿从商标注册、商标权利维持直至商标侵权认定程序，因此，涉及商标性使用问题研究的学术文献不胜枚举。笔者以商标侵权案件中商标性使用为视角，以从中国知网、北大法宝等数据库中检索到的将"商标性使用""商标使用"和"商标的使用"作为研究对象的文献为基础，分别从商标性使用的概念、商标性使用在商标侵权认定中的地位以及认定构成商标性使用行为应考虑的因素这三个方面对所检索到的文献进行分类整理，以期将学界现有研究成果进行系统性梳理，为后续进一步研究奠定基础。

【关键词】商标侵权认定；商标性使用

一、商标性使用的概念

(一)相关概念厘清

关于商标性使用，有三个相关词语值得关注，分别是"商标使用""商标性使用"和"商业使用"，❶ 其中"商标使用"与"商标性使用"之间的关系存在争议。

关于"商标使用"与"商标性使用"是否是同一个概念，学界看法不一。

由于从英文表达来看无论是"商标使用""商标的使用"和"商标性使用"都对应英文中的"trademark use"，是同一个的概念，因此，一部分学者在对"商标性使用"的问题研究中，对这几个概念不加区分。

但在有的学术文献中认定"商标使用"有狭义和广义之分。狭义的"商标使用"❷是英语"trademark use"的中文翻译，即"商标性使用"，指的是在商业交易中标识商标或服务来源的使用。❸

"商标使用"与"商标性使用"之间的关系可能不仅是英文翻译为中文过程所造成的歧义问题，其本质上就是两个有很大差异的概念。张今、刘晗认为就商标法语境而言，商标使用是以指示商品或者服务来源为直接目的，将商标用于商品或者服务及其衍生物之上，或为商业目的将商标用于宣传推广等其他活动中的一切行为。❹ 仅就词义来看，商标使用是商标性使用的上位概念，商标性使用仅指商标法意义上以指示商品或服务来源、表彰商品或者服务质量为基本功能的真实的商业性使用

---

❶ 在理论研究中一般认为商业使用是就商标赖以生存的商业环境对商标使用进行限定的，是指在商业环境和市场交易中对于商标的使用。对商业使用不能作狭义理解，它不仅包括传统的交易形式，更应涵盖越来越被广泛采纳的电子商务交易。使用必须是在商业上的实际使用，而不能是象征性使用。即把商品投放市场，使商标和消费者发生接触，使商标发挥识别商品来源的作用。这就将非真实意图的使用从商业使用中分离出去，仅保留能够为消费者感知、阐述实际标示和指示功能的使用行为。

❷ 由于汉语文字结构的习惯问题，"商标使用"的内涵与外延被放大，引申出广义的商标使用的概念，即标识的所有使用方式，这样就将本来不属于"商标性使用"（trademark use）范畴的合理使用或非商业性使用等非侵权方式囊括进来，容易引起理论歧义。考虑到"商标使用"概念的歧义，而使用了"商标意义上的使用"或"作商标使用"等说法，以此与广义的商标使用行为进行区分。

❸ 李楠.商标侵权中的商标性使用 [D].上海：华东政法大学，2011：2.

❹ 完整的商标使用逻辑线索应是商标使用行为产生指示来源的功能，并在使用过程中衍生出质量保障、广告宣传等功能，反过来这些功能又有助于确立商标信誉并使企业声誉得到认可，最终可为权利人带来商标财产性价值和商业利益。因此，商标使用与指示来源、树立商誉、商业价值最终指向的均是同一个命题。

行为，不包括除此以外的其他任何商标使用行为，是对商标使用与商业使用概念的糅合。这种使用最重要的特征是不同于象征性使用和内部使用行为。❶

总体来说，由于我国商标法律规范中并未出现"商标性使用"的表达方式，而多次出现"商标使用"或"商标的使用"的表达方式。而学界一般认为，商标法中关于"商标的使用"的概念界定其实质是"商标性使用"。所以对于"商标性使用"与"商标的使用"等概念之间的界限问题，存在一些争议。基于汉语词义的丰富性和表达方式的多样性以及立法过程中用语的模糊性，存在这样的争论无可避免。但究其根本，"商标性使用"这一问题的核心价值在于判断商标是否在实际的商业交易中起到识别商品来源的作用，在此基础上可进一步明确"商标性使用"这一概念的内涵与外延，再将"商标的使用"或"商标使用"进行界定，赋予"商标性使用"独立于"商标的使用"这一概念的地位。

（二）关于商标侵权中商标性使用的理论界定

对于商标性使用概念的理论界定存在多种不同的表述方法。曾陈明汝提出，"商标性之使用乃在于表彰商品之来源与出处并向消费者保证商品品质具有满意之水准，使其认明标志，即可安心采购其所诚心满意之物品，诚为表征厂商信誉及消费者信赖关系之媒介"。❷ 在此基础上祝建军认为商标性使用应满足三个条件：（1）必须将商业标识用于商业活动中；（2）使用的目的是说明商品或服务的来源（连续、真实使用❸）；（3）通过使用能够使相关公众区分商品或服务的来源。❹ 商标性使用应排除不包括以上条件的使用方式。❺

为进一步厘清"商标性使用"概念的内涵，从反面对"非商标性使用"行为进行界定也是必不可少的，即使商标符号在非商标意义上使用

---

❶ 张今、刘晗.商标使用相关问题探究［J］.中华商标，2013（9）：61-64.
❷ 曾陈明汝.商标法原理［M］.北京：中国人民大学出版社，2011：347-349.
❸ 王莲峰.商标的实际使用及其立法完善［J］.华东政法大学学报，2011（6）：21-27.
❹ 祝建军.判定商标侵权应以成立"商标性使用"为前提［J］.知识产权，2014（1）：22-28.
❺ 孔祥俊.商标与反不正当竞争法原理与判例［M］.北京：法律出版社，2009：179.

不属于商标法规范的对象。对此张德芬❶认为"非商标性使用"包括商标符号的合理使用、新闻报道和评论中使用商标符号以及伪造、擅自制造或销售伪造、擅自制造他人的商标标识等5种具体行为。❷

　　无论从正面直接对"商标性使用"概念进行划定，还是从反面对"非商标性使用"行为进行列举，都是为了明确"商标性使用"的具体含义。通过对以上所涉文献进行概括总结，笔者认为"商标性使用"一般是指在商业交易中，商标使用人真实、善意（仅指不是为了保留或维持商标权利而进行"象征性"的使用）以及持续的使用商标的行为，并且这种使用行为客观上（如何判断被告将注册为商标的标志"当作识别商品来源的标志使用"，是依据被告的主观状态，还是相关公众的客观认知是有争议的，笔者更偏向于客观认知）实现了标识、识别商品来源的功能。

二、商标性使用在商标侵权判定中的地位

　　如何对商标侵权行为进行判定，是各国对商标权进行保护的过程中，需要解决的关键问题。现存判定商标侵权的两大主要理论分别是混淆可能性理论和淡化理论。在绝大多数的情形下，混淆可能性成为判定商标是否侵权的核心要素。对于商标性使用在侵权判定中地位的争论，主要集中在商标性使用是否成为商标侵权的前提条件，而要对这一问题进行回答，除了要明确商标性使用与商标侵权之间关系外，还需要具体对商标性使用与混淆可能性之间的关系进行辨析，以及将商标性使用与

---

❶　张德芬.商标侵权中"使用"的含义［J］.知识产权，2014（9）：3-10.
❷　具体包括：（1）商标符号的合理使用，即以诚实的、正当的方式使用商标符号的先天携带意义；（2）新闻报道和评论中使用商标符号，这种使用是对商标商品或服务做客观的、真实的报道和评论，是新闻媒体监督职能的具体体现，因而不属于商标法规范的对象；（3）伪造、擅自制造或销售伪造、擅自制造他人的商标标识，这种行为一般都是隐蔽的，既不会在公众中产生商业影响，也不会发挥识别来源作用，因而不符合在商标意义上使用的构成条件；（4）已经做好商标使用的准备工作，但还没有用于销售或展览，也没有产生商业影响，因而也不是在商标意义上的使用，理论上把这种使用行为称作即发侵权；（5）将已注册的商标符号用作除商标以外的其他商业标志，如用作商号、域名等，这种使用在于识别一定地域和行业中的不同企业，不具备识别商品或服务来源的作用，因而也不是在商标意义上的使用。

商标合理使用之间的关系纳入考量之中。

(一)商标性使用与商标侵权之间的关系

关于商标性使用与商标侵权之间的关系，国内外立法和实务中的主要观点有两种，第一种认为商标性使用是商标侵权的前提条件，只有被告行为满足了商标性使用的要求，才可能构成侵权。❶ 商标性使用是商标侵权的必要但不充分条件。❷ 第二种认为商标性使用并不是商标侵权的前提，也有进一步提出商标性使用只是等同于混淆可能性或者混淆可能性的判断要素之一。在这种情况下商标性使用是商标侵权的既不充分也不必要的条件。❸

想要对商标性使用与商标侵权之间的关系进行深入了解，首先需要明确商标受到保护的价值基础，即保护商标权的利益何在，商标作为商标权的客体是否有明确的边界，以及商标权在法律上是否得到控制，也就是能否实现对侵权的界定以及对侵权行为的控制等。对于以上问题，张今、刘晗提出商标性使用是产生商标财产权价值的基础，商标受保护的根本理由不仅在于其区分功能，更在于其通过广告和销售等产生的商业价值。这种商业价值往往被"商誉"覆盖。❹ 所以商标性使用的独立性和独立价值是实际存在的。❺ 王莲峰也认为商标权的本质在于商标权人、特定注册商标与核定使用商品之间的联系，而商标权正是对这一联系的支配权，这就决定了商标权是从使用中来，如果没有使用行为的存

---

❶ 构成商标性侵权的行为一定是商标性使用行为，未经许可商标性使用行为不一定都是商标侵权行为(在具体适用过程中，先判断商标性使用，如果不构成，不用判断混淆可能性，不构成侵权；如果构成商标性使用，再判断混淆可能性，如果存在混淆可能性构成侵权，商标性使用与混淆可能性都是商标侵权的条件，缺一不可)。

❷ 国外持该观点的以多甘和莱姆利为代表。Dogan and Lemley, "The Trademark Use Requirement in Dilution Cases"（2008）24 Santa Clara Computer & High Technology Law Journal 541.

❸ 国外持该观点的以丁伍迪和贾尼斯为代表。Graeme B. Dinwoodie& Mark D. Janis "Confusion Over Use: Contextualism in Trademark Law", University of Lowa Legal Studies Research PaperNumber 7-24.

❹ 英美法学者一般认为，有关商标的财产权以及商业价值就是体现在商誉之中。商标通过商品或者服务在市场中的影响，逐步建立起一定的信誉或商誉。商誉保护又因普通商标和驰名商标而产生不同的层级，驰名商标的商誉受到更大范围的保护。这种层级的划分以商标使用为依据，尤以商标性使用为本。商标性使用的独立性和独立价值是实际存在的。

❺ 张今，刘晗.商标使用相关问题探究［J］.中华商标，2013(9)：61-64.

在，则这一联系无法建立。^❶

在以上理论的基础上，祝建军也对上述关于商标性使用与商标侵权关系的结论进行解释，认为从商标权人的角度看，其通过申请获得商标注册，这只是在静态意义上，使商标权人获得将该注册商标用于核定使用的商品（或服务）类别上，从而建立商标权人、商标与商品（或服务）三者之间的特定联系。而商标权人实施的商标性使用行为，则是动态地实现商标权人上述法定的静态权利的行为，换句话说，商标性使用行为是商标权人的权利得以实现的行为。^❷

总体来说大多数学者认为"商标侵权首先是一种商标使用行为，只有使用了商标，才可能构成商标侵权"，^❸商标性使用是商标侵权的行为要件，混淆可能性是商标侵权的后果要件，^❹侵犯注册商标专用权行为的构成要件包括在商标意义上使用和混淆可能性两个要件。^❺他们提出商标性使用与混淆可能性是相对独立的，前者用以判断被控侵权商标是否起到指示来源的作用，后者用以判断是否因为商标相同、近似使相关公众对商品或服务的出处产生混淆，两者考量的侧重点、目的、结果均不同，不能相互替代。^❻

结合以上分析，以商标性使用作为商标侵权前提的观点是基于认定只有构成"商标性使用"才能使商标权人、特定注册商标与核定使用商品之间产生直接联系，而只有在这样一种联系中商标才能发挥其功能，成就商标权所负载的财产利益，实现商标权人的权利以及公众的利益。

不同于上述观点的代表性观点包括如下研究。国外学者丁伍迪（Dinwoodie）和贾尼斯（Janis）认为，在网络商标侵权之前，法院几乎从不讨论商标性使用问题，并且各国立法中也找不到商标性使用作为侵权要件的依据，在这种情况下，商标侵权的判定也没有陷入困境。并

---

❶ 王莲峰.商标的实际使用及其立法完善［J］.华东政法大学学报，2011（6）：21-27.

❷ 祝建军.判定商标侵权应以成立"商标性使用"为前提［J］.知识产权，2014（1）：22-28.

❸ 张今.电子商务中的商标使用及侵权责任研究［M］.北京：知识产权出版社，2014：1.

❹ 周家贵.商标侵权原理与实务［M］.北京：法律出版社，2010：24.

❺ 芮松艳.侵犯注册商标专用权行为的构成要件［J］.中华商标，2011（1）：69-73.

❻ 黄青青.商标性使用在侵权认定中的地位［J］.中华商标，2016（8）：64-68.

且在限制所有的商标权利的情况下，商标使用是一个不具有灵活性的、不相称的概念，或者说，在任一特定情境中判断商标使用的标准就像混淆的判断标准一样是事实密集型的，且从本质上说与混淆的判断标准是一样的。而在商标性使用的判断上也存在用混淆来认定商标性使用的情况。❶ 除此之外，承认商标性使用作为商标侵权要件，可能削弱合理使用制度的价值，使之成为商标法中的摆设。

李扬认为对于维护商标权的商标性使用，是为了避免没有进行任何形式使用的注册商标给他人商标选择的自由造成过大妨碍，当然应该对该使用进行严格解释，即要求其使用必须是发挥识别功能的使用，而对于侵权中的使用范围应不限于商标性使用。在商标侵权的判断中，被侵害的商标往往是已经使用并积累了商标权人市场信用的商标，为切实保护商标权人已经积聚的市场信用，此时，对使用应进行扩大解释，即其使用不限于发挥识别功能的使用。❷

张德芬提出，未经许可商标符号在商标意义上使用（商标性使用），存在以下六种情形。❸ 而这六种情况❹ 中指示性合理使用并不构成商标侵权。可见，未经许可，商标符号在商标意义上使用不一定构成商标侵权。商标符号在非商标意义上使用却存在构成商标侵权的可能性。在商

---

❶　这可能导致商标性使用与混淆可能变为等同概念，使得判定商标侵权中出现同一因素重复考量的情况以及"逻辑循环"等问题。

❷　李扬.注册商标不使用撤销制度中的"商标使用"界定 [J].比较法研究，2009(10)：96-109.

❸　张德芬.商标侵权中"使用"的含义 [J].知识产权，2014(9)：3-10.

❹　六种情况分别是：（1）指示性合理使用，这种使用行为属于商标权效力不及的范围；（2）在相同商品或服务上使用与注册商标符号相同的商标；（3）在同一种商品或服务上使用与其注册商标近似的商标；或者在类似的商品或服务上，使用与注册商标符号相同或近似的商标，但未导致混淆可能性的；（4）在同一种商品或服务上使用与其注册商标近似的商标，或者在类似的产品或服务上，使用与注册商标符号相同或近似的商标容易导致混淆的；（5）在不相同或不相类似的产品或服务，使用与已经注册的驰名商标符号相同或相近似的商标，可能引起混淆、误认并因之获得不正当利益或损害商标声誉的；（6）商标淡化使用，即他人在商业中使用某一商标并可能导致因该商标符号近似于驰名商标符号所引发的联想，致使驰名商标的识别性减损或信誉受损，而不论驰名商标权利人与他人之间是否存在竞争关系，或者存在混淆、误解或欺骗的可能性。

标符号非商标性意义上使用的五种情形❶ 中，如果使用人跨越商标权的边界，就构成商标侵权。这样商标符号的使用无论是在商标意义上的使用，还是在非商标意义上的使用，都有构成商标侵权的可能。❷

何怀文提出由于商标法通说认为，注册商标权是一种排他权，赋予权利人禁止他人未经许可在商业活动中使用相同或近似标志而易使相关公众混淆的行为。所以，从逻辑上来说，只有当被告所使用的标志也发挥识别商品来源的功能，且与注册商标相同或近似，才可能导致相关公众混淆，应受到注册商标权控制。这似乎表明，商标性使用应该是侵犯注册商标权的先决条件。上述形式逻辑的推理无意间忽略了一个关键的法律问题：如何判断被告将注册为商标的标志"当作识别商品来源的标志使用"，是依据被告的主观状态，还是相关公众的客观认知。❸ 由于对该问题无法获得明确的答案，使得"商标性使用"成为一种相对判断。

---

❶ 主要是指：（1）对于叙述性使用商标符号，如果是不正当的、不诚实的使用，仍然会构成商标侵权；（2）在新闻报道和评论中通过使用商标符号而对他人的商标进行报道和评论，如果违背客观真实的原则也同样要承担商标侵权的责任；（3）对于单纯地伪造、擅自制造或销售伪造、擅自制造的他人注册商标标识，也仍然避免不了构成商标侵权（该行为为客观上不构成商标性使用，未与公众接触，还未发挥识别商品来源的作用）；（4）已经做好了在相同或相类似的商品上使用与他人注册商标符号相同或相近似商标的准备工作，但还未进行销售或展览等商业活动，各国商标法仍将其视为即发性商标侵权；（5）对于未经许可将注册商标符号用作商标以外的其他商业标志，误导公众的，构成商标侵权或不正当竞争。

❷ 张德芬.商标侵权中"使用"的含义［J］.知识产权，2014（9）：3-10.

❸ 对于主观状态来说，法律上的困难在于，一方面，被告的主观状态不可不考虑。倘若被告行为的目的就是把他人的注册商标当作识别商品来源的标志，借此混淆视听，其攀附商誉之心昭然，商标法理应给予否定性评价。为此，只要证明被告存在上述故意，加拿大联邦上诉法院就认为应该认定被诉行为是"商标性使用"。另一方面，又不可把被告主观状态作为决定性因素。如果被告把与注册商标相同的标志作为装饰图案使用到相同商品之上，不能仅因为被告的主观意图是美化商品而非识别商品来源就放纵他，不顾相关公众的实际认知状况。对于客观认知论来说，法理困难更为明显。被告常会主张被诉标志不是作为商标使用，而是作为企业字号、商品装潢等使用，并不识别商品来源；在其制售的商品之上另外显著地标有自己的商标才具有识别商品来源的作用。对此，法院难以直接得出结论说相关公众的确以被诉标志识别商品来源，原告不得不举证证明之。然而，原告举证被告如何使用争议标志已然无济于事。原告必须诉诸注册商标的显著性以及自己使用注册商标而积累的知名度，才可能证明被诉标志会被相关公众感知为"识别商品来源"。面对被告主观状态说和相关公众客观认知说存在的法理困境，加拿大法院试图提出解决出路，但结果只能是徒劳。加拿大联邦上诉法院（加拿大是少数与我国一样在商标法中认同商标性使用地位的国家）曾认为，只要证明被告主观状态或相关公众客观认知其中之一，即可满足"商标性使用"这一先决条件。显然，这不能解决前述讨论到的法律问题。

相关公众之所以混淆，是因为某种程度上知道原告的注册商标，而后异时异地见到被诉标志，误以为其为商品来源的标志。故商标性使用对于注册商标侵权而言，不应具有先决条件的法律地位；被告主观状态说和相关公众客观认知说所涉及的考虑因素都应该放到相关公众混淆之虞的判断过程中。❶

对比以上分析，笔者更加认同上述第二种观点，即商标性使用并不是商标侵权判断的前提，商标性使用是判定混淆可能性的因素之一。究其根本，主要有两方面的原因：第一，以不构成商标性使用为由，认定侵犯注册商标权不成立，可能错误地放纵混淆相关公众，因为这种做法孤立地考察被诉标志；第二，片面地强调"商标性使用"可能不合理地把商标侵权判断局限于隔离比对被诉标志本身与注册商标，而不是考察被诉标识行为整体所产生的商业影响，由此不适当地限制注册商标权的保护范围。从实践角度来讲，判定商标侵权的逻辑混乱会给法官在商标侵权判断带来很多问题，同时也会造成不同法官对于相同或类似案情的案件判决不一的情况，有损法院的类似案件类似审判的原则以及法院自身的权威性。

（二）商标性使用与混淆可能性之间的关系

以上在分析商标性使用与商标侵权的关系时，已经不可避免地涉及对商标性使用与混淆可能性之间关系的争论。对于商标侵权中的"使用"与混淆可能性两者之间的关系，主要有以下两种观点：第一种观点认为，商标性使用与混淆可能性作为判定商标侵权的要素两者缺一不可，但存在先后顺序；❷ 第二种观点认为混淆可能性是判定商标侵权的

---

❶　何怀文."商标性使用"的法律效力［J］.浙江大学学报，2014（2）：165-176.

❷　一般可以先判断商标性使用，如果不构成，则不用判断混淆可能性，即不构成侵权。如果构成商标性使用，再判断混淆可能性，如果存在混淆可能性构成侵权（个别支持商标性使用具有重要地位的学者认为商标性使用与混淆可能性作为判定商标侵权的要素，两者成立其一即构成侵权，一般可以先判断是否构成未经授权的商标性使用，如果构成，不用判断混淆可能性，存在侵权。如果不构成商标性使用，判断混淆可能性，如果存在混淆的可能，构成商标侵权）。

唯一标准，而商标性使用是认定混淆可能性的因素之一。❶

我国相关学者对该问题存在如下争论。

多数学者认为，❷ 商标权是对于商标及其所代表的商誉所享有的权利，商标所承载的商誉，系通过商标的使用而获得，一件已经注册但从来没有使用过的商标，很难称为财产权意义上的商标权，商标权的保护范围以及商标侵权的认定标准，都是由商标所承载的商誉决定的，市场上的经营者使用与他人商标相同或者近似的文字或图形，只要没有构成商标意义上的使用，没有盗用该商标所体现的商誉，或者没有造成消费者混淆的可能性，就不会侵犯他人的商标权。❸

在以上理论的基础上，通说认为"商标性使用"与"混淆可能性"是判定商标侵权的两个独立条件，且存在先后判断顺序，某行为不符合其中任何一个条件，就不可能构成商标侵权。❹

而李士林从我国商标立法的角度，对商标使用是否为商标侵权先决条件进行实然的解读，认为在我国的立法实践中，商标性使用并不必然是商标侵权的前提条件。其认为由《商标法》第57条可知，认定商标侵

---

❶ 国外学者的争议在上文已经提及，即美国学者多甘和莱姆利认为，认定行为人构成商标淡化侵权，应以判定行为人的行为构成商标性使用为前提。而澳大利亚学者丁伍迪和贾尼斯明确反对认定商标侵权要以成立商标性使用作为前提条件，他们认为，被告的行为构成商标性使用，其实就是混淆可能性成立的另一种表达方式。

❷ 我国许多知识产权学者持该观点。参见李明德在《商标使用与商标保护研究》一书序言所持的观点；黄晖.驰名商标和著名商标的法律保护［M］.北京：法律出版社，2011：197，该书作者认为，非商标性使用原则上不得被视为商标侵权和淡化，但商标性使用的定义有越来越宽的趋势；王迁.知识产权法教程：［M］.北京：中国人民大学出版社，2011：404-405；邓宏光：商标法的理论基础——以商标显著性为中心［M］.北京：法律出版社，2008：206-208.

❸ 祝建军.判定商标侵权应以成立"商标性使用"为前提［J］.知识产权，2014（1）：22-28.

❹ 混淆理论是建立在识别功能基础之上的，是朴素的法律逻辑的必然结果。混淆理论中的混淆都属于来源混淆，尽管混淆的形式被扩大到关联关系混淆，但本质上都属于来源混淆类型的使用才能够对产品或者服务的来源产生混淆，很难想象任何没有指示商标来源的行为会造成消费者的混淆。如果有一种商标使用行为能够引起来源的混淆，这种行为本身就指明了来源，那么根据定义侵权条款只适用于那些指示来源的使用。很显然，这些使用必须指示某些东西的来源，但肯定不是原告产品或者服务的来源，否则这些联系只会加强原告与他的商标之间的联系，而不会造成混淆。那么言下之意在于被告的使用只有在指示了他们自己的产品或者服务的来源时才是可诉的。从逻辑顺序来说，只有先进行商标性使用，才有混淆的可能性。如果没有商标性使用，则不存在混淆一说。所以，商标性使用必然作为前提而存在，而混淆是商标性使用的结果。

权主要审查被告是否采用相同或近似的商标，导致消费者就产品的来源（或者提供者的关联关系）误认或受欺骗。但是，我国商标法并没有就"商标使用是否为商标侵权的先决条件"问题做出规定。❶ 以第57条规定概括出"商标使用为商标侵权的先决条件"，并不符合法条的表达逻辑。❷

总体来说，笔者认为虽然商标性使用作为判断商标侵权的前提条件成为通说，但是将其作为混淆可能性的一种因素加以运用更加具有合理性。一方面，可以回避对"识别商品来源"这一作用的判定中究竟是通过主观意图，还是客观效果问题的回答，从而加强商标侵权判定过程中的严谨性；另一方面，将商标性使用作为混淆可能性判断的因素之一，并没有否认商标性使用在侵权判断中的地位，而是实现了逻辑的自洽性。

(三)商标性使用与合理使用之间的关系

商标的合理使用也称为商标的正当使用，来源于美国判例法上形成的公平使用防御制度，实践中发展为两种类型即描述性合理使用与指示性合理使用。在美国，描述性合理使用的法律依据是《兰哈姆法》（《美国商标法》）第33条（b）（4）款。在该法之前及之后，美国联邦法院也通过判例，❸ 逐步确立了关于商标合理使用抗辩构成要件的一系列

---

❶ 从第57条的表述看，前三项混淆可能性标准的认定，要求被告将与原告相同或近似的标识也作为商标使用，才可能构成侵权。而第4项伪造、擅自制造和销售注册商标标识，并非全部为公开、识别商品来源性使用，它更多考虑的是切断违法产业链中的一环，并非严格商标法意义上的侵权。第5项反向假冒商标侵权，显然不属于对原告商标的使用，而是不使用，之所以归于商标侵权而不是不正当竞争的理由乃在于拆换原告的商标切断了商标与消费者的联系，影响到其商誉的建立。如果说这两项对于商标的使用并不是那么明显的话，那么第6项、第7项更没有涉嫌对商标的任何使用。

❷ 李士林.商标使用：商标侵权先决条件的检视与设定［J］.法律科学, 2016(5)：145-155.

❸ 李明德.美国知识产权法［M］.北京：法律出版社, 2003：317.

原则。❶

在我国，2013年修订的《商标法》在第59条第1款❷对合理使用进行了规定。

理论层面，一般认为合理使用主要包括两种情形❸：描述性使用与指示性使用。❹除了这两种主要情形之外还存在平行合理使用❺的方式。

通说认为商标法上的合理使用是指在一定条件下，使用他人的注册商标，不视为商标侵权的一种行为。商标法上合理使用的前提是，对他人商标进行了商标性使用，只是因为使用的目的具有合理性，而被法定地排除出商标侵权的范畴。

在以上理论的基础上，祝建军进一步在认定商标性使用与合理使用的关系时提出：商标法上合理使用的前提是，对他人商标进行商标性使用，只是因为使用的目的具有合理性，而被法定地排除出商标侵权的范

---

❶ 美国法院的司法实践中对正当使用总结出了以下构成要素：（1）非商标性使用。是指被控侵权人不是将原告的描述性商标作为商标使用，即其使用该标识是为了描述其商品的特征而非指示其商品的来源。（2）公平、善意的使用。公平善意是一种主观上的要求，一般只能从使用者的使用状态等情况来推断。如果使用者仅利用了描述性商标的第一含义，用于表示该类商品的通用名称、主要原料、性能或品质等，就应当认定其主观上存在善意。因为这种使用的目的并非借助商标权人的商誉，制造混淆，误导消费者，而是经营之不可避免。善意要求使用者不得采取突出的方式进行使用。

❷ 《商标法》（2013年修订）第59条第1款："注册商标中含有的本商品的通用名称、图形、型号，或者直接表示商品的质量、主要原料、功能、用途、重量、数量及其他特点，或者含有的地名，注册商标专用权人无权禁止他人正当使用。三维标志注册商标中含有的商品自身的性质产生的形状、为获得技术效果而需有的商品形状或者使商品具有实质性价值的形状，注册商标专用权人无权禁止他人正当使用。"

❸ 描述性使用是指生产经营者使用他人的商标对自己生产经营的商品予以叙述性描述（以上法条所规定即为描述性合理的使用的情形）。指示性使用是指为指明产品、服务的种类而使用他人的商标。

❹ 黄晖.商标法［M］.北京：法律出版社，2004：164.

❺ 就平行使用而言，它是指在自己的商品上不显著性地正当使用带有先前商标的商品。美国学者阿瑟·米勒认为这也是一种商标合理使用的形式。根据平行使用理论，将附载他人商标的商品作为自己商品的一部分时，只要不是突出使用该商标，以致使人误认为是自己商品的商标，就属于商标的合理使用。

畴。描述性使用❶被归入"非商标性使用"更为妥当，而指示性使用❷才应属于商标法上合理使用的范畴。❸

何怀文又从理论层面提出注册商标的正当使用是几方面利益权衡的结果。❹给公共领域留下足够好且足够多的空间使经营者能够竞争提供品质产品，相关消费者的利益才可能得到最大化。如果本应属于公共使用的标志为某一经营者垄断，由此产生市场壁垒，相关消费者的利益很容易受到损害。❺

总体来说，笔者认为商标性使用与合理使用制度的设计都是出于相同的立法价值考量，因为立法者需要在商标权人利益与公众利益之间维持一种平衡，避免商标人权利过分扩张而损害公众利益。比如某些公有领域的文字，就不允许商标人独占使用。同样，在指示性使用的场合，如果不允许其他经营者合理使用就等于变相赋予商标权人限制竞争的权利。所以，立法者划定商标性使用这一条红线，踩进这条红线内就被认为可能落入商标人的权利范围，反之则具有合理性。

三、认定构成商标性使用应考虑的因素

一般认为，通常可以综合如下因素判断使用某种标记的行为是否属于商标性使用行为：某个标记使用的具体样态；商品上是否使用了其他商标；某个标记是否采用了能够作为商标被认识的方式进行使用；同种商品或者服务上所使用的商标的一般表示方法和实际交易的情况；某个

---

❶ 在描述性使用的情形中，行为人对商标中的文字或图形的使用，多是基于对该文字或图形本身含义的使用，并非为了指示自己商品或服务的特定来源，不构成商标性使用，因此，该行为不应被认定为商标侵权行为。

❷ 指示性使用的目的是说明自己提供的商品或服务能够与使用该商标的商品或服务配套，即指示自己商品或服务的用途和服务对象，而不是要让相关公众对商品或服务的来源产生混淆。

❸ 祝建军.判定商标侵权应以成立"商标性使用"为前提［J］.知识产权，2014（1）：22-28.

❹ 对商标权人来说，需要控制注册商标的使用，以免竞争者窃夺自己的商誉和竞争优势；对经营者而言，需要准确描述自己的商品，以便与商标权人进行有效的市场竞争；对相关公众而言，既需要从市场上获取准确的商品信息，又需要准确识别商品来源。

❺ 何怀文."商标性使用"的法律效力［J］.浙江大学学报，2014（2）：165-176.

标记是否采用其一般被认识的含义进行使用。❶

具体实践中，商标性侵权的判断思路以及相关因素的分析，将通过案例综述的方式呈现。

---

❶ 李扬.知识产权法基本原理［M］.北京：中国社会科学出版社，2010：819.

商标侵权案件中商标性使用认定之案例综述

■ 黄宗琪　吴丽雯

　　【摘要】我国现行《商标法》第48条和《商标法实施条例》第3条对商标的使用行为进行列举式规定，但是这种开放式的列举赋予法官较大的自由裁量权，司法实践的错综复杂也使得商标性使用的认定出现一定程度混乱。笔者通过对43份裁判文书的实证考察发现，在判决中，商标性使用的认定结果对原告是否胜诉具有较大影响。然而，对于商标性使用的认定依据，裁判文书中大多没有列明或者引用上述两条，在判决理由中，法官对原被告两方都存在商标性使用的认定，但关注重点存在差异。针对原告方的认定因素主要包括商标本身的显著性和使用情况；而针对被告方的认定中，是否进入流通领域是前提，是否标示来源是关键。主观意图如商业目的或者作为商标使用的目的也作为认定因素而纳入考量。在使用方式方面，为标示来源的认定提供的主要依据包括在节目名称中使用、在名片中使用、在搜索关键词中使用、在字号中使用、突出使用以及描述性使用等。通过对司法实践中商标性使用认定的案例进行整理，尤其是对相关认定因素的梳理，可以为后续司法实践中进行商标性使用认定提供一些思路，也从实务角度对商标性使用的相关文献综述进行补充。

　　【关键词】认定依据；认定因素；认定结果

一、样本介绍

（一）样本来源

笔者以北大法宝中的中国裁判文书数据库作为研究案例的来源，通过选择司法案例项，输入关键词"商标性使用"，匹配方式为精确，进行全文检索，得出共905件裁判文书。其中，根据案由进行分类，包括民事案例8件，刑事案例2件，行政案例40件，知识产权案例845件，国家赔偿案例2件。根据参照级别进行分类，包括指导性案例1件，典型案例34件，参阅案例3件，经典案例42件，法宝推荐案例824件，普通案例6件。根据审理法院的地域进行分类，包括北京市案例152件，上海市案例77件，江苏省案例167件，浙江省案例80件，广东省案例122件，其他省份单独一个省不超过30件。最高人民法院16件，知产产权法院74件。

鉴于全国涉及的有关商标性使用争议的案件数量庞大，而最高人民法院代表了我国审判的最高水准，知识产权法院作为知识产权的专门法院具备更高的专业素养，以及各地筛选发布的典型案例具有更高的参考价值，故笔者以最高人民法院、知识产权法院和各地发布的典型案例为研究样本，一共得到124件与商标性使用相关的案例。笔者对该124件样本进行一一阅读，进一步筛选发现，排除重复出现的案例以及提及商标性使用但是没有对其进行认定的案件，涉及商标性使用认定的案件为43件，这43个样本是本文唯一的研究样本来源。

（二）样本分布

（1）研究样本的法院分布（见表1）。

表1　研究样本的法院分布情况

地区	法院名称	案件数量
北京	北京市海淀区人民法院	1❶
	北京知识产权法院	6❷

---

❶ （2014）海民（知）初字第21033号。

❷ （2015）京知民终字第2119号，（2016）京73民终84号，（2015）京知民终字第1196号，（2015）京知民终字第114号，（2015）京知民终字第1259号，（2015）京知民终字第1828号。

地区	法院名称	案件数量
北京	最高人民法院	5❶
上海	上海市杨浦区人民法院	1❷
	上海知识产权法院	6❸
广东	广东省深圳市福田区人民法院	1❹
	广州知识产权法院	12❺
	广东省高级人民法院	2❻
江苏	江苏省高级人民法院	3❼
陕西	陕西省西安市中级人民法院	1❽
四川	四川省高级人民法院	2❾
天津	天津市滨海新区人民法院	1❿
	天津市第一中级人民法院	1⓫
	天津市高级人民法院	1⓬

❶ （2014）民申字第1182号，（2014）民申字第1033号，（2014）民提字第29号，（2014）民申字第973号，（2016）最高法民再238号。

❷ （2014）杨民三（知）初字第422号。

❸ （2015）沪知民终字第522号，（2016）沪73民终47号，（2015）沪知民终字第305号，（2015）沪知民终字第57号，（2015）沪知民终字第80号，（2016）沪73民终286号。

❹ （2015）深福法知民初字第1058号。

❺ （2016）粤73民终468号，（2016）粤73民终61号，（2016）粤73民终106号，（2015）粤知法商民终字第223号，（2015）粤知法商民终字第170号，（2016）粤73民终904号，（2015）粤知法商民终字第56号，（2015）粤知法商民终字第260号，（2015）粤知法商民终字第88号，（2015）粤知法商民终字第253号，（2015）粤73民终249号，（2016）粤73民终1001号。

❻ （2013）粤高法民三终字第630号，（2016）粤民再447号。

❼ （2013）苏知行终字第0004号，（2011）苏知民终字第33号，（2011）苏知行终字第0004号。

❽ （2013）西民四初字第00227号。

❾ （2014）川知民终字第5号，（2016）川民终319号。

❿ （2014）滨民初字第1503号。

⓫ （2016）津01民终5792号。

⓬ （2016）津民终248号。

研究样本中，大多数商标性使用的认定都是由最高人民法院、知识产权法院、中级或者高级人民法院完成的，只有少部分交给基层人民法院。这一方面与研究样本的选取标准有关，另一方面也是因为《最高人民法院关于商标法修改决定施行后商标案件管辖和法律适用问题的解释》第3条规定，第一审商标民事案件，由中级以上人民法院及最高人民法院指定的基层人民法院管辖。

（2）样本的地域分布。

905件样本中，大多数商标性使用的案件集中在北京、上海、江浙以及广东，43件研究样本案件也主要集中在北上广地区。根据梳理样本可知，由于北上广三地设立了专门的知识产权法院，且发生在京津冀、长三角、珠三角的商标侵权案件较多，使得这三个地方的案件审理较为集中。

（3）样本的时间分布（见图1）

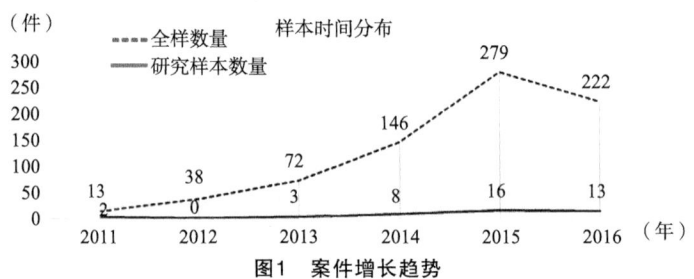

图1 案件增长趋势

2015年我国推进"互联网+"的战略，加之受到立案登记制的影响，涉网的商标侵权案件激增，如以他人商标为关键词进行竞价排名，将消费者引入自己经营的网站，因此商标性使用认定案件数量逐年攀升。❶

---

❶ （2011）苏知民终字第33号，（2015）沪知民终字第522号。

二、判决解析

(一)商标性使用认定的法律依据

《商标法》第48条(本法所称商标的使用,是指将商标用于商品、商品包装或者容器以及商品交易文书上,或者将商标用于广告宣传、展览以及其他商业活动中,用于识别商品来源的行为)和《商标法实施条例》第3条(商标法和本条例所称商标的使用,包括将商标用于商品、商品包装或者容器以及商品交易文书上,或者将商标用于广告宣传、展览以及其他商业活动中)都开放式地列举了商标性使用的行为方式,法院引用这两条或是认定商标使用方式,或是指明商标性使用必须是识别(标示)来源的行为。很多法院虽没有列明所依据的法条,但通过具体使用情况的考察看是否起到商标识别来源的功能来认定是否构成商标性使用,实质上也依据《商标法》第48条。少数法院在引用《商标法》第48条时还依据《商标法》第59条认定被告构成描述性使用,以此作为不构成商标性使用的合理理由。只有"卜留克"案❶引用了2002年9月15日起施行的《中华人民共和国商标法实施条例》第49条,而该条同现行《商标法》第59条,都是将描述性使用排除在商标性使用之外。具体引用如表2所示。

表2　商标性使用认定法条依据

案件名称	案件号	法院	认定依据
"皇马"案	(2013)粤高法民三终字第630号	广东省高级人民法院	《商标法实施条例》第3条
"金燕及图"案	(2013)苏知行终字第0004号	江苏省高级人民法院	《商标法实施条例》第3条
"普拉达"案	(2013)西民四初字第00227号	陕西省西安市中级人民法院	《商标法实施条例》第3条
"梅思泰克"案	(2011)苏知民终字第33号	江苏省高级人民法院	《商标法实施条例》第3条
"百威英博"案	(2014)民申字第1182号	最高人民法院	《商标法实施条例》第3条

---

❶　(2014)民申字第973号。

案件名称	案件号	法院	认定依据
"迅销"案	（2016）粤73民终106号	广州知识产权法院	《商标法实施条例》第3条
"指南针"案	（2015）粤知法商民终字第223号	广州知识产权法院	《商标法实施条例》第3条
"沃茨"案	（2014）滨民初字第1503号	天津市滨海新区人民法院	《商标法》第48条
"雨前春茶叶"案	（2014）杨民三（知）初字第422号	上海市杨浦区人民法院	《商标法》第48条
"凡人修仙传"案	（2015）沪知民终字第522号	上海知识产权法院	《商标法》第48条
"orangeflower"案	（2016）粤73民终61号	广州知识产权法院	《商标法》第48条
"SUGOi"案	（2016）沪73民终47号	上海知识产权法院	《商标法》第48条
"港周六福黄金"案	（2015）粤知法商民终字第170号	广州知识产权法院	《商标法》第48条
"纤麸"案	（2015）沪知民终字第305号	上海知识产权法院	《商标法》第48条
"贝豪"案	（2016）粤73民终904号	广州知识产权法院	《商标法》第48条
"西湖龙井"案	（2015）粤知法商民终字第260号	广州知识产权法院	《商标法》第48条
"毛家饭店"案	（2015）粤知法商民终字第88号	广州知识产权法院	《商标法》第48条
"南通吉祥"案	（2015）沪知民终字第57号	上海知识产权法院	《商标法》第48条
"花亦浓"案	（2016）粤73民终1001号	广州知识产权法院	《商标法》第48条
"如意"案	（2016）沪73民终286号	上海知识产权法院	《商标法》第48条
"寺库"案	（2015）京知民终字第1828号	北京知识产权法院	《商标法》第48条
"阿胶"案	（2015）京知民终字第1196号	北京知识产权法院	《商标法》第48条、第59条
"男士"案	（2015）粤73民终249号	广州知识产权法院	《商标法》第48条、第59条
"卜留克"案	（2014）民申字第973号	最高人民法院	2002年9月15日起施行的《中华人民共和国商标法实施条例》第49条

案件名称	案件号	法院	认定依据
"非诚勿扰"案	（2016）粤民再447号	广东省高级人民法院	没有列明
"滴滴打车"案	（2014）海民（知）初字第21033号	北京市海淀区人民法院	没有列明
"正泰"案	（2014）川知民终字第5号	四川省高级人民法院	没有列明
"乐活LOHAS"案	（2011）苏知行终字第0004号	江苏省高级人民法院	没有列明
"安佑"案	（2016）川民终319号	四川省高级人民法院	没有列明
"功夫熊猫"案	（2014）民申字第1033号	最高人民法院	没有列明
"路易威登"案	（2015）深福法知民初字第1058号	广东省深圳市福田区人民法院	没有列明
"金易久大"案	（2016）津民终248号	天津市高级人民法院	没有列明
"津酒"案	（2016）津01民终5792号	天津市第一中级人民法院	没有列明
"剑の灵"案	（2016）粤73民终468号	广州知识产权法院	没有列明
"超轻"案	（2015）京知民终字第2119号	北京知识产权法院	没有列明
"爵悦"案	（2016）京73民终84号	北京知识产权法院	没有列明
"西奥"案	（2015）粤知法商民终字第56号	广州知识产权法院	没有列明
"拍客"案	（2015）京知民终字第114号	北京知识产权法院	没有列明
"陈村枧水"案	（2015）粤知法商民终字第253号	广州知识产权法院	没有列明
"三江"案	（2015）沪知民终字第80号	上海知识产权法院	没有列明
"大悦城"案	（2015）京知民终字第1259号	北京知识产权法院	没有列明
"巴黎春天"案	（2014）民提字第29号	最高人民法院	没有列明
"庆丰"案	（2016）最高法民再238号	最高人民法院	没有列明

（二）商标性使用的认定因素

在商标侵权案件中，尽管法院更多的是对被告的商标性使用进行认定，但是也不乏对原告的商标性使用进行认定的情况。针对原被告双方存在的不同情况，法院在认定时通常会考虑不同的因素，具体如表3所示。

表3 商标性使用认定因素

认定类别	认定因素	案件名称
原告方情况的认定	原告商标的显著性	"津酒"案❶、"拍客"案❷、"男士"案❸
	原告商标的使用情况	"皇马"案❹、"滴滴打车"案❺
被告方情况的认定（使用方式）	用于商业活动（流通领域）	"普拉达"案❻、"SUGOi"案❼、"阿胶"案❽、"南通吉祥"案❾、"三江"案❿
	用于节目名称	"非诚勿扰"案⓫
	用于名片	"雨前春茶叶"案⓬
	用于搜索关键词	"梅思泰克"案⓭、"凡人修仙传"案⓮
	用于字号	"皇马"案⓯、"正泰"案⓰、"安佑"案⓱、"庆丰"案⓲
	突出使用	"非诚勿扰"案⓳、"金燕及图"案⓴、"沃茨"案㉑、"正泰"案㉒、"乐活"案㉓、"安佑"案㉔、"剑の灵"案㉕、"orangeflower"案㉖、"讯销"案㉗、"超轻"案㉘、"纤麸"案㉙、"陈村枧水"案㉚、"男士"案㉛、"花亦浓"案㉜、"大悦城"案㉝、"寺库"案㉞、"卜留克"案㉟、"庆丰"案㊱
	描述性使用	"非诚勿扰"案㊲、"普拉达"案㊳、"沃茨"案㊴、"功夫熊猫"案㊵、"阿胶"案㊶、"男士"案㊷、"寺库"案㊸
	主观意图	"梅思泰克"案㊹、"指南针"案㊺

---

❶ （2016）津01民终5792号：一审法院认为，"津酒"两字可以主导消费者对该商标的印象，为该注册商标中主要部分，具有很强的显著性。二审法院认为，津酒集团"津酒JINJIU"及图注册商标具有较高知名度，为相关公众所熟悉，"津酒"两字为该注册商标中的主要部分，具有很强的显著性。

（接上注）**❷** （2015）京知民终字第114号：一审法院认为，原告怠于使用及主张该商标权利，并由于大众对该词汇的使用使其成为具有特定人群指向性的特殊词而进入公有领域，致使"拍客"一词逐步淡化为通用词汇，其指示商品或服务来源的功能降低。

❸ （2015）粤73民终249号：二审法院认为，原告的"男士"商标缺乏固有显著性，没有经过长期使用获得表示商品来源并被消费者所认可的效果。

❹ （2013）粤高法民三终字第630号：一审法院认为，原告未能提交其持续使用"皇马"商标的证据及能够证明该商标信誉的证据，因而，原告注册的商标因为没有实际投入使用，没有建立作为商标应有的商标信誉及具有较强的识别功能和显著特征。

❺ （2014）海民（知）初字第21033号：法院认为，原告对其商标的实际使用情况，亦是判断被告的使用是否对其造成混淆服务来源的参考因素。原告不能证明其在注册商标核定使用的范围内对注册商标进行了商标性使用。

❻ (2013)西民四初字第00227号：法院认为，商标性使用应具备的条件为，商标必须在商业活动中使用；使用商标是为了标示商品或服务的来源；通过使用商标能够使相关公众识别商品来源。

❼ （2016）沪73民终47号：一审法院认为，只有当商品进入流通领域后，才能发挥商标的识别功能。被告产品在中国境内并不进入市场流通领域，其商标在中国境内并不能实际发挥识别商品来源的功能，因此，被告的行为不构成商标法意义上的商标使用行为。二审法院认为，涉案商品均出口至加拿大、美国销售，在中国境内没有进入市场流通领域，因此，所贴附的"SUGOi"标识，在中国境内并不具有识别商品来源的作用。

❽ （2015）京知民终字第1196号：二审法院认为，商标法意义上的使用应是以识别商品来源为目的将商标用于商业活动的行为。如果不是以识别商品来源为目的的使用商标，或者将商标用于非商业活动中，都不构成商标法意义上的使用行为。

❾ （2015）沪民终字第57号：二审法院认为，根据《商标法》第48条的规定，商标法上商标的使用，是以识别商品来源为目的将商标用于商业活动的行为。

❿ （2015）沪民终字第80号：一审法院认为，被诉侵权产品均出口至巴西，在中国境内并不进入市场流通领域，其商标在中国境内并不能实际发挥识别商品来源的功能，因此，被告的行为不构成商标法意义上的商标使用行为。

⓫ （2016）粤民再447号：一审法院认为，"非诚勿扰"既是江苏电视台电视节目的名称，也是一种服务商标。因江苏卫视将大量节目名称注册为商标，并在该电视节目中反复突出使用"非诚勿扰"进行广告招商。

⓬ （2014）杨民三（知）初字第422号：法院认为，名片的作用在于在商业交往中的相互认识和自我介绍，同时也是向对方推销介绍自己的一种方式，属于《商标法》第48所规定的"广告宣传行为"。

⓭ （2011）苏知民终字第33号：一审法院认为，安固斯公司将"梅思泰克"这一商标选定为关键词，并支付推广费，向"谷歌"购买竞价排名服务，以占据"梅思泰克"有关搜索结果的第一位，这是通过对"梅思泰克"商标进行使用的广告宣传行为，是商标使用行为。

⓮ （2015）沪知民终字第522号：一审法院认为，畅游公司在"搜狗搜索"网站上刻意设置关键词为"凡人修仙传"的推广链接，指向其"风云无双"网络游戏，主观上具有将其选定的上述关键词作为区别、指示其推广的商品来源的目的。

（接上注）❶❺　（2013）粤高法民三终字第630号：二审法院认为，在商品或者服务上突出使用企业名称中的字号，实际赋予了字号特殊的标识意义，将字号从企业名称的整体中剥离出来进行强化，作商标化使用，与商标的使用具有异曲同工之妙。恒大足球学校未将"皇马"二字突出使用，即未将"皇马"二字进行商标化使用。

❶❻　（2014）川知民终字第5号：一审法院认为，"正泰电器高低压成套"中所包含的"正泰"二字系对四川正泰公司字号的使用。由于"正泰"二字在字体、大小上与周围的字相同，并且均使用在四川正泰公司的简称或者"正泰电器高低压成套"这样一种叙述性语句之中，"正泰"二字并未被突出使用，或者从实质上讲未被商标性使用。

❶❼　（2016）川民终319号：一审法院认为，深圳安佑康牧公司在对外签订合同中使用"深圳安佑"作为简称，属符合法律规定使用商号权的行为。二审法院则认为，"深圳安佑"四字，不仅不当省略深圳安佑康牧公司企业名称中"安佑康牧"企业字号，且使用红色较大字体，占据包装左侧面的大部分空间，十分醒目，其使用方式已非对深圳安佑康牧公司企业名称的合理简化使用，属于商标性使用行为。

❶❽　（2016）最高法民再238号：一审和二审法院均认为，因庆丰餐饮公司使用"庆丰"二字时与其使用环境一致，并未从字体、大小和颜色等方面突出使用，是对企业名称简称或字号的合理使用。再审法院认为，庆丰餐饮公司在其公司网站上开设"走进庆丰""庆丰文化""庆丰精彩""庆丰新闻"等栏目，在经营场所挂出"庆丰餐饮全体员工欢迎您"的横幅，这些使用行为属于对"庆丰"商标标识的突出使用，其行为构成商标性使用。

❶❾　（2016）粤民再447号：一审法院认为，江苏电视台在该电视节目中反复突出使用"非诚勿扰"并且进行广告招商等客观事实不符，是商标性使用。再审法院认为，江苏电视台对被诉"非诚勿扰"标识的使用，并非仅仅为概括具体电视节目内容而进行的描述性使用，而是反复多次、大量地在其电视、官网、招商广告、现场宣传等商业活动中单独使用或突出使用。

❷❿　（2013）苏知行终字第0004号：一审法院认为，祥和泰公司标注"金燕及图"标识的位置较为显著，位于包装袋所标注的商品名称和产品标准编号等具体信息之间，且所占比例较大，该标识的主要作用在于帮助消费者判断商品的来源等信息。

㉑　（2014）滨民初字第1503号：一审法院认为，沃茨公司的网站上端只突出使用了原告的"TWT"图形商标，未使用其销售的自有品牌或其他品牌产品的商标，并非商标的合理使用。

㉒　（2014）川知民终字第5号：一审法院认为，由于"正泰"二字在字体、大小上与周围的字相同，并且均使用公司的简称或者叙述性语句之中，"正泰"二字并未被突出使用，或从实质上讲未被商标性使用。二审法院认为，"成套""电气""电器"等字样使用在电力电子元器件的生产、销售上缺乏显著性，不具有识别服务来源的作用，而"四川"二字通常被作为地理名词加以识别，亦不具有识别服务来源的作用，故"正泰"应认定为突出使用。

㉓　（2011）苏知行终字第0004号：二审法院认为，鼎盛公司并未在其月饼包装上规范且以显著方式突出使用自己的"爱维尔"系列注册商标，而是将"乐活LOHAS"与"Iwill爱维尔"连用，融为一体，并突出"乐活LOHAS"，属于商标性使用。

㉔　（2016）川民终319号："深圳安佑"四字，不仅不当省略深圳安佑康牧公司企业名称中"安佑康牧"企业字号，且使用红色较大字体，占据包装左侧面的大部分空间，十分醒目，是以商业标识的方式使用包含"安佑"文字的字样，属于商标性使用行为。

㉕　（2016）粤73民终468号：一审法院认为，被诉侵权游戏在宣传画面上将"剑の灵"字体放大进行突出使用，已具有识别商品来源的功能，属于商标性使用行为。

（接上注）**㉖** （2016）粤73民终61号：一审法院认为，恒利通过公证购买的被诉侵权服装吊牌上突出使用了"ORANGEFLOWER"字样标识，上述使用或明示商标含义，或用于宣传、展览等商业活动，均系用于识别商品来源的行为，为商标使用行为。

㉗ （2016）粤73民终106号：一审法院认为，从迅销公司、迅销来又来店对标识的使用情况看，在两个标识同时使用的情况下，使用的涉案的图样更大，为突出使用。

㉘ （2015）京知民终字第2119号：一审法院认为，涉案商品在吊牌显著位置标示有醒目的标识，其字体明显大于注册商标，显然具有标示商品来源目的，属于商标性使用。

㉙ （2015）沪知民终字第305号：一审法院认为，越哲公司在其产品包装上使用强烈的对比色或较大文字突出使用了"纤麸"文字，能够起到识别商品来源的作用，应认定为商标性使用。二审法院也认为，本案中，越哲公司用强烈的对比色、较大字体在其生产销售的饼干产品的外包装上使用"纤麸"文字，起到识别商品来源的作用，属于商标的使用行为。

㉚ （2015）粤知法商民终字第253号：一审法院认为，广德味食品厂用于包装被控侵权产品的纸包装箱上印有"陈村枧水"标识，该标识处于显著位置，字体明显较大，具有区分商品功能，属于商标性使用。二审法院认为，上诉人使用的"海马陈村"标识中"陈村"二字较大，为横体排列；"海马"二字相对较小，位于"陈村"二字中间，呈竖体排列，"陈村"二字在整个标识中明显突出，具有区分商品的功能。

㉛ （2015）粤73民终249号：一审法院认为，本案被控侵权产品包装上使用的"男士牙刷"，其中"男士"字体畸大，"牙刷"字体畸小，放置于"男士"的右上角，在整个标识中，"男士"明显突出使用，处于显著位置，属于商标性使用。二审法院认为，自己的注册商标标识比"男士"标识要突出使用，对"男士"的标识不是商标性使用。

㉜ （2016）粤73民终1001号：二审法院认为，被诉侵权商品的标识位于该服饰相当于左胸部位的显著位置，且占有相当大的面积，极易为消费者所关注并用于识别商品的来源，构成商标性使用。

㉝ （2015）京知民终字第1259号：一审法院和二审法院均认为，华瑞公司在其楼盘施工围挡广告、售楼处内的楼盘区位图、楼层业态图、广告图片、售楼宣传册以及销售人员名片中突出使用"大悦城""JOYCITY"字样，构成商标性的使用。

㉞ （2015）京知民终字第1828号：一审法院认为，寺库公司将"北京朝阳大悦城"作为一个整体进行使用，并未单独突出"大悦城"，非商标意义上的使用。

㉟ （2014）民申字第973号：一审法院认为，被告鸿澳食品厂将"卜留克"在其生产的商品包装袋的显著位置使用，是区别商品的标识，将其作为商标进行使用。二审法院认为，鸿澳食品厂在其生产的"香满居"牌酱菜外包装袋的正面以放大、突出的方式标注了"卜留克"文字，是作为商业标识使用。再审法院也认为，鸿澳食品厂在包装袋正面突出、显著地使用了"卜留克"三字，属于商标性使用。

㊱ （2016）最高法民再238号：一审法院和二审法院均认为，因庆丰餐饮公司使用"庆丰"二字时与其使用环境一致，并未从字体、大小和颜色等方面突出使用，是对企业名称简称或字号的合理使用。再审则认为，庆丰餐饮公司在其公司网站上开设"走进庆丰""庆丰文化""庆丰精彩""庆丰新闻"等栏目，在经营场所挂出"庆丰餐饮全体员工欢迎您"的横幅，这些使用行为属于对"庆丰"商标标识的突出使用，其行为构成商标性使用。

㊲ （2016）粤民再447号：再审法院认为，"非诚勿扰"标识的使用，并非仅仅为概括具体电视节目内容而进行的描述性使用，具备了区分商品/服务的功能。

根据上述案件中商标性使用认定因素的梳理，可知原被告在认定中存在不同的关注重点，由此可以总结出不同的认定标准。

针对原告方的标准：

（1）原告商标的显著性标准。被告对一个标记的使用是否有正当理由在很大程度上取决于原告商标的显著程度，原告商标显著性越强，被告使用的理由就不成立。若原告商标的显著程度越高，被告构成商标性使用的可能性越大，反之，若显著程度越低，被告不构成商标性使用的可能性越大。

---

❸❽ （2013）西民四初字第00227号：法院认为，东方源公司在商业广告中使用的女款手提包中有"PRADAMILANO"及其文字表述中有"PRADA"注册商标，只是向消费者描述自己投资开办了东方国际中心房产项目和推销店铺，将引进"PRADA"等全球奢侈品牌进驻，并非商标意义上的使用。

❸❾ （2014）滨民初字第1503号：法院认为，沃茨公司的网站上端只突出使用了原告的"TWT"图形商标，其未经许可使用原告的商标不是为了说明或者描述自己的商品，也非通过使用原告的商标来指明原告的商品，那么其在销售自有的或者其他品牌的阀门产品，是商标法意义上的使用行为。

❹⓿ （2014）民申字第1033号：一审法院和二审法院均认为，"功夫熊猫"作为该部电影作品的组成部分，系用以概括说明电影内容的表达主题，属于描述性使用，而并非用以区分电影的来源，即电影的制作主体。再审法院认为，《功夫熊猫2》使用"功夫熊猫"字样表示的是该电影的名称，用以概括说明电影内容的表达主题，属于描述性使用，并非商标意义上的使用。

❹① （2015）京知民终字第1196号：一审法院认为，判断姿美堂公司的使用行为是否构成正当使用，需要判断其使用行为是否属于描述性使用，其使用"山东东阿阿胶块熙美阿胶片"及"熙美阿胶片山东东阿阿胶块"的表述，用"山东东阿"的字样来反映其销售的商品与产地之间的内在联系，并无不妥。二审法院认为，被上诉人姿美堂公司不仅使用了"东阿阿胶"文字，还使用了"山东""块"这样的描述性文字，充分表明这是其对商品产地、性质的描述，被诉使用行为不构成商标法意义上的使用。

❹② （2015）粤73民终249号：二审法院认为，纳爱斯公司使用"男士"标识是对其建议使用该商品的特定消费对象或消费群体的描述，对商品特点进行直接描述，而不是指示其商品的来源。

❹③ （2015）京知民终字第1828号：一审法院认为，寺库公司系将"北京朝阳大悦城"作为一个整体进行使用，属于前述特定建筑物的地理位置及特定购物场所名称意义上的使用，而非商标意义上的使用。

❹④ （2011）苏知民终字第33号：二审法院认为，判断安固斯公司的被诉侵权行为是否属于商标性使用，要看这种使用行为是否是用于商业目的，并能使一般消费者产生商品或者服务来源的认知。安固斯公司以商业性目的利用梅思泰克商标的声誉来吸引消费者对其网站的访问，构成商标性使用。

❹⑤ （2015）粤知法商民终字第223号：一审法院认为，结合迅销公司的股东日本株式会社迅销曾申请注册"_"商标这一事实，亦反映出迅销公司具有将该标识作为商标使用的主观意图，故上述标识的使用依法应认定为商标性使用。

（2）原告商标的知名度标准。侵权人倾向于以知名度高的商标为侵权对象，一般是因为拥有高知名度商标的产品已经在市场上形成固定的消费群体，在相关消费者中拥有较高的商誉。侵权人通过"傍名牌""搭便车"，使消费者发生混淆，既损害商标所有人和消费者的利益，也会扰乱市场的竞争秩序。因此，在认定商标性使用时，要考虑所用商标知名度，以此来保护应有权益的实现。而原告对商标的使用情况可以在一定程度上说明其商誉的积累情况，这也是法院考虑原告商标使用情况的原因。

针对被告方的标准：

（1）商标被使用的商业用途标准。例如，以下使用可以被视为商业使用：商标用在商品上、商品装潢上以及广告宣传中等相关载体上，无论以何种方式，都构成商业使用；服务型商标也可构成商标性使用。

（2）商标使用的方式标准。在节目名称中使用、名片中使用、搜索关键词中使用、字号中使用、突出使用、正当理由等情形下，商标性使用的判断需要结合具体案情，进行具体判断。但总体来说判断一行为是否构成商标性使用行为的关键是这一行为是否发挥了商标的基本功能，识别商品或服务的来源，在判断过程中，应该着重分析被告使用商标标识的方式。商标性使用行为的认定是判断商标使用人是否充分使用了商标所有权人的商标，是否在商标意义上使用商标发挥商标原有的识别功能，通过使用确定商品及服务来源。若被告将商标所有人的商标不加区分地用在广告宣传上、标注在自己的产品上，无论被告是否在产品上冠有自己的商标，只要该商标发挥识别功能，就可认定被告的使用属于商标性使用。

（3）使用者主观意图标准。在判断被告的使用行为是否构成商标性使用行为，还要观察被告是否存在恶意使用该商标的主观故意。如果有"搭便车"之嫌，便更容易认定为商标性使用进而判定为商标侵权。

（三）商标性使用的认定结果

认定结果中，认定为商标性使用且原告胜诉的案例达到60%，不认定为商标性使用且原告败诉的案例达到26%，因为在商标侵权案件中，认定被告构成商标性使用是其构成侵权的前提，如果不构成商标性使用往往不构成商标的侵权。认定为商标性使用原告却败诉是因为在商标侵权案件中，商标性使用只是判断侵权与否的因素之一，还要考虑商品或者服务是否相同或者相似等因素。最终不认定为商标性使用而原告胜诉的案件是"路易威登"案，本案判决明确权利人将其注册商标的图案在其注册商标核定使用的商品上进行组合、铺展使用，是以一个女士手袋装饰图形中的图案元素形态呈现，不满足商标性使用的条件，因而不构成商标侵权，但是其构成不正当竞争行为，因此原告胜诉。❶

---

❶ （2015）深福法知民初字第1058号。